노동자

우리에게 주어진
가장 강력한 무기

주주

The Rise of the Working-Class Shareholder

노동자

우리에게 주어진
가장 강력한 무기

데이비드 웨버 지음 | 이춘구 옮김

이 시대의
노동자들에게 주어진
가장 강력한 최후의 무기는
노동자 주주제안권이다.

"이에 사울이 자기 군복을 다윗에게 입히고

놋투구를 그 머리에 씌우고 또 그에게 갑옷을 입히매

다윗이 칼을 군복 위에 차고는 익숙하지 못하므로

시험적으로 걸어보다가 사울에게 말하되 익숙하지 못하니

이것을 입고 가지 못하겠나이다 하고 곧 벗고

손에 막대기를 가지고 시내에서 매끄러운 돌 다섯을 골라서

자기 목자의 제구 곧 주머니에 넣고

손에 물매를 가지고 블레셋 사람에게로 나아가니라."

—〈사무엘상〉 17:38~40

이 책은 연금을 통해 노동자의 노후생활을 보장하고 경제체제를 안정시키려는 자본주의 정신에 부합한다. 미국에서는 연금기금이 활발하게 운용되고, 그에 따른 이론도 다양하게 발전하고 있다. 특히 연금기금의 소유주로서 노동자는 연금기금이 보유한 기업의 주주로서 기업의 장기적 가치를 제고하는 데 기여함과 동시에 자신들이 속한 기업의 노동자로서 스스로의 생산성도 제고하는 데 노력함으로써 자신의 연금을 보호하는 데 주력하고 있다. 연금기금이 급성장하는 우리나라 현실에도 적용될 수 있는 이론들이 전개되고 있다. 일독을 권한다.

—신성환 (홍익대 경영학과 교수, 전 한국금융연구원장)

우리나라에서는 참여연대 등을 중심으로 하는 주주 행동주의 운동을 통해 연금기금의 건전한 운용과 발전에 노력하고 있다. 이 책에서 제시하고 있는 주주제안권의 강화, 이사장과 CEO의 분리, CEO의 보수 한도 등의 의제들은 우리에게도 매우 유익한 의제들이다. 적극적인 주주권 행사를 통해 연금기금이 투자한 기업의 올바른 경영을 촉구하는 것은 주요 주주로서 해야 하는 기본적 의무사항이 아닐까 생각한다. 주주 행동주의의 발달 과정을 사례 중심으로 설명하는 것은 우리에게도 귀중한 나침반 역할을 할 것으로 생각한다.

—이찬진 (참여연대 집행위원장)

연금기금의 궁극적인 목적은 노동자의 노후소득을 보장하고 생산력을 유지하며 기업의 발전을 촉진하는 것이다. 연금기금의 운용이 기여자인 노동자에게 해를 끼친다면 어떻게 해야 할까? 이 책에서 제시된 주주 행동주의의 여러 관점은 이제 막 활기를 띠어가는 우리의 주주 행동주의 운동에도 귀중한 촉매제가 될 것으로 기대한다. 특히 미국의 5,500만 명 사각지대 노동자를 위한 보장선택연금(Secure Choice Pension)은 우리에게도 시사하는 바가 크다. 노동계와 재계를 비롯해 당사자들이 참여해서 도입 가능성 등을 검토할 필요가 있다고 본다.

—이성경 (전 한국노총 사무총장)

우리 기업들은 세계적 경제난 속에서도 불굴의 기업가정신을 발휘하며 국내경제를 살리는 데 전력투구하고 있다. 이로써 기업의 본질적 존재 이유인 가치 창출과 고용유지를 이룩할 수 있게 됐다. 이 책에서 제기된 생산을 위한 노동력의 유지와 기업의 부담은 균형적 시각에서 접근해야 한다고 본다. 기업의 장기적 가치 추구를 통해 지속 가능한 자본주의를 실현하고자 하는 저자의 제안들은 매우 유용하다고 할 수 있다. 연금기금 운용을 둘러싼 여러 논쟁이 기업과 노동 모두를 위해 이성적으로 합의되기를 바란다.

—김용근 (한국경영자총협회 상근부회장)

연금기금 자산을 운용하는 현장에서는 주주가치를 우선으로 하고 수익 중심의 운용을 하는 데 열중하고 있다. 이는 전통적 운용철학이자 지금도 확고한 운용 방향이다. 그러나 연금기금의 영향력이 커지면서 이 철학에 변화가 일고 있다. 즉, 환경, 사회, 지배구조(ESG)를 고려하는 사회책임투자 원칙이 이 변화를 이끌고 있다. 이 원칙은 이미 미국 등 여러 나라에서 널리 적용되어가고 있다. 우리나라에서도 ESG 원칙에 따라 기업을 경영하고, 연금기금 투자 운용에 적용하는 사례가 늘어나고 있다. 이 책은 이러한 변화에 큰 방향을 제시하고 있다고 하겠다.

—지상돈 (뉴욕멜론은행 한국대표)

이 책은 진보와 기득권층 모두를 불편하게 만든다. 노동자들은 연금기금 등을 활용해 주주권을 행사하는 방식으로 경영권에 개입하기까지 한다. 미국의 대형 수퍼마켓체인인 세이프웨이 사례가 그렇다. 경영진의 부도덕한 이권 챙기기에 제동이 걸렸다. 노조 입장에 공감한 캘리포니아공무원연금 기금 등이 영향력을 행사해 핵심 임원을 해임한 것. 노동자는 더는 약자가 아니라는 것은 진보가 인정하기 어려운 대목이다. 주주권 행사로 경영권이 제약당할 수 있다는 점은 기득권층이 못마땅해한다. 베버는 역사는 노동과 자본이 상호 배타적이었던 20세기로 되돌아가지 않을 것이라고 결론 내린다. 한국에도 시사점이 매우 크다.

—최종석 (〈한국경제신문〉 전문위원, 좋은일터연구소장)

소수의 전략적 노동운동가들이 노동자의 이익 증대를 위해 어떻게 노력했는지를 구체적인 사례와 함께 설득력 있게 주장한 책이다. 웨버는 노동자본이 금융 시스템의 운영, 특히 정책을 개선하는 데 어떤 영향을 미치는지를 여실히 보여주고 있다. 그리고 노동자의 권익을 위해서 노동자본이 어떻게 사용되어야 하는가에 대한 새로운 법적·정책적 방향을 제시한다. 앞으로의 노동운동에 희망의 메시지를 전하는 바이블이라고 해도 과언은 아닐 것이다.

—강문혁 (법무법인 '안심' 대표 변호사)

웨버는 미국 노동자의 자유가 주주 권력과 불가분의 관계에 있다고 강력하게 주장한다. 웨버 이론에 따르면 노동자본이 완전히 풀릴 때만 미국 노동자들은 그들의 운명에 대한 통제권을 되찾을 수 있을 것이다. 대단히 중요한 책이다.

—스티븐 솔로몬 (Berkeley Center for Law and Business)

　우리나라 법 체제 아래에서 노후를 안전하게 지내려면 공적 연금과 퇴직연금, 개인연금 그리고 공제 급여 등 다층적으로 소득을 형성해야 한다. 노인 한 사람이 기본적으로 한 달에 100만 원 정도의 소득을 확보해야만 한다. 노후소득을 구성요소별로 살펴보자. 4대 공적 연금의 경우 2019년 12월 31일을 기준으로 국민연금은 736.6조 원, 사학연금은 20.4조 원, 공무원연금은 12조 원, 군인연금은 1.2조 원을 쌓아두고 있으며, 이들 가입자는 2,400만 명에 이르고 있다. 퇴직연금은 610만 명이 221.2조 원, 개인연금은 7백 2만 건에 143.4조 원 그리고 교직원공제회와 지방행정공제회는 111만 명이 52.9조 원의 기금을 운용하고 있다. 대략 연인원 3,800만 명(개인연금의 경우 계약 건수를 1명으로 환산)이 1,187.9조 원을 연금 등의 형태로 적립하고 있다. 이는 2019년 우리나라의 GDP 1876조 원의 63.3%에 이르는 규모이다.

　각종 연금 주체는 본질적으로 대부분 노동자이며, 사용자도 이에 동참하고 있다. 국민연금공단을 비롯해 사학연금공단, 공무원연금공단, 여러 금융기관들이 자산을 안전하게 운용하며 수익성을 높이고 국민의 노후소득을 보장하는 데 전력을 다하고 있다. 특히 국민연금기금 등의 운용실태와 이 제도가 우리 사회에서 가지는 맥락 등을 볼 때 이 체제는 당연히 연금자본주의라는 생각이다. 연금기금은 생산의 중심인 노동자와 경영의 중심인 자본가가 공동으로 형성한다. 운용과정에서는 노동자와 자본가뿐 아니라 국제자본들도 헤지펀드 등의 형태로 참여해서 투자하거나 운용하고 있다. 이런 점에서 연금자본주의라고 하는 것이다. 그것도 국제사회에 개방된 자유로운 연금자본주의라고 할 수 있다.

그러나 국민연금공단의 기금 운용에 대해 연금사회주의라고 말하는 사람들이 일부 있다. 이들이 근거를 제시하지 않고 연금사회주의라고 하는 것은 연금의 기본철학을 흔드는 위험한 발상이라고 생각한다. 무엇보다 우리나라는 자본주의와 사회주의의 이념 대결의 피해를 겪은 바 있어 사회주의 용어 사용에 주의를 기울여야 한다. 연금사회주의라고 할 경우 국민의 불신을 초래하고 기금 운용의 탄력성을 잃게 되며, 결국 국민의 노후소득 보장체계로서 연금제도 기반을 무너뜨릴 위험이 크기 때문이다. 사회주의는 생산수단의 공유, 즉 자본의 공유와 생산물의 공동분배를 근간으로 한다. 우리의 연금제도와 운용실태에는 전혀 부합되지 않는 용어인 것은 너무도 분명하다.

국내외 연구를 살피던 중 미국 보스턴대학교 법학전문대학원 교수인 데이비드 웨버의 『노동자 주주(The Rise of the Working-Class Shareholder)』를 발견했다. 이 책을 읽어가던 중 웨버의 연금이론이 연금사회주의 주장에 대한 대답이라고 생각하게 됐다. 웨버는 연금기금의 주인인 노동자가 일자리를 유지하며 각종 급여를 증대시키고 연금 가입자의 기여를 늘려야 한다고 주장한다. 이를 통해 연금기금이 그 주인이자 가입자인 노동자와 기업을 살리며, 경제를 활성화시키고, 연금민주주의와 연금자본주의를 발전시킨다고도 설명한다.

웨버는 2003년 슈퍼마켓체인점인 세이프웨이 파업사태를 비롯해 2008년 대침체기의 금융위기를 거쳐 오바마, 트럼프 행정부 출범에 이르기까지 미국에서 제기된 연금 쟁점에 두루 접근하고 있다. CEO의 막대한 보수에서부터 이사장과 CEO의 겸직에서 오는 여러 부작용, 이사회 구성의 편향성과 견제기능의 약화, 이사 선임 등의 문제를 정리하고 있다. 여기서 연금기금의 강력한 주체이자 연금기금이 투자한 기업의 주주로 등장한 노동자의 역할을 부각하며, 주주 행동주의 등을 통해 연금기금의 운용질서를 바로잡고자 했다. 특히 주주총회에서 제기되곤 하는 주주제안권의 강화(proxy access, 좁게는 이사후보자지명권) 문제를 깊게 연구하며, 쟁점을 체계적으로 정리한 점은 웨버의 큰 공로로 꼽을 만하다.

웨버는 연금 사각지대에 있는 5,500만 미국 노동자들을 구제하기 위해 안전선택연금(Secure Choice Pension)도 소개하고 있다. 이는 소규모 사업장에서 노동자 소득의 3%를 주(州)에 납부하고 주가 이를 관리하는 형태를 취하며 사용자는 이 가운데 일부를 부담한다. 우리도 사각지대를 해소하는 데 참고할 만한 방안이라고 생각한다. 웨버는 확정기여형 연금제도 도입에 적극적으로 반대하고 확정급여형 연금제도를 사수해야 한다고 강조한다.

웨버의 논리 전개를 보면 소위 국제투기자본 등이 연금기금을 해치는 일을 노동자가 적극적으로 관찰하고 대비해야 한다는 경각심을 일깨운다. 지배구조(ESG)와 스튜어드십코드를 적용하면 국제투기자본 등의 적대적 행위는 우리 연금제도의 기반을 약화할 소지도 있다. 순환 논리상 국제투기자본 등에 우리 연금기금을 투자하는 것은 우리 경제의 기반이 흔들리게 될 위험이 있다. 사회적 책임의 범위를 국제적 수준으로 확대해서 봐야 할 필요가 있다.

이 책에서 담고 있는 철학이 특히 국민연금에 둘러 씌워진 연금기금사회주의 주장을 바로잡고, 국민의 노후소득 보장체계로서 국민연금이 다시 우뚝 서는 데 하나의 귀중한 원리로서 작용하기를 기대한다. 따라서 연금기금 운용역들을 비롯해 주주 행동가, 노동조합운동가, 기업의 CEO와 연금책임자, 정부 관계자, 정당의 정책연구자, 연금연구자들에게는 큰 도움이 될 것으로 기대된다. 번역 과정에서 어려움에 봉착할 때마다 친절하게 안내해준 원종현 국민연금기금운용위원회 전문위원님, 그리고 연금제도의 중요성을 깊게 이해하고 출판을 흔쾌히 허락해주신 맥스미디어 박영배 대표님께 감사드린다.

2020년 7월

이춘구

추천의 글 · 8
옮긴이의 말 · 12
서문 · 18

PART 1

세이프웨이
계산의 변화 · 25

PART 2

새로운 참정권 확장론자들
중대한 기업임원 선임을 위한 투쟁 · 79

PART 3

사자들의 침묵
헤지펀드와 사모펀드의 통제 · 125

PART 4

견제와 불균형
제왕적 CEO에게 '아니다'라고 말하다 · 167

PART

대중 편에 선 로비스트들, 사모와 대결하다
공개와 투명성의 원칙, 사모펀드 규제의 핵심 · 221

PART

월 스트리트의 새로운 보안관들
사기와의 투쟁 · 237

PART 7

선량한 관리자로서의 수탁자 책임 법률과 포획의 위험
누구의 이익을 위해 투자해야 하는가? · 259

PART 8

퇴직 '위기'와 노동자 자본의 미래
노동자 자본과 보수주의의 대결 · 299

주석 · 359

서문

    미국의 노동자 조직은 결코 소멸 위기에 처한 적이 없다. 1960년대에는 미국 노동자의 3분의 1 이상이 노동조합에 가입했다. 오늘날에는 그 비율이 10%로 떨어졌으며, 노조는 대부분 주정부와 지방정부 일자리에 집중돼 있다. 노조 가입 비율의 하락은 노동자들의 임금과 일자리 보장의 악화를 가져왔을 뿐 아니라 노동조합 자체를 약화시키고 있다. 미국 정부의 일당 지배는 이 암울한 그림을 더 어둡게 하고 있다. 이 책이 출판된 2018년에는, 공화당이 백악관과 상원, 하원, 34개 주지사와 주 상원 그리고 32개 주 하원을 장악했다. 연방대법관 닐 고서치(Neil Gorsuch)의 임명으로, 연방대법원의 다수는 어느 때보다 보수적이 됐다. 이로써 노동조합에 대해 예리한 법적 타격을 가할 수 있는 체제를 구축한 것처럼 보인다. 노동자의 전통적 동반자인 민주당이 정치적으로 왜소해짐으로서 노동자는 전례 없는 수준의 정치적·법적·경제적 공격에 노출돼 있다.

    이런 암울한 상황에서 일단의 독창적이고 헌신적이면서도 영리한 노동 행동가들이 노동자를 위한 가공할 만한 새로운 권력의 원천,

즉 주주 행동주의를 조용히 개발했다. 이 행동가들은 최근 수십 년 동안 노동자에게 결정적으로 영향을 미친 확실하고 유일한 추세를 활용하고 있다. 이 추세는 노동자 연금기금의 대규모 성장을 가리키며, 이 연금기금은 계산을 어떻게 하느냐에 따라 3~6조 달러에 이르고 있다. '노동자의 자본'으로도 불리는 이 연금기금은 기업과 헤지펀드, 사모펀드에 투자돼왔다. 연금기금은 노동자를 위한 권력의 엄청난 원천이다.

이 책이 보여주는 바와 같이 이 연금기금 권력은 여러 다른 방식으로 그 힘을 사용해왔다. 자기 잇속만 차리면서 자리나 차지하고 있는 기업 관리자와 이사들을 막기 위해 사용돼왔고, 노동자 주주의 돈으로 노동자의 이익에 반해 운용하고 있는 헤지펀드와 사모펀드를 정면으로 반대하기 위해 사용되기도 한다. 그 힘은 다시 노동자를 직접적으로 이롭게 하기 위해 사용된다. 연금에 대한 공격을 막아내기 위해, 일자리 축소에 맞서기 위해, 그리고 새로운 일자리를 창출하기 위해 사용된 것이다. 새로운 일자리는 연금기금에 들어올 개인분담금을 증대시킴으로써 연금을 강화할 수 있다. 그리고 연금기금의 힘은 다른 투자자들과 공동의 기반을 확인하는 데 활용된다. 이 투자자들은 뮤추얼펀드와 재단 그리고 노동자와 장기 투자 목표를 공유하면서 보다 광범위한 사회적 목표들에 대해 공감하고 있는 사회적 책임투자자뿐 아니라, 퇴직계좌를 가지고 있는 어느 누구라도 포함한다.

이 책은 이러한 발전을 위해 투쟁한 행동가들의 이야기와 행동가들이 부딪친 법적·정치적 도전들을 함께 설명한다.

노동자 행동주의 분석이 드러내고자 하는 것은 노동자 자본의 힘이 두 개의 차원에서 작동한다는 점이다. 하나는 노동자의 이익을 증대시키는 것이고, 또 하나는 퇴직을 위해 저축하는 장기 주주로서의 이익을 증대시키는 것이다. 이 두 가지가 함께 고려되는 경우는 거의 없다. 이 두 가지에 대해서는 다른 학문 분야에서도 연구되고, 다른 법률 체계에서도 다뤄지고, 이런 이익에 대한 인식 또는 이해가 거의 없는 전문가들과 기업들에 의해 용역이 주어지기도 한다. 이러한 이익들이 함께 논의되는 경우에도, 그 이익들은 서로 상충되는 것으로 묘사되고 있다. 그것이 때로는 진실일 수도 있다. 하지만 그 이익들은 양립되고 상호 보강 또한 가능하다. 어느 이익도 다른 이익을 참고하지 않고는 올바로 이해되지 않는다.

이 책은 노동자들의 이익을 지키는 일부 행동가들의 활동상을 이야기하는 것에 덧붙여, 상충되는 이중적 관심체제를 탐색하기 위한 법적·정치적 틀을 분명히 설명하고 있다. 노동자들의 전반적인 경제적 행복을 최대한 개선하기 위한 방법으로 필자는 노동자들이 일자리에서 얻는 이익과 연금기금 투자자로서의 이익을 어떻게 균형 잡아야 하는지에 대한 평가 체제를 제공한다. 그것은 노동자로서 자신들의 이익을 직접적으로 촉진하는 것을 의미한다. 다른 한편으로는 주주로서의 이익을 직접 진전시키는 것이다. 이는 때로 다른 투자자들과 함께 공동의 기반을 찾는 것을 의미하기도 한다. 필자는 노동자들이 미로를 헤쳐 나가도록 안내하기 위해, 강력한 연금기금이 투자 결정을 내리는 방법을 결정할 때 노동자들의 실질 이익 전체를 고려한 노동자 중심의 법적·정책적 비전을 제시한다.

마지막으로 필자는 노동자 자본에 대항해서 탄탄한 자금 지원을 받고 있는 여러 움직임도 탐구한다. 무엇보다도 코흐(Koch) 형제의 '번영을 위한 미국인들(Americans for Prosperity)'과 '로라와 존 아놀드 재단(Laura and John Arnold Foundation)'은 연금 '개혁'에 자금을 지원하고 있는데 이들의 개혁 노력은 표면적으로는 이른바 '연금 위기' 해소를 목표로 하고 있다. 연금 위기가 존재하는지는 논쟁의 여지가 있다. 이 같은 연금 개혁이 실행되면 주주 행동주의는 무산될 것이다. 지속하려는 노동자들의 능력이 파괴될 것이다. 비우호적 의회 입법이나 연방대법원 판결이 노동조합 자체를 약화시킬 수 있듯이, 코흐 형제와 아놀드재단 그리고 다른 기관들이 하는 연금 개혁은 노동자들의 노후 보장과 주주 권한을 약화시킬 수 있다. 이러한 노력은 근로자와 중산층의 경제적 목소리를 약화시키는 '경제적 유권자 압력'이나 마찬가지인데, 이는 정치적 영역에서 특정 집단이 투표를 못 하게 방해하는 '유권자 압력'과 유사하다. 그렇다 해도 여전히 노동자 자본이 이러한 도전들을 이겨낼 수 있다는 낙관적인 이유들이 있다. 왜냐하면 이들 기금들은 대규모 공적 영역과 상대적으로 우호적인 민주당의 주와 도시들에 주로 집중돼 있기 때문이다.

21세기 노동운동에서 살아남을 상당 부분이 노동자 자본이라는 점은 아이러니하다. 노동자가 가까운 기간 내에 적대적인 기업환경에 적응해야만 한다는 것은 분명하다. 보다 새롭고 보다 지속 가능한 형태, 즉 21세기 작업장에 잘 적응된 형태로 노동을 재구성하자는 요구가 많다. 지속 가능한 최저임금을 위한 운동인 '15달러를 위한 투쟁(Fight for $15)' 같은 최근의 행동주의 운동은 노동자들이 지속적으로 펼쳐야 하는 길거리 권력의 종류들이다. 보편적 기본소득과 같은 다른 정책 과제들도 탐구돼야 한다. 미국 노동운동의 미래는 주주 행동주의 하나만은 아니지만 주주 행동주의 없이는 미래를 담보할 수 없다. 그 이유는 간단하다. 너무 오랫동안 노동자와 진보적인 동조자들은 외부로부터 시장을 변혁시키고자 했다. 즉 법원으로부터, 입법부로부터, 규제 당국으로부터, 길거리 항의로부터 그리고 파업으로 시장의 변혁을 꾀했다. 이런 방법들은 중요하다. 그러나 궁극적으로 외부로부터 시장 변혁은 가능하지 않다. 시장은 내부로부터 변혁돼야만 한다.

이 책에서 독자들이 만나게 될 행동가들은 노동자들이 연금에 기반한 주식 소유권을 통해 의회와 행정수도뿐만 아니라 미국 자본주의의 심장 속으로 들어가 기업 이사회와 월 스트리트, 은행, 그리고 헤지펀드와 사모펀드에 권력을 행사할 수 있음을 입증해냈다. 이 무기들을 개발하고 개량해온 많은 행동가들은 아직도 30~40대여서, 앞으로 수십 년 동안 싸워나갈 것이다. 그들은 사람들의 관심이 흩어지고 기업이 일상으로 돌아가는 선거와 선거 사이의 시기나 금융위기의 파고가 낮을 때에도 지속적인 투쟁을 위한 기량과 전문성, 네트워크 그리고 전술을 갖추고 있다. 그러나 행동가들은 보다 광범위한 노동운동의 호응과 함께 노동자들의 복지에 관심을 가진 다른 세력의 지지를 받을 때에만, 계속 투쟁할 수 있을 것이다.

적법한 방법으로 노동자들을 좌절시키려 하면, 독자들도 필자가 했던 것처럼 가공할 전략가이자 전술가인 이 행동가들의 열정과 기술로부터 영감을 얻기를 바란다. 지금까지 행동가들이 성공했다고는 보지 않는다. 두 가지 주요한 이유 때문이다. 첫째, 미국의 좌파 특히 노동자 쟁점에 초점을 맞춘 분파는 노동자가 자본가의 무기인 주주 권력을 창출하는 데 대해 본능적으로 불편해한다. 실제 중도좌파 정치 세력이 연금과 그 권력을 적절히 방어하는 데 실패하고 연금이 기능하는 방식도 이해하지 못하는 것은 심대한 전략적·전술적 그리고 도덕적 실수이다. 이런 실수들로 인해 연금과 그들의 주주 권력은 코흐 형제와 그 밖의 다른 사람들의 역습에 매우 취약한 상태에 놓이게 됐다. 이 책에서 독자들이 읽게 될 모든 영웅담에도 불구하고, 주주 행동주의가 아직 땅바닥에 놓인 지팡이처럼 누군가 올려주기를 기다리고 있는 이유이기도 하다. 대조적으로 미국 우파는 이들 행동가가 노동자들에 대한 관심을 암시라도 하면, 즉각 이를 물고 늘어진다. 특수 이해관계자들이 노동자 자본을 특수 이해관계자라고 비난하는, 한마디로 오로지 자기 이익만을 생각하는 행동이다. 진보진영의 소홀함과 보수진영의 적대감의 결합은 이 같은 형태의 행동주의를 그늘 속에 감춰 보이지 않게 하고 있다. 그러나 미국의 노동자들이 직면한 심각한 상황은 행동주의를 그늘에서 빛 가운데로 옮길 중요한 요인으로 작용하고 있다.

필자는 이 책을 통해 주주 행동가들이 행하는 중요한 일에 대해 독자들이 이해하고 깨달음을 얻기 바란다. 또한 주주 권력이 제거되면 무엇을 잃게 될지에 대해 가장 강력한 언어로 전달되기를 바란다. 누가 백악관이나 의회 또는 연방대법원을 차지하든, 노동자의 연금과 노동자의 주주권 보호는 아직 끝나지 않은 투쟁이다.

PART 1

세이프웨이

계산의 변화

만약 필자가 말하고자 하는 파업이 20세기 말의 전형적인 패턴을 따른다고 한다면 다음과 같이 진행될 것이다. 먼저 CEO는 노동자들의 임금을 대폭 삭감하겠다고 발표할 것이다. 임금 삭감의 폭이 너무 크면 이는 노동자들의 사기를 꺾어, 노동자들을 투쟁 없이는 다시 일자리로 돌아갈 수 없게 만든다. 노조 지도부는 실패를 두려워하겠지만, 성공을 거두려면 위험을 무릅써야 한다고 결정할 것이다. 그래서 노동자들은 파업에 돌입한다. 몇 주 아니 더 긴 시간 동안, 노동자들은 행진하고 노래하며 허공에 대고 주먹질을 해댈 것이다. CEO는 기다리고 또 기다리려고 할 것이다. 파업 때문에 노조가 부담해야 할 비용을 정확히 계산한 CEO는 그 비용이 자신이 부담해야 할 비용보다 커질 때까지 기다릴 것이다. 이것이 CEO의 플레이 방식이다. 숫자로, 수학으로, 즉 미국 노동자들의 주류에 잎마름병처럼 퍼져 있던 무서운 숫자놀음으로 CEO는 플레이를 할 것이다. 노조들은 그 숫자놀음을 바꾸기 위해 뭔가 해야 했지만, 그게

뭔지 알 수 없었다. 노동자들이 자신들에게 유리한 셈법을 가진 마지막 시점이 언제였을까? 1950년대였을까? 아마도 1960년대? 그 이후에는 없었다. 그것이 CEO가 그렇게 자신감을 갖는 이유이다. 마침내 노동자들은 사태가 더 악화되기 전에 CEO의 제안을 받아들여 일터로 복귀하기 위한 투표를 한다. 그렇게 해서 체면을 세우는 수준의 양보를 하고, 일상의 삶으로 돌아간다. 2003년부터 2004년까지 캘리포니아 슈퍼마켓에서 일어난 '잊혀진 파업'이 거의 이와 유사하게 일어났다. 하나의 중대한 차이점이 있는데 그것이 바로 이 책의 핵심 내용이다. 아주 우연히, 그 파업은 노동자들이 용기있게 그 계산법을 바꾸는 길을 보여줬다.

2003년에 노조가 있던 슈퍼마켓체인인 세이프웨이(Safeway)는 노조가 없는 월마트(Wal-Mart) 같은 기업과의 경쟁에 직면했다. 세이프웨이는 노동자 급여를 삭감해 이윤을 증대시키려고 했다. 당시 세이프웨이는 미국과 캐나다에 걸쳐 천 7백 개 이상의 점포를 운영하고, 17만 2천 명을 고용하고 있었다. 세이프웨이는 남부와 중부 캘리포니아 노동자들에게 시급 12달러와 건강보험료를 지급하고 있었다. 노동자들의 근로시간은 상근보다 적은 주당 32시간 한도로 정해졌다. 제한된 시간으로 인해 낮은 임금이 주어졌지만, 노동자들은 세이프웨이 일자리의 으뜸가는 매력인 급여와 복지를 자랑스럽게 여겼다. 그러나 세이프웨이는 임금 동결과 건강보험료 중 노동자 부담 비율 인상을 전격적으로 제안했다. 이는 노동자들이 세이프웨이에서 일하는 주된 이유를 약화시키는 조치였다. 세이프웨이는 또 미래 의료비용 상승 위험의 많은 부분을 종업원들에게 부담시키는 건강보험 제도 쪽으로 옮겨가는 방안을 추진했으며, 신규 채용자에게는 보다 낮은 단계의 임금을 설정했다. 2003년 10월 세이프웨이가 이러한 계획을 발표한 직후, 식품상업노동자연합노동조합(United Food and Commercial Worker union, UFCW, 이하 식품노동조합)에 소속된 이 회사 종업원 97%가 파업에 들어가기로 결정했다.[1]

당시 세이프웨이의 CEO는 스티븐 버드(Steven Burd)였다. 버드는 사모회사 콜버그크래비스로버츠(Kohlberg Kravis Roberts & Company, KKR)를 대표해 1990년대에 세이프웨이의 경영 책임을 맡았다. KKR은 1986년 세이프웨이를 매입했다. KKR이 세이프웨이를 증시에 상장시킨 후, 버드는 즉시 흥청망청 기업 쇼핑에 나섰다. 회사 금고에서 36억 달러를 지출해 일리노이주의 도미니크(Dominick), 텍사스주의 랜달(Randall), 그리고 펜실베이니아주의 제누디(Genuardi), 이 3개의 지역 슈퍼마켓체인을 사들여 3백 개 이상의 점포를 늘렸다.[2] 이 기업 인수는 대재앙이었다. 버드는 그 슈퍼마켓들의 기업 가치보다 훨씬 많은 돈을 지불했고, 이로 인해 회사의 채무 부담이 가중됐다. 매출이 떨어져 2002년 한 해에만 8억 2천 8백만 달러의 적자를 냈다. 적자의 대부분은 기업 인수가 초래한 것이었다.[3] 버드는 자신이 초래한 위기에 직면했다. 위기에서 벗어나기 위해 임금을 삭감함으로써 그는 자신이 지은 죄를 세이프웨이 노동자들이 대신 속죄해주기를 원했다.

버드는 임금 삭감을 공표하기 전에, 임금 삭감이 가져올 파업으로부터 자신과 이사 동료들을 보호하기 위해 여러 조치를 조용히 준비했다. 돌이켜보면, 버드의 이 같은 준비는 바다로도 공격이 다가오고 있다는 것을 알지 못한 채 최첨단 기술을 사용해 육지 공격에만 대비한 중세시대의 왕을 연상케 했다. 육지 공격이란 그가 능숙하게 준비했던 전통적 파업이었다. 역설적으로, 육지 공격에 대한 준비는 바다로부터 오는 공격에 그를 더 취약하게 만들어버렸다. 바다 공격이란 전혀 예상치 못한 노동자 주주의 반란이었는데, 이는 전투적이고 혁신적인 노조 지도자 숀 해리건(Sean Harrigan)이 고안한 것이었다.

버드는 먼저 자신이 보유한 주식을 현금화했다. 파업을 유발할 수 있는 임금 삭감을 발표하면, 세이프웨이의 주가는 확실히 하락할 것이었다. 파업 수 주 전부터 시작해 임금 삭감 발표 일주일 전까지 계속해서 버드는 개인적으로 스톡옵션을 행사해 2천 백 40만 달러 규모의 세이프웨이 주식을 매각했다. 버드의 주식 거래는 파업이 발생하기 오래전에 계획된 것이어서 내부자거래법에 저촉되지 않는다고 세이프웨이는 주장했다. 내부자 거래에 대한 조사가 전혀 없었던 것을 보면 정부도 이에 동의한 것으로 보였다.⁴ 법의 허점을 이용해 자신의 주식을 매도한 것이었다. 그렇게 해서 그는 세이프웨이의 모든 주주들과는 달리 자신의 주식에 발생할 충격을 피했다.⁵

또 버드는 노동자들에게 요구한 보수 삭감을 이사들에게는 동일하게 요구하지 않았다. 상황은 오히려 정반대였다. 2003년 10월, 세이프웨이 노동자들이 파업을 벌인 다섯 달 중 두 달째 시점에서 이사 11명에게 천만 달러 상당의 스톡옵션을 부여했다. 버드와 세이프웨이는 표준 운영 절차에 따랐다며 이 스톡옵션 부여를 정당화했다. 파업의 영향을 받는 캘리포니아주 내 8백 52개 점포들이 5만 9천 명의 노동자 없이 운영하느라 매우 고전했는데도, 회사측은 이 핵심 이사들 없이는 회사가 운영될 수 없다고 주장했다. 당시 캘리포니아주의

회계 감사관이었던 스티브 웨슬리(Steve Westly)는 이 스톡옵션에 대해 절제된 표현을 써서 이렇게 말했다. "노동자와 주주들에게 잘못된 메시지를 줬다."[6]

버드가 자신의 지분을 매각하고 또 스톡옵션으로 경영진의 충성심을 매수한 뒤, 세이프웨이 노동자들과의 마지막 결전을 위해 준비한 것은 급여 삭감 선언을 넘어서는 것이었다. 그는 세이프웨이 자회사 본스(Vons)와 앨버트슨스(Albertsons), 크로거회사(Kroger Company)의 점포 랠프스(Ralphs)와 수익배분 협정을 맺었다. 이들 회사는 동일한 파업에 직면해 있었다. 그 회사들은 임박한 식품노동조합 파업에 따른 충격을 흡수하기 위해 비용과 수입을 분배하기로 합의했다. 합의가 이뤄지자 당시 캘리포니아 법무장관 빌 록키어(Bill Lockyer)는 그 합의가 독점금지법을 위반했다며 소송을 제기했다.[7]

무엇보다 중요한 것은, 길고 고통스럽고 비용이 많이 드는 투쟁 과정에서 버드가 자신을 지지하는 이사회에 의지할 수 있었다는 사실이다. 이사회가 전혀 독립적이지 않았기 때문에 그럴 수 있었다.[8] 오늘날에는 노동자 주주 행동가 덕분에, 뉴욕증권거래소(the New York Stock Exchange, NYSE)에 상장된 기업은 세이프웨이의 버드처럼 이사회를 운용하는 것이 허용되지 않는다. 뉴욕증권거래소의 독립성 요구 기준에 미달하기 때문이다. 이사들과 회사의 사업적 관계는 CEO를 독립적으로 감독하고 평가해야 할 이사회의 능력을 부패하게 만들고 타협하게 하기 때문에, 2004년 뉴욕증권거래소는 최종적으로 다수의 이사들에게 독립성 기준을 충족시킬 것을 요구했다. 즉, 이사들이 CEO의 꼭두각시가 아니며 편향되지 않은 판단을 내릴 수 있다는 것을 보여줄 것을 요구한 것이다. 예를 들면, 만약 이사들이 자신이 이사로 근무하는 회사와 과거 또는 현재에 사업관계를 맺었거나 맺고 있다면, 현재 이사들은 독립적인 것으로 간주될 수 없다.[9] 이들 기준들도 여전히 너무 약해서 이사들을 진실로 독립적으로 만들지 못하고 있는데, 세이프웨이의 이사회는 최악이었다. 형편없는 타협을 한 세이프웨이 이사회는 현재 시행 중인 '모든 신축적인 규정'에 모두 저촉된다.[10]

조지 로버츠(George Roberts)와 제임스 그린 주니어(James Greene Jr.), 헥터 로페즈(Hector Lopez)는 모두 A급 실업계 거물로서 버드의 친구들이다. 로버츠는 앞에서 언급한 KKR을 사촌인 헨리 크라비스(Henry Kravis)와 함께 설립했다. KKR은 세이프웨이가 상장되기 전 세이프웨이를 소유했던 악명 높은 기업 인수·합병 전문 회사이다. KKR이 세이프웨이를 소유했을 때, 버드는 초기에 세이프웨이 경영 컨설턴트로서 로버츠와 함께 일했다. 그리고 로버츠는 세이프웨이가 상장되기 전, 버드가 세이프웨이의 회장이자 CEO로 선임되는 것을 도왔다. 로버츠는 세이프웨이 주식의 2% 가까운 8백 70만 주 정도를 여전히 소유하고 있다. 그린은 KKR의 또 다른 구성원이자 버드의 동료였다. 마지막으로 로페즈는 세이프웨이가 49%의 지분을 가진 멕시코 슈퍼마켓 카사 레이(Casa Ley)의 총지배인이었다. 이 소유 구조로 인해 로페즈가 버드의 판단 또는 권한을 심각하게 견제할 수 있다는 것은 생각할 수 없는 일이었다. 이사로 선임되기 전 이들 세 사람 모두 버드를 개인적으로 알았다. 버드는 이렇게 말했다. "우리는 18년 넘게 헥터와 레이 가족을 알고 지내왔으며, 또 상인으로서 그들의 능력에 대해 큰 존경심을 갖고 있다.”[11] 세 사람 모두 현재 뉴욕증권거래소의 독립성 자격요건에 저촉된다. 그리고 예기치 않는 ‘바다로부터의 주주 공격’ 후, 세이프웨이 이사 자리를 잃게 될 것이다.

아직도 자신의 취약성을 충분히 이해하지 못한 버드는 자신감을 가지고 파업 노동자들과 정면으로 대결하고 있다. 그는 자신과 경영진을 재정적으로 보호하고, 향후 여러 달 내내 파업 관련 자금을 공유할 회사 지지 세력들을 만들었으며, 충성스러운 협력자들과 친구들로 이사를 배치했다. 실제 버드는 파업을 통해 월 스트리트가 선호하는 ‘강인한 선택’을 한 냉철한 슈퍼스타 CEO로 평판이 높아질 수 있다고 믿었고 또 그럴 만한 충분한 이유도 있었다.

버드는 비록 회사 자체는 형편없어져도 노동자들과 싸우며 더 부유해지고 지위가 더 높아진 CEO에 대한 사례들에 기대를 걸었다. 예를 들어 ‘전기톱, 알버트(Chainsaw Al)’로 알려진 알버트 던랩(Albert Dunlap)은 1990년대 중반 스콧제지(Scott Paper)에서 20개월 동안 CEO로 근무하며 전체 노동력의 3분의 1이 넘는 만 천 2백 명의 노동자들을 해고했다. 그는 선빔 코프(Sunbeam Corp.)로 이직하기 전까지 이에 대한 대가로 1억 달러 넘는 돈을 챙겼다. 또한 그곳에서도 4개월의 재임 기간에 회사 전체 노동력의 절반인 만 2천 명의 해고를 발표하며 자기 자신의 기록을 깨려고 했다. ‘중성자탄(Neutron)’ 잭 웰치(Jack Welch)와 돈 그레이버(Don Graber)와 같은 CEO들도 비슷하게 노동자들을 해고했다. 웰치의 경우 제너럴 일렉트릭(Generic Electric)에서 10만 명이 넘는 직원을 해고했다. 이러한 사례들이 버드로 하여금 지나친 자신감을 가지게 했는지도 모른다. 그는 자신이 직면하게 될 매복, 즉 세이프웨이로부터 자신과 자신의 동조세력을 축출하기 위한 노동자 주도의 주주운동을 예상하지도 못했고, 아마 예상할 수도 없었을 것이다. 이 주주운동으로 버드는 CEO로서 역할을 거의 하지 못하게 됐다. 그의 친구이자 협력자들인 로버츠와 그린, 로페즈 등 실업계 귀족들은 이사회에서 제거됐으며, 버드가 더 이상 손해를 끼치기 전에 그를 감시하기 위해 파견된 독립적인 이사들로 대체됐다. 이런 일들에 수반되는 충격과 호의적이지 않은 언론 보도는 그 자체만으로도 흥미롭고 놀랍다. 그러나 이 책에서 중요한 것은 충격 그 자체가 아니라 누가 그 충격을 야기했는가 하는 점이다.[12]

파업 노동자들이 추후에 발생한 일의 기초 작업은 했다고 하더라도, 버드에게 심각한 타격을 가한 것은 파업 노동자들이 아니었다. 파업 후 버드에게 큰 타격을 가한 것은 세이프웨이 노동자와 그리고 이들과 연대한 주주와의 연대세력이었다. 캘리포니아공무원연금(California Public Employees' Retirement System, CalPERS), 뉴욕시공무원연금(New York City Employees' Retirement System, NYCERS), 뉴욕주연금(New York State Common Retirement Fund, NY Common), 일리노이주투자위원회(Illinois State Board of Investment, ISBI), 매사추세츠연금(Massachusetts Pension Reserves Investment Trust, MassPRIT), 코네티컷연금(Connecticut Retirement Plans and Trust Fund, CRTF), 오리건공무원연금(Oregon Public Employees Retirement System, OPERS), 그리고 워싱턴주투자위원회(Washington State Investment Board, WSIB) 등은 파업이 끝난 뒤 버드와 이사회에 반란을 일으켰다.[13] 파업 노동자들에 대항해 버드가 준비한 것의 거의 대부분은 오히려 이 주주들에 대한 자신의 입

지를 약화시켰을 뿐이었다.

　소수의 유력한 민간투자운용역들이 조용히 이들 노동자 그리고 노동자와 연대한 주주들에 가세한 것은 흥미로운 일이다. 운용역들은 투자 전문가로서 노동자의 정치적 입장에 동의해서가 아니라 주주의 자금을 운용하기 때문에 참여한 것이었다. 매우 중요한 내용인 까닭에 필자는 후속 장에서 이에 관한 논의를 진전시킬 것이다. 블랙스톤과 심지어 KKR과 같은 민간투자 운용역들은 통상 자신의 정치적 입장과 비즈니스 관행이 노동자의 이익과 반대 입장에 놓인다 해도 노동자의 이익을 후원하게 될 것이다.[14] 운용역들은 공적 연금기금, 즉 노동자 자본이 보유하고 있는 수조 달러를 운용하고 싶기 때문이다. 이것이 갖는 정치적 함의는 노동자에 의해 저평가되고 덜 활용되고 있다.[15]

　캘리포니아공무원연금과 뉴욕시공무원연금 등은 전형적인 투자자들이 아니다. 연금기금들은 학교 교사와 경찰, 소방관, 간호사, 응급의료 기술전문가, 위생시설 노동자 등과 같은 3천만 명의 현직, 퇴직 공무원들의 퇴직 저축을 투자한다. 보다 작은 노동조합 기금들은 목수와 전기기사, 건설 및 호텔 노동자들과 같은 노동조합이 결성된 민간 영역 노동자들의 퇴직 저축을 투자한다. 그들의 연봉 중간 값은 건설노동자의 최저 3만 2천 달러에서 경찰공무원의 최고 6만 천 달러에 이른다.[16] 이들이 필자가 말하는 '노동자 주주들(연금기금 형태의 노동자 자본을 보유한 주주)'이라는 용어에 해당하는 사람들이다. 많은 문헌들이 소득과 교육 수준, 인종, 성, 가족관계망 등 광범위한 관심사를 포함한 기준들로 노동자와 중산층을 분류한다. 그런데 이들 노동자 가운데 일부는 단지 연금이 있다는 이유로 중산층으로 분류될 수 있다. 중요한 것은 연금 때문에 공공 영역 노동자 중 40%가 사회보장에 가입할 자격이 없다는 사실이다.[17] 이러한 대부분의 노동자들에게 있어서 일자리와 연금의 상실은 빈곤까지는 가지 않더라도 가난의 언저리에 놓이게 하는 것이다. 이들 모두는 일자리 유지와 안전한 은퇴를 바라고 이는 수백만 명의 다른 노동자들의 이해와 일치한다. 그리고 노동자와 회사 이사회와 경영진과의 경쟁 가운데 또한 노동자와 헤지펀드, 사모펀드와의 경쟁 속에서, 노동자들과 그들의 적대자 사이의 계급 구분이 가장 명료하게 드러난다.

이 연금들에 기여하는 노동자들은 보통 기금의 수탁자 이사회에서 자신들을 대표할 동료 노동자들을 선출한다. 공적 연금기금 이사회에도 주지사와 주 재무관, 주 검사, 시장을 포함해 주 또는 지방에서 선출된 공무원인 이사들이 있다. 보다 작은 민간 영역 노동조합 기금들의 경우 회사 경영자들은 기금 이사회에서 노동자 대표들과 나란히 앉는다. 이 기관들에 자신들의 퇴직기금을 기여하는 개인들은 부자는 아니다. 그들은 개인적으로 경제적 영향력이 거의 없는 정도의 보통의 봉급과 연금을 받고 있다. 그러나 전체를 합하면, 그들의 연금기금은 총 5조 6천억 달러 이상이 된다.[18] 이 돈은 심지어 '전기톱, 알버트'마저 겁줄 수 있고 또 월 스트리트의 지배자들을 하인으로 만들 수 있는 규모이다. 과장이라고 생각할지 모르지만, 과장이 아니다. 만약에 이 책에서 일반적으로 얻어갈 것이 있다면, 그것은 오랫동안 예측돼온 노동 자본의 힘이 현실화되고 있으며 이미 변화가 시작되고 있다는 점이다. 또 노동 자본은 그 거대한 잠재성을 깨닫기 시작했으며 그들의 우군이 적들보다 그 잠재성을 훨씬 덜 인지하고 있다는 점이다.

손 해리건은 세이프웨이 파업 당시 독특한 틈새 역할을 한 노동조합 지도자였다. 그는 세이프웨이 노동자들을 대표해 파업을 일으킨 식품노동조합의 국제담당 부위원장이었다. 식품노동조합의 서부해안 활동을 책임지고 있었으며, 과거 세이프웨이 소속의 종업원이었다. 그는 식품노동조합 조직의 책임을 지는 일자리로 옮겨가기 전에 세이프웨이와 노동자들을 개인적으로 알았다.[19] 그러나 파업으로 향하는 노조 지도자로서는 독특하게도, 해리건은 노동자 자본의 세계에서 지휘하는 위치에 있었다. 그는 실제 그 세계의 정상에 도달했다. 그는 캘리포니아공무원연금의 총재였다. 캘리포니아공무원연금은 그 당시 백 30만 명의 가입자에 천 6백 60억 달러의 자산을 가지고 있었다.[20]

캘리포니아공무원연금은 미국에서 가장 큰 연금기금이며, 세계에서 가장 큰 기금 가운데 하나이다. 그것은 2003~2004년에도 사실이었으며, 현재도 그렇다.[21] 이 기금의 영향력은 그 기금에 친숙하지 않은 사람들이 평가하기에는 어려울 수 있을 것이다. 캘리포니아공무원연금의 영향력은 반복적으로 이 책에서 입증된다. 그러나 지금은 3천 2백 30억 달러의 대규모 자산을 가진 캘리포니아공무원연금이 기업들이 마주치기를 꺼려하는 투자자라는 점을 주목하는 것으로 충분하다. 그 기금은 투자를 만들거나 중단할 수 있는 거대한 공동자금 위에 앉아 있다. 일단 투자가 되면, 캘리포니아공무원연금은 주주투표와 소송, 다른 투자자들에 대한 영향력을 통해 경영 행위에 도전할 힘을 갖는다. 캘리포니아공무원연금보다 더 큰 기금들은 세계에서 얼마 되지 않으며, 캘리포니아공무원연금만큼 공적으로 공격적인 기금은 아마 없을 것이다. 당시에도 현재처럼 캘리포니아공무원연금 총재에 오르는 것은 세계에서 가장 강력한 투자 목소리 중의 하나가 되는 것이었다. 그 높은 자리에 도달하기 위해 해리건은 캘리포니아에서 요령이 있는 정치인들 중 일부를 전략으로 이겨야 했다. 그는 총재 자리를 놓고 맞붙은 정면 승부에서 샌프란시스코 시장 윌리 브라운(Willie Brown)을 이겼다. 동료 이사 투표에서 해리건은 8 대 4로 브라운보다 많은 표를 얻었다. 브라운 후보는 당시 캘리포니아주지사 그레이 데이비스(Gray Davis)가 지원했지만, 아무 소용이 없었다.[22]

필자는 세이프웨이 사태에 해리건이 개입한 데 대해 처음부터 한 가지 놀라운 사실을 강조하고자 한다. 그는 공개적으로 파업에 참여하면서 후속으로 이어진 주주운동에 개입하는 것은 거부했다. 필자는 그의 거부를 믿지 않으며, 그도 믿어줄 것으로 바라지 않았다고 생각한다. 그 당시 해리건 자신은 다 털어놓을 수 없을 정도로 깊숙이 개입했다는 여러 묵언의 암시를 줬으며, 많은 증거들이 그 방향을 가리키고 있었다. 파업 이후 뒤따른 주주운동에서 또는 적어도 파업과 주주운동을 조정하는 데 있어서 노동조합 지도자들은 주창자가 되는 것을 거부할 강한 법적 이유들을 가졌다. 이 이유에 대해서는 아래에서 설명하려고 한다. 아마 이보다 더 중요한 점은 해리건의 참여가 노동자 연금기금은 노동자 이익을 전적으로 배제하고 오로지 주주 이익만을 돌봐야 한다는 식으로 깊게 자리 잡은 미국의 금기를 위반할 수 있다는 것이었다. 이 두 개의 이익은 통상 분리되지 않는다. 세이프웨이 투쟁에서 해리건은 그 금기를 위반한 것처럼 보였다.

근본적으로 해리건의 개입에 대해 정확한 윤곽을 파악하는 것은 노동자들의 이익 추구를 위해 할 수 있는 두 개의 구조인 파업과 주주운동을 대조해보기 위해 세이프웨이 투쟁을 조사하는 것보다 중요하지 않은 것이었다. 그 어떤 역사적 사건도 이 둘을 비교하는 데 있어서 이보다 더 직접적인 방법을 제시하지 못한다. 이들 사건에서 수행한 도전적이고 혁신적인 역할 때문에, 해리건은 로버츠와 그린, 로페즈처럼 일자리를 잃을 것이다. 해리건은 결코 성인군자가 아니었다. 그는 자기 역량을 과신하는 경향이 있었으며 대립을 일삼고 거칠었다. 그를 귀감으로서 떠받치기 위해 그에 대해 쓰는 것이 아니다. 해리건과 캘리포니아공무원연금 그리고 그들의 연금 동맹군들이 21세기에 노동자의 권리를 다시 주장하기 위해 개선하고 널리 채택돼야 하는 새로운 전술로 가는 길을 뚫어낸 것을 믿기 때문에 그에 대해 쓰는 것이다.

해리건의
두 가지 초기 운동 _____

해리건과 캘리포니아공무원연금이 버드에게 한 위협에 대해 이해할 수 있도록, 해리건이 세이프웨이를 맡기 바로 직전에 이끌었던 두 가지 다른 주주운동을 간단히 서술하고자 한다. 먼저, 2003년 가을 해리건이 캘리포니아공무원연금에서 집행이사회

의장으로서 임기를 시작한 지 6개월도 채 안 된 시점에서 또 세이프웨이 파업이 일어나기 두 달 전에, 뉴욕증권거래소는 거래소 CEO이자 의장인 리처드 그라소(Richard Grasso)에게 1억 8천 7백만 달러의 보수를 대부분 즉각 지불할 수 있는 조건으로 주겠다고 공시했다. 당시 뉴욕증권거래소는 비영리기관이었으며, 그 봉급은 그라소를 미국 전체 비영리기관 가운데 최고로 높은 보수를 받는 기관장으로 만들었을 것이다.[23] 그라소에게 봉급을 주는 뉴욕증권거래소 이사회와 보상위원회는 그라소가 뉴욕증권거래소 이사장과 CEO로서 규제할 수 있는 사람들로 구성돼 있다. 일반 대중은 그라소에게 주어진 지나친 보상을 이해의 충돌, 즉 거의 틀림없이 피규제자가 그들의 규제자에게 주는 보수로 인식했다. 그라소의 봉급은 엔론(Enron)과 월드컴(WorldCom)의 대실패가 가져온 여파 속에서 그리고 월 스트리트 주식 애널리스트의 스캔들 와중에 발표됐다. 당시 뉴욕주 검찰총장 엘리엇 스피처(Eliot Spitzer)는 중요 고객들을 기쁘게 하려고 주식 종목 추천을 조작한 혐의로 월 스트리트 애널리스트들을 체포했다. 그라소의 보상에 대한 비판이 확산됐다. 그라소는 9·11 사태 후 불과 며칠 만에 증권거래를 재개한 것을 상기시킴으로써 수 주 동안 일반 대중의 애국심에 호소하며 자신의 일자리와 돈 두 가지를 지키려고 안간힘을 썼다.[24] 그라소는 이에 성공하는 것처럼 보였다.

당시 해리건은 미국에서 두 번째로 큰 연금기금인 캘리포니아주교원연금(CalSTRS)과 캘리포니아주 재무관과 함께 공개적으로 그라소에게 물러날 것과 그의 보수를 몰수할 것을 요구했다. 해리건은 〈가디언(The Guardian)〉에서 이렇게 말했다. "그것은 너무 충격적이었다.

…… 여기 절대적으로 모범이 돼야 할 세계에서 가장 큰 증권거래소가 있다. 그리고 총 1억 8천 8백만 달러 보수를 받는 그라소 같은 사람이 있다. 내가 할 수 있는 가장 분명한 말은 '그것은 여물통 속에 있는 돼지의 사례였고 우리가 할 일은 그라소를 여물통 바깥으로 빼내는 것'이다." 그라소는 다음 날 사퇴했다.[25]

이와 비슷한 일이 또 있었다. 해리건은 캘리포니아공무원연금의 이사장이 되고 나서 석 달도 채 지나지 않아, 미국 최고위층이며 카리스마가 있는 '황제 CEO' 중 한 명인 마이클 아이스너(Michael Eisner) 디즈니 CEO 겸 이사회 의장의 축출을 요구했다. 아이스너는 디즈니에서 20년간 근무했는데, 해리건의 지도력 아래 캘리포니아공무원연금은 아이스너에 대한 주주반란을 진두지휘했다. 당시 디즈니는 경영에 차질을 빚고 있었다. 5년 만에 주가가 23% 떨어졌고, 이사회 갈등을 적절히 공개하지 않은 점 때문에 증권거래위원회의 조사가 진행됐다. 또 2년도 채 안 되는 기간 동안 디즈니의 회장으로 근무했던 자신의 친구 마이클 오비츠(Michael Ovitz)에게 1억 3천 8백만 달러를 지급한 이유로 아이스너에게는 불명예스러운 주주 소송이 제기됐다. 잘못된 이기저 회사 경영 문제로 아이스너는 전 이사회 이사이자 회사 창립자인 월트(Walt Disney)의 조카 로이 디즈니(Roy Disney)와 양대 주주제안권 자문서비스 기관인 ISS(Institutional Shareholder Services)와 글래스 루이스(Glass Lewis) 그리고 유명한 주주들 가운데 첫째인 캘리포니아공무원연금의 분노를 사게 됐다.[26] 캘리포니아공무원연금의 지원이 결정적 전환점이 됐다. 2억 6천만 달러의 가치가 있는 9백 90만 주를 보유한 캘리포니아공무원연금이 2004년 연례 주주총회에

서 아이스너의 이사 재선출 투표를 보류한다고 발표했다.[27]

　아이스너를 반대하는 캘리포니아공무원연금의 결정은 해리건의 전형적인 방식답게 요란하게 이뤄졌다. "우리는 디즈니의 주주가치를 창출하는 데 있어서 아이스너의 전략적 전망과 지도력에 대한 전적인 믿음을 상실했다. …… 주주들은 디즈니에게 보다 집중된 전략을 가져야 할 시점이라는 메시지를 크고 강하게 보내야 한다."[28] 뉴욕과 매사추세츠 등 전국 각지의 연금기금들은 아이스너에 반대하는 보류투표에 신속하게 서명을 했다. 처음은 아니지만, 이전의 투표 보류 운동들은 종종 적당한 표 집계를 냈고, 결국 이사회 의장의 축출로 이어지기는 했다. 예를 들면, 타임워너(Time Warner) 사장 스티브 케이스(Steve Case)는 그 전 해에 22%의 투표 보류가 나오자(주주유권자의 22%가 지지 투표를 거부했음을 의미한다), 이사회 의장직을 사임해야 했다. 디즈니 주주의 반란은 아이스너에 대한 전례 없는 43%의 보류투표를 가져왔고, 이로써 캘리포니아공무원연금은 동조하는 다른 주주들을 불러 모으는 능력을 보여줬다.[29] 회사법의 기술적 문제로 아이스너는 여전히 재선임됐다. 왜냐하면 경쟁자가 없는 선거에서 적어도 일부 주주들이 그를 찬성하는 투표를 했기 때문이다. 그러나 디즈니에서 살아남은 이사들이 어리석은 것만은 아니었다. 이사들은 아이스너에 대한 주주들의 거대한 반감을 인식하고, 아이스너를 CEO로 유지시키되 이사회 의장 자리에서는 내려오게 했다(하지만 그는 여전히 이사회에는 남았다). 동료 이사이자 메인주 전 민주당 상원 의원인 미첼(George Mitchell)이 그를 대체했다.[30]

　해리건과 캘리포니아공무원연금에 있어서 아이스너의 이사회 의장 자리를 거부하면서 그를 CEO로 남겨두는 것은 그리 좋은 것은 아니었다. 투표 보류 이후, 그들은 아이스너에게 CEO를 포함한 모든 지위에서 사직하고 영원히 회사와의 관계를 단절할 것을 요구했다. 6개월 후 아이스너는 계약이 만료되는 시점에 CEO로서 퇴임을 발표했다. 해리건은 여기에 머물지 않았다. 그는 아이스너가 이사회에서도 사직하기를 요구했다. 왜냐하면 '아이스너가 이사회에 지속적으로 존재하는 것은 회사가 투자자 신용을 회복하는 데 필요한 완전한 단절을 방해할 것이기 때문이었다'. 아이스너는 결국 이사회에서도 물러났다.[31]

어느 누구도 해리건이 이룩한 이 두 가지 놀라운 업적의 본질을 경시할 수 없다. 현직 CEO들에 대한 주주반란은 아주 드물고, 성공적인 반란은 여전히 더욱더 드물다. 한 사람과 한 기금이 미국의 대표적 기업인 뉴욕증권거래소와 디즈니의 CEO와 이사회 의장을 각각 수 개월 내에 내려오게 하는 일을 책임지고 이끈 것은 그 역사적 중요성을 계속 인식해야 하는 성과이다. 그런데 그 성과가 너무 빨리 잊히고 있다.[32] 이 같은 성공 사례들을 보면 세이프웨이의 버드가 노동자들의 보수를 삭감하는 계획을 발표했을 때 해리건이 무엇을 생각하고 있을지 쉽게 상상이 된다.

세이프웨이의
파업 _____

해리건과 버드의 투쟁 대상은 처음부터 세이프웨이의 신규 계약서 내용 이상의 것들에 관해서였다. 해리건 자신이 서술한 것처럼, "만약에 그들이 우리들의 배후를 여기서 차단한다면, 그들은 이를 전국의 식품노동조합 조합원들과 노동조합 계약들을 약탈하는 기회로 여길 것이다. 이것은 진짜 분수령이다".[33] 몇몇 사람들은 그러한 주장들이 갈등을 과장하는 것이라고 일축할지 모른다. 그러나 식품노동조합 사용자들은 왜 해리건이 두려워했던 것, 즉 버드의 방법이었던 노동비용을 줄여 이윤을 늘리려고 하지 않는가? 해리건과 식품노동조합은 이 파업에서 노동자들을 위한 공정한 계약 이상의 것을 요구했다. 그들은 버드의 입장에 있는 다른 사람들이 같은 일을 시도하는 것을 막을 필요가 있었다. 그리고 그것을 성취하기 위해 계산법을 바꿀 필요도 있었다.

파업이 시작됐다. 식품노동조합은 세이프웨이와 캘리포니아 전역의 다른 슈퍼마켓 일자리에서 해고된 노동자들과 함께 이 사건을 곧바로 여론재판에 부쳤다. 노동조합은 워싱턴 D.C.와 볼티모어, 덴버, 시애틀 그리고 북부 캘리포니아 신문들에 광고를 냈다. 노동자와 소비자를 대상으로 삼은 광고가 라디오에서 나오기 시작했다.

첫째, 세이프웨이의 CEO 버드는 2천만 달러 가치의 회사 주식을 매각했다. 그런 다음 그는 우리 가족의 건강급여 비용을 줄이려고 나와

7만 명의 다른 노동자들을 길거리로 내몰았다. 우리는 실직했고, 구매 고객들은 불편해했다. 세이프웨이 주가는 급락했다. 그러나 버드는 자신의 이익만을 생각하고 있다. 지금은 형세를 역전시킬 때이다.

나는 캐시 세이퍼(Kathy Shafer)로 28세이고,

세이프웨이 본스점 종업원이다.

버드에게 메시지를 보내자.

'우리들의 피켓 라인을 보면

세이프웨이에서 물건을 사지 맙시다.'

식품노동조합에서 일하는 남성과 여성 들로부터의 메시지, '우리는 모든 노동자 가족의 건강 보험을 위해 피켓 라인에 서 있다.'[34]

식품노동조합은 세이프웨이에 반대 운동을 펼치면서 특별한 청중도 목표로 삼기 시작했다. 전형적으로 노동조합과 노동조합의 파업에 동정적이지 않은 그룹이었다. 〈월 스트리트 저널〉 광고에서 식품노동조합은 세이프웨이의 경영이 형편없다고 공격했다. '세이프웨이 수지를 개선하기 위해 가장 효율적인 방법은 무엇인가?'라고 광고는 질문을 던졌다.

A: CEO 버드는 잘못된 경영을 멈춰라.

B: 노동자를 위해 건강관리 급여를 삭감하라.

광고는 〈로스앤젤레스 타임스〉의 사설을 인용했다. '버드가 1998년 단 한 번의 합병으로 세이프웨이의 수지에 끼친 손실은 회사 지역 노동조합 노동자들의 30여 년어치 건강보험 비용과 맞먹는다.' 이 글은 '그는 다시 계산을 잘못하여……'라는 언급으로 버드의 무능을 강조하고, '미국에서 가장 부유한 시장 가운데 하나인 이곳에서' 버드는 노동자와 소비자들을 소외시켰다고 주장했다. 마지막으로, '버드가 회사에 더 많은 손실을 끼치기 전에 버드를 그만두게 하라'고 결론을 내렸다.[35]

〈월 스트리트 저널〉 광고에는 개인의 목소리가 빠져 있고, 세이프웨이 파업에 참여한 개인적 얼굴들도 없었다. 그 대신, 버드가 신경 쓰는 투자자들과 소매 섹터 애널리스트들의 의견에 영향을 미치도록 구성돼 있었다. 버드의 무능을 〈월 스트리트 저널〉 독자들에게 널리 확신시키는 것, 또 버드가 그 자리에 머물러야 하는지 여부를 투자자들에게 질문하도록 유도하는 것이 목적이었다.[36]

두 광고의 효과는 누구나 추측하는 것이지만, 일반적인 광고보다 노동에 대해 보다 광범위한 의견들을 보여주게 했다. 몇몇 독자들은 노동자에 호의적인 도덕적 주장들에 반응하는 편인가 하면, 다른 독자들은 주주들의 실리적 주장에 반응하는 경향을 보였다. 비록 일부 진보주의자들은 노동자 이익보다 주주 이익을 위하는 어투로 쟁점들을 구조화하는 것에 대해 불쾌해했지만, 이쪽 아니면 저쪽으로 의견을 제한할 이유는 없었다. 기업과 주주가 본질적으로 착취적이라는 입장을 취하는 사람들은 노동자 주주의 아이디어에 매우 불편해한다. 어쨌든 어떤 노동자들이 다른 노동자들이 운영하는 회사 주식을 소유한다는 것은 무엇을 의미할까? 노동자 주주들이 다른 노동자들을 '착취한다'는 것은 무슨 의미일까? 언제 착취당하는 자가 착취당하는 자를 착취할까? 노동자 주주들은 우리 사회에서 실제 주주들인 1%를 보호하는 일종의 '인간방패'인가?

이는 노동자 자본의 본질적 모순을 드러내는 복잡한 철학적·정치적 질문들이다. 필자는 이 질문들이 제기될 때 그 질문들을 다루려 시도할 것이다.[37] 그러나 이런 관심사는 대부분의 경우 매우 이론적이고 비실용적이라고 본다. 왜냐하면 특히 노동자 자본의 경우 이미 존재하고 있기 때문이다. 거의 3천만 명의 노동자가 이 기금들에 투자된 3조에서 6조 달러의 자산에 직접 의존하고 있다. 수천만 명은 보다 간접적으로 그 자산에 의존하고 있다.[38] 노동과 자본이 상호 배척하는 세상, 열매도 없는 척박한 동굴을 두고 서로 대치하는 세상으로 뒤돌아가는 것은, 적어도 선진 경제에서는 하지 않는다.

필자는 노동자 주주의 힘은 중산층 그리고 노동자들의 목소리를 권력의 통로 속으로 다시 들여오는 수단에 있다고 생각한다. 그들은 그 힘이 없으면 권력의 통로로부터 추방될 것이다. 주주권의 행사가 늘어나면서 두 가지 근본적 변화가 생길 수 있다. 첫째, 보다 많은 사람들이 스스로 창조한 경제적 잉여를 보다 더 많이 보유할 수 있게 됨으로써 부를 생산한 당사자들에게 부를 반환해줄 것이다. 둘째, 본질적으로 주주들에게 반응하게 짜여 있는 시장은 중산층과 노동자주주들에게 반응할 것이고 같은 방식으로 확산돼 중산층과 노동자들에 대해 더 많이 반응하게 될 것이다.[39]

시장의 맥락 안에서 노동자 주주의 권한을 확대하는 사례는 노동자 주주라는 사실을 불편한 진실로서가 아니라 경제적 성과의 균형을 다시 잡기 위한 중요한 도구로서 다루게 한다. 노동자 주주의 권한에서 오는 힘을 능숙하게 활용하는 일들은 이미 이루어지고 있는데, 노동자뿐 아니라 중산층과 노동자를 위해 보다 일반적이고 가능성 있는 방법을 제공하고 있다. 노동자와 진보주의자들은 그 권한에 전념해야 하며, 그 권한으로부터 벗어나서는 안 된다. 또 그 권한이 코흐 형제나 아놀드 등에 의해 파괴당하게 해서는 안 된다. 달리 말하면, 행진하면서 "세계 노동자들이여, 단결하라! 당신은 연금 외에는 잃을 것이 없다"라고 외치는 것이 그 어떤 것보다 노동자들을 바리케이드로 돌진하지 않게 만들 것이다. 이 노동자들은 반드시 해야 하는 만큼은 아니더라도 더 많은 것을 위해 싸우는 것이 가능할 정도의 이해관계는 가지고 있다. 그들이 추구해야 할 합리적 목표는 실제 세계 권력의 진정한 원천들을 확인하고 활용해 현행 시스템이 그들의 요구를 들어주도록 방향을 전환하게 하는 것이다. 다른 주주와 학생, 행동가, 기부금, 환경주의자, 영향력 있는 투자자 그리고 뮤추얼펀드와 연대하는 것을 포함한다. 세이프웨이 파업과 뒤따른 세이프웨이 주주운동의 다른 운명들이 그 점을 실증해주고 있다.

그러한 놀랄 만한 주주운동의 실마리는 파업 초기에 나타났다. 2003년 12월, 식품노동조합은 캘리포니아공무원연금에 접근해서 세이프웨이에 대한 도움을 요청했다. 이것은 해리건이 자신을 위해 도움을 요청한 것과 유사했다. 캘리포니아공무원연금은 '세이프웨이가 장기 근속 종업원들의 삶의 질에 대한 이슈들을 노골적으로 무시하는 것은 귀사에 대한 우리의 투자에 중대한 영향을 미치고 있다'는 내용으로 세이프웨이에 대한 공개서한을 작성함으로써 식품노동조합에 응답했다. 식품노동조합은 캘리포니아공무원연금의 편지를 수용하고, 다른 투자자들도 캘리포니아공무원연금의 선례를 따르도록 권고하며 공개적으로 자신의 희망사항을 발표했다.[40] 버드와 세이프웨이는 그 편지가 의미하는 어떠한 위협도 무시해버렸다.

파업이 소강상태일 때, 어느 일단의 종교지도자들이 그 싸움에 참여하려고 했다. 2004년 1월 하순, 파업이 3개월 15일간 진행된 시점에서 이들 종교지도자는 노동자와 노동자 자녀들과 함께 '세이프웨이의 CEO인 버드에게 개인적인 메시지를 전달하기 위해' 남부 캘리포니아에서 북부 캘리포니아로 이동했다. 로스앤젤레스에서 온 4백 명의 종교지도자 집단인 '경제정의를 위한 성직자와 평신도연합(Clergy and Laity United for Economic Justice)', 즉 CLUE는 캘리포니아 셔먼 오크스의 파빌리온스(Pavilions) 슈퍼마켓에서 집회를 열며 북부지역 순례를 시작했다. 그곳에서 기독교와 유대교, 회교 지도자들의 축복을 받았다. 〈로스앤젤레스 타임스〉는 남부 캘리포니아 연합감리교의 도시전략가인 짐 콘(Jim Conn) 목사가 "우리는 버드를 위해 기도하는 중이다. 그는 노동자들에게 너무 저항적이고 너무 차갑다. 자신이 영향을 미치는 다른 사람들의 삶에 대해 그도 알 필요가 있다"라는 설교 내용을 인용했다. 노동자들은 피코 유니온 샬롬 미니스트리(Pico Union Shalom Ministry)의 피델 산체스(Fidel Sanchez)가 부른 스페인 노래들을 배경음악 삼아 북부로 버스를 타고 갔다. 그들은 고등학교 체육관 바닥에서 밤을 지새고, 다음 날 아침 일찍 알라모(Alamo)라고 이름이 붙여진 버드의 집에 가기 위해 일어났다. 버드가 협상 테이블

에서 물러날 것을 요구하는 수천 장의 손편지와 카드들을 전달할 계획이었다.[41]

계산대 직원이자 재고관리자였던 신시아 에르난데스(Cynthia Hernandez)는 "나는 버드가 우리 얼굴을 보기를 바란다. 우리가 존재하는 것을 그가 알기를 바란다"라고 말했다. 그녀는 파업 기간 동안 가족을 부양하느라 어려움을 겪고 있었다. 그러나 버드의 생각은 이와 전혀 달랐다. 그는 집에 없었다. 집에 있었다고 하더라도 별 의미가 없었을 것이다. 왜냐하면 버드의 집 1마일 전에서부터 보안관들이 시위대를 막아섰기 때문이다. 6명의 성직자들이 버드의 집 근처로 가는 것이 허용됐으며, 그들은 민간보안요원과 버드의 개인 대표를 만나 함께 손잡고 기도했다. 노동자들은 물러났다. 세이프웨이는 아무것도 양보하지 않았다. 파업은 협상과 중재를 계속하며 진행됐다. 그 과정에서 세이프웨이와 크로거, 앨버트슨스가 입은 판매 손실액은 모두 15억 달러였다. 노동자들도 손해를 봤다. 노동조합이 주는 일당 25달러를 받았을 뿐이었다. 종착점을 향해 가는 과정에서 매사추세츠주 상원 의원인 존 케리(John Kerry)가 노동자들의 피켓 라인에 참여했다. 케리는 나중에 국무부 장관이 됐으며, 곧바로 2004년 선거에서 민주당 대통령 후보가 됐다.[42] 케리의 개입이나 파업으로 입은 세이프웨이의 손실은 버드가 추진하는 비용 삭감 과정을 단념시키기에는 충분하지 못했다.

파업은 거의 5개월간의 투쟁 후 최종적으로 끝났고, 미국 역사상 가장 긴 슈퍼마켓 파업으로 기록됐다. 이 정도 규모의 파업이 끝난 뒤면 항상 그러하듯이 양측 모두 승리를 선언했다. 그러나 언론과 노동자 그리고 노동조합조차도 적어도 내부적으로는 세이프웨이를 패배자로 간주하고 있음을 나타내는 많은 증거들이 있었다. 파업을 밀착 취재한 〈로스앤젤레스 타임스〉에 따르면, '협상가들이 작성한 계약을 보면 슈퍼마켓 측의 승리로 널리 간주된다. 왜냐하면 그 계약이 특히 백화점에 고용된 직원의 임금과 복지를 전문 노동자보다 훨씬 덜 주는 2단계 제도를 포함하고 있기 때문이다'. 〈뉴욕타임스〉도 비슷하게 '많은 노동조합 조합원들이 그 합의에 임금 인상도 없었고, 신규 채용자들에게 더 낮은 임금체계를 적용하고 건강관리 플랜도 더 인색했다고 불평했다'고 보도했다.[43] 논란의 여지가 없었다. 세이프웨이 슈퍼마켓 노동자들은 파업 이전보다 상황이 더 나빠졌다. 따라서 노동조합 지도자들은 파업 이전의 노동자 임금 및 급여 측면에서가 아니라, 파업이 없었더라면 노동자들이 얼마나 더 어려워졌겠는가라는 관점에서 파업을 승리로 규정하는 수밖에 없었다. 일종의 승리로 주장하긴 해도, 승리처럼 느껴지지 않았다. 아무리 다양한 관점으로 돌려봐도 노동자들이 다르게 느끼게 할 방법은 없었다.

 기업들은 파업 기간 동안에도 노동조합들보다 항상 더 큰 경제적 자원들을 소유하고 있는데, 최근 수십 년간 그 격차는 부쩍 더 커졌다. 1960년대에 미국 노동자들의 3분의 1은 노동조합에 가입했다. 노동자들은 노조비를 냈으며, 노조비는 비교적 강력한 노동조합 조직에 지원됐다. 오늘날에는, 미국 노동자의 10% 조금 넘은 숫자가 노동조합에 가입해 있다. 그 노동자들의 대부분은 공적 영역에서 주와 지방정부를 위해 일한다—그들은 노동자 주주 권력의 원천이 되고, 파업이 끝난 직후에는 버드를 즉각 물고 늘어질 연금기금에 기여하는 사람들이다. 보다 작은 노동세력이란 조합비를 내는 조합원이 적은 단체를 의미한다. 조합비가 보다 적다는 것은 파업에 투입할 자원이 보다 적다는 것을 의미한다. 파업의 횟수는 최근 몇 년간 급감하고 있다.[44] 보다 적은 자원이란 또한 효율적으로 협상을 할 수 없음을 의미한다. 비효율적인 협상은 보다 더 낮은 임금에 보다 적은 노동조합 일자리를 의미한다. 그것은 다시 보다 적은 회비를 의미한다. 이런 식으로 영향이 이어진다. 노동조합이 쇠락하면, 노동조합 조합원에게 주는 영향을 훨씬 넘어서는 파급효과가 일어난다. 이는 사회 이곳저곳의 저임금과 큰 경제적 불평등과 상관관계를 가진다. 쇠락에 관해 가장 설득력 있는 은유를 생각해보자. 필자에게는, 노동조합의 쇠락을 생각하면 지구온난화와 이로 인해 녹아내리는 빙하의 이미지가 떠오른다. 과거에 지구에 상처를 내며 만들어진 거대하고 영원히 지속될 것처럼 보이던 구조물이 조용히 그리고 무자비하게 퇴각당하고 있다. 가끔 바다로 무너져내리는 빙붕이 물을 튀기며 극적인 장면을 연출하기도 하지만, 빙하가 녹는 것은 대개 시시각각 끊임없이 갈라지고 서로 부딪쳐 갈리고 녹으면서 계속 완전히 잘못된 방향으로만 움직였을 때 발생한다. 세이프웨이 파업도, 주주 부분이 없었더라면, 역사의 바다 속으로 무너져내려 잊힌 또 하나의 빙붕에 불과했을 것이었다.

여기 여러 흥미로운 자료들을 소개한다. 이 자료들은 긍정적이면서도 다른 관점으로 살펴볼 수 있는 트렌드를 보여준다. 2015년 6월 30일 현재 캘리포니아공무원연금은 세이프웨이 파업 당시인 2004년보다 천 백 70억 달러가 더 많은 3천 백 50억 달러의 자산과 40만 명이 더 많은 총 백 80만 명의 가입자를 가졌다. 세이프웨이 반대 운동에서 결집했던 다른 모든 노동자 자본 기금도 상황은 마찬가지이다. 뉴욕시공무원연금의 자산은 2004년의 4백 27억 달러에서 2015년에는 6백 36억 달러로 증가했으며, 뉴욕주연금은 천 3백 64억 달러에서 천 9백 79억 달러로, 일리노이주투자위원회는 백 4억 달러에서 백 50억 달러로, 매사추세츠연금은 3백 40억 달러에서 6백 50억 달러로, 코네티컷연금은 3백 10억 달러에서 4백 4억 달러로, 오리건공무원연금은 5백 17억 달러에서 6백 88억 달러로, 워싱턴주투자위원회는 5백 72억 달러에서 8백 51억 달러로 자산이 증가했다.[45] 노동자의 쇠퇴와 노동자 자본 등장의 동시성은 노동자 권력에 조금이라도 미래가 있으려면, 그 권력의 미래가 어떤 모습이어야 하는지를 제시한다. 일반적으로 21세기형 권력의 많은 부분처럼, 노동자 권력도 그 원천으로서 주주권에 의지할 것이다.

연금기금이 주주운동을
결집시키다 _____

세이프웨이 파업의 종료는 투쟁의 종료가 아니었다. 그와는 반대로 협상 기간의 어느 시점에서 해리건 혹은 식품노동조합, 또는 양자 모두 2004년 5월로 다가온 세이프웨이 주주총회를 염두에 둔 주주운동으로 버드를 위협했다. 이 위협이 현실이 될 것이라는 증거가 나타나자, 여론의 반응은 대단히 회의적이었다. 초기 보고서들은 버드에 대한 어떤 주주운동도 승산이 없는 것으로 봐

야 한다고 언급했다.[46]

〈시카고 트리뷴(The Chicago Tribune)〉은 2004년 3월 25일 처음으로 이 이야기를 알렸다. 일리노이주의 연금기금을 감독하는 일리노이주 투자위원회(Illinois State Board of Investment)가 2004년 3월 20일 세이프 웨이 주주총회에서 버드와 다른 두 명의 이사들이 재선하지 못하도 록 다른 여러 거대 투자기금들과 의견을 조정하고 있다고 〈시카고 트 리뷴〉이 보도했다. 〈시카고 트리뷴〉에 따르면 일리노이주투자위원회 는 3월 5일 집행이사회에서 '이례적인 조처'를 취했다. 버드가 세이프 웨이 CEO와 이사장에 연임되는 것을 막기 위한 노력으로 다른 연금 기금들과의 협력 여부를 투표로 결정했다는 것이다. 일리노이주투자 위원회의 집행이사인 빌 애트우드(Bill Atwood)는 "세이프웨이의 주가 동향은 재앙이었다"라고 말하며 주제를 소개했다. "세이프웨이는 지 난 5년이 넘는 기간 동안 최악의 선수 가운데 하나였다."[47]

세이프웨이가 무엇이 잘못됐는지, 즉 버드의 잘못을 어떤 프레임 으로 볼 것인가를 두고 미묘하고도 완전히 설득력 있는 변화가 생기 면서, 투쟁은 새로운 차원을 맞이했다. 〈시카고 트리뷴〉은 그 주 후 반에 주주운동을 발표하기 위한 기자회견 자리에 여러 기금들이 모 습을 드러낼 예정이라고 추가로 언급했다. 그러자 세이프웨이는 기자 회견과 주주운동 뒤에는 캘리포니아공무원연금이 있다고 비난하며, 캘리포니아공무원연금 이사장인 해리건이 또한 세이프웨이를 상대 로 파업을 막 끝낸 식품노동조합의 집행이사였다는 점을 들어 공개 적으로 비난했다. 〈시카고 트리뷴〉은 캘리포니아공무원연금이 최근 디즈니의 아이스너와 위임장 쟁탈전을 벌였다고 보도했다.[48]

주주투표를 떠나 세이프웨이에게는 해리건이 파업과 주주운동을 주도했다고 공개적으로 소리칠 전술적 이유가 있었다. 세이프웨이는 초기에는 해리건이 법적 위험에 처했음을 통고하는 방식으로 그를 위협하려 했다. 캘리포니아공무원연금 이사장으로서 해리건은 수급자들의 이익을 자신과 다른 기관의 이익보다 우선해야 하는 선량한 관리자로서의 수탁자 책임을 지고 있었다.[49] 세이프웨이는 해리건이 캘리포니아공무원연금의 권한을 식품노동조합과 세이프웨이 노동자의 편익을 위해 사용함으로써 캘리포니아공무원연금의 선량한 관리자로서의 수탁자 책임을 거의 틀림없이 위반했을 것이라고 간접적으로 미디어에 알리고 있었다. 또한 버드의 최악의 성과에 대해서는 신경 쓰지 말라며, 문제는 해리건이 식품노동조합을 위해 캘리포니아공무원연금을 분방하게 쓴 것이라고 주장했다. 물론 현실에서 해리건은 두 가지 조처를 다 했을 수 있다. 하나는 캘리포니아공무원연금과 다른 기금들이 세이프웨이 노동자들과 연대해서 행동한 것이고, 또 하나는 문제가 생긴 기업의 주주로서 스스로의 이익을 위해 행동한 것을 말한다.

연금기금 게임 방식

기업	행동가의 노동 쟁점 편향 비판
노동자	행동가들은 주주 쟁점 집중 주장

이는 게임이 방식을 보여주는 탁월한 사례이다. 기업들은 행동가들이 오로지 노동 쟁점에만 관심을 가진다고 주장하고, 행동가들은

기업들이 오로지 주주 쟁점들에만 관심을 가진다고 주장하여, 마치 두 관심사가 늘 상호 배타적인 것처럼 여긴다. 지금 세이프웨이는 이 각본에 따르고 있었다. 세이프웨이는 노동자들을 보호하려고 설계한 규정들을 회사 자체를 보호하기 위해 활용하고 있었다. 세이프웨이가 캘리포니아공무원연금 수급자들을 걱정해서 해리건에게 법적 문제가 있을지 모르겠다고 언급했을까. 그렇지 않았다. 세이프웨이는 버드를 보호하는 것에만 관심이 있었다. 하지만 세이프웨이가 자사를 보호하기 위해 이 법적 위협을 사용했다 해서 그것이 불법은 아니었다. 해리건과 같은 수탁자들은 30년 또는 그 이상 근무한 노동자들에게 연금을 지급할 책임이 있다. 사람들은 수탁자들이 그 사명에서 벗어나 지나치게 멀리 가는 것을 바라지 않는다. 수탁자들이 반드시 해야 할 것과 해서는 안 될 것의 선을 어디에 그어야 하는지에 대해서는 계속 논란이 있어왔다.

세이프웨이의 위협은 해리건이 대부분의 주주운동에서 공적으로 침묵하게 만들기에 충분했다. 해리건은 자신을 구하기 위해 정식으로 이에 대해 해명하려 하지 않았다. 언론들은 동시다발적으로 그가 배후에 개입해 있다고 보도했다. 해리건은 "노동조합 카드를 가지고 있다는 이유 때문에 스스로 해명해야 할 필요는 없다"라고 말했다.[50]

파업으로 이어진 주주들의 공격은 두 가지 주제에 집중됐다. 첫 번째로 버드는 무능하게도 여러 차례 실패한 기업 인수로 인해 5년에 걸쳐 2백억 달러의 주주가치를 없앴으며, 주가도 63%나 떨어졌다는 것과, 두 번째로 9명의 이사 가운데 4명이 KKR과 연계돼 있었고 9명의 이사 중 8명은 세이프웨이와 별도의 비즈니스 거래에서 이익을 봤다는 것이었다. 이로 인해 이사회는 독립적으로 버드를 감시하는 이사회 능력을 저해하는 이해상충의 문제에 직면하게 됐고, 따라서 (1) 버드는 CEO 자리에서 해임돼야 하고 (2) 미래의 권한 남용을 방지하기 위해 CEO와 이사장의 역할은 한 사람이 겸직하지 않고 분리돼야 하고 (3) 주주들은 버드와 임기가 끝난 다른 두 명의 이사의 연임에 반대해야 한다는 것이 골자였다.[51]

주주운동은 메시지와 대상을 확인한 다음, 궁극적인 과제는 선거에서의 승리에 있다. 실제 주주운동에는 두 가지가 있다. 하나는 공적이고 공식적인 주주운동, 또 하나는 사적이고 비공식적인 주주운동이다. 공적 운동은 버드와 다른 두 명의 후보자인 윌리엄 타우셔(William Tauscher)와 로버트 맥도넬(Robert I. MacDonnell)에 대한 반대투표를 위해 주주유권자를 결집시키는 일을 의미한다. 주주운동에서 자주 있는 일인데, 주주운동의 가장 중요하고도 유일한 표적은 실질적으로 투표권이 전혀 없는 기관인 의결권 자문회사인 ISS 같은 곳이다.[52]

ISS는 기업 세계에서는 유력한 기관이다. 주주운동에서 ISS의 중요성을 이해하려면 다음과 같은 가설을 생각해보면 된다. 만약 미국 대통령 선거에서 어느 신문의 공식적인 지지가 유권자 4명 중 1명의 표에 영향을 미친다고 상상해보자. 공식적인 지지는 대부분의 선거에서 결정적 요소가 될 것이다. 그런 것이 바로 ISS가 주주선거에서 권력의 정점에 서서 수행했던 역할이며, 오늘날에도 ISS는 지속적으로 이 역할을 하고 있다. 연금기금과 같은 크고 다양한 기관투자자들은 수천 개의 투자 포트폴리오를 유지하고 있어 해마다 수천 번의 투표 요구를 받는다. 기관투자자들이 그런 모든 선거 쟁점들과 후보들을 연구하는 데 자원을 충분히 투입하려 하면, 다른 것을 할 시간은 전혀 없을 것이다. 따라서 기관투자자들은 대부분의 조사를 ISS나 보다 작은 규모의 경쟁업체인 글래스 루이스 같은 주주제안권(proxy: 주주투표) 점검 기관에 위탁한다. ISS는 거의 모든 선거와 주주제안에 대한 권고를 하며, 다양한 기관의 주주들은 그러한 권고에 따라 투표를 한다. 실증 조사에 따르면 ISS는 ISS의 단독 자문을 받아 투표하는 주주유권자의 25%에 영향을 미칠 수 있다.[53] ISS로부터 '예' 또는 '아니오'라는 대답이 있으면, 주주투쟁에서 어느 진영이든 목표치, 즉 유권자 다수결(electoral majority)의 거의 절반은 간 것이다.

연금기금과 세이프웨이의 경영진은 ISS의 권고를 얻으려고 ISS를 대상으로 로비를 했다. 주주운동가들은 버드의 저조한 성과와 이사회 갈등을 집요하게 공격하면서, 연임에 도전한 3명의 이사를 몰아내려는 노력을 후원하도록 ISS를 밀어붙였다. 그 전술은 부분적으로는 효과가 있었다. ISS는 버드에 대한 투표 보류를 권고했다. 주주들에게 버드의 이사직 연임에 반대할 것을 권고한 것이었다. 그러나 ISS는 버드가 CEO로 남아야 할지 여부에 대해서는 의견을 제시하지 않고 새로운 이사회로 넘겼다. 또한 연임에 도전한 다른 두 명의 이사에 대해 추천하지 않았다. 다른 주주제안권 자문회사인 글래스 루이스는 세이프웨이가 CEO와 이사장의 역할을 분리해야 한다고 권고했다.[54] 주주운동가들에게 만루 홈런은 아니었지만, 버드의 이사 연임 반대 권고와 CEO와 이사장의 역할 분리 찬성은, 버드에 대한 주주들의 위협이 승산 없음에서 중대한 도전으로 바뀌게 했다.

이 권고들은 주주운동가들과 회사 사이에 전면전의 불을 붙였다. 세이프웨이는 회사의 CEO를 보호하기로 단단히 결심했다. 주주운동가들은 ISS가 반대 권고를 했다 하여 다른 이사들에 대한 추적을 멈추려 하지는 않았다. 이 사례는 공공주주운동과 나란히 진행되는 민간주주운동으로 우리를 안내하는데, 공공주주운동이 어쩌면 더 효율적이었을지도 모른다. 이 운동은 연임에 도전하지 않은 이사회 이사들, 구체적으로 KKR 설립자이자 파트너인 조지 로버츠와 제임스 그린을 표적으로 삼았다.

에드 스미스(Ed Smith)는 무슨 일이 일어났는지에 대해 필자에게 설명했다. 당시 스미스는 미국국제노동조합(Laborers International Union of America)의 국제담당 부위원장이었다. 일리노이주투자위원회와 중앙노동자연금기금(The Central Laborers' Pension Fund)의 이사장도 맡고 있었으며, 그곳에서 20년 넘게 연금 수탁자로서 일했다. 주주운동의 일환으로, 스미스와 다른 연금기금 지도자들은 로버츠와의 회동을 요구했다.[55] 회동은 버드와 세이프웨이 노동자들이 알라모에 있는 버드의 집을 찾았던 때와는 아주 대조적이었다. 민간보안 요원도 자기들(버드 대신)과 함께 기도하자던 민간 대리인들도 없이 로버츠는 그의 사무실에서 연금기금의 대표들과 직접 만났다. 회동은 간단하고 명료했으며, 즉각적이고 가시적인 성과를 냈다.

주주들은 로버츠에게 버드와의 사적인 관계로 인해 CEO를 감시하고 권한을 견제하는 그의 업무가 제대로 이뤄지지 않고 있다고 말했다. 즉, 세이프웨이와 KKR의 깊은 관계가 문제이며 로버츠가, 스미스가 언급했듯이, '이사회를 떠나야 할' 시간이라고 말했다.[56]

KKR은 스미스의 권한 아래 일리노이 연금자산을 포함한 수십억 달러의 연금자금을 운용하고 있었다. 로버트가 연금기금들의 요구를 수용하지 않으면 KKR의 관리 아래 있는 연금기금 자산이 위태로워질 수 있었다. 수십억 달러는 되지 않을지라도 수억 달러는 됐다.

　로버츠에겐 쉬운 요구였다. 그는 세이프웨이 이사직을 사임하기로 결정했고–연금기금에서 적은 긴 목록들 가운데 여럿은 중요한 KKR 고객들이었다–이미 결정했기 때문에 그 주제에 관한 주주투표는 필요 없게 됐다. 로버츠와 그린은 사임했다. 투쟁이 시작되기 전에 3명의 이사 중 2명이 물러났다.

　주주들이 민간 영역에서 표적으로 삼은 로버츠와 그린이 사퇴하면서 두 명의 이사직이 공석이 됐다. 이 자리는 버드로부터 더 독립적인 사람들로 채워질 수 있을 것이다. 하지만 이 과정에서 세이프웨이는 그들의 사임이 마치 자기들의 아이디어인 양 바꿔치기할 수 있도록 허용됐다. 이는 세이프웨이가 운동가들이 제기한 핵심 요구들 가운데 하나를 약화시키려는 것이었다. 버드와 이사회가 주주 의견을 들으려고 하지 않아서 주주 의사를 반영할 새로운 이사들이 필요하다는 것이 핵심 요구였는데, 세이프웨이는 이 요구들을 '잘 듣고 있으며' 이미 3명의 이사를 사임시켰다고 답변할 수 있게 된 것이다. 세이프웨이는 로버츠와 그린뿐 아니라 레이 로페즈도 사임시킬 것이라고 발표했다. 또한 현직 이사들 가운데 웰스 파고(Wells Fargo)의 CEO였던 폴 하젠(Paul Hazen)을 새로운 선임 독립이사로 선임했다.[57] 선임 독립이사라는 지위는 이사장을 CEO로부터 분리하려는 주주의 요구에 대한 차선책으로 자주 경영진이 제안하는 것이다. 세이프웨이는

CEO를 이사회 의장으로 존속시켰지만, 알려진 대로 다른 이사에게 이사회의 의제를 정하고 독립적으로 행동하는 권한을 부여했다. 이는 회사 측에서 보면 중대한 양보였다. 그러나 세심한 관찰자라면 주주운동이 없는데 회사가 단독으로 이 조처들을 취했다고 결론 내리지는 않을 것이다.

공식적으로 연임에 도전한 다른 두 명의 이사인 타우셔와 맥도넬 가운데 특히 타우셔는 운동가들의 주목을 끌었다. 코네티컷 퇴직계획과 신탁기금을 감독한 코네티컷주 재무관 데니스 나피어(Denise Nappier)는 독립이사로 알려진 타우셔가 약 3백 50만 달러 규모의 '세이프웨이를 포함한 이해관계자 거래에 관여했다'는 내용의 서한을 보낸 적이 있다. 이는 타우셔가 세이프웨이와의 부가합의로 혜택을 봤다는 것을 의미하며, 이사로서 자신의 독립성을 훼손하는 것이었다. 타우셔가 세이프웨이의 집행 임원 보상위원회 위원장으로 버드의 보수를 정한다는 점을 고려하면, 타우셔가 추정컨대 버드의 승인을 거쳐 세이프웨이와의 거래로 이익을 보는 것이 허용됐고, 이 사실은 버드에 대한 보수를 세이프웨이를 대표해 공정하게 협상할 수 있는 그의 입지를 훼손시켰음을 조금도 과장 없이 말할 수 있다. 연임에 도전한 다른 이사인 맥도넬은 아직 KKR 사람이다. 이 같은 사실들이 드러났음에도 ISS가 타우셔와 맥도넬의 연임을 도왔다는 것은 놀라운 일이다. 그러나 세이프웨이와 타우셔의 사업 관계가 버드의 보수를 설정하는 데 있어서 이해상충의 문제를 야기했기 때문에 타우셔는 집행 임원 보상위원회 위원장 자리를 내놓지 않을 수 없었다. 맥도넬도 감사위원직을 그만두지 않을 수 없었으며, 이로서 속 보이는 갈등의 일부가 종결됐다. 주주운동가들의 행동으로 버드의 측근 3명이 제거됐고, 독립적인 선임이사가 선임됐으며, 민감한 위원회 자리에서 타우서와 맥도넬이 제거됐다. 그러나 주주운동으로 버드가 제거되지는 않았다. 이사회의 대대적인 개혁은 버드가 주주에 대한 관심을 거듭 강조한 데 힘입은 것이라는 주장에 근거해 버드는 연임에 성공했다.[58] 세이프웨이 투쟁은 끝났다. 하지만 세이프웨이 투쟁의 영향으로 지속적인 반향이 일어났다.

세이프웨이 투쟁의
중요성 평가 _____

　　　　　세이프웨이에서 일어난 일을 평가하고 파업과 주주운동의 상대적 효율성을 비교해보면, 이 둘 사이에 여러 현저한 차이점이 선명하게 나타난다. 파업은 전쟁의 참호전을 확대한 것과 같았다. 노동자 수만 명의 동원이 요구됐으나 그들을 지원할 경제적 자원이 부족했고, 노동자 자신과 가족뿐 아니라 세이프웨이 고객에게도 혼란을 초래했다. 파업에 뒤따른 주주운동은 드론 공격에 더 가까웠다. 주주운동은 매우 빠르게 일어나, 비교적 소수의 사람과 제한된 자원의 동원을 요구하며, 반대 조직의 상층부를 직접 겨냥했다. 21세기형 다른 전투 형태와도 매우 유사하다는 것은 시대에 맞춰 노동자들도 전술을 진화시킬 필요성을 제기하는 것이다. 진화는 대단히 빠르지는 않아도 이미 일어나고 있다. 이러한 결과들이 마치 드론 기술의 성공이 전통적 군대의 포기를 시사하지 않는 것처럼 과거에 성공적이었던 많은 전략의 포기를 시사하는 것은 아니다. 그러나 노동자는 목적 달성을 위해 선택 범위들을 넓혀야 한다.

세이프웨이 투쟁에는 두 가지 중요한 것이 있다. 첫째, 파괴적 결정을 내리는 기업 간부들을 직접 겨냥해 기업의 잘못된 행위를 중단시킬 수 있는 새로운 전술적 가능성을 보여줬다. 둘째, 논리 정연한 하나의 사건에서, 효율적인 투쟁 수단이었던 파업의 상대적 쇠퇴와 때맞춰 등장한 새로운 21세기형 접근 방법으로서의 주주운동을 검토해볼 기회를 제공했다. 주주운동의 효율성을 검토함에 있어서, 세이프웨이 투쟁에 관해 한 가지 덧붙일 것이 있다. 필자는 무엇이 일어났는지가 아니라, 그 밖에 어떤 것들이 일어날 수 있었는지를 논의하고 싶다. 구체적으로 말하면, 이 이야기에서 무대 밖 악당인 월마트의 역할을 논의하고 싶은 것이다.

월마트는 이 논쟁의 당사자는 아니었지만, 월마트의 존재는 이 투쟁의 모든 측면에서 감지될 수 있었다. 세이프웨이가 입은 경제적 손실은 주로 버드가 잘못 계획한 제국 건설의 결과였고, 실패한 슈퍼마켓 인수에 있었다. 그러나 월마트 슈퍼센터들이 곧 캘리포니아 시장에 진입한다는 임박설이 버드로 하여금 세이프웨이 노동자들에게 강경한 입장을 취하게 만든 동기가 되었거나 적어도 강경노선을 취하게 한 그럴싸한 구실이 됐다–실제 월마트 슈퍼센터들이 캘리포니아 시장에 진입하는 데는 여러 해가 걸렸으나 버드와 세이프웨이는 이를 계속해서 위협의 수단으로 사용했다. 노동자의 양보를 이끌어내어 그들의 보수를 희생시킨 대가로 이윤을 늘리려 했던 것이다.[59]

비노동조합 노동자들에게 보다 낮은 임금을 지불하는 월마트의 능력은 세이프웨이뿐 아니라 노동조합이 결성된 작업장으로서 세이프웨이의 성공과 지속적인 이해관계를 가지고 있던 식품노동조합도 위협했다.[60] 이 점은 노동자 자본은 회사와 다른 주주들에게 손해를 입히면서 노동자의 이익만 극대화하려 한다고 주장하는 보수 비평가들이 마음에 새겨야 하는 중요한 관점이다. 실제 노동자 자본은, 노동자들에게 공정한 몫을 지불하며 번창하는 그런 회사에 대한 투자에 관심이 있다. 버드는 월마트의 보다 낮은 임금이 보다 낮은 가격으로 이어져 소비자들에게 영향을 준다면서 이로 인해 세이프웨이의 경쟁력이 손상됐다고 주장할 수 있었고 실제로도 그렇게 주장했다. 세이프웨이 노동자들에게 주는 메시지는 이러했다. "당신들은 지금보다 적게 받아도 이 회사에서 일할 수 있다. 아니면 월마트에서 일하거나 그것도 아니라면 아예 일을 못 할 수도 있다."

월마트의 위협이 있었다 하더라도, 버드와의 투쟁은 헛되다고 여길지 모른다. 세이프웨이 노동자들은 보다 적은 보수를 받아야 하거나 아님 결국 막강한 월마트의 볼드모트(Voldemort)에 의해 무너져 한 푼도 받을 수 없기 때문이었다. 그러나 주주운동가들은 세이프웨이에 영향력을 가졌던 것과 같은 이유로 월마트에게도 영향력을 가지고 있었다. 그들, 즉 캘리포니아공무원연금과 뉴욕시공무원연금 등은 모두 월마트의 주주이다. 예를 들어, 2003년 캘리포니아공무원연금의 포괄적 연례 재무보고서는 2003년 1월 30일 현재 캘리포니아공무원연금 중 가장 규모가 큰 투자기금인 공무원퇴직기금(PERF)의 주식 보유에 대해 간략한 정보를 제공하고 있다—캘리포니아공무원연금은 14개의 분리된 기금들을 운용하며, 공무원퇴직기금은 그 가운데 최대 기금이다. 이 공인 연례 재무보고서에 따르면, 세이프웨이 파업 당시 공무원퇴직기금은 천 6백 85만 주의 월마트 주식을 보유하고 있었으며, 주당 53.67달러로 환산하면 전체 시장가치는 9억 464만 달러에 달했다. 공무원퇴직기금의 월마트 지분은 상위 10개의 보유 종목 가운데 하나였다.[61]

이로 인한 딜레마는 이 기금들과 노동자들이 식품노동조합을 포함해 다른 노동자들의 경제적 행복을 손상시키는 회사, 즉 월마트로부터 이익을 얻었다는 점이다. 이들 기금은 노동자의 퇴직 수익금을 월마트에 투자했다. "도대체 왜 월마트에 투자하는가?"라고 누가 물어볼지 모른다. 자동적인 응답은 월마트가 좋은 투자 대상이며, 연금기금은 정치를 하는 것이 아니라 수급자들의 퇴직 자금에 대한 책임을 지고 있다는 것이다. 그것이 진실이다. 이 기금들은 기금에 기여하는 사람들의 퇴직 자금을 대는 책임을 가장 우선시해야 한다. 바로 기여자들의 경제적 행복을 우선시하는 것을 의미한다. 그렇다고 투자가 가져올 경제적 재앙을 신경 쓰지 않고 기금에 기여하는 사람들을 위해 항상 최고의 수익만을 추구하려 들지는 않는다. 연금기금의 월마트에 대한 투자를 잠재적 '부패'라고 보는 이도 있다. 그러한 투자는 노동자의 기반을 약화시키려고 애쓰는 세력들과 노동자가 협력하게 하는 도구가 될 수 있다는 의미에서다. 이는 중대한 우려로 일부 진보 진영이 노동자 자본에 대해 회의하게 하는 부분이다.

이 같은 우려는 비록 실재하기는 하지만 지나치게 부풀려져 있으며, 노동자들이 현실적으로 경제적·정치적 권력을 획득하면 언제든 직면할 그런 종류의 문제라고 필자는 주장하고 싶다. 미국의 노동자본 상황은 노동자가 성공적으로 자금을 대고 영향을 미치는 유럽 등지의 정당과 비교할 수 있는데, 미국에서는 민주당이 때때로 그 역할을 한다. 어떤 노동 친화적 기구라도 권력 구조의 한 부분이 되면 권력에 의해 오염될 위험을 안고 있다. 이해 상충보다 훨씬 더 큰 고충은 여러분들에게는 전혀 권력이 없다는 점이라고 필자는 판단한다. 노동조합이 민주당의 지배세력이었던 1940년대, 1950년대, 그리고 1960년대 했던 것처럼 다시 한 번 미국에서 이 같은 딜레마에 직면한다면 매우 행운일 것이다.

그런데 왜 이 주주 행동가들은 월마트에 직접적으로 도전하지 않았는가? 우연히, 드러나지는 않았지만 그들이 도전했음을 시사하는 일부 엇갈리는 증거는 있다. 캘리포니아공무원연금의 광범위한 연례 재무보고서는 세이프웨이 파업 기간 동안 일종의 경고 사격으로 자신들이 대규모의 월마트 주식을 최소한의 짧은 시간 동안 매도한 사실이 있다고 밝혔다. 필자는 세이프웨이 파업 4개월 전인 2003년 6월 30일 당시 캘리포니아공무원연금과 공무원퇴직기금이 보유한 대규모 월마트 지분에 대해 이미 언급했다. 실제로 월마트는 캘리포니아공무원연금이 다섯 번째로 많이 보유한 종목이다. 1년 후인 2004년 6월 30일의 캘리포니아공무원연금과 공무원퇴직기금의 연례 재무보고서를 보면, 월마트는 기금의 상위 10대 보유 종목에 더 이상 오르지 못했다.[62] 실제 월마트는 보고서 어느 목록에도 들어가지 못했다. 목록에서 빠지려면, 캘리포니아공무원연금과 공무원퇴직기금의 월마트 지분이 9억 4백 64만 달러에서 최소한 7억 2천 5백 75만 9천 달러 이하로 줄어야 했다. 이는 보유 종목 가운데 10번째로 큰 규모이다－필자는 그 감소 규모가 실제로 얼마나 큰지 알 수 없다. 보유 규모가 7억 2천 5백만 달러 이하로 떨어졌다는 것만 말할 수 있다. 그 감소 규모는 월마트의 주가 하락에 의해 설명되지 않는다. 월마트의 폐장가는 2003년 6월 30일에 53.67달러, 그리고 2004년 6월 30일에는 52.50달러여서 캘리포니아공무원연금의 월마트 지분 변화를 설명할 정도로 충분히 큰 하락 폭은 아니었다. 캘리포니아공무원연금이 월마트 지분을 하나도 팔지 않았다면, 월마트 지분의 보유 가치는 9억 4백 64만 달러에서 8억 8천 4백 91만 9천 달러로 떨어졌을 것이다. 그랬다면 월마트는 뱅크오브 아메리카(Bank of America)의 앞, 그리고 AIG의 뒤에 위치하며 기금의 보유 종목 중 7위에 올랐을 것이다.[63] 이 서류가 정확하다고 전제하면, 이는 식품노동조합 파업과 잇따른 주주 행동주의의 운동이 일어난 시기와 일치하는 기간에 캘리포니아공무원연금과 공무원 퇴직기금이 최소한 월마트 주식을 1억 4천만 달러쯤 팔았다는 것을 의미한다. 만약에 그런 일이 있었다면, 이 매각 규모는 당시 월마트의 주가 하락 과정에서 중요한 역할을 했을 것이며 회사 경영진은 이를 알아챘을 것이다－필자가 '만약에'라고 하는 것은 비록 선도 회계법인인 딜로이트 앤투쉬(Deloitte and Touche)가 연례 재무보고서를 감사했다고 말했지만, 포괄적인 연례 재무보고서와 모순된 것처럼 보이는 다른 공적 제출 서류들이 있기 때문이다.[64]

만약에 주식 매도가 있었다면, 그것은 투자 다변화를 위한 포트폴리오 리밸런싱(portfolio rebalancing)일 수 있었을 것이다. 그러나 그것은 또 월마트의 노동 관행 때문에 월마트를 벌하거나 적어도 남의 시선을 끄는 노동 분쟁 시 월마트로부터 캘리포니아공무원연금을 분리시키기 위한 노력의 하나로 하는 전술적 투자 회수가 될 수도 있었다.[65] 그리고 투자 회수가 일어나지 않았다면, 노동자 기금이 노동자들을 해치는 투자를 어떻게 다뤄야 하는지에 대한 근본적인 질문을 하게 된다. 투자 회수는 전형적으로 세 가지 목표를 가진다. 주가에 하방압력을 가함으로써 표적이 된 회사를 해치는 것, 시선을 끄는 투자 회수로 생긴 나쁜 평판을 통해 목표 기업에 손해를 입히는 것, 그리고 기업이 취한 어떤 조치에 항의하거나 그렇지 않으면 기금을 그 회사로부터 분리시키는 것이다.

세이프웨이 파업과 주주운동, 그 실현 여부를 떠나 월마트 투자 회수 전망은 다수의 법적·정책적 질문을 제기한다. 투자 행위를 하는 데 순수한 사업상 이유가 항상 있어야만 하는가? 또는 그러한 행위가 다른 이유로 취해질 수 있는가? 그리고 만약에 순수한 사업상의 이유가 항상 요구된다면, 그것은 노동자의 이유와 어떻게 구별될 수 있는가? 법률에서는 달리 말하고 있다고 필자는 주장하지만, 미국적 맥락에서는 사업상의 사례 그리고 투자 행위를 위한 사업상의 사례만 적절하다고 받아들여진다. 이와 대조적으로, 유럽의 연금기금은 월마트를 포함해 기금의 노동 기준을 위반한 회사로부터 투자 회수를 한 기록이 있다. 그러한 투자 회수가 순수한 사업상의 사례인지 여부는 신경 쓰지 않는다.[66] 가장 최근에, 덴마크와 스웨덴의 은퇴자금 기금을 포함해 7개의 기금들이 노동 쟁점 때문에 저가항공인 라이언에어(Ryanair)로부터 투자를 회수했다.[67] 그들은 노동 이슈 때문에 그렇게 했다고 말할 뿐, 이에 수반한 투자상의 근거는 밝히지 않았다. 그들은 그 두 가지를 결합하는 데 반대하는 미국의 금기를 공유하지 않는다. 코네티컷주 뉴타운에서 한 총기 소지자가 6명의 교사와 20명의 1학년 학생들을 죽인 대학살사건이 발생한 이후 캘리포니아교원연금이 총기회사로부터 투자를 회수했을 당시의 일이다. 유럽과 대조적으로 연금 측은 대학살사건 때문에 미국에서 총기회사에 대한 규제가 강화될 미래의 리스크를 인용하면서, 그렇게 하는 데는 강한 투자상의 이유가 있었다고 설명하는 별도의 조처를 취해야만 했다. 그러한 주장은 미국의 총포 판매가 대학살사건들 이후 자주 급증했으며 또 미국에서 총기회사 이윤을 줄일 수 있는 중대한 규제가 가까운 시일 내에 나올 전망이 거의 없을 것이라는 사실은 무시한다. 필자는 캘리포니아교원연금의 투자 회수에 갈채를 보내지만, 투자 회수의 이유에는 의문을 제기한다. 주식 매각에 가장 그럴듯한 이유는 대량학살에 사용된 무기로부터 이윤을 얻는 데 대한 도덕적 분노인데 그것은 감히 말하지 못하는 이유이다.[68]

덴마크와 스웨덴 기금들이 라이언에어에서 투자를 회수했던 것처럼, 1980년대와 1990년대에 많은 기금들이 인종차별을 이유로 남아프리카공화국 회사들로부터 투자를 회수했던 것처럼, 미국 연금들이 유럽 연금들을 따라 노동 쟁점들을 이유로 투자를 회수해야 하는가? 제일 먼저, 가장 중요하게, 그리고 영원히 해야 하는 수익 극대화를 전적으로 무시해야 하는가? 투자 결정을 할 때 사업 이슈와 함께 노동 이슈를 고려하기 위해 기금에 탄력성을 부여하는데 과연 그 해답은 둘의 중간 어딘가에 있는가? 법률은 여기서 무엇을 요구하는가? 그리고 법률 외에, 무엇이 올바른 전략인가? 투자를 회수하는 것인가? 아니면 주주운동 또는 소송을 통해 피투자자의 행태를 바꾸는 권한을 가지고 투자자로서 관여한 채 남아 있는 것인가?

투명성을 위해 이 점을 분명하게 해둔다. 필자는 연방법이나 주법이 수익 극대화의 명분을 내세워 기금들이 그 투자가 노동자에 미치는 전반적인 경제적 영향을 무시하는 것을 요구하고 있거나 요구해야만 한다고 생각하지 않는다. 수익은 어떤 연금기금이든 그 건강성과 노동자의 은퇴 보장에 매우 중요하다는 것은 분명하다. 그러나 공무원들의 일자리를 민영화하는 회사들에 투자함으로써 수익을 극대화하는 또는 적어도 극대화하기 위해 노력하는 공무원 연금기금의 비뚤어진 상황을 생각해보자. 일부 소방관과 경찰공무원, 교도관, 교사, 공공기술자, 그리고 관리인들의 연금기금이 민영 소방회사와 민영 보안회사, 민영 구급대, 민영 교도소, 그리고 공적 역무를 민영화하는 다른 회사들에 자금을 대줘 직접적으로 공공노동자들의 임금과 복지를 약화시키는 것이 문자 그대로 그 사례이다. 이 투자들은 심지어 기금 그 자체를 손상할지도 모른다. 일자리 손실로 인해 기금 기여자가 줄어들 것이기 때문이다.[69] 이런 맥락에서 수익을 극대화하는 것은 수급자를 해칠 뿐 아니라 기여자 감소를 통해 기금에 해를 가할 수 있다는 점이 강조돼야 한다.

이와 같은 곤란한 사실들에도 불구하고, 선량한 관리자로서의 수탁자 책임에 대한 한 가지 일반적인 견해는 투자수익 외의 다른 것, 기여자의 일자리를 고려하는 것 따위나 선량한 관리자로서의 수탁자 책임의 충실성 위반 따위는 비본질적인 고려라고 보는 것이다.[70] 필자는 이에 동의하지 않는다. 투자가 기금 참여자의 일자리에 그리고 최종적으로 기금에 그들이 하는 기여-또는 사용자가 그들을 대표해 하는 기여—에 어떻게 영향을 미칠 수 있는지에 대해 최소한 어느 정도 평가할 것을 요구하는, 선량한 관리자로서의 수탁자 책임에 대한 보다 폭넓은 견해에 동의한다. 이 동일한 논의의 다른 일면은 투자수익이 경쟁적 투자예상치보다 낮더라도, 노동자의 일자리를 만들어내고 따라서 기금 기여자들을 창출해내는 적극적 투자들을 포함하고 있다. 기금의 수익을 극대화하는 것을 넘어 수탁자가 노동자들의 '경제적 이익'을 고려하는 것이 전적으로 적절하다고 필자는 주장한다. 이 견해는 함축적으로 두 법원이 지지한 것이다.[71] 그리고 이 이해들이 상충될 때, 즉 노동자퇴직기금 이익이 노동자 이익과 부딪칠 때 기금들은 자동적으로 이 중 한 가지를 선택해서는 안 된다고 필자는 더욱 강조하고 싶다. 대신에, 기금 운용역들은 주주 이익 또는 노동자 이익 중 어느 편을 드는 것이 기금 참여자들에게 경제적으로 더 유익할지를 평가해야 하고, 그에 따라 행동해야 한다.

여기에 매우 중요한 주의 사항이 있다. 연금기금 투자는 현재 다변화돼 있어야 하고 앞으로도 그래야 한다. 그리고 필수적으로 다변화할 것을 요구받는다. '노동자 우선'이라는 필자 견해의 어떠한 부분도 투사 다변회에서 도외시돼서는 안 된다. 그 법적 의무는 법령에 의해 그리고 신중하고 선량한 관리자로서의 수탁자 책임으로 규정돼 있다.[72] 어떤 다른 접근도 불법적인 것은 아니지만 그렇다고 정상적인 것은 아니다. 투자 다변화 요건과 노동자 우선 관점의 결합은 기금이 있어야 할 곳이다. 이는 노동자의 경제적 가능성 개선을 위해 주주 영향력을 사용하는 입장에 여전히 있으면서, 광범위하게 그리고 보수적으로 시장에 투자하는 것을 말한다.

협의의 수익 극대화 견해에 대한 반대의 극단에 그리고 일자리에 초점을 맞춘 견해를 넘어서면, 순수하게 사회적·정치적 고려들을 포함해 거의 모든 것을 고려한 기반 위에 투자 결정을 허용하는 것에 필자는 동의한다. 좌파에게는, 그것이 에너지 회사나 담배 회사로부터 투자를 회수하는 것일 수 있다. 우파에게는, 그것이 임신 중절약을 제조하거나 줄기세포 연구에 참여하는 회사로부터 투자를 회수하는 것일 수 있다. 직접적인 경제적 고려들로부터 연금수탁자들이 얼마나 멀리 거리를 두고 있어야 하는가? 이에 대한 결정들은 이 기금들의 건전성과 노동자들의 퇴직 보장, 긴급구제의 경우–가능성 낮음–에 납세자에 대한 잠재적 비용에 영향을 미친다. 우리들 대부분은 수탁자들이 연금으로 순전히 정치를 하는 것은 거부하지만 그 기준선을 어디로 잡을지는 분명 쉬운 일이 아니다.

이 책 전체를 통해 이러한 쟁점들이 다뤄질 것이다. 그러나 여기서 분석의 틀을 정리해본다. 연금들이–이 문제에 관한 한 어떤 투자자든–어떻게 투자 결정을 내리는가에 대해 두 가지 방식을 떠올릴 수 있다. 첫째는 경제적 분석이고, 둘째는 정치적·사회적·도덕적 분석이다. 경제적 분석은 투자자가 투자의 경제적 비용과 편익을 분석하는 것을 의미한다. 정치적·사회적·도덕적 분석은 특정 투자가 투자자들의 다른 가치와 어떻게 보조를 같이 하거나 충돌하는지를 분석하는 것을 의미한다. 일자리와 노동 쟁점들이 연금기금에 의해 어느 정도 고려돼야 하는지에 따라 경제적 이익의 문제인지 또는 도덕적·정치적 가치의 문제인지 정해진다. 그 쟁점들이 어느 범주에 들어가는지는 중대한 법적·정책적 함의를 갖는다.

필자의 초점은 대부분 경제적 기준들이다. 기금 수탁자들은 투자를 할 때 노동자들과 기금 자체를 약화시킬 수 있는 맹목적인 수익 극대화를 넘어서 노동자의 경제적 이익을 보다 전체적으로 보는 쪽으로 경제적 전망을 확장해야 한다는 것이 필자의 주장이다. 역설적이게도, 협의의 수익 극대화 관점과의 결별이 반드시 수익 감소를 받아들이게 하는 것은 아니다. 환경적·사회적 그리고 지배구조(ESG)에 민감한 투자포트폴리오가 수익 극대화를 추구하는 포트폴리오보다 실제 보다 높은 수익을 올린다는 것을 제시하는 증거가 상당히 많다—어쨌든 사회적 그리고 지배구조 기준들은 자주 노동문제들을 고려한다. 이에 관계없이, '노동자 중심적' 관점은 투자 결정을 할 때 투자 다변화 유지라는 대단히 중요한 틀 안에서 일자리와 급여 및 복지에 대한 노동자들의 이익 고려를 포괄한다. 결국 극단적인 경우 이것은 기금들이 일자리와 기금에 대한 기여의 증대 같은 다른 경제적 혜택을 투자 수익과 맞바꾸는 것의 허용을 의미한다. 이는 투자수익 감소가 다른 경제적 혜택에 의해 상쇄되는 경우에만 해당된다.

필자가 법률과 정책 문제로 이 접근법을 선호하는 가장 중요한 이유는 그것이 연금이 민영화 도전에 대응할 수 있어서가 아니라 연금 권력을 사용해 일자리와 기여자들을 창출할 수 있기 때문이다. 미국에서 대규모 사회기반시설 전망에 대한 지출보다 더 큰 기회는 없다. 비록 아직 의회에서 통과되지는 않았지만, 트럼프 대통령과 민주당 상원의원들은 조 달러 수준의 사회기반시설 투자 계획을 수용했다.[73] 아직은 정치적 논의에 머물러 있어도, 사회간접자본시설의 노후 상태를 고려할 때 사회기반시설에 대한 대규모 지출은 거의 불가피해

보인다. 정치 영역에서의 이 같은 논의는 벌써 민간 영역으로 하여금 사회간접자본시설에 초점을 맞춘 상당한 자본조달 노력을 촉발하고 있다. 노동자 우선 관점은 연금들에게 사회간접자본에 대한 투자를 이같이 운영할 수 있는 권한을 줄 것이다. 즉, 연금이 투자한 어떤 인프라 프로젝트에서도 노조 노동자를 채용하고 노동자들에게 '현행 임금'을 주는 방안을 추진하는 데 있어서, 연금에 부가적인 법적 보호 장치를 부여할 것이다. 노동조합 노동자들은 결국 이 연금기금에 기여할 것이고, 선순환을 만들어, 약화된 노동운동에 잠재적으로는 아드레날린 주사를 놓게 되는 것이다.

　이러한 노동자 중심의 견해는, 연금의 개별적인 관리인 401(k)로의 전환을 통해 이들 연금을 전적으로 파괴하려는 노력들과는 뚜렷이 다르다. 연금에 관한 동시대의 수많은 논쟁들은 이 기금들이 자금 조성 금액의 부족과 납세자 재정 긴급구제 요청도 임박해 있다는 폭넓은 인식에 의해 형성됐다. 소수의 지방 연금기금이 나쁜 상황인 것은 의심할 여지 없는 사실이다. 그러나 대부분의 공적 연금기금들이 기금부족이라는 임박한 재앙 앞에 놓여 있다는 견해는 진실을 왜곡한 것이다. 그 견해는 최악의 시나리오는 불가피하다고 간주한 것이고, 대부분의 기금이 견고한 재정 기반 위에 있다는 증거를 무시한 것이다. 그 견해는 일부 연금기금들이 위기 때 공적 연금기금이라는 큰 그림을 그린다는 진실의 작은 알맹이 하나에 의존한 것이다. 이는 연금의 미래 불확실성에 관해서 가장 그럴듯한 비관적인 의견이다. 또한 이런 견해가 주장하는 것은, 실재하나 적절한 해법으로 다룰 수 있다는 문제들이 실제로는 급진적 개혁을 요구하는 거대한 문제들이라는 것이다. 이는 연금기금 부족의 일차적 원인을 무시한 견해로, 연금기금 부족은 수십 년 동안 사용자들이 노동자들에게 지급할 의무를 거부한 데서 생긴 것이다. 이런 견해가 다른 경쟁적 의견보다 훨씬 더 많은 관심을 받아왔다. 왜냐하면 이런 견해는 누구보다도 '찰스와 데이비드 코흐의 번영을 위한 미국인들'과 '존 아놀드의 로라와 존 아놀드 재단'에 의해 널리 알려졌기 때문이다. 가장 비판받아야 할 것은 401(k)가 노동자들에게 불충분한 퇴직자산을 남겨준다는 강한 증거가 있는데도, 이런 견해가 공적 연금기금과 노동조합 기금을 401(k) 기금이나 이와 동등한 기금들로의 전환을 정당화하는 데 활용돼왔다는 사실이다.[74] 연금을 401(k)나 개별퇴직계좌(IRA)로 대체하려는 것은 단지 수백만 미국인의 퇴직 보장을 위태롭게 하는 것뿐만 아니라, 이 책에서 서술하고 있는 바로 그 행동주의를 파괴할 것이다. 이는 연금 개혁의 오류가 아니라 하나의 특징이다.

세이프웨이의
후유증 _____   _____

버드는 파업 이후 거의 10년 가까이 세이프웨이 CEO로 남아 있었으며, 2013년에 마침내 은퇴했다. 그는 슈퍼마켓 경쟁업체인 앨버트슨스가 92억 달러에 세이프웨이를 인수하기 14개월 전에 회사를 떠났다.[75] 앨버트슨스는 그사이에 세르베루스(Cerberus)에 인수됐다. 버드는 그 거래에서 주식으로 7백 50만 달러를 받았으며, 세이프웨이 CEO로 근무한 기간에 1억 달러 이상을 벌었다.[76] 버드와 대조적으로 해리건은 2004년 말 캘리포니아공무원연금 이사장직을 잃었다. 그라소와 아이스너 그리고 최종적으로 버드에 대한 반대 투쟁을 지휘하면서 해리건에게는 수많은 강한 적들이 생겼다. 공화당의 아놀드 슈워제네거(Arnold Schwarzenegger)가 2004년 캘리포니아주지사 재선거에서 당시 민주당 주지사였던 그레이 데이비스(Gray Davis)에 이겼을 때, 해리건의 적들은 그를 끌어내릴 기회를 맞았다. 슈워제너거 스스로는 해리건의 해고에 대한 개입을 부인했지만, 광범위한 언론 보도에 따르면 슈워제너거 주지사가 캘리포니아인사위원회(California Personnel Board)를 압박해 〈뉴욕타임스〉 표현처럼 '예의고 뭐고 없는 해고'를 했다고 시사했다. 그럼에도 〈뉴욕타임스〉는, '짧은 재임기간 동안 폭풍이 몰아치듯 일했지만, 해리건은 캘리포니아공무원연금 주주들에게 잘했다. 그는 2년도 채 안 돼 기금자산 가치를 천 백 60억 달러에서 천 7백 70억 달러로 올렸'고 보도했다. 해리건은 사람들의 예상처럼 조용히 물러나지는 않았다. 그는 〈로스앤젤레스 타임스〉에 기명 논평 기사를 내고, '회사는 행동가로서 나의 주장을 감당하지 못했다'고 주장했다. 또 캘리포니아공무원연금의 성과를 내세우며, 슈워제너거와 미국 상공회의소가 자신을 축출했다고 비난하며, 기업 지배구조운동, 즉 기업 내부로부터의 개혁을 위한 주주운동의 부상을 선언했다.[77]

캘리포니아공무원연금 이사장직을 잃은 뒤에도 해리건은 경력을 계속 이어갔지만, 기금을 이끌면서 22개월간 얻었던 명성은 결코 되찾지 못했다. 그는 이어 백억 달러 넘는 자산의 중요한 기금인 로스앤젤레스 소방관경찰연금이사회 이사장에 취임했지만, 전국적인 기금보다 명성에서나 영향력에서 뒤떨어졌다. 해리건은 우선주 거래를 두고 증권거래위원회 조사를 받은 뒤 결국 다른 이사인 억만장자이자 공화당 전국위원회 전 재정위원장이었던 엘리엇 브로이디(Elliott Broidy)와 함께 이사회에서 물러났다. 2009년과 2010년 사이에 광적인 고발들에 휩싸였으나 두 사람에 대한 혐의는 어떤 것도 입증되지 않았다. 해리건은 그 후 대중의 시야에서 사라졌다.[78]

세이프웨이 투쟁 이후 10년 동안, 노동자 주주 세력은 대규모로 확장했다. 세이프웨이 주주운동가들이 마주해야 했던 많은 장벽들은 해리건과 스미스, 나피어의 뒤를 이은 주주 행동가 세대가 가한 압력 앞에 무너졌다. 이 투쟁가들은 버드의 동료들에게서 버드가 단단히 움켜쥐고 조종했던 많은 수단들을 제거하려 했으며, 캘리포니아 공무원연금의 사례에서처럼 주주들에 대한 비즈니스 리더들의 책임을 크게 확대시켰다. 이런 행동가들이 성취한 것들 가운데 중요한 것으로 '이사후보자 지명권(proxy access, 폭넓게 주주제안권의 강화로 이해되지만 맥락에 따라 이사후보자 지명권으로 옮김-역주)'이 있다. 이는 고통스리운 10여 년간의 투쟁을 통해 성공적으로 진전시킨 것으로 다음 장의 주제이다. 새로운 행동가들은 또 CEO와 노동자 보수 규정을 위한 투쟁에 성공해 CEO들이 중간 노동자에 비해 얼마나 많은 급여를 받는지 회사들이 공개하도록 요구하고 있다. 그 규정은 트럼프 행정부 아래 초기에는 취약해 보였으나 지금은 안심할 수 있고 적어도 가까운 시일 내에 안정화될 것이다.[79] 주주 행동가들은 회사 이사회의 안정과 이사 선거의 다수결 투표(majority voting)의 제도화를 위한 투쟁에서 결정적인 승리를 거둘 것이다. 가장 중요한 규정들인 도드-프랭크법(Dodd-Frank Act)을 위해 성공적으로 로비를 벌일 것이다. 또한 헤지펀드와 사모펀드들이 노동자 주주의 필요를 가장 우선시하도록 새로운 전술을 쓸 것이고 받아들이지 않을 경우 혹독한 경제적 결과들에 직면하게 할 것이다. 그리고 노동자들을 위해 보다 많은 일자리 만들기를 지원하도록 주주 권력을 사용하는 법을 배우게 될 것이며 아마도 이것이 가장 중요할 것이다.

그렇게 함에 있어서, 이 행동가들은 노동자들의 이익 증진을 위해서라면 정치적으로 성숙한 어떤 운동으로부터도 배우려 할 것이다. 행동가들은 때로는 노동자 이익을 직접 향상시키기도 할 것이다. 특히 장기간에 걸쳐 빚은 헤지펀드와 사모펀드와의 갈등에서 행동가들은 이런 면모를 보였는데, 그들은 연금을 손상시키며, 노동자의 일자리를 없애고, 과도한 수수료를 부과하려는 기금들에 대해 반대하며 반발할 것이다-이 마지막 투쟁이 이루어져야 할 때보다는 늦어질지라도. 또 어떤 경우, 행동가들은 타인의 이익을 증진시킴으로써 동시에 자신들의 이익 증진도 꾀할 것이다. 이런 것들이 기업 지배구조운동에서 행동가들이 하게 될 리더십 역할의 진실이다. 기업 지배구조운동은 30~40년이 넘도록 퇴직급여 지급을 바라며 일해온 실체인 장기 주주들을 위해 기업 경영진들이 더 많은 책임을 지게 하는 운동이다. 기업 지배구조 개혁운동의 리더로서, 노동자 주주들은 자신들뿐 아니라 뮤추얼펀드와 재단 등을 포함한 모든 다변화한 장기 주주들의 이익을 대표한다. 그렇게 함으로써, 이 기금들은 퇴직기금의 가치와 영향력을 강화했을 뿐 아니라, 시장의 거의 모든 사람들에게 없어서는 안 될 존재로 만들었다. 가까운 시일 안에 노동자 자본이 점증하는 법적·정치적 도전들에 직면하게 될 것인 만큼 이와 같은 연대는 희망적인 결실을 맺을 것이다.

PART 2

새로운 참정권
확장론자들

중대한 기업임원 선임을 위한 투쟁

드문 일이지만 증권거래위원회(SEC)나 의회가 정책적으로 강력한 규제를 하는데도 은행과 기업들이 증권거래위원회나 의회를 특별히 두려워하지 않는 데는 여러 이유가 있다. 그중 하나는 산업계가 연방항소법원인 미국 컬럼비아특별구 항소법원을 장악해서 이를 통해 기업 이익에 반하는 의회 차원의 규제와 개입을 약화시키고 있기 때문이다. 컬럼비아특별구 항소법원은 수도에 소재한 연방정부 기관들과 관련된 항소를 진행하기 때문에 알다시피 13개 연방항소법원 가운데 가장 강력하다. 연방대법원이 최종심 판단 기관인 것은 맞지만 이 기관의 1년간 심의 건수는 80여 건에 그치고 있다. 컬럼비아특별구 항소법원은 일 년에 천 백 건 정도의 사건을 심의한다.[1] 현실적으로 컬럼비아특별구 항소법원은 연방대법원보다 훨씬 더 많은 사건에 대해 최종 선고를 내리고 있다. 자금도 넘쳐나고 인맥도 풍부한 워싱턴 및 수도권 로비스트들은 항소법원의 힘을 제대로 간파하고 그에 맞춰 자신들의 합법적 로비 활동을 항소법원에 집중

한다.

2008년부터 2010년까지 민주당은 대공황 이후 최악의 금융위기 여파가 유리하게 작용한 가운데 선거에서 승리를 거두고 백악관과 양원을 지배하게 됐다.[2] 로비를 벌이는 기업과 일시적이나마 의회 내에서 힘을 잃게 된 공화당은 신속하게 법적 전략을 세우고 당시 채택된 전면적인 금융개혁에 반대하고 법원을 움직여 금융개혁들의 시행을 막았다. 컬럼비아특별구 항소법원에 초점을 맞춘 그 전략은 성공적이었다. 그리고 2011년 대기업협의회와 증권거래위원회가 맞붙은 사건에서 이러한 노력들 때문에 노동자 주주 행동가들은 심대한 타격을 입었다.[3] 그런데 이 사건 그리고 이 사건의 여파로 인해, 뉴욕시 감사관 스콧 스트링거(Scott Stringer) 같은 행동가들이 궁극적으로 공화당의 허를 찔러 그들의 사법적 반대를 물리치고 의회와 증권거래위원회가 실패한 바로 그 지점에서 승리를 거둔 최상의 사례 가운데 하나가 된 것은 역설적이다.

"이사후보자 지명권(proxy access)이야말로 중대한 기업 개혁의 요체"라고 해리건은 말했다.[4] 가령 재선을 노리는 미국 대통령이 투표용지에 자기 이름만 인쇄돼 있어야 한다고 요구하는 상황을 상상해보자. 물론 현직 대통령에 경쟁하겠다고 나서는 사람이 없지는 않을 것이다. 하지만 도전자는 유권자들에게 배포될 투표용지에 자신의 이름을 인쇄해 넣기 위해 막대한 비용을 부담해야 한다. 반면에 현직 대통령은 국민이 낸 세금으로 투표용지에 자기 이름을 손쉽게 인쇄해 넣을 수 있다. 도전자는 완전히 별도로 인쇄한 투표용지를 유권자들에게 개별적으로 송부해야 한다. 유권자들은 투표일에 그 투표용지를 소지하고 나와야 한다. 도전자가 자신의 투표용지를 유권자들에게 송부하지 못하거나 송부했다고 하더라도 유권자들이 투표소에 가지고 오지 않는다면, 유권자는 투표소에서 현직 대통령의 이름만 인쇄된 투표용지를 받을 수밖에 없다. 이 경우 유권자들은 기권할 수 있다. 물론 현직 대통령에게 투표할 수도 있다. 하지만 어떤 식으로든 도전자에게 표를 던질 수는 없을 것이다.

이와 같은 일이 실제 미국 대통령 선거에서 일어났다면, 그 선거는 명백한 위헌이다. 하지만 기업 선거는 바로 이런 식으로 이루어지고 있다. 기업 이사회에서는 선거 혹은 재선을 위한 선거가 있을 때 이사들은 스스로 자신을 지명하여 위임장이나 투표용지에 자기 이름만 기록한다. 투표용지는 주주총회 이전에 회사 비용으로 주주들에게 발송된다. 물론 외부인들도 이사회 구성원에 반기를 들어 이사에 입후보할 수 있다. 하지만 이를 위해서는 사비를 들여 별도의 위임장을 만들어야 한다. 게다가 회사 투자자들을 일일이 찾아내 그들에게 위임장을 우편으로 송부하는 데 그치지 않고 투자자들이 선거에서 자신이 만든 투표용지에 기표하도록 전력투구해야 한다. 여기에는 수백만 달러의 비용이 든다. 헤지펀드처럼 재력이 풍부하고 힘을 한데 모을 수 있는 투자자들만이 이른바 '위임장 대결'에서 경쟁력 있는 후보로 뛰기 위해 위임장을 인쇄하고 우편으로 송부함으로써 기업 이사회에 도전할 수 있다.[5]

선거 비용이 매우 많이 들기 때문에 헤지펀드도 매우 예외적인 상황에서만 '위임장 대결'에 뛰어든다. 헤지펀드 정도가 아니라면 그러한 대결에 뛰어든다는 것 자체가 무모한 일이다. 그러니 대기업협의회와 미국상공회의소라는 두 강력한 경제 로비단체가 이런 방식을 좋아하지 않을 리 없다. 그들은 세이프웨이의 버드, 타우셔, 맥도넬 또는 디즈니의 아이스너 같은 이사들에게 도전하기 원하는 주주들이 경쟁 후보로 나서지 못하고 현실적으로 투표 불참 운동 이외에는 다른 어떤 일도 벌일 수 없는 상황을 선호한다. 그동안의 경험으로 볼 때, 상대가 '투표 불참' 운동 또는 '투표 거부' 운동을 통해 거둘 수 있는 효과란 기껏해야 재신임 투표율이 너무 저조한 나머지 이를 민망히 여긴 이사회가, 기술적으로는 재선의 자격을 갖췄지만 총 득표수가 당혹스러울 만큼 적은 이사를 이사회에서 배제하는 조치를 취하는 정도이다. 바로 아이스너에게서 발생한 상황이다. 전반적으로 투표용지에 경쟁후보의 이름을 올리는 일 자체가 거의 불가능하다는 사실로 인해 기업 선거는 늘 본말이 전도된 '장난질'이라는 비야냥조의 비난을 들어왔다. 연방대법관 안토니 케네디(Anthony Kennedy)가 2010년 시민연합(Citizens United) 소송에서 만약에 주주들이 회사의 정치적 비용 지출에 불만을 느낀다면, '기업민주주의 절차를 통해' 주주들은 경영진에 반대하는 행동을 취할 수 있다고 의견서를 작성했을 때, 기업 선거의 진상을 알고 있던 사람들은 그의 의견에 코웃음을 쳤다.[6]

주주제안권
강화 규칙 _____

　　　　　　이사후보자 지명권은 기업 선거에서 도전자에
비해 현직자에게 지나치게 유리하도록 되어 있는 불균형을 바로잡
는 데 도움이 될 것이다. 그렇다고 누구라도 자신을 후보로 지명해 회
사 투표용지에 자기 이름을 올릴 수 있도록 하자는 것은 아니다. 그것
은 특정 주주에게 이사후보자 지명권에 직접 접근할 수 있도록 허용
하는 것을 말한다. 이사후보자 지명권은—단기거래 헤지펀드가 아니라 연금
기금과 뮤추얼펀드처럼—주식을 장기 보유하고 있는 한정된 수의 다양한
주주들이 비용을 들이지 않고 자신들의 후보를 추천해 그들이 이사
회 내 재선을 노리는 후보와 동일한 권리를 보유한 가운데 경쟁할 수
있도록 해줄 것이다.[7] 앞서 이야기한 가상적 대통령 선거를 다시 예
로 들자면, 그것은 도전자의 이름이 현직 대통령의 이름과 함께 하나
의 투표용지에 등재되는 것을 의미할 뿐이다. 아무 도전자나 등재되
는 것이 아니라 일정한 과정을 거쳐 확정된 도전자만 이름을 올릴 수
있는 자격을 얻는다. 여기서 확대란 결국, 어차피 인쇄돼 발송될 한
장의 종이에 글자 몇 줄을 추가하는 것일 뿐이다. 그럼에도 불구하고
대기업협의회와 미국상공회의소는 활용 가능한 모든 수단을 동원해
이 단순한 개혁을 맹렬히 반대하고 있다.

　미국에서 이사후보자 지명권을 채택하려는 노력은 1940년대로
거슬러 올라가지만 보다 직접적으로는 2000년대 초에 그 연원을 두
고 있다. 2001년 유력 공무원노동조합인 미국주군시공무원연맹

(AFSCME, 이하 미국공무원연맹으로 약칭)은 주주들의 주주제안권 강화를 위한 시안을 마련해서 몇몇 회사에 제공하기 시작했다.[8] 이런 활동의 중심에는 두 명의 행동가 리치 페르라우토(Rich Ferlauto)와 베스 영(Beth Young)이 있었다. 페르라우토는 과거 청년공화당원이었으며 노동자 주주 권력을 주도적으로 설계한 인물 중 하나였다. 영은 브룩클린 플랫부시에 있는 자신의 아파트에 개인 법률 사무소를 차려 활동하는 변호사이다. 그녀가 노동자의 주주 행동주의에 대해 막후에서 미친 전략적·법적 영향력은 관련 영역 전반에 뿌리를 내려 지난 10년간 여러 관련 사건에서 승리를 거둠으로써 그 역할을 충분히 인정받았다. 페르라우토와 영 두 사람은 필자가 만나거나 대담을 진행한 많은 주주 행동가들과 공유하는 특성을 구체적으로 보여주는 인물들이다. 그들은 자신들의 일에 대한 낭만적·이상적 시각에 빈틈없는 전술적 감각을 결합했다. 영은 해밀턴(Hamilton)의 『미국 뮤지컬(American Musical)』의 한 구절인 "당장 샤워를 해야 할 정도로 지저분한 몰골을 한 오합지졸의 의용군 병사가 어떻게 세계적인 초강대국을 물리치는가?"[9]라는 대사가 일하는 내내 자신의 뇌리에 남아 있다고 필자에게 말했다.

미국공무원연맹이 초기에 주주제안권 강화를 제안한 것은 엔론과 월드컴의 회계부정 추문에 대해 직접적으로 응답할 필요가 있었기 때문이다. 이 사건으로 〈포천〉 선정 미국 100대 기업에 속한 두 회사가 대형 회계사기 사건에 연루되면서 총 8백 50억 달러의 손실을 내고 1년이 채 지나지 않아 파산했다. 기업의 지배구조와 책임성 문제를 둘러싸고 돌연 대중적 논쟁이 일었다. 미국공무원연맹 역시 내부에 연구분석팀을 두고 있었지만, 그들 중 누구도 기업의 지배구조 문제에 초점을 맞춰 집중 조명하는 일은 하지 않았다. 페르라우토가 노동조합의 주주 행동주의 팀에 합류하기 직전 일했던 의결권 자문회사 ISS에서도 이 분야는 그의 전문분야였다. 당시 미국공무원연맹의 지도자 제럴드 맥켄티(Gerald McEntee)는 노동조합 내 주주 행동주의 팀의 확대를 바랐다. 많은 조합원들의 퇴직연금이 최대 규모의 공적 연금기금에 투자되고 있으며, 그 공적 연금기금은 시장 내에 횡행하는 부정행위로 인해 큰 위험에 직면해 있었기 때문이다. 페르라우토와 영은 기업에 책임성을 환기시키는 최선의 방법은 주주제안권 강화와 같은 수단을 통해 주주들이 중대한 사안에 투표할 수 있도록 하는 것이라고 생각했다.[10]

초기에 미국공무원연맹은 주주제안권 강화가 2002년 사베인스 옥슬리(Sarbanes–Oxley) 법안에 포함되기를 희망했다. 이 법안은 엔론과 월드컴 사태 여파로 주식 공개기업에 대해 새로운 지배구조와 회계 요건을 부과하도록 규정하고 있었다. 그러나 주주제안권 강화 조항이 이 법안에 포함되지 않을 것이 확실해지자 페르라우토와 영은 6개 기업에서 주주제안권 강화를 요구하는 주주들이 어떤 입장인지를 대변하는 제안을 냈다―번번이 이사회의 반대에 부딪혀 무산되기는 하지만 주주들은 몇몇 법적 요건들을 충족시킨다는 전제 하에 연차주주총회에서 표결에 부쳐질 제안들을 제출할 권리를 갖고 있다. 페르라우토와 영이 제출한 주주 측 제안은 모두 관련 이사회에서 거부됐다. 증권거래위원회는 매번 그 제안들을 배제하도록 허용하면서 기업 이사회 편을 들었다. 달리 말하면 증권거래위원회는 투자자들을 보호해야 하는 만큼 기업들이 그러한 제안들을 무시해도 되고 주주들이 참여하는 연례주주총회에 안건으로 올리지 않아도 된다고 판단했다. 2003년 증권거래위원회는 4년 후 미국과 세계를 금융 혼란의 수렁으로 빠뜨린 또 다른 기업 AIG에게 미국공무원연맹이 제출한 주주제안권 강화 제안을 무시하도록 했는데 증권거래위원회의 조치에 분노한 노동조합은 결국 소송을 제기했다. 그런데 놀랍게도 뉴욕 제2차 순회 항소법원에서 반전이 벌어져 승소했다.[11]

이에 대해 증권거래위원회는 법원의 법적 견해를 살펴보고 내부적으로 주주제안권의 강화 규칙을 제도화하는 방안을 고려하겠다고 밝혔다.[12] 그러나 이후 아무런 후속조처도 하지 않았다. 차일피일 미루면서 결국 법원의 판결을 휴지로 만든 이런 접근법은 부시(George W. Bush) 대통령 시대 초대 의장이자 제3대 의장이었던 하비 피트(Harvey Pitt), 크리스토퍼 콕스(Christopher Cox)의 지도체제 아래 증권거래위원회가 보인 규제와 단속의 느림보 행보를 그대로 따른 것이었다.

그리고 2008년, 금융위기가 닥쳤다. 코네티컷주 연방상원 의원 크리스 도드(Chris Dodd)와 매사추세츠주 연방하원 의원 바니 프랭크(Barney Frank)는 의사당에서 은퇴하기 전에 금융개혁의 유산을 남기고 싶은 강한 열망을 갖고 있었다. 2010년 도드-프랭크의 〈월 스트리트 개혁과 소비자 보호법〉은 결국 주주 행동가들에게 주주제안권 강화 규칙 초안을 마련할 기회를 줬으며, 증권거래위원회에는 정치적·법적 보호 장치를 마련해줬다. 적어도 도드와 프랭크의 생각은 그랬다. '기업의 지배구조 강화'라는 부제목 아래, '주주제안권의 강화'라는 법률 조항은 '주주가 제출한 이사 후보'를 포함시켜 기업투표를 시행하도록 하는 규칙을 제정할 권한을 증권거래위원회에 부여했다.[13] 다시 말해서, 오로지 이사회 자체적으로만 후보를 지명하는 방식이 아니라 주주들이 이사 후보들을 지명해서 투표용지에 등록된 후보들을 가질 수 있도록 되어 있었다. 상하 양원은 주주제안권의 강화 규칙 시행 권한을 증권거래위원회에 넘긴 가운데 사법부가 이의를 제기할 것을 우려, 주주제안권의 강화 규칙을 존중해주기를 기대한다는 강한 신호를 법원에 보냈다. 그 법률의 입법 과정을 되돌아보면 '그러한 주주제안권 강화의 조건을 설정하는 데 있어서 폭넓은 재량이' 증권거래위원회에 주어져야 함을 명백히 알 수 있다.[14]

아마 주주제안권 강화라는 용어를 처음 제안한 사람들은 자유주의적 '사법 행동주의'를 오랫동안 공격해온 보수적 법관들의 신조나 원칙을 검증하고 싶었을 것이다. 항간에는 보수주의자들이 무책임한 행동가 연방법관들을 끊임없이 비난해왔다는 이야기가 돌고 있었다. 그들은 이들 행동주의 연방법관들이 의회가 채택한 법률을 기각하거나 헌법 규정에 대해 새로운 의미를 적용할 수 없을 만큼 너무 앞서 나간다고 생각했다. 연방대법원장 존 로버츠(John Roberts)가 연방대법원 인사청문회에서 사법부의 역할을 수동적 심판이라 규정한 것도 바로 그런 이유에서였다. "볼이나 스트라이크를 외치는 것은 나의 본분이지만 공을 던지거나 배트를 휘두르는 것은 나의 본분이 아니다"[15]라고 그가 말했다. 입법부는 주주제안권의 강화와 관련해서 증권거래위원회에 폭넓은 재량권을 주고 싶다는 기대를 분명히 나타냈다. 그것은 사법부의 역할이 의회에서 통과된 법을 해석하는 일이지 자기들이 직접 나서서 법을 만드는 일은 아니라는 신호를 사법부에 보낸 것이었다.

증권거래위원회가 실질적으로 제안한 규칙은 의회가 자체적으로 생각했던 것보다 훨씬 보수적인 성향을 보였다. 그 규칙은 주주제안권의 강화가 주식을 장기 보유하고 있는 주주들에게만 확대 적용될 뿐, 주식시장에 뛰어들어 주가 급등을 획책, 재빨리 팔아치우는 헤지펀드와 같은 주주들은 그 적용 대상이 아니라고 못 박았다. 달리 표현하면 그 규칙은 현 상태에 변화를 줘, 헤지펀드들은 여전히 자신들의 투표용지를 뿌리는 데 비용을 지불해야 하는 반면에 주식을 장기 보유하고 있는 다양한 주주들은 위임장에 이름을 올릴 후보들을 지명할 수 있다고 규정하고 있었다. 주주라면 누구나 주주제안권 강화를 가지는 것이 아니라 기업 주식의 3%를 소유한 주주나, 주주들의 주식 보유 총합이 3% 문턱을 넘은 소규모 연대 투자자 집단에 참여한 주주만이 주주제안권의 강화를 갖는 것으로 돼 있었다. 3%라면 작게 들릴지 모르지만 결코 그렇지 않다. 최대 규모의 연금기금조차도 자신들이 투자한 회사 주식의 1% 미만을 지분으로 갖고 있는 것이 현실이다. 따라서 현실적으로 3%라는 문턱 때문에 결국 그 요구 기준을 넘어 후보를 지명할 자격을 획득하려면 수많은 투자자들이 하나의 집단을 형성할 수밖에 없는 구조이다. 그리고 그 과정에서 집단에 참여하지 못한 주주나 훼방꾼 후보자들은 자연스럽게 탈락한다─공교롭게도 이 3%라는 문턱은 페르라우토와 영이 일찍이 미국공무원연맹 주주제안에서 확보하고자 수년에 걸쳐 싸웠던 바로 그 한계선이었다. 그런데 그런 사실이 전혀 놀랍지 않은 것은 당시 증권거래위원회에서 주주제안권의 강화 규칙을 마련하는 데 주도적인 역할을 하고 있던 인물이 바로 페

르라우토였기 때문이다.[16]

또한 그 규칙은 최소 3년 이상 회사 지분을 소유한 사람만이 주주제안권 강화의 대상이라고 밝히고 있다. 의회와 증권거래위원회는 주주제안권 강화 대상을 회사의 실질적 지분을 소유한 장기 주주에 한정하고, 그들 주주가 비슷하게 유의미한 지분을 갖고 있는 다른 주주들과 한 조가 되도록 강제함으로써 우선적으로 국가와 지방자치단체의 공적 연금기금, 노동조합 기금, 뮤추얼펀드 같은 퇴직기금에 주주제안권 강화를 부여했다. 이들 기금은 '보편적인 소유자'이다. 즉, 그들은 주식시장의 매도용 주식 가운데 가장 많은 부분을 소유하고 있으며 30년, 길게는 50년 앞을 내다보고 투자하는 다양한 투자자들의 모임이다. 아마도 이들은 장기적 경제성장에 가장 잘 부합하는 투자자라는 의미에서 같은 목적을 추구하는 투자자들이며, 엄밀히 말해 우리가 주주제안권 강화 규칙을 통해 권한을 부여하고 싶은 바로 그 주주들이라 할 수 있다. 마지막으로 그 규칙은 전체 주요 이사회 의석 가운데 4분의 1까지만 주주제안권의 강화를 허용하고 있다.[17] 그래서 기업 이사회가 12석으로 구성돼 있다면 매 선거마다 그 가운데 3석에서만 경선에 참여할 수 있다. 나머지 9명의 이사들은 예전과 다름없이 사실상 경쟁 없이 선거운동을 할 수 있다. 프랑스혁명은 아니었지만 그것은 시작에 불과했다.

주주제안권 강화가 국가와 지방의 공적 연금기금, 노동조합 기금, 즉 노동자 주주에게 권한을 부여하게 될 것이라는 점을 의회가 충분히 알고 있었다는 데는 의심의 여지가 없다. 첫째, 다양한 장기 투자자들에게 권한을 부여하는 조처가 결국 노동자 주주들에게 권한을 부여하게 될 것이라는 점은 명약관화하다. 노동자 주주들 스스로가, 수십 년에 걸쳐 그들의 이익에 이바지하는 노동자들에게 급여를 지불하기 위해 노력하는 다양한 장기 투자자들이기 때문만은 아니다. 사무직 노동자들의 퇴직소득을 우선적으로 투자하는 뮤추얼펀드처럼 다른 유형의 다양한 장기 투자 주주들은 이해관계에 충돌이 생기면 행동가와는 상대적으로 일정한 거리를 두기 때문이기도 하다. 행동주의는 디즈니와 세이프웨이에 대한 캘리포니아공무원연금의 태도에서 볼 수 있듯이 표적이 된 기업에 적대적인 경향을 보인다. 공적 연금기금이나 노동조합 기금과 달리, 뱅가드와 피델리티 같은 뮤추얼펀드는 디즈니나 세이프웨이, 또 이 문제와 관련해서는 월마트와 같은 대규모 상장기업의 플랫폼 위에서 자신들의 401(k) 플랜을 운용하는 것이 유리하다. 뮤추얼펀드들은, 기업 관리자들과 적으로 지내기를 원치 않는다. 왜냐하면 그들은 종업원들에게 제공되는 401(k) 플랜 운용 뮤추얼펀드 명단에서 자기 펀드 이름을 삭제함으로써 언제든 타격을 줄 수 있기 때문이다. 예를 들면, 50/50기후프로젝트(50/50 Climate Project)가 진행한 최근 연구에 따르면, 뱅가드(Vanguard)는 당시 22%에 해당하는 에너지 회사의 경영에 대해 반대표를 던졌지만 거기에는 자기 펀드가 퇴직 플랜을 운용하는 회사는 단 한 회사도 포함되지 않았다.[18]

연금기금이나 노동조합 기금과 달리 뮤추얼펀드 또한 서로 경쟁을 한다. 당신의 연금을 캘리포니아공무원연금에서 인출하여 뉴욕주 퇴직기금으로 이체하는 것은 불가능하다. 연금은 직접적으로 직업과 연계돼 있기 때문이다. 하지만 피델리로부터 401(k)를 인출하여 뱅가드로 이체할 수는 있다. 투자자들은 401(k)나 여타 투자를 하면서 이 펀드에서 저 펀드로 '갈아타기' 일쑤다. 뮤추얼펀드들은 모든 주주에게 이익이 될 것이라며 자산을 쏟아부어야 한다면, 쏟아부은 그만큼 주주들의 경쟁자들에게도 이익을 챙겨줄 것이다. 자기 자산을 경쟁자들을 돕기 위해 사용하는 것은 제대로 된 자본가가 할 일이 아니다. 이는 곧 무임승차자 문제로 비화된다. 나의 경쟁자들에게 유리하게 작용할 행위에 대한 비용을 왜 내가 부담해야 하는가?

뮤추얼펀드 분석가들은 CEO나 CFO로부터 기업 성과에 대한 정보를 얻는 능력을 소중하게 여기기 때문에 뮤추얼펀드는 수동적일 수밖에 없다. CEO나 CFO들은 회사의 펀드가 어느 순간 기업 경영진들에 반기를 든다면 그 펀드 소속 분석가들에게서 걸려온 전화를 받지 않거나 그들의 요구에 응하지 않을 가능성이 무척 크다. 또한 뮤추얼펀드 매니저들은 기업 관리자와 같은 계층에 소속돼 있다. 그들은 같은 사회적 네트워크 안에서 움직이고, 같은 경영대학원에 참석하며, 같은 클럽에 가입하고 자녀들을 같은 학교에 보낸다. 그들은 교사들과 소방관들 혹은 여타의 공무원들로 이루어진 공적 연금기금 신탁자들과는 다르다. 그 결과 뮤추얼펀드는 대체로 소극적인 모습을 유지해왔다. 최근 몇몇 뮤추얼펀드들이 행농가들의 흐름에 빌을 담그기 시작한 것은 사실이다. 가장 주목을 끄는 것은 2017년 스테이트 스트리트(State Street)가 남부 맨해튼에 있는 월 스트리트 황소상 맞은편에 세운 '용감한 소녀상(Fearless Girl)'을 후원한 일이다. 이와 동시에 스테이트 스트리트는 여성 이사에게 유리하게 작용할 새로운 주주투표 정책을 발표했다. 이와 비슷한 사례로 2017년 뱅가드와 블락락(BlackRock)은 두 에너지 기업에서 다른 투자자들이 제안한 환경 관련 제안들을 지지했다. 그러나 전반적으로 뮤추얼펀드들은 공적 연금기금보다 주주제안권의 강화 관련 정책을 훨씬 덜 받아들이는 듯하다. 이러한 이유로 다양한 장기 투자 주주들에게 권한을 주는 그 어떤 개혁도 먼저 그러한 권한을 기꺼이 활용할 의지가 있는 일부 투자자들에게만 그 혜택을 부여할 것이다. 다시 말하면 공적 연금기금이나 노동조합 기금과 같이 노동자가 주주인 투자 주체들은 그 권한을 활용하고자 할 것이다. 물론 이들 주주들이 내세운 후보자들이 실질적으로 승리하려면 다른 주주들의 지지를 필요로 할 것이다.[19]

시장 논리를 넘어서 의회는 공적 연금기금과 노동조합 기금이 주주제안권의 강화를 통해 권한을 부여받게 될 것이라는 사실을 충분히 알고도 남았다. 공적 연금기금과 노동조합 기금이 주주제안권의 강화를 위해 로비를 벌이고 있었기 때문이다. 기관투자자협의회(The Council of Institutional Investors, CII)는 공적 연금기금, 노동조합 기금, 일부 기업 연금기금의 연합체로, 주주제안권 강화를 위해 집중적으로 로비를 벌였다. 기관투자자협의회는 특정 주주만 뛰어넘을 수 있도록 5% 주식 소유라는 높은 장벽을 두는 이전의 구상에 반대했으며, 의회에 다음과 같은 내용의 보고서를 제출했다. '5% 소유 요건은 책임 있는 대규모 장기 투자자들의 접근을 사실상 차단할 것이다. 이들 투자자는 대부분 공적 연금기금과 노동조합 기금이며, 기업에 참여해서 그 회사를 책임감 있게 유지하려는 의지가 매우 강하다.'[20] 달리 말해 5% 장벽은 주주제안권의 강화에 전혀 기여할 수 없을 터였다. 따라서 의회는 그런 구상을 포기하게 됐다.

사실 의회도 주식 소유 장벽을 사실상 폐지해서 단기간 주식을 한 주라도 소유한 사람이라면 누구나 주주제안권의 강화에 접근할 수 있도록 함으로써 기존의 구상과는 반대방향으로 움직일 수 있었다. 하지만 승리할 만한 후보를 지명할 마땅한 기회가 없다면 주주제안권의 강화 자체가 무의미한 일이 될 것이다. 노동자 주주들은 힘 있는 도전자들을 지명할 만한 영향력을 갖고 있으며, 개인과 소액주주가 무언가를 제안한다 해도 그들의 제안이 공적 연금이나 노동조합의 지원 없이 통과될 가능성은 전혀 없다. 의회는 이 점을 분명히 파악하고 있었다. 이 사안과 관련해서 컬럼비아특별구 순회법원이 내린 결정에 어떤 잘못이 있는지 이해하고자 한다면 바로 이 점을 이해하는 것이 중요하다. 의회는 주주제안권의 강화를 추진하면 누구에게 그 권한이 돌아갈지 너무도 잘 알고 있었다. 공적 연금기금과 노동조합 기금이 바로 그 수혜자가 될 터였다.

의회가 이들 주주에게 권한을 부여하는 데는 두 가지 근본적 이유가 있다. 첫째, 민주당 하원 의원들은 이 주주들의 좌경화된 정책들을 좋아했다. 이들 주주들이 자연스러운 연합세력이었기 때문이다. 게다가 의회는 이들 주주들이 노동자와 일자리에 '특별한 이해관계'를 갖고 있기 때문에 그에 걸맞게 그런 권한을 부여하면 기업 경영진들에게 책임을 부과함으로써 모든 주주들에게 도움이 될 것이라고 믿었다. 15년 전 공화당이 의회를 장악하고 있을 당시 미 하원은 정확히 같은 정책결정을 내린 바 있었다. 1995년 하원은 증권소송개혁법(Private Securities Litigation Reform Act)을 통과시켰다. 이 법은 공적 연금기금과 같은 기관투자자들이, 엔론이나 월드컴처럼 회계 부정을 저지른 회사를 대상으로 제기된 피해자들의 집단소송을 관리하도록 했다. 공화당 하원은 원고 측 변호사들이-우연히도 민주당에 크게 공헌하지 않은-주주 소송에서 사건을 지나치게 졸속으로 얼렁뚱땅 마무리하면서 수임료는 높이 책정하는 등 오로지 자기 잇속만을 챙기고 있는 상황을 우려했기 때문에 이러한 조치를 취했다. 큰 손실을 입은 기관투자자들은 주주들을 위해 소송에서 보다 나은 성과를 보장하면서 변호사들의 행태를 관리 감독하는 데 도움을 줄 수 있었다. 이러한 개혁은 정치적 동기와 관계없이 이루어졌다. 공적 연금기금이 대표 소송 당사자로서 이러한 소송들을 관리할 때, 사기를 당한 주주들이 손실을 더 많이 복구하고 변호사들에 대해서도 더 낮은 소송비용을 부담한다는 증거는 명백히 있다.[21] 그렇다고 해서 이들 기금이 결코 특별한 이해관계를 갖고 있지 않다는 것은 아니다. 그들의 행동주의가 기업이 잘 운영되도록 보장하면서 모든 이해관계자들을 이롭게 할 수 있다는 것을 의미한다.

궁극적으로 하원이 노동자 주주에게 어떤 동기로 그런 권한을 주었는지 법률적으로 분석하는 일은 아무런 의미가 없다. 하원에는 주주제안권의 강화를 채택할 권한이 있기 때문이다. 보수주의자들이 정책적 근거 위에서 주주제안권의 강화를 완벽하게 반대할 수 있었다. 하지만 이 싸움에서 패배하자, 보수주의자들은 양당 구성원들이 늘 해오던 식으로 법적 분석에 들어갔다. 즉, 그들이 인정하지 않는 정책의 선택에 '불법적인' 요소는 없었는지 확인하려 했다.

주주제안권 강화를 포함한 도드-프랭크법은 2010년 7월 21일 서명이 이뤄져 법률로 시행됐다. 거의 한 달 뒤인 2010년 8월 25일 증권거래위원회는 자체의 주주제안권 강화 규칙을 채택했다. 그로부터 닷새 뒤 〈월 스트리트 저널〉은 심각한 우려를 담아 '앨린스키, 증권거래위원회에서 이기다'라는 칼럼을 게재했다. 〈월 스트리트 저널〉은 이 법이 '주주 민주주의라는 이름으로 팔린 것'이라고 밝히면서 이렇게 썼다. '이 새로운 규칙을 시행함으로써 혜택을 보는 쪽은 소액투자자들이 아니라 주로 노동조합 기금과 다른 정치적 동기를 갖고 있는 기관들일 것이다. 그 기관들은 소액투자자들에게 자신들의 뜻과는 다른 명분을 지지하도록 강요할 것이다.'[22]

〈월 스트리트 저널〉은 기업 이사회 구성원이 경쟁력을 갖춘 후보들과 맞서 싸우는 일이 벌어지지 않도록 보호하는 것은 사실상 이사회 구성원을 위한 것이 아니라 소액투자자들을 위한 것이라고 주장했지만 이런 주장은 왜곡된 것이다―그 신문은 그 대신 적대적 양도를 보다 쉽게 하는 규칙을 만들자고 주창했다. 한 걸음 더 나아가 그 칼럼은 새로운 규칙은 사울 앨린스키(Saul Alinsky)를 위한 승리라고 여긴다. 앨린스키는 유명한 행동가이자 『급진주의자를 위한 규칙(Rules for Radicals)』의 저자이다. 1971년 자신의 책에서 앨린스키는 주주 행동주의를 진보적 이익을 발전시키기 위한 중요한 도구로 정의내린 바 있다.[23] 앨린스키가 주주 행동주의의 발전에 중대한 기여를 했던 것처럼, 수년 뒤 저술된 다른 두 권의 책은 주주 행동주의의 최근 기류를 바탕으로 노동자 주주 행동주의의 앞날을 예측하는 방향으로 한 걸음 더 다가갔다. 피터 드러커(Peter Drucker)의 낯설고 약간 피해망상적인 저서 『보이지 않는 혁명: 연금기금 사회주의가 어떻게 미국에 등장하게 됐는가(The Unseen Revolution: How Pension Fund Socialism Came to America)』와 이보다는 나은 책이라 할 만한 사무엘 리프킨(Samuel Rifkin)과 랜디 바버(Randy Barber)의 『북구는 다시 일어설 것인가(The North Will Rise Again)』 이 두 권의 책이 그것이다. 그 밖에도 같은 주제를 다룬 다수의 학술서들이 속속 선보였다.[24] 아직도 앨린스키는 미국 우파에게는 '검은 짐승(Bête noire)'으로 남아 있고 그의 이름은 대체로 그와 연관된 무언가의 신빙성을 떨어뜨리려 할 때 자주 입에 오르내린다.

〈월 스트리트 저널〉 칼럼이 '앨린스키, 하원에서 이기다'가 아닌 '앨린스키, 증권거래위원회에서 이기다'라고 쓴 것은 우연의 일치가 아니었다. 그가 실제 승리를 거둔 곳은 하원이지만 〈월 스트리트 저널〉은 하원 대신 증권거래위원회를 비난하면서 뒤따를 법적 다툼과 함께 대중들을 대상으로 여론전을 계획했다. '주주제안권 강화라는 사안을 놓고, 민주적으로 선출된 하원을 비난하지 말라. 대신 독불장군으로 알려진 연방위원회, 즉 증권거래위원회를 비난하라'는 것이었다.

2010년 9월 28일, 그러니까 의회가 도드-프랭크법에 주주제안권 강화를 포함시킨 지 정확히 두 달 만에, 또 증권거래위원회가 관련 규칙을 채택한 지 거의 한 달 만에, 그리고 〈월 스트리트 저널〉이 그에 대해 날카로운 소리를 낸 지 수 주일이 되는 날, 대기업협의회와 미국상공회의소는 기업 이사회와 경영자들을 대신해서가 아니라 소액투자자들을 대표해서 증권거래위원회를 제소했다.[25]

주주제안권의 강화에 대한
증권거래위원회 제소 _____

대기업협의회와 미국상공회의소가 유진 스칼리아(Eugine Scalia)를 소송대리인으로 선정했을 때 놀라는 사람은 아무도 없었다. 스칼리아는 보수주의자인 당시 연방대법관 안토닌 스칼리아(Antonin Scalia)의 아들이며, 적어도 도드-프랭크법을 해체하려는 공화당의 법적 전략이 실현 가능해질 때까지, 그러니까 2017년 트럼프 행정부가 출범할 때까지 그 전략의 최일선에 서 있던 법률적 지휘자였다-이 글을 쓸 당시에는 하원을 통과한 법안이 상원에서는 처리되지 않고 있었다. 지금까지 스칼리아는 도드-프랭크법을 약화시킬 목적으로 컬럼비아특별구 순회법원에서만 적어도 여섯 차례 소송을 제기했다.[26] 주주제안권 강화를 주창하는 사람들을 더욱더 실망시킨 것은 대기업협의회의 소송을 청문할 예정인, 무작위로 선출된 순회법원 재판관의 면면이었다. 재판관의 명단은 더글라스 긴스버그(Douglas Ginsburg, 연방대법관 긴스버그(Ruth Bader Ginsburg)와는 관련이 없는 인물임), 재니스 브라운(Janice Rogers Brown), 데이비드 센텔(David Sentelle)이며, 이들 세 명은 모두 공화당이 지명한 사람들이었다.[27] 이들 재판관은 두 명의 민주당 의원의 이름을 따서 명명된 법안에 따라 민주당의 증권거래위원회가 채택한 규칙을 인정할지 여부를 결정하기로 돼 있었다. 법안은 민주당 대통령이 서명하고, 하원에서는 공화당 의원의 지지를 단 한 표도 얻지 못한 데다 상원에서는 단 두 명의 공화당 의원만 표결에 참여해 의회를 통과한 바 있었다.[28] 재판관 긴스버그와 브라운이 특별히 주목을 끈다. 브라운은 뉴딜과 최저임금법을 '미국 사회주의 혁명의 승리'로 묘사한 바 있으며, '사유재산은 캘리포니아에서는 그나마 멸종위기종으로 근근이 버티고 있지만 샌프란시스코에서는 완전히 멸종되었다'고 선언했다.[29]

재판관 명단에 긴스버그가 존재하는 것으로 인해 관심은 증폭됐다. 그가 법률 분야에서 쌓은 업적과 보수주의자들의 신임만으로도 레이건 대통령이 그를 미국 연방대법관에 충분히 지명할 만했다. 법학 교수로 재직할 당시 마리화나를 피웠다는 사실이 들통나지만 않았어도 긴스버그는 지금까지 연방대법관 자리에 머물러 있었을 것이다. 그 사실이 폭로된 이후 연방대법관 후보 자격을 박탈당했고, 긴스버그가 앉을 연방대법관 자리에는 안토니 케네디가 임명됐다.[30]

긴스버그와 그 밖의 컬럼비아특별구 순회법원 재판관들이 스칼리아와 그의 추종자들의 의제에 대해 보여준 지지는 전폭적이었다. 대기업협의회 소송이 있은 지 몇 년 뒤 시카고대학의 법학연구지에 발표된 논문에서 카스 선스타인(Cass Sunstein)과 아드리안 버뮬레(Adrian Vermeule)는 '연방대법원 자체의 결정을 포함한 현존하는 여러 법률 자료들에 존재하는 충분한 근거를 배제한 채 자유주의적 편향성을 보였다'며 컬럼비아특별구 순회법원을 비판했다. 나아가 그들은 특히 재판관 긴스버그를 '정체가 명백한 이념적 염색체를 가진 인물'이라고 비판했다.[31] 긴스버그는 이에 대해 열정적으로 응답하면서 그들의 비판을 부정하지는 않았지만, 행정기관에 맞서는 일, 즉 증권거래위원회—그리고 환경보호청, 국세청, 교육부 등—를 견제하는 것이 법원의 역할이라고 주장하면서 자신의 성향을 정당화했다. 트럼프 대통령이 연방대법관으로 지명한 닐 고서치(Neil Gorsuch)는 훨씬 더 단호한 언사로 같은 견해를 표현했다.[32]

연방기관들에 대한 사법적 존중이 하원 자체에 대한 사법적 존중과는 다르다 할지라도 주주제안권 강화 소송에서 긴스버그는 바로 그 행정기관에 맞서고 있었다기보다 오히려 하원에 맞서고 있었다. 긴스버그는 "연방대법원이, 정말 터무니없는 사건을 제외한 모든 사건에서, 의미 있는 심리를 제공해야 할 사법부의 책임을 덜기 위한 방편으로 행정기관에 대한 극단적인 존중의 원칙을 내세워왔다"고 비판했다. 대기업협의회와 증권거래위원회가 맞붙은 소송에서 긴스버그는 '의미 있는 심리'가 뜻하는 바를 제대로 보여줬다. 구두 변론을 통해서 주주제안권 강화 규칙이 노동자 주주에게 권한을 부여했다는 사실을 날카롭게 파고들었다. 그는 이들 노동조합과 연금 주주들이 다른 주주들과는 여타 이해관계를 갖고 있다는 스칼리아의 주장에 방점을 찍었다. 따라서 그 규칙은 보다 폭넓은 주주의 이해관계를 마음속에 담고 있지 않은 실체들의 도전에 힘을 실어줬다고 했다. 긴스버그의 이러한 비판에 대해 증권거래위원회 측 변호사 랜달 퀸(Randall Quinn)은 위원회가 연금기금과 노동조합 기금의 특수한 이해관계를 고려했다고 대응하면서도 한편으로는 이들 기금이 이렇듯 특수한 이해관계와 병행해서 여전히 모든 주주들에게 이익이 되는 조처들을 취할 수 있다고 결론을 내렸다. "회사 전체에 이익이 될 만한 생각들을 갖고 있을지도 모를 노동조합 기금이나 공적 연금기금과 같은 좁은 범위의 주주들에게 이사회가 관심을 보임으로써 얻을 수 있는 잠재적 이익이 분명히 있다."[33]

이런 공방의 와중에서 여러 핵심 쟁점이 부각되고 있다. 첫째, 증권거래위원회는 이 규칙이 노동자 주주들에게 권한을 부여할 것이라는 것을 인지하면서 채택했다. 왜냐하면 노동자 주주들이 회사와 특수한 이해관계를 갖고 있다고 할지라도 이 주주들이야말로 기꺼이 목소리를 높여 기업 경영에 이의를 제기하는 유일한 주주들이기 때문이다. 보다 중요한 것은, 이 규칙을 도드-프랭크법 안에 포함했을 때 하원이 원하던 바로 그 규칙이 됐고 하원은 마음만 먹으면 그렇게 할 권한을 갖고 있다는 사실이다. 의회는 컬럼비아특별구 순회법원에 이러한 선택의 정당성을 증명해 보일 필요는 없다. 그리고 현명하게도 긴스버그와 다른 법관들 역시 하원이 주주제안권 강화 조항을 도드-프랭크법안에 포함시킨 사실에 대해 전혀 왈가왈부하지 않았다. 또한 그들은 하원이 "그러한 주주제안권 강화의 조건을 설정할 때 증권거래위원회에게 폭넓은 재량권이 부여돼야 한다"라고 말한 사실에 대해서도 입도 뻥긋하지 않았다-증권거래위원회 측 변호사 퀸 역시도 공정한 재판을 위해 재판 과정에서 이 사실을 결코 언급하지 않았는데 사실 공평한 재판을 위해서라면 반드시 언급했어야 할 일이다. 의회와 도드-프랭크법은 구두변론 기간 내내 전혀 언급되지 않았다.[34] 그 대신 긴스버그를 위시한 법관들은 마치 주주제안권 강화 규칙이 전적으로 증권거래위원회 자체의 선제조처에 의해 비롯된 것처럼 행동했다. 하지만 사실상 당시 증권거래위원회는 주민의 뜻에 따라 선출된 하원 의원들의 직접적인 의지를 마치 그런 명령을 받기라도 한 듯 실행에 옮기는 데 전념하고 있었다. 긴스버그는 마치 하원은 이 일과 아무런 관련이 없는 것처럼 치부하고 모든 일을 증권거래위원회가 꾸민 것처럼 못 박음으로써, 스스로 만든 규칙을 벗어나 불건전한 사상을 주입하려는 한 연방기관의 철없는 행각을 컬럼비아특별구 순회법원이 나서서 막고 있는 것처럼 보이도록 했다.

긴스버그와 브라운, 센텔은 하원의 의지와 증권거래위원회의 전문성을 노골적으로 부정하면서 만장일치로 이사후보자 지명권 규칙을 파기하는 데 표를 던졌다. 그것은 낡은 규칙을 그대로 유지하는 것을 의미했다. 기존 규칙에 따르면, 입후보자 스스로 투표용지를 인쇄해서 주주들에게 배포할 의지가 없다면 이사회에 반대해 입후보할 방법이 없었다. 이 결정을 옹호하는 사람이라면 하원이 주주제안권의 강화를 만들도록 명령했는데, 증권거래위원회에 새로운 규칙에 따른 손익 분석을 지시하는 별개의 법 하나를 통과시켰다고 주장할 수 있었다. 따라서 재판부는 하원이 내린 두 개의 지시 중 나중의 지시는 첫 번째 내린 지시에 따르는 것이어야 한다고 콕 집어 강조했다. 하지만 자체적인 경제 전문성을 갖추지 못한 재판부는 증권거래위원회와 같이 경제 전문성을 갖춘 기관이 지나칠 정도로 '자의적이고 변덕스럽다'라고 할 만큼 비합리적 행동을 하지 않는 한 역사적으로 그러한 기관들을 존중해왔다.[35] 그러니 법률 서기들만 휘하에 둔 비경제전문가인 긴스버그가 이런 판결을 한 것은 결국 경제전문 참모들을 동원해 내놓은 증권거래위원회의 손익 분석 내용과 규칙이 자의적이고 일관되지 못하다고 선언한 것과 같았다.[36]

다양한 후속 연구들을 보면 증권시장은 증권거래위원회의 주주제안권 강화 규칙이 기술된 그대로 주주 가치를 증대시키는 것으로 보고 있음을 알 수 있었다.[37] 예를 들어 하버드대학 경영대학원이 시행한 연구에 따르면, 대기업협의회 소송으로 인해 증권거래위원회가 주주제안권의 강화 규칙 시행을 유예하자 증권시장은 이에 부정적으로 반응했고, 또한 컬럼비아특별구 순회법원이 그 규칙을 파기했을 때도 시장은 다시 부정적으로 반응했다. 두 가지 확인된 사항들은 '증권거래위원회의 '2010 규칙'에 담겨 있듯이 금융시장이 주주들의 접근권 확대에 긍정적인 가치를 두고 있다는 견해와 일치'하는 것이다.[38] 따라서 시장에서는 공적 연금기금과 노동조합 기금이 기업 이사회에 맞설 수 있도록 권한을 부여하는 규칙을 긍정적으로 평가했음에도 불구하고 긴스버그는 오히려 두 기금으로부터 시장을 보호하는 후견인을 자처했다.

증권거래위원회는 긴스버그의 결정에 항소하지 않기로 결정했다. 컬럼비아특별구 순회법원에서 증권거래위원회가 이미 겪은 것처럼 당시 스칼리아의 부친이 속해 있던 연방대법원에서 주주제안권 강화를 이념적으로 반대할 것은 거의 빤한 일이었기 때문이다. 그리고 오늘날 고서치가 스칼리아를 대신해 연방대법관에 임명됐다고 해서 상황이 달라지지는 않을 것이다. 주주제안권 강화 문제와 관련한 논란은 1940년대로 거슬러 올라간다. 2000년대 중반에 미국공무원연맹이 제안한 바를 놓고 법적 다툼이 벌어졌지만, 미국 상공회의소의 로비로 증권거래위원회 내부에서 이 이슈는 잦아들었다. 그러다가 금융위기 이후 다시 논란이 점화돼 도드-프랭크법안이 채택되었지만 앞서 살펴본 대로 다시금 무산된 듯 보였다. 컬럼비아특별구 순회법원이, 도드-프랭크 법안을 바라보는 다른 관점들, 그리고 일반적으로는 여러 금융 규제들을 무산시키는 데 근거가 될 만한 강력한 판례들을 갖고 있었기 때문에 바야흐로 스칼리아와 대기업협의회, 미국 상공회의소를 위한 승리의 찬가가 울려퍼지고 있었다.

긴스버그의 결정은 주주 행동주의의 대응을 촉발시켰다. 이 글을 쓰고 있는 시점에서 보면 그들의 대응은 주주제안권 강화를 놓고 벌어지는 싸움에서 어떤 식으로든 승리할 수밖에 없을 것으로 보인다.

주주제안권 강화의
부활 _____

스콧 스트링거는 맨해튼의 이웃인 워싱턴 하이츠에서 성장했다. 이곳은 최근 인근의 다른 지역처럼 고급 주택지역으로 바뀌었지만 그가 어릴 적에는 풍요로운 곳이 아니었다. 그는 공립학교를 나와 존제이대학(John Jay College)에서 형사행정학을 전공했다. 스트링거는 정치 사다리의 맨 밑바닥으로부터 시작해 한 단계씩 자신의 입지를 다지며 올라갔다. 맨 처음 제리 내들러(Jerry Nadler) 주의회 의원의 입법보좌관으로 시작해, 내들러가 1992년 연방하원 의원이 되자 뉴욕주 의회에서 내들러의 자리를 물려받아 맨해튼의 어퍼웨스트사이드(Upper West Side)를 대표했다. 스트링거는 주 의원으로 13년간 활동했다. 2001년 뉴욕시 공익변호사 선거에서 패배의 쓴잔을 마셨지만 2005년 맨해튼 자치구 구청장에 당선돼 재기에 성공했다. 출세에 대한 욕망은 컸지만 재력과 인맥이 풍부한 정치인들에 의해 번번이 발목이 잡혔다. 심지어 스트링거가 구청장 자리에 있는

데도 블룸버그(Michael Bloomburg) 시장이 맨해튼 자치구 구청장직을 폐지할 것을 제안하기도 했다.[39]

2009년, 스트링거는 당시 현직 상원 의원이자 민주당 동료였던 커스텐 질리브랜드(Kirsten Gillibrand)에 도전해 경선에 참여할 것을 고려했으나 오바마 행정부 요청에 의해 철회했다. 그는 2013년 뉴욕시 감사관 선거에 나섰다. 감사관은 뉴욕시 최고재정관으로, '뉴욕시의 재정 건전성을 보호함과 동시에 도시행정에서 낭비와 사기, 남용 등을 뿌리 뽑고 뉴욕시 기관들의 효율적인 업무 수행을 보장하기 위해 독립적인 목소리를 낼 책임'을 지고 있다. 감사관의 가장 중요한 기능 가운데 하나가 뉴욕시의 5개 연금기금을 감독하는 일인데 이 연금기금에는 규모가 엄청난 뉴욕시 공무원퇴직기금도 포함된다. 이 기금들은 총 1천 6백억 달러를 뉴욕시 공무원연금에 투자하고 있다.[40]

뉴욕시 기금들을 모두 합하면 미국 내 최고의 규모 중 하나에 속한다. 역사적으로 이 기금들은 행동주의적 성향을 보여왔고 그 영향력도 막강했다. 예를 들어 1991년 남성 동성애자들을 해고하기로 한 크래커 배럴 컴퍼니(Cracker Barrel Company)의 결정에 뉴욕시 공무원퇴직기금이 어떻게 대응했는지 살펴보기로 하자. 크래커 배럴 컴퍼니는 다음과 같은 보도자료를 배포했다. '크래커 배럴은 우리의 모든 행위에 담긴 본질로서 미국의 전통적 가치라는 개념과 100% 고객 만족이라는 철학에 입각해 세워진 회사이다. 우리 사회에서 가족의 근간을 이뤄온 이성애라는 정상적 가치와 괴리된 성적 선호를 보여온 이들을 계속 고용하는 것은 우리의 개념 및 가치와 조화를 이루지 못할 뿐 아니라 고객 중심의 가치와도 배치되는 것으로 여겨진다.' 뉴욕시

공무원퇴직기금은 성적 지향성에 기초한 차별을 금지하도록 회사 측에 요구하는 주주제안을 제출함으로써 이에 대응했다. 그렇지만 증권거래위원회는 이후 7년 동안 번번이 그 제안이 진전되지 못하도록 발목을 잡았다. 이는 2000년대 들어 증권거래위원회가 미국공무원연맹의 주주제안권 강화 제안에 제동을 건 것과 똑같은 행태이다. 그 밖에 뉴욕시 공무원퇴직기금은 1980년대에도 이와 비슷하게 남아프리카공화국의 인종차별정책을 반대하는 수십 건의 주주제안을 제출했다.[41]

해리건이 캘리포니아공무원연금을 통해 했던 것처럼 뉴욕시 감사관은 뉴욕시 공무원퇴직기금을 비롯한 여타의 뉴욕시 기금들을 통해 투자 세계에서 막대한 영향력을 행사한다. 감사관 자리를 차지하기 위한 경쟁이 치열한 것도 그리 놀랄 일은 아니다. 2013년 선거에서 스트링거의 강력한 상대는 과거 뉴욕주 검찰총장과 주지사를 지낸 인물로, 매춘 추문으로 주지사에서 물러난 엘리엇 스피처(Eliot Spitzer)였다. 스피처는 정치적 재기를 노리며 감사관 선거에 출마해 이렇게 말했다. "나는 흥미진진한 방식으로 활용될 수 있는 실질적 권한이 여기에 있다고 생각한다." 스트링거는 민주당 지명대회에서 스피처를 52 대 48로 물리쳤다. 지명 뒤에는 "뜨거운 열성 발고는 아무것도 가진 것이 없는 사람도 때로는 선거에서 이길 수 있다"라고 말했다. 스트링거는 뉴욕시 노동조합들로부터 일방적 지지를 받으며 승리를 일궜다.[42] 그 해 총선에서도 승리하면서 순식간에 전국에서 가장 창조적이며 영향력 있는 주주 행동가로 손꼽혔다. 그리고 그의 최우선 관심사는 주주제안권 강화였다.

컬럼비아특별구 순회법원이 내린 결정의 여파가 가라앉지 않은 상황에서 주주제안권의 강화 문제에 대한 스트링거의 접근법을 보면서, 필자는 〈아라비아의 로렌스〉로부터 〈반지의 제왕〉에 이르는 전쟁 영화 속에서 흔히 나타나는 구성의 반전을 떠올렸다. 영화 속에서 야망을 가진 주인공들은 성공에 이르는 특정한 길이 자신들에게는 막혀 있다는 사실을 일찌감치 깨닫는다. 사막이나 숲, 산 들을 통과할 수 없다. 엄청난 위협이 거기에 도사리고 있기 때문이다. 영화가 결말을 향해 치달으면서 목표 달성을 위해 남아 있는 선택지는 바로 사막과 숲과 산 들을 통과하는 것뿐이라는 사실을 주인공들은 어김없이 깨닫는다. 결국에는 금지된 공간에 들어가 악당들을 물리치고 영화는 막을 내린다. 그리고 그들은 오스카상 등을 거머쥔다.

주주제안권 강화를 위한 오랜 기간의 투쟁에서도 언제나 채택되지 않은 길, '사막'이라는 선택지가 있었다. 그 선택지란 한 번에 한 회사만을 상대로 하는 싸움이다. 증권거래위원회가 반응하기를 바라면서 미국공무원연맹은 2000년대 들어 대여섯 개 회사에서 그 전략에 살짝 몸을 담갔다. 그러한 접근법이 영화 속 사막처럼 보이는 이유들이 있다. 미국에는 대략 5천여 개의 상장기업이 있다.[43] 각개격파 식으로 기업 하나 하나를 대상으로 주주제안권 강화 투쟁을 벌인다는 것은 언뜻 보면 도저히 불가능한 일처럼 보일 것이다. 그것은 일시에 그들 모든 기업에 대해 주주제안권 강화 규칙을 채택하도록 의회나 증권거래위원회를 움직이는 것보다 더 힘든 일일지 모른다. 50개 국가도 아닌 5천 개 국가에서 동성애자 결혼 문제와 시민권 취득 문제 같은 쟁점을 놓고 법적 다툼을 벌인다고 상상해보자. 이는 주주제안권의 강화를 옹호하는 사람들이 결국 물거품이 돼버릴지 알면서도 맨 먼저 워싱턴에 자신들의 희망을 걸었고, 컬럼비아특별구 순회법원 결정의 주주제안권의 강화 운동에 재앙 수준의 차질을 가져온 것처럼 보이는 이유를 설명해준다. 하지만 곰곰이 따져보면 영화에서처럼 사막이라는 선택지가 불가능해 보이기 때문에 악당들은 사막을 방어하기 위해 골머리를 앓지 않는다. 따라서 지금까지 미국상공회의소와 대기업협의회 그리고 그들의 우군들은 기업에 대해 일대일 캠페인을 벌이는 길을 차단할 법적 방어막을 치기 위해 로비를 하거나 그런 방어막을 쳐달라고 조르는 데 힘을 낭비하지 않았다.

감사관 선거에서 승리한 뒤 1년 만에 스트링거는 뉴욕시 기금들이 투자된 기업에 대해 직접적으로 주주제안권 강화를 위한 투쟁을 벌일 목적으로 이사회책임프로젝트(the Boardroom Accountability Project, BAP)를 출범시켰다. 스트링거의 견해에 따르면 전국의 연금기금들은 저마다 자기들 입맛에 맞는 쟁점들을 내세워 변화를 끌어내기 위해 노력하고 있었다. 하지만 그 변화는 '지나치게 점증적'이었다. 그는 쟁점들이 '다양성이나 기후 변화, 경영자 보상과 같은 사안'으로 옮겨가는 상황에서 뉴욕시 기금들의 수익 증진이라는 단 하나의 기치 아래 연금들을 통합시키고 싶어 했다. 이 점이 중요한 얼쇠이다. 이는 보다 폭넓은 정치적 동맹을 통해 노동자 자본이 성공적으로 자리 잡는 방법을 보여주는 것이다. 마이클 갈란드(Michael Garland)는 뉴욕시 기금들의 주주제안권 강화에 중대한 역할을 수행했다. 그는 감사관 보좌관으로 기업 지배구조와 책임투자 부문을 담당하고 있었는데 이 보좌관 직을 스트링거의 전임자 존 류(John Liu) 시절부터 맡아왔다. 갈란드는 미국노동총연맹 산업별조합회의(AFL-CIO)의 투자사무소에서 사회생활을 시작했다. 이미 2003년에 미국노동총연맹을 위해 주주제안권 강화를 제시했고, 이후 감사관실에 합류하기 전 '승리를 위한 변화(Change to Win)'라는 노동단체에서 주주 행동주의를 실천에 옮겼다. 류 체제 아래에서 감사관실은 인권이나 다수결 투표와 관련한 주주제안을 이따금씩 냈다. 대기업협의회와 증권거래위원회가 맞붙은 소송 여파 속에서도 갈란드는 뉴욕시 기금들이 10개 회사에 주주제안권의 강화와 관련된 주주제안을 보내자고 제의했다. 그는 미국공무원연맹이 10여 년 동안 관심을 갖지 않고 있던 회사들 중에서 10개 회사를 선별했다. 이에 관한 스트링거의 반응은 "10개의 제안? 왜 80개는 안 되는가?"였다. 이렇게 해서 이사회책임프로젝트가 탄생하게 됐다.[44]

이사회책임프로젝트는 다음과 같이 천명한다. "우리는 미국의 각 기업에서 기업 이사들이 어떻게 선출되는지 살피고 그 과정에서 주주들에게 진정한 목소리를 내도록 기회를 주기 위해 전국적인 캠페인을 벌인다. 기업들이 장기적 관점에서 제대로 경영되도록 보장하기 위해 체계적인 변화를 기하려면, 우리에게는 보다 더 다양하고 독립적인 책임 있는 이사들이 필요하다. 이사 지명 권한을 갖는 것이야말로 주주의 기본 권리이자 이러한 변화를 위한 출발점이다."[45]

스트링거와 갈란드가 이끄는 조직은 그러한 캠페인을 조직화하고 이를 통해 승리를 거머쥘 수 있는 방법을 고안했다. 고자세의 거대기업들을 표적으로 공격하는 동시에 그들 회사에서 주주제안권 강화 캠페인을 직접 벌이는 방안도 포함됐다. 이를 위해 주주 동맹을 구축하고 표적이 된 회사에는 공개적으로 망신을 주는 관련 캠페인도 조직했다. 그들은 만일 이 계획이 세간의 이목을 끌 초기 싸움에서 승리를 거둔다면 다른 회사들도 주주들의 강요에 이끌려 주주제안권 강화를 받아들이는 수모를 겪느니 차라리 자발적으로 주주제안권의 강화를 실시할 것이라는 야심 찬 희망에 들떠 있었다. 갈란드에 따르면 결국 '한 가지 방침에 모든 성패를 거는' 전략이 됐고, 그 통에 사무실 직원 8명이 오로지 주주제안권 강화라는 한 가지 쟁점에 매달릴 수밖에 없게 됐다. 따라서 이 계획이 수포로 돌아가면 조직 전체가 시간만 낭비하는 꼴이 될 터였다.[46]

뉴욕시 기금들은 이사회책임프로젝트 시행 첫 해에 S&P 500 기업 가운데 표적이 된 50개사에 대해 75개의 제안서를 작성해 보냈고, 이듬해에는 그 숫자가 더 늘었다. 사실 S&P 500 기업은 미국 내 전 상장기업의 10분의 1을 대표하는 데 불과하지만 시가총액의 80%를 차지하고 있다. 이것은 그들 500개 기업의 가치가 전체 미국 시장 가치의 80%에 해당하는 것을 의미한다. 스트링거와 갈란드는 이사회책임프로젝트 시행 초기 몇 년 안에 S&P 500 기업 가운데 절반을 표적에 올리고자 했다. 이러한 접근 논리가 스스로에게는 타당해 보였지만 이사회책임프로젝트가 중소기업까지도 표적으로 삼았다는 것은 주목할 만한 사실이었다. 뉴욕시 기금들은 3천 5백 개 가까운 기업의 지분을 갖고 있기 때문이다. 그뿐만 아니라 뉴욕시 기금들은 모든 제안서들을 작성해 제출하는 데 주변으로부터 도움을 많이 받았다. 그들은 캘리포니아공무원연금과 캘리포니아교원연금, 노르웨이 중앙은행–노르웨이 중앙은행은 세계에서 가장 큰 기금인 노르웨이 정부연금기금을 감독하고 있다-같은 다른 거대 연금들과 공동전선을 폈다. 이들 기금들은 주주제안권 강화를 권유하기도 했다. 그리고 제안들에 힘을 실어주기 위해 주주총회에 참모들을 파견하는 등 다방면으로 그 캠페인을 지원 사격했다.[47]

일차 표적 명단이 어떻게 선정됐는지에 대한 내용은 매우 흥미롭다. 스트링거와 갈란드 두 사람은 탄소집약적인 산업과 다양성이 없는 이사회들, 경영진의 보수 문제를 안고 있는 기업들을 표적으로 했다. 거기에는 '33개의 탄소집약적인 석탄 회사, 석유가스 회사, 수도전기와 같은 공공부문 기업들과, 여성 이사가 없거나 적으며 인종 및 민족의 다양성이 명백히 부족하거나 없는 24개 기업들, 그리고 경영자 보수에 대한 2014년의 경고성 투표에서 중대한 반대에 부딪친 25개 기업들'이 포함돼 있다. 특히 세 번째 부류의 기업의 경우는 CEO가 올리고 있는 성과에 주주들이 불만을 갖고 있다는 하나의 지표라 할 수 있다.[48] 요컨대 이사회책임프로젝트는 주주제안권 강화라는 투자 관련 목표를 위해 표적을 선정하는 과정에서, 노동자 주주 행동주의를 비판하는 사람들이 흔히 입에 올리는 바로 그 '정치적 기준'을 활용했다.

주주제안권 강화 대상 기업

탄소집약적 회사	경영진의 보수 문제 회사	다양성 없는 이사회
33개	25개	24개

뉴욕시 기금들의 표적 선정은 주주 행동가 집단 내부의 균열을 명백히 보여준다. 그것은 세이프웨이 운동가들이 직면했던 일련의 선택이었고, 주주 행동가들이 항상 직면할 수밖에 없는 선택을 되풀이한 것이다. 이사회책임프로젝트가 탄소집약적 산업에 투자하는 경우 내부에서는 사안을 놓고 자연스레 '처분파'와 '개입파'로 나뉘게 된다. 즉, 투자포트폴리오에서 탄소기업들을 제외하는 쪽을 선호하는 사람과 투자를 유지하는 대신 경영에 개입해 그 안에서 변화를 꾀하는 쪽을 선호하는 사람으로 나뉜다. 이사회책임프로젝트와 스트링거는 개입 쪽 입장을 취하면서, 투자를 철회하는 대신 기업 내에서 주주 목소리를 최대한 높이기 위해 주주제안권의 강화를 밀어붙였다. 따라서 일반적인 차원에서의 다양성 쟁점, 그중에서도 특히 이사회의 다양성 쟁점들은 투자 쟁점보다는 정치적 쟁점으로 치부됐다. 그럼에도 불구하고 일반적인 공적 연금기금, 그중에서도 특히 뉴욕시 기금들의 수급자 가운데 여성이 차지하는 비율은 매우 높다. 예를 들면 뉴욕시 및 여타 지역 공립학교 선생들의 절대 다수는 여성이다. 소수자 문제도 마찬가지인데 미국 전체 인구 중 흑인이 차지하는 비율이 12%인 데 비해 미국 내 흑인 공무원 비율은 20~33%에 이른다. '스테이트 스트리트'가 친여성적인 이사회 투표정책을 채택하고 성치적 에술작품인 월 스트리트의 '용감한 소녀상'을 후원하며 인용한 증거처럼 이사회의 다양성이 개선될 경우 수익에 영향을 준다는 엇갈리는 증거가 주어진 상태에서, 뉴욕시 기금과 같은 투자기금들이 그러한 목표들을 추구할지 여부는 자명하게 계획 참여자들의 이익과 선량한 관리자로서의 수탁자 책임에도 부합할 듯하다.[49]

스트링거와 이사회책임프로젝트는 주주제안서를 표적이 된 기업에 제출했는데 그것은 긴스버그가 파기하기 전에 의회와 증권거래위원회가 시행했던 규칙을 토씨 하나 바꾸지 않고 그대로 베낀 것이었다. 그들은 개별 기업에게 주주제안권 강화를 위한 기준으로 주식 보유기간 3년에 3% 지분, 그리고 이사회 구성원의 25%를 채택할 것을 제안했다.[50] 이 전략이 얼마나 잘 작동됐는지는 아무리 과장해도 지나치지 않을 것이다. 2014년 캠페인 첫 해에 S&P 500 기업 가운데 1%인 5개 기업이 주주제안권 강화를 시행하고 있었다. 그런데 1년 후에는 S&P 500 기업 가운데 21%와 S&P 500 기업이 아닌 일부 기업을 포함해 117개 기업이 주주제안권의 강화를 채택했다. 그리고 2015년 이사회를 새로이 구성하는 계절이 돌아오자 이 숫자는 거의 두 배인 35%로 늘어났다. 지난한 투쟁을 통해 기업 하나하나마다 비집고 들어가며 지난 70여 년 동안 추구해온 개혁이 이렇듯 빠른 속도로 이루어지고 있는 현실은 기업 분석가들에게 큰 감동을 줬다.[51]

2015년 시즌이 끝난 시점에서 뉴욕시 기금 하나만 보더라도, 실제 표결에 부쳐진 66개 주주제안권 강화 주주 결의안 가운데 43개가 주주 다수에 의해 통과됐다. 2016년에는 상황이 훨씬 더 진전됐다. 뉴욕시 기금들은 72개의 주주제안권의 강화를 제출했고 그 가운데 52개 기업이 표결 없이 뉴욕시 기금이 제안한 규칙을 채택함으로써 다툼을 피했다. 주주제안권 강화에 대해 표결에 부친 기업은 총 18개였는데 이들 가운데 13개 기업에서 규칙을 통과시켰다. 나아가 2014년부터 2016년까지 2년에 걸쳐서 뉴욕시 기금들이 이사회 구성의 다양성이 부족하다며 표적으로 삼은 17개 기업은 여성 또는 소수자를 이사회에 추가로 받아들였다.[52] 이 과정에서 뉴욕시 기금들은 여러 동맹군을 얻기도 했다. 대학 교수들의 퇴직금을 투자하는 뮤추얼펀드 미국대학 퇴직연금기금(TIAA-CREF)은 증권거래위원회가 먼저 제안한 것과 비슷한 노선을 따라 주주제안권 강화를 확대하도록 요구하는 백여 통의 서한을 투자대상 기업들에게 발송했다. 2016년 초 이들 가운데 39개 기업이 주주제안권 강화를 채택했고, 최종적으로는 73개 기업이 이에 동의했다. 이 서한은 공식적인 주주제안이 아니었다. 따라서 실제로 표결에 부칠 것을 요구하지도 않았다. 하지만 뉴욕시 기금들의 제안이 기업들에 효과를 발휘했던 것처럼 대주주로부터 발송된 서한 역시 기업들이 주주제안권 강화를 받아들이는 데 기여했다. 이처럼 주주제안권 강화가 확산된 데에는 힘이 전적으로 행동가들 편에 실려 있어 제안이 오기를 기다리는 것이 무의미하다는 단순한 현실 인식이 한몫했다. 3M 같은 회사는 뉴욕시 기금들이 주주제안권 강화를 제안한 바로 그날 이사회가 그 안을 선제적으로 채택함으로써 난처한 상황을 모면할 수 있었다.[53]

주주의 대다수가 주주제안권의 강화에 찬성표를 던짐으로써 주주행동가들은 순식간에 승리를 거뒀다. 이는 곧 〈월 스트리트 저널〉의 칼럼 기사와 컬럼비아특별구 순회법원이 상황을 얼마나 심각하게 오해하고 있었는지를 보여준다. 앨린스키가 의회 혹은 증권거래위원회에서 승리를 거둔 것만이 의미 있는 일은 아니었다. 그것은 앨린스키와 함께 거둔 일반 주주들의 승리이기도 했다. 기업 이사회의 차단막에 진절머리를 낸 노동자 주주들과 함께 주주제안권 강화에 기꺼이 찬성표를 던진 주주들이 많았다. 비록 주주제안권 강화가 노동자 주주에 권한을 주고 또 그 규칙을 제안하는 주주들이 뉴욕시 기금들과 같은 노동자 주주들이라 할지라도 말이다. 대기업협의회와 증권거래위원회가 맞붙은 소송에서 증권거래위원회 변호사 랜달 퀸이 펼친 구두변론은 적절했다. 연금기금과 노동조합 기금은 '특수 이해관계'를 갖고 있다 할지라도 모든 당사자를 위한 성과 개선에 앞장설 수 있었다.[54] 그렇다고 해서 이러한 연금기금과 노동조합 기금들이 특정 상황에서 자신들만의 이익을 위해 그 규칙을 활용할 수 없다는 말은 아니다. 그들은 그럴 수 있다. 하지만 이는, 주주제안권 강화를 통해 그들이 편협한 이익을 챙길 가능성이 있음을 감안하더라도 주주제안권 강화가 채택되지 않았더라면 여전히 차단돼 있을 이사회에 무언가 믿을 만한 위협을 가해두는 쪽이 그 위험을 안는 것보다는 낫다고 이미 시장이 결론을 내렸음을 의미한다.

비록 증권거래위원회가 컬럼비아특별구 순회법원 결정에 항고하지는 않았지만, 증권거래위원회의 경제학자들은 그 결정이 미치는 영향을 추적·연구했다. 더불어 뉴욕시 기금들의 주주제안권 강화 캠페인이 미치는 영향에 대해서도 추적·연구했다. 다른 사항들은 일단 제쳐두더라도 이 연구를 통해, 모두를 깜짝 놀라게 한 이사회책임프로젝트의 2014년 11월 선언이 표적이 된 기업들의 주가를 크게 끌어올린 것으로 밝혀졌다. 이는 곧 주주제안권의 강화가 이들 회사의 기업 가치를 개선했다는 주장을 뒷받침하는 것이었다. 그뿐만 아니라 이 연구는 컬럼비아특별구 순회법원이 그 규칙을 파기하지 않았더라면, 어떤 면에서는 기업들의 실적이 더욱 좋아졌을지도 모른다고 주장했다.[55]

이 연구는 주주제안권의 강화와 이사회책임프로젝트를 강력히 지지한다. 무엇보다도 이사회책임프로젝트에 대한 시장의 긍정적 반응은 주주제안권의 강화 규칙을 오로지 정치적인 것으로 비판한 비평가들이 잘못됐음을 시사한다. 시장이 주주제안권 강화의 표적이 된 기업 주식의 가격을 올려 주문했기 때문이다. 투자 목적을 뒷받침하는 이보다 더 좋은 지표는 없다. 부분적으로는 바로 이러한 결과들 때문에, 스트링거와 뉴욕시 기금들의 이사들이 다양성이나 환경과 같은 '정치적 기준'에 근거를 두고 주주제안권의 강화를 위해 기업들을 표적으로 삼음으로써 선량한 관리자로서의 수탁자 책임을 위반했다고 주장하려는 사람은 누구라도 자신이 펼칠 주장의 논거를 순식간에 잃고 말 것이다. 물론 이와는 반대 입장에 선 연구들이 없지 않고 비판적인 목소리도 여전히 사라지지 않고 있다. 하지만 주주제안권 강화가 주주들에게 이익을 가져다준다는 점을 확실히 보여주는 연구는 또 있다. 대기업협의회와 증권거래위원회가 맞붙은 소송 이후 저명한 투자관리 전문가 협회인 CFA 연구소는 주주제안권 강화에 관한 기존의 경험적 연구들을 포괄적으로 검토했다. 그리고 "대체로 이러한 연구들의 결과는 주주제안권의 강화가 금융시장에서 부정적이기보다는 좀 더 긍정적으로 받아들여지고 있음을 보여준다"고 결론 내렸다.[56]

여전히 이런 주장을 모든 사람이 납득한 것은 아니다. 기업의 지배구조와 관련해서 사람들은 이런 경험적 연구 결과에 호들갑을 떨지 않는 경향이 있다. 기업의 지배구조에 관한 경험적 연구를 참고하는 일은 분명 중요하다. 하지만 그러한 연구는 잘 알려진 바와 같이 한계가 있다. 한 가지 예로, 여러 사회과학적 연구에서 직면하는 표준 설정이라는 문제를 다뤄야만 한다. 그런데 어느 한 회사는 주주제안권의 강화를 받아들이고 다른 하나는 그것을 받아들이지 않는 일란성 쌍둥이 같은 두 기업을 창조해서 어느 쪽이 시장에서 좋은 평가를 받는지 관찰하는 것은 불가능한 일이다. 기업 지배구조에서는 이중맹검 위약대조 시험(double-blind placebo-controlled studies)은 존재하지 않는다. 주가는 그 어떤 이유로도 움직일 수 있다. 어떤 개혁 효과의 요인을 기업과 시장, 글로벌 이슈로 분리해서 따지기는 어려운 일이다. 이 모두가 가격에 영향을 미치는 것들이기 때문이다.

그 밖에도 지배체제 관련 논문에 조심스럽게 접근해야 할 또 다른 이유들이 있다. 논문은 주식 가격이나 기업의 가치와 같은 결과물에 전적으로 초점을 맞추고 있다. 이러한 척도만이 이익의 유일한 결과물인지를 놓고 기업법 안에서도 다툼이 일고 있다. 게다가 주주들은 흔히 주주제안권의 강화와 여타의 기업 지배구조 관련 쟁점들을 '기본권'으로 묘사한다. 이사회책임프로젝트도 주주제안권 강화를 그런 식으로 기술하고 있다. 일부 투자가들은 도드-프랭크법을 무력화하기 위해 제안된 '금융선택법(Financial Choice Act)'에 반대했다. 도드-프랭크법은 하원에서는 통과됐으나 상원에서는 아직 의제로 채택조차 되지 않고 있다. 그런데 만일 금융선택법이 제정되면 주주제안권 강화와 같은 제안을 낼 주주들의 권한이 크게 제한받을 우려가 있어 그들은 금융선택법에 반대하면서 내놓은 성명을 '주주의 기본권 수호를 위한 공동성명'이라고 했다.[57] 많은 주주들은 투자자로서 자신이 소유한 기업에 무언가를 조언해야 한다는 입장을 취한다. 자신들의 관점에서 볼 때 이는 효율성과 공정성 모두에 연관된 쟁점이다. 주주들은 자신들이 투자한 기업 관계자들로부터 이사회 후보들의 이름이 미리 등재돼 인쇄된 기업 투표용지에 두 줄을 추가할 수 없다는 말을 듣고 싶어 하지 않는다. 또한 이사회 후보로 자신의 권리를 행사하고자 할 경우 자기 돈 수백만 달러를 들여 별도로 자신들만의 투표용지를 인쇄해야 한다는 말도 듣고 싶어 하지 않는다. 일부 주주들은 이것을 모독으로 간주한다. 따라서 누군가 실증적 연구를 바탕으로 주주제안권의 강화를 강화하지 않는 편이 낫다고 주장한다 해도 그런 주장이 주주제안권의 강화를 포기하도록 주주들을 설득할 가능성은 거의 없다.

컬럼비아특별구 순회법원의 주주제안권 강화 파기와 그에 뒤따른 주주 행동주의 캠페인에는 한 가지 결정적이고도 역설적인 면이 있다. 법원이 주주제안권 강화 규칙을 유효하다고 허용했다면, 지금의 트럼프 행정부 증권거래위원회 아래에서는 오히려 주주제안권의 강화가 훨씬 더 위축될 가능성이 있다. 증권거래위원회 스스로 과거의 입장을 번복할 수 있다. 물론 번거로운 과정을 거쳐야겠지만 실현 불가능한 것은 아니다. 공화당 지배 아래에서 증권거래위원회는 주주제안권 강화의 권리를 이전 상태로 후퇴시킬 수도 있었다. 그런데 이제 그런 권리들은 시장에서 주주투표를 통해 뿌리를 내려 대체로 증권거래위원회의 통제를 넘어서 있다. 여러모로 컬럼비아특별구 순회법원의 과도한 의견은 주주제안권의 강화를 강화하는, 말하자면 그들의 기대와는 정반대의 효과를 가져왔다.[58]

이러한 발전에 앞서, 주주제안권의 강화와 결합되면서 주주투표의

풍경을 극적으로 변화시킨 두 가지 또 다른 진전이 있었다. 첫째는 이사선출 투표에 과반수투표제를 도입한 것이고 둘째는 이사회 구성원 교체 선거에 시차를 두던 방식에 변화를 준 것이다.

첫째, 과반수투표제(majority voting). 최근까지 미국 기업선거는 다수대표제(plurality voting rule)를 적용해왔다. 다수대표제란 투표에서 최다득표를 한 후보가 당선되는 제도이다. 사람들은 최다득표로 승리하는 것이 무엇을 의미하는지 모두 알고 있다. 총 득표수가 50% 미만이라고 하더라도 결국 가장 많은 표를 확보하면 당선자가 되는 것이다. 다수대표제는 2명 이상의 후보자가 있는 경선에서는 매우 합리적인 규칙이다. 빌 클린턴 대통령은 1992년 대선에서 최다득표로 당선됐다. 클린턴 대통령은 현직이었던 조지 부시 대통령이 37.4%, 무소속 후보 로스 페로가 18.9%를 얻은 데 반해 43%를 득표해 승리를 거뒀다.[59] 그러나 다수대표제는 경쟁후보 없이 단독으로 출마한 경우 한 마디로 형편없는 제도로 전락한다. 이런 경우 단독 후보가 주주 유권자의 90%를 넘는 득표로 당선되는 경우가 대부분이다. 그런데 만약 당신이 단독 후보로 출마해 득표율 10%를 득표했다면 그 10%로도 당신이 승자라고 해야 하는 것인가? 다수대표제에서 치루는 선거는 이러하다. 마치 혼자 참가한 경기에서 1위를 차지해 금메달을 따는 것과 비슷한 상황이다.

이와 달리 과반수투표제는 경쟁 후보가 없는 경우에도 50% 이상의 지지표를 획득해야 이사회 의석을 차지할 수 있다고 명시하고 있다. 이러한 변화가 가져올 효과는 분명하다. 기존 이사회 구성원이 경쟁자 없이 출마해서 선거판을 지배하는 상황에서-심지어 주주제안권의 강화가 폭넓게 적용되고 있는 경우에조차– 과반수투표제는 '투표 불참' 또는 '투표 거부' 캠페인을 벌임으로써 싫어하는 이사회 구성원의 선거를 주주가 방해할 수 있는 권한을 준다. 기존의 이사가 50%라는 문턱을 넘어서지 못할 경우 그는 이사로 재취임할 수 없을 것이다. 이 때문에 이사회 선거 후보자들과 이사회 구성원들은 주주들에게 보다 더 큰 책임감을 갖게 된다. 일부 혼란스러운 면이 없지는 않지만 필자가 볼 때 과반수투표제와 회사 가치와의 관련성에 대해 대체로 긍정적 신호를 보내는 경험적 증거들이 존재한다. 과반수투표제는 가치 향상을 위한 하나의 도구라기보다는 투자자들이 기본권의 하나로서 이 문제를 바라보는 또 하나의 영역이다.[60]

주주제안권의 강화처럼 과반수투표제를 선호하는 거의 모든 주주 제안들은 노동자 주주들이 제시했다. 노동조합 기금의 일종인 목수연합조직기금(United Brotherhood of Carpenters Fund)은 이 투쟁에서 특별히 중요한 역할을 했다. 2004년과 2010년 사이에 이 노동조합 기금 혼자서 717개의 과반수투표제 제안서를 제출했다. 이 가운데는 아메리칸 익스프레스와 캐피털 원, CVS 케어마크, 엑슨 모빌, 제너럴 일렉트릭, 할리버튼, IBM, 유나이티드헬스그룹, 베리존이 포함된다. 2010년까지 S&P 500 기업 가운데 73%가 과반수투표제를 채택했으며 이 비율은 2011년에 79%로 상승했고, 2012년 83%, 2013년 87% 그리고 2014년에 90%까지 올랐다.[61]

주주제안권 강화에 앞서는 두 번째 중대한 진전은 기업 이사회 구성원 교체 선거에 시차를 두던 방식을 바꾼 것이다. 이사회의 3분의 1에 해당하는 의석만을 교체하기 위해 선거를 하던 방식을 바꿔 이제는 매 선거 주기마다 이사회 의석 전체를 놓고 투표가 이뤄지도록 한 것이다. 이사회 선거에 시차를 두면 이사회 구성원 전체를 교체하는 데 적어도 두 번의 선거 주기가 소요된다. 이러한 진전에 찬사를 보낸다면 그 찬사는 실질적으로 하버드대학 로스쿨의 주주권리프로젝트(SRP) 몫이다. 주주권리프로젝트는 이제는 폐지된 일종의 클리닉인데 루시안 벱척(Lucian Bebchuk)과 스콧 허스트(Scott Hirst) 두 교수의 후원 아래 진행됐다. 이 주주권리프로젝트의 주 고객이 노동자 주주 단체들이었다는 사실은 놀랄 일이 아니다. 프로젝트의 고객 가운데는 플로리다주 행정이사회를 비롯해 일리노이주 투자이사회, 로스앤젤레스 구 퇴직근로자회, 매사추세츠 연금적립금투자관리이사회, 노스캐롤라이나주 재무국, 오하이오 공무원연금, 오하이오 교원연금 등이 포함돼 있었다–이 가운데 일리노이와 매사추세츠 기금은 세이프웨이 투쟁을 주도한 양대 세력이었다. 이들 연금기금에는 네이션커밍스재단도 참여했는데 이 재단은 주로 경제적 불평등과 기후 변화에 초점을 맞추고 있으며, 주주 행동주의를 통해 재단의 의제를 발전시키기 위해 해마다, 기부하지 않는 포트폴리오의 96%를 사용한다.[62] 이 재단이 주주권리프로젝트에 관여한 것은 노동자 주주들이 서로에게 이익이 되는 의제를 발전시키기 위해 재단과 같은 다른 기관들과 연대하는 방식을 보여준 하나의 작은 사례였다.

2011년부터 2014년까지 3년에 걸쳐 이 클리닉은 S&P 500과 Fortune 500 기업을 대상으로 이사회 선거의 시차 폐지를 요구하는 수십 건의 주주제안을 제출했다. 또한 기업 스스로 이사회 선거의 시차를 폐지하거나 그 쟁점을 주주투표에 회부한다면 그러한 제안서를 제출하지 않기로 일부 기업들과 합의하기도 했다. 클리닉이 이러한 활동을 전개한 결과 S&P 500과 Fortune 500 기업 이사회 가운데 백여 개 기업 이사회가 이사 선출 선거에서 시차를 폐지했다. 오늘날 S&P 500 기업 가운데 80% 이상은 이사회 의석 전체를 놓고 선거를 치르고 있다. 그러한 이사회들이 기업 가치를 개선하는지에 대한 경험적 연구와 관련해 뜨거운 논쟁이 이어지고 있다.[63]

주주제안권의 강화와 과반수투표제, 이사회 선거 시차 폐지 등이 하룻밤 사이에 주주선거와 기업 운영방식의 즉각적인 전환을 가져다줄 수 있을까? 글쎄. 한마디로, 불경기만 아니라면 거의 모든 주주선거가 경쟁 없이 치러질 것이며 이사회 대부분이 변함없이 주주투표에서 90% 이상의 지지를 얻어 재선출될 것이다. 언뜻 보면 거의 아무런 변화도 없는 듯 보인다. 하지만 대중들이 권력자를 질책한다고 해서 그들 권력자들이 스스로 책임 있는 태도를 보이는 경우는 극히 드물다. 오히려 권력자들은, 질책을 당하느니 차라리 자신들의 처신을 바꾸는 쪽을 택한다고 보는 것이 옳다. 바로 이 지점에서 투표 개혁의 효과가 나타날 가능성이 매우 크다. 권력자들은 다른 사람들에게 자신을 해명할 필요가 있다고 깨달을 때에야 비로소 종잡을 수 없는 수많은 선택지 가운데서 무언가 결정을 내린다. 하지만 필자는 언제가 됐든 다음번 불황이 닥치면 현직 이사들에 대한 도전이 현저하게 증가하리라 믿고 있다. 시장이 침체될 때 주주들이 보다 변화에 수용적이라는 점은 이미 역사적으로 정형화된 사실이기 때문이다. 그런 측면에서 보면 경제가 하강 국면일 때 치러지는 선거에서 유권자들은 변화에 더 개방적일 가능성이 크다.

장기 예측에는 항상 어려움이 따른다. 하지만 미국의 손꼽히는 거대기업 및 유명 기업들의 리더들이 수년마다 정기적으로 경쟁자가 있는 선거를 치러야 하는 세상을 상상하는 것도 불가능한 일은 아니다. 경쟁자가 있는 선거를 치르는 것이 하나의 규범으로 정착되지는 않을지라도, 이 싸움에서 주주들이 이따금 승리를 거두는 것만으로도 나머지 시장에, 그리고 선거에 나서는 다른 이사들에게 충분히 어떤 신호를 보낼 수 있을 것이다. 어쨌든 대략 150년에 이르는 미국 상장기업 역사상 최초로 기업의 리더들은 주주들에 의해 도전을 받아 자리를 내놓을 수도 있다는 것을 대체로 수긍하고 있다. 미국은 처음으로 의미 있는 주주투표권을 얻게 됐다. 이러한 성취는 거의 전적으로 노동자 주주의 덕이다. 그리고 그것은 지금까지 그들이 행사한 힘 가운데 가장 훌륭한 사례이다.

이러한 변화를 반대하는 사람들은 놀랄 것도 없이 이를 원점으로 다시 되돌리기 위해 가능한 모든 일을 할 것이다. 그러한 반응은 이미 속도를 내기 시작했다. 이 글을 쓰고 있는 동안 연방하원은 금융선택법을 채택했는데, 그 법은 뉴욕시 기금들만으로는 넘어설 수 없는 소유지분의 문턱을 규정함으로써 주주제안을 효과적으로 배제할 수 있는 단서를 담고 있다. 그 법이 이사회책임프로젝트를 비롯한 여러 운동을 통해 이룩된 모든 성과를 무위로 돌릴 수는 없겠지만 앞으로도 그런 운동을 계속 발전시켜나가는 데 장애물로 작용할 가능성은 크다. 그 법이 이미 시행 단계에 있었다면, 이 장에서 서술한 주주투표캠페인의 모든 것을 차단해버렸을지도 모를 일이다. 이 법이 연방상원을 통과하지 못할 것으로 믿을 만한 이유는 충분히 있다. 만에 하나 상원을 통과한다 해도, 주주 행동주의에 심대한 타격은 있겠지만 이미 이룩한 성과들을 물거품으로 만들지는 못할 것이다. 요컨대 해야 할 일이 더 있음에도 불구하고 주주투표 문제에 부딪치게 되면 노동자는 정당한 투쟁을 선택했다. 노동자는 일찍이 투쟁하고 또 승리했다. 이러한 승리들을 되돌리기 어려운 방식을 써서 말이다.

PART 3

사자들의 침묵

헤지펀드와 사모펀드의 통제

　　'수준 높은' 투자자 신화에 대한 증거를 원한다면 헤지펀드산업을 살펴보는 것으로 충분하다. 헤지펀드는 '수준 높은' 투자자를 대표해서 투자하는 것으로 알려져 있는데, 헤지펀드 투자자들은 대규모 기관과 이른바 '큰손, 즉 순자산이 많은 개인투자자들'이다.[1] 따라서 '순자산이 적거나' '순자산이 없거나' 어쩌면 '순자산이 마이너스인' 개인들인 노동자 주주들은 혼자서는 결코 헤지펀드에 투자할 수 없다.[2] 그러나 노동자의 퇴직자산도 일단 하나의 대규모 연금기금으로 뭉치면 법적으로 투자 자격을 갖추게 되고, 그에 따라 그런 자산에도 고위험의 헤지펀드에 투자할 길이 열린다.[3] 그런 방법으로 지금까지 연금기금과 노동조합 기금의 막대한 자금이 헤지펀드에 투자돼왔다. 이러한 투자는 근본적으로 두 가지 화약고를 안고 있는데 두 유형의 투자자들 사이에서는 엄청난 중압감으로 작용해왔다. 첫째, 일부 헤지펀드 운용자들은 일단 연금 자산을 투자받고 나면 갑자기 태도를 바꿔 공공연히 연금을 공격하고 깎아내리고 헐뜯었다. 둘째, 헤지펀드의 성과가 부실하면 일부 연금은 헤지펀드에 대한 투자를 완전히 철회하고, 다른 투자자들에게도 투자 철회를 부추겼다.[4] 노동자 주주 행동가들은 이러한 싸움에서 선두에 서왔다.

헤지펀드의 실적은 눈에 띄게 일정해서, 10여 년 동안 전반적인 시장 실적을 밑돌고 있다.[5] 2000년대 초 이래, 하나의 집단으로서 헤지펀드 투자자들이 낮은 수수료에 운용관리도 뛰어난 S&P 500 지수 펀드에 가입했더라면 지금보다는 나은 상황에 있을 것이다—실제 어느 분석가의 계산에 따르면 헤지펀드들이 미국 재무부 증권에 투자했더라면 지금보다 상황이 나았을 것이다. 미국 연방정부 운영 자금으로 활용되는 미국 재무부 증권은 세계에서 가장 안전하고 가장 보수적인 투자대상으로 널리 인정되고 있다. S&P 500 지수 펀드는 기업 규모의 한 척도인 시가총액(총 상장주식수 × 주가)을 기준으로 미국의 5백대 기업을 추적한다. S&P 500 지수 펀드들은 시장성과를 나타내는 일종의 기준으로 활용된다. 이들 펀드는 특정 기업에 큰돈을 걸어 수익을 내는 것이 아니라 시장 전반의 장기적 성장에 따라 수익을 얻는다. 이들 지수 펀드의 가장 뛰어난 장점 가운데 하나는 펀드조성 비용이 덜 들고 투자 수수료도 저렴하다는 점이다. 투자를 결정하는 데 많은 시간과 조사를 필요로 하지 않기 때문이다. 펀드 매니저는 대략 상위 5백 개 기업을 선정한 다음 그 기업들에 기계적으로 투자하면서 수수료를 낮게 유지한다. 물론 이런 설명은 상황을 지나치게 단순화한 면이 없지 않지만 그렇다고 그것을 아주 심하게 단순화한 것이라고 볼 수도 없다.[6]

2000년대 초 이래 운용 실적

헤지펀드 〈 S&P 500 지수 펀드
운용수수료 부담: 운용수수료 낮음

헤지펀드는 S&P 500 지수 펀드보다 더 나은 성과를 내고 싶은 투자자들을 위한 것이다. 또한 시장이 침체에 빠졌을 때 투자자들을 보호하기 위한 일종의 완충장치 같은 것일 수도 있다. 헤지펀드는 시장의 전반적인 성과와 상호 연관되지 않도록 대비함으로써 '위험을 회피(hedged)'할 수 있다고 흔히들 말하기 때문이다. 투자자들은 상위 5백 개 기업을 대상으로 분산투자하는 쪽보다는 지수를 넘어서는 성과를 기대하며 최상급 투자자에게 비싼 운용 수수료를 지불하면서까지 특정 기업들을 콕 집어 투자해줄 것을 부탁한다—어쨌든 이것이 계량적 거래나 추세추종 거래, 알고리즘에 기반을 둔 거래와는 다르게 가치 지향적인 헤지펀드가 투자하는 방식이다. 무척 매혹적으로 들리지만 실상 투자자들이 높은 운용 수수료를 지불하는 헤지펀드는 지수보다 저조한 성과를 거둔다는 것이다. 통상적 보수 규정에 따라, 헤지펀드 매니저들은 투자자들의 자금이 들어오는 순간 무차별적으로 즉각 2%를 떼어내 호주머니에 집어넣는다. 그래서 투자 첫날 투자금에서 2%가 사라지고 만다. 또 펀드매니저들은 펀드가 투자자들의 돈으로 올린 수익의 20%를 차지한다.[7] 따라서 헤지펀드 투자자들은 수수료가 좀 더 싼 지수 펀드 투자자들이 받는 것과 동일한 혜택을 확보하기 위해서 한 팔은 등 뒤로 한 채 다른 한 팔로 고군분투하는 중이다. 헤지펀드는 헤지펀드 매니저들을 제외한 나머지 모두에게 나쁜 투자일 가능성이 매우 높다.

이 문제와 관련해서는 워런 버핏(Warren Buffet)과 헤지펀드 프로테 제 파트너즈(Protégé Partners) 간에 있었던 내기가 가장 전형적인 사례 일 것이다. 2008년 버핏은 S&P 500 지수 펀드가 프로테제 파트너즈 를 10년 이상 실적 면에서 앞설 것이라며 프로테제에게 백만 달러 내 기를 걸었다. 그런데 9년 동안 S&P 500 지수는 85% 오른 반면에 프 로테제는 25% 상승하는 데 그쳤다. 이렇듯 S&P 500 지수 펀드와 헤 지펀드들 간에 엇갈린 실적이 눈길을 끌면서, 왜 노동자 주주들은 헤 지펀드에 그토록 오랜 기간 돈을 퍼붓고 있는지에 관한 난처한 문제 가 제기되고 있다.[8]

세기의 증시 운용 대결

주체	내기 내용	결과	우승
워런 버핏	S&P 500 지수 10년 이상 앞설 것	85%↑	O
프로테제	헤지펀드 파트너스 이길 것	25%↑	X

역설적이게도 그 문제에 대한 하나의 답은 버핏 그 자신이다. 그는 실제로 시장을 압도한 거물급 투자자들 중에서도 단연 독보적인 사 례이다. 타의 추종을 불허하는 버핏의 투자 실적 기록은 직설적인 생 각의 가장 중요한 상징이자 구현이라 할 만하다. 실제 실행하는 데는 큰 어려움이 따르겠지만 재능이 있는 사람은 투자 상황을 면밀히 살 펴보고 시장의 판단을 뛰어넘는 판단을 내림으로써 언제나 시장에 완승을 거둘 수 있다. 투자자들이 헤지펀드를 지속적으로 선택하는

주요 이유는 극히 일부의 펀드매니저들이 아직도 단기간에 극적인 결과를 내면서 시장을 이기고 있기 때문이다. 이 투자자들 가운데 어느 누군가가 언제 '뜨겁게 달아오를지' 아는 것은 기술보다는 행운의 문제이다. 하지만 자기 투자자들에게 막대한 비용을 물리는 한이 있더라도 한번 시도해보겠다는 시장의 거대한 행렬은 멈추지 않는다. 버핏은 그 주제에 대한 최근의 한 선언에서 "투자자들이 지난 10년 넘게 월 스트리트 자금 운용역들에게 천억 달러의 높은 수수료를 쏟아부었다"고 주장했다.[9] 헤지펀드와 관련된 근본 문제는 장기간 시장보다 한 수 앞서가는 것이 지극히 어렵다는 데 있다. 특히나 그 유명한 규정에 따라 "2%와 20%"의 수수료를 부담하고 있다면, 공매도(short position)—주가 하락에 돈을 거는 포지션으로 자칫 큰 손실을 입을 수도 있다—를 취하는 데 따르는 위험을 감수하거나 시장을 능가하는 성과를 내는 일은 꿈도 꾸지 못할 것이다. 이 사실은 한 거대 조사연구기관에 의해 지지받아왔다.[10] 시장은 세계 주식시장에 몰려든 수백만 명의 투자자들과 함께, 그리고 거래할 기업에 대해 새로운 정보를 꾸준히 탐색하는 노련한 분석가들을 효과적으로 활용하고 있는 대규모 기관투자자들과 함께 매우 빠르게 움직인다. 어떤 거래자가 중요한 투자 포인트를 가장 먼저 포착할 수는 있지만 그러한 일을 거듭하기란 너무도 어렵다. 결국 대부분의 투자자들은 그렇듯 높은 수수료를 감당하는 대신 지수 펀드를 꼭 붙들고 있는 편이 나을 것이다. 그럼에도 불구하고 많은 헤지펀드 투자자들이 스스로 지수를 이길 수 있을 것이라는 생각을 버릴 수는 없을 것이다. 그들은 영원히 '아이즈먼 추종자' 아니면 '폴슨 추종자'이다.

스티브 아이즈먼(Steve Eisman)은 마이클 루이스의 『대규모 공매도 (Big Short)』라는 책의 중심에 있던 헤지펀드를 운용했다. 아이즈먼은 2007년의 대침체를 유발한 주택시장의 붕괴를 정확히 예측하며 재산을 모았다. 이 책은 그가 대부분의 사람들이 볼 수 없었던 것을 어떻게 볼 수 있었는지 설명하면서 명쾌한 역투자가로서 아이즈먼의 유쾌하고 재미있는 성격을 묘사하고 있다. 그가 올린 성과는 찬사 받을 만한 일이지만, 위기 직후 '대규모 공매도'가 끝난 뒤 아이즈먼 펀드들에서 무슨 일이 벌어졌는지 살펴보자. 그는 엠리즈 파트너즈(Emrys Partners)라는 새로운 펀드를 개설했다. 단도직입적으로 말하자면 그 펀드는 실패했다.[11] 엠리즈가 무너진 뒤 아이즈먼은 다시 헤지펀드 산업에서 결코 전례가 없는 일을 했다. 투자에 실패한 헤지펀드 매니저들은 일류 투자전문가로의 인상을 신속히 회복하려고 자기 권한 내에서 가능한 모든 일을 하는 것이 일반적이다. 그들은 실수한 점을 인정하고, 투자자들 앞에 머리를 조아리고는 무엇이 잘못됐는지 해명하며 시장의 코를 납작하게 해주는 데는 오히려 지금이 그 어느 때보다도 좋은 기회라고 설명한다. 글렌뷰 캐피털 매니지먼트(Glenview Capital Management)의 래리 로빈스(Larry Robbins)도 2015년 10월, 투자자들의 자금 20%를 잃고 난 뒤 새로운 로빈스 펀드에 투자하도록 설명회를 개최했다. 그 자리에서 그는 "기회란 때로는 얼굴에 가하는 주먹 한 방이라는 느낌"이라고 말했다. 아이즈먼은 좀 더 솔직했다. 그는 투자자들에게 다음과 같이 말했다. "개별 기업의 기본 요소들만 보고 투자결정을 내리는 것은 더 이상 성공할 수 있는 투자 철학이 아니다." 또한 자신의 운용 수수료를 무난한 수준인

1.25%로 깎겠다고 공개적으로 밝혔다. 주택시장과는 반대로 돈을 걸어 크게 성공한 또 다른 펀드매니저 존 폴슨(John Paulson)은 이후 2백60억 달러의 손실을 입었다. 이 글을 쓸 당시, 폴슨의 운용자산 가운데 오직 20억 달러만이 외부투자자로부터 위탁받은 것이고 나머지는 거의 자기 자신의 자산이다.[12]

수십 년에 걸친 학문적 연구에 의해 뒷받침되는 버핏의 비판처럼 아이즈먼의 진술은 헤지펀드 내에 소름끼칠 정도로 놀라운 추세가 존재하고 있음을 꿰뚫어볼 수 있게 해준다. 많은 헤지펀드들이 부지불식간에 소극적으로 변해버렸다는 사실, 즉 적극적 운용을 거의 포기하고 심지어 포트폴리오를 지수와 연동시키고 있는 게 아닌가 의심할 만한 흐름마저 보이고 있다는 것이다. 적어도 헤지펀드들은 지수와 연동시킨 투자와 구별하기 어려울 만한 성과를 내고 있다. 만약에 헤지펀드들이 수수료를 돌려준다면, 그것은 좋은 일을 넘어서서 환영할 만한 일일 것이다. 하지만 투자자들이 시장을 압도하는 천재적인 투자매니저를 고용하는 이유가 단지 투자 성과를 호전시키기 위해서라면, 또는 그 매니저에게 지수 연동 투자를 부탁하기 위해서라면 그런 이유로 2%와 20%의 수수료를 부담하는 것은 10배 이상의 수수료를 내면서 지수 펀드와 유사한 상품을 사고 있는 것에 다름 아니다.[13]

헤지펀드가 매우 위험하고 수수료를 지나치게 많이 부과하며 기대보다 실망스러운 결과를 내놓는다고 할 경우, 혹자는 노동자 연금기금이 헤지펀드에 투자하는 것을 법적으로 금지해야 한다고 생각할지 모른다. 그런데 바로 그런 시절이 있었다. 1996년 이전만 하더라도 의회는 헤지펀드가 백 명 이하의 주주들을 갖고 있는 단체만을 대신해서 투자할 수 있도록 제한했다. 이러한 제한규정은 헤지펀드의 규모를 제약했다. 그 규칙으로 인해 연금기금과 노동조합 기금 같은 조직의 절대 다수가 헤지펀드에 투자할 수 없었다. 거의 모든 연금기금과 노동조합 기금의 경우 가입 주주 혹은 수급자 수가 백 명을 훨씬 웃돌았기 때문이다. 그러던 중 1994년에 공화당이 상원뿐 아니라 40년 만에 처음으로 하원까지 장악하면서 이른바 '공화당의 혁명'이 의회를 휩쓸었다. 공화당 의회는 1996년 전국증권시장개선법(National Securities Markets Improvement Act)을 재빨리 통과시키고, 클린턴 대통령의 서명을 받았다. 이 법은 1940년의 투자회사법을 개정한 것으로 2천 5백만 달러 이상의 자산을 운용하는 기관 등을 포함한 이른바 유자격 구매자들에게 증권을 판매할 수 있도록 헤지펀드의 규제 조항을 철폐하는 내용을 담고 있었다. 요컨대 거의 모든 공적 연금기금과 노동조합 기금처럼 2천 5백만 달러 이상의 자산을 운용하는 기금은 이제 헤지펀드에 투자할 수 있게 됐다. 헤지펀드 매니저들이 공적 연금기금과 노동조합 기금으로부터 나오는 자본을 노릴 수 있도록 문을 개방한 것이다. 1996년의 개혁 이후 5년 동안 기관투자자의 헤지펀드 참여가 5배 늘어났다. 이후 민주당이 때에 따라서는 의회 양원을 장악한 경우도 있었지만, 헤지펀드 산업은 1996년 개혁을 기반으로 양당에서 영향력을 확대하면서 엄청난 번영을 구가했다.[14]

그것은 헤지펀드 산업이 저조한 투자실적에도 불구하고 전혀 가난해지지 않았기 때문이다. 가난해지기는커녕 자산운용 수수료 2% 때문에, 그리고 수익이 났을 때는 20%를 떼어가는 반면에 손실이 났을 때는 20%를 돌려주지 않아도 됐기 때문에, 헤지펀드 매니저들은 막대한 부를 누릴 수 있었다. 시장에서 승리를 거두는 일을 통해서라기보다는 그들에게 운용 자금을 대주는 수많은 투자자들을 믿게 만드는 수완을 통해서였다. 대부분의 헤지펀드 매니저들은 실제 시장보다 한 발 앞섬으로써 돈을 버는 게 아니라 시장보다 한 발 앞설 것이라고 투자자들을 '확신시키는' 능력을 통해 돈을 번다. 버핏이 말한 바와 같이, "월 스트리트에서 사람들은 투자능력을 통해서가 아니라 판매 수완을 통해 훨씬, 훨씬, 훨씬 더 많은 돈을 벌어왔다".[15] 많은 헤지펀드 매니저들의 부를 설명하는 것은 실적보다는 규모이다. 이것이 헤지펀드가 규제를 받아야만 하는 정확한 이유라고 사람들은 생각할지 모른다. 하지만 의회와 증권거래위원회 같은 감독기관들은 대체로 그러지 못했다. 법적 공백은 아직 노동자 주주들이 보다 더 많이 채워야 할 부분이다.

댄 페드로티(Dan Pedrotty) 사례를 들어보자. 그는 과거 미국교원연맹(AFT)에서 연금자본전략 국장을 지내면서 강력한 교사노동조합을 주주 행동주의로 이끌었다.[16] 로스쿨을 졸업한 뒤에는 법률회사에 근무하면서 미국 프로농구 스타 알렌 아이버슨(Allen Iverson)을 닮은 '예스맨 인형'을 놓고 두 회사가 벌이던 상표권 침해 소송에서 한쪽 인형 제조사를 변호했다. '이곳을 떠날 때가 됐다'고 생각한 페드로티는 재빠르게 정치적 행동주의로 뛰어들었고, 2004년 대통령 선거에서 민주당원이며 과거 하원 의장을 지낸 딕 게파트(Dick Gephardt)의 참모로 일했다. 그는 2004년 아이오와 전당대회에서 게파트와 버몬트 주지사인 하워드 딘(Howard Dean)과의 사이에 있었던, 그 스스로 '살인과 자살'이라 묘사한 상황을 직접 증언했다─이 예비선거에서 승리한 존 케리(John Kerry)는 이후 승승장구한다. 이후 같은 해 페드로티는 미국노동총연맹 산업별 조합회의 투자사무소에 합류해서 거의 8년 동안 일한 뒤, 미국교원연맹 자본전략 프로그램을 운용하기 위해 그곳을 떠났다. 페드로티는 저명한 노동자 주주 행동가 가운데 한 사람으로, 헤지펀드 산업에 도전하는 데 앞장섰다.

헤지펀드가 페드로티의 첫 투쟁 상대는 아니었다. 2007년 미국노동총연맹 산업별 조합회의투자사무소를 관리할 때, 그는 현직 CEO에 반대하는 매우 유명한 주주 행동주의 운동 중 하나에 참여했다. 이 과정은 결국 하버드대학 경영대학원 연구사례로 채택됐다. 그 운동의 표적은 홈 디포인데, 장비 판매와 주택수리업을 하는 회사로서 그 당시 같은 업종으로 오랜 경쟁관계에 있던 로우스(Lowe's)에 의해 압도적으로 추월당했다. 홈 디포는 스톡옵션 백데이팅(stock options backdating, 기업이 경영진 등에 부여하는 스톡옵션과 관련해 주가가 바닥이었을 시점으로 소급 적용해 부당이익을 취하는 비리─역주) 추문에 휘말린 바 있었는데 이사회는 이 문제와 관련해서 사실상 아무 조치도 취하지 않았다. 특히 이사회가 온갖 갈등의 온상이었던 데다 나눠먹기식 거래 문제로 골머리를 앓고 있었기 때문이다. 당시 홈 디포의 CEO와 이사장 자리에는 로버트 나르델리(Robert Nardelli)가 앉아 있었다. 수석 이사는 케네스 랑곤(Kenneth Langone)이었는데, 그는 뉴욕증권거래소 이사회에서 일을 한 바 있었다. 그는 뉴욕증권거래소에서 일할 당시 라차드 그라소에게 천문학적인 보수를 주는 안건을 승인한 인물이다. 이 일에 대해 해리건과 캘리포니아공무원연금이 그라소 축출 투쟁을 벌여 그를 자리에서 쫓아내는 데 성공한 바 있었다. 랑곤은 홈 디포의 보상위원회에서 일하도록 그라소를 영입했으며, 위원회는 나르델리의 보수를 논의했다. 이는 그라소가 자신의 지나친 보수 문제로 뉴욕증권거래소에서 쫓겨난 '후'의 일이었다. 다른 몇몇 회사의 CEO도 그라소 측에 합세했는데 그들은 경영진의 보수를 통제하는 선례를 남길 것 같지 않은 사람들이었다. 이 CEO들 가운데 한 명이 제1장에서 설명한 바와 같이 식품노동조합 파업의 표적이었던 앨버트슨스의 로렌스 존슨(Lawrence Johnson)이었다. 보다 중요한 사실은 존슨이 앨버트슨스에서 자신의 봉급을 협상할 때 고용했던 변호사를 이번에는 나르델리가 홈 디포에서의 보수 협상에 고용했다는 점이다. 따라서 나르델리와 홈 디포 간 보수 협상에서 홈 디포 측을 대변하고 있던 '존슨은 결국 자신의 변호사와 대결하고 있는 셈이었다'. 시장점유율 하락과 스톡옵션 추문에도 불구하고 홈 디포의 보상위원회가 나르델리에게 지불하기로 합의한 보수는 얼마나 될까 맞혀보라. 무려 3억 달러였다.[17]

3명의 노동자 행동가, 페드로티와 다몬 실버스(Damon Silvers), 미국 공무원연맹의 리치 페르라우토는 홈 디포가 스톡옵션 백테이팅에 적절히 대응하지 못한 데 대해 홈 디포에 맞서기로 결정했다. 당시 미국노동총연맹 산업별 조합회의 부 법무자문위원이었던 실버스는 지금은 같은 회의 정책이사로 활동 중이며 미국에서 유명한 노동지도자 가운데 한 사람이다. 제2장에서 페르라우토는 주주제안권 강화 투쟁과 관련한 그의 초기 역할에 대해 논한 바 있다. 그들은 나르델리의 터무니없는 보수를 본보기로 삼아 이의제기를 하기로 했다. 그의 봉급은 회사의 경영실적과는 상관없이 보장받고 있었다. 나르델리는, 연차주주총회에서 그 회사의 소유주인 주주들과 대면하는 수모를 겪을 수밖에 없다고 판단하고 이사들에게 총회에 참석하지 말라는 비상명령을 발동했는데 그럼에도 반란을 막을 수는 없었다. 주주총회에서 페드로티는 이사들이 비겁하게 참석하지 않은 데 항의하기 위해 닭 모양 옷을 입고 참석했다. 그 뒤 이사회는 나르델리를 즉각 해임했다.[18]

그로부터 몇 년 후 지금은 미국교원연맹을 위해 일하고 있는 페드로티는 헤지펀드산업에 주목했다. 2012년 12월 페드로티는 수탁자 지도자 포럼 시카고 회의에 참석했다가 워싱턴으로 돌아오는 중이었다. 그 포럼은 노동조합 및 연금 수탁자들의 지도부 조직이다. 오헤어 공항에서 탑승 대기 중이던 그는 〈뉴욕타임스〉 패션과 스타일란에 수년 전 게재된 '학문적 투자'라는 제목의 기사를 보게 됐다. 그 기사에는 러버벌 커리 4세(Ravenel Boykin Curry IV)라는 이름의 헤지펀드 매니저 사진이 첨부돼 있었다. 백인인 그는 회색 정장에 미소를 띠고 쪼그려 앉아 있었는데, 그 옆에는 브롱크스 예비차터스쿨의 흑인과 라틴계 학생 6명이 교복을 입은 채 웃고 있었다. 다른 사진은 헤지펀드 고섬 캐피털(Gotham Capital)의 백인 남성 동업자인 존 페티(John Petty)였는데, 그는 웃고 있는 흑인 학생 하나와 교실 책상에 앉아 함께 미소를 짓고 있었고, 그들 앞에는 한 권의 책이 펼쳐져 있었다. 세 번째 사진은 같은 백인 헤지펀드 매니저인 존 사바트(John Sabat)의 모습을 보여주는데, 한 차터스쿨 모금 행사에 참석해 포커 테이블 앞에 앉아 있는 그의 손에는 두 무더기의 칩이 쌓여 있었다.[19]

그 기사는 〈기관투자가(Institutional Investor)〉라는 잡지에 게재된 기사와 마찬가지로 어떻게 해서 차터스쿨들이 '헤지펀드 트레이더들' 사이에서 새로운 자선 대상으로 뜨겁게 떠오르고 있는지 기술하고 있었다. 폭넓게 말하면 차터스쿨은 정부가 자금을 댄 학교이지만 공립학교 체제에서 벗어나 독립적으로 운영할 수 있는 위임운영권을 갖고 있다. 이들 행복한 펀드 매니저들은 뉴욕시 차터스쿨들 혹은 '교육개혁을 바라는 민주당원들(Democrats for Education Reform)'과 같은 조직들을 위해 자금을 모금하고 있었다. 커리는 차터스쿨들을 '우리는 한 푼도 받아가지 못하는데도 어마어마한 현금유동성을 바탕으로 하루하루 우연한 투자기회를 노리며 시간을 허비하는 정확히 그런 투자 유형'이라고 설명했다. 교육의 질에 관해서는, '학문적 투자'라는 기사는 차터스쿨들에 관한 스탠포드대학의 두 논문을 인용했다. 한 연구는 차터스쿨들과 공립학교 사이에서 성과의 차이를 발견할 수 없었고, 또 다른 논문은 뉴욕시 학교들이 차터스쿨들을 능가한다고 밝혔다.[20]

차터스쿨들에 대한 논쟁은 매우 어지럽게 전개되고 있으며 논문들도 앞다퉈 발표돼왔다. 논쟁의 개요를 간략히 정리하면, 차터스쿨 옹호자들은 차터스쿨이, 실패한 공립학교 구역에 갇힌 채 아무런 혜택도 받지 못하는 학생들을 위해 탈출 경로를 제공한다고 주장했다. 한편 차터스쿨 비판론자들은 사실상 최저 수준의 학생들, 교육비가 매우 많이 드는 학생들을 가려내는 차터스쿨들이 재원이 부족한 학교로부터 자원들을 빼돌림으로써 공교육의 기반을 약화시키고 있다고 주장하며, 이로 인해 그들이 해결하겠다고 나선 바로 그 문제들을 악화시킨다고 봤다.[21] 그런데 차터스쿨 논쟁에서 이 책의 목적에 보다 부합하는 문제는 그 논쟁에서는 부수적 쟁점이라 할 교사에 대한 보상, 특히 교원연금의 문제이다.

당시 페드로티가 근무하던 미국교원연맹은 차터스쿨에 대해 비판적이었다.[22] 또한 교사들에게 적절한 보상을 하는 일은 교사들만을 위한 것이 아니라 학생들을 위한 것이기도 하다는 입장을 취해왔다. 왜냐하면 유능한 교육전문가들을 끌어들여 그들의 재능을 활용하는 일이야말로 교육에 매우 중요한 요소이기 때문이다. 미국교원연맹과 미국교육협회를 위시한 기관들은 공립학교 개혁의 여러 측면들을 수용하면서도 다른 중요한 쟁점들 가운데 유독 교원연금만은 계속 옹호하는 입장을 취해왔다. 이렇듯 교원퇴직기금을 옹호하다 보면 '학문적 투자' 기사 속에 등장하는 몇몇 기금들을 포함한 많은 헤지펀드에 정면으로 반대할 수밖에 없다. 이런 역설적인 상황을 이해할 수 없었던 헤지펀드 매니저들은 공립학교 교사들이 지나치게 급여를 많이 받는다면서 교사들의 연금계획을 약화시키기 위해 로비를 벌이고 있었다. 하지만 최근의 자료에 따르면 상위 25명의 헤지펀드 매니저들은 미국 내 유치원 교사들 보수를 모두 합한 것보다 더 많은 돈을 벌어가면서도 세율은 교사들보다 더 낮게 책정된 환경을 즐기고 있었다.[23]

'교육 개혁을 바라는 민주당원들' '학생 우선(Students First)' 그리고 맨해튼연구소와 같은 차터스쿨에 우호적인 몇몇 기관들은 교원연금을 폐지하거나 대폭 축소하는 쪽을 옹호해왔다. 예를 들어 '학생 우선'은 교원연금을 0등급에서 4등급으로 나눈다. 확정급여형 연금제도 혹은 그와 비슷한 제도를 둔 교사연금에 대해서는 0등급을, 확정기여형 연금제도 혹은 그와 비슷한 제도를 둔 교사연금에 대해서는 4등급을 준다.[24] 확정급여형 연금제도는 퇴직 근로자들에게 고정된 급여를 보장하기 때문에 교사들에게 유리하다. 확정급여형 연금제도는, 401(k)처럼 근로자들이 자체적으로 운용하는 퇴직기금에 출자해서 퇴직 후 기금에 얼마의 돈이 남아 있든 그 돈으로 살아가야 하는 확정기여형 연금제도와는 전혀 다른 개념이다. 확정급여형 연금제도는 저조한 시장실적의 위험을 고용자들에게 넘기는 반면에 확정기여형 연금제도는 그러한 위험을 근로자들에게 떠넘긴다. 따라서 노동조합들은 확정급여형 연금제도를 지속적으로 유지하기 위해서라면 그 어떤 투쟁도 마다하지 않는다.[25]

페드로티는 교원퇴직기금의 무자비한 감축을 지지하는 헤지펀드 매니저들의 영광스러운 사진을 보면서, '우리 교사들의 퇴직금이 이 매니저들에게 얼마나 많이 투자될까?'라는 의문을 갖게 됐다.[26]

페드로티는 헤지펀드 데이터베이스 프레킨(Preqin)이 발표한 관련 정보를 서둘러 검색해서 수십 개의 공적 연금기금을 확인했다. 이 연금기금의 다수는 교원기금으로, 차터스쿨을 지지하는 단체를 통해 일제히 교원연금을 삭감하려고 로비를 벌이는 매니저들의 헤지펀드에 투자되고 있었다. 이들 매니저에는 폴 존스 2세(Paul Tudor Jones Ⅱ), 폴 싱어(Paul Singer), 그리고 결정적으로 유한회사 써드포인트캐피털(Third Point Capital)의 댄 롭(Dan Loeb)이 포함돼 있었다. 교원연금기금은 이들 헤지펀드 투자를 통해 자신들의 파산에 투자하는 중이었다. 결과는 참으로 고통스러웠다. 하지만 페드로티는 이런 결과가 미국교원연맹을 위해서는 무주공산의 엄청난 기회가 될 수도 있다고 봤다. 그는 자신의 상관인 랜디 웨인가튼(Randi Weingarten) 노동조합 위원장에게 보낼 메모를 작성했다. 그는 메모에서 교원기금과 헤지펀드 사이의 관계와 연금을 손상시키는 갖가지 시도를 지적했다.[27]

웨인가튼은 뉴욕시 공교육을 둘러싼 다툼들에 관해 상세히 알고 있었다. 미국교원연맹 위원장이 되기 전, 그녀는 연합 교사 연맹, 즉 미국교원연맹 2지구 위원장으로 12년 동안 일하면서 20만 명의 뉴욕시 교육자 및 여타 노동자 들을 대변해왔다. 변호사이자 과거 고등학교 역사 선생을 지낸 민주당 전국위원회 위원이었으며, 이곳저곳에서 '가장 강력한' 그리고 '가장 영향력 있는' 인물로 자주 등장한 바 있었다. 루디 쥴리아니(Rudy Giuliani) 시장, 마이클 블룸버그(Michael Bloomberg) 시장과 뉴욕시 교원 계약을 놓고 협상하는 과정에서 줄다리기를 하기도 했다. 또한 차터스쿨을 반대하는 정책이 아니라, 교원과 다른 교육 관련 노동자들을 위한 적절한 연금을 포함해서 공교육의 여러 측면에서 일관성을 유지하는 정책들을 제시하는 방향으로 미국교원연맹을 이끌었다.[28]

웨인가튼은 페드로티에게 새로이 알게 된 사실들을 정리해서 보고서를 작성하도록 지시했다. 이 보고서가 바로 미국교원연맹의 '자산 운용 매니저 순위표: 자산 운용 매니저와 관련한 퇴직보장 보고서'였다. 페드로티가 미국교원연맹의 브래드 머리(Brad Murray), 제시카 스미스(Jessica Smith)와 공동으로 작성한 보고서에는 '투자 매니저 관찰 목록'이 담겼다. 2013년 4월에 발간된 보고서의 첫 번째 판에는 교원연금을 약화시킬 교육개혁운동을 지지하는 32개의 헤지펀드 목록이 담겨 있었다. 웨인가튼에 따르면 '관찰 목록'의 목적은 교원연금 수탁자가 '투자 계획에 따른 위험에 대해 투명한 결정'을 내리도록 하는 데 있었다. 보고서는 '미국교원연맹은 특히 우리 교원들의 지급 유보된 임금으로 돈을 버는 개인들의 자금조직이 공공부문 노동자들에게 손해를 끼칠 경우 그런 조직들을 밝혀내는 데 온 힘을 기울여야 한다'고 밝혔다.[29]

보고서에서 미국교원연맹은 '연금기금 펀드매니저들은 펀드에 돈을 맡긴 연금 수급자, 즉 전현직 교원들과 여타 투자자들에게 성실하고 치밀한 자세를 가질 의무가 있다'고 지적했다. 이 보고서는, 널리 퍼져 있는 '펀드 우선'이라는 견해의 편협한 기준을 충족시키기 위해 그러한 의무를 보수적으로 규정하면서, '경쟁력 있는 위험 수익률을 창출해낼' 투자 매니저를 고용하는 일이 무엇보다 중요하며 '여타 요소들은 부차적'이라고 언급했다. 부차적인 요소에는 '단체교섭, 민영화 또는 확정급여형 연금제도에 따른 급여 지급을 중단하기 위한 제안 등에 대해 매니저가 갖는 입장'도 포함돼 있었다. 그런데 부차적 요소들이 경제적 요소들에 종속되는 한, 그래서 부차적 요소들을 고려해서 자격 있는 매니저들을 고용할 수만 있다면 수탁자들은 부차적 요소들을 고려하면서 수탁자로서 가져야 할 의무를 저버리지 않을 터였다. 바로 그런 이유로 보고서는 확정급여형 연금제도 폐지를 옹호하는 매니저들이 소속된 헤지펀드 명단을 만들었다.[30]

미국교원연맹의 '관찰 목록'은 헤지펀드 업계를 망연자실하게 만들었다. 목록에 들어 있던 한 펀드, 디멘셔널펀드어드바이저 (Dimensional Fund Advisors)의 반응을 살펴보도록 하자. 디멘셔널은 랙스 싱크필드(Rex Sinquefield)가 공동설립자로 돼 있는데 그는 공적 연금기금과 노동조합 기금을 대신해 자산투자를 해서 돈을 벌었다. 이후 세인트루이스에 보수적인 싱크 탱크인 쇼우미연구소(Show-Me Institute)를 설립했다. 미국교원연맹 보고서가 밝힌 바와 같이, '쇼우미연구소는 미주리주가 주 공무원들을 위해 확정기여형 연금제도로 옮겨갈 것을 노골적으로 요구했다. …… 쇼우미연구소는 주에 근거지를 둔 보수단체들의 네트워크인 주정책네트워크(State Policy Network) 소속으로 이 네트워크는 일상적으로 연금 민영화를 지지한다'. 보고서가 발행될 당시, 디멘셔널은 모두 확정급여형 연금제도를 채택하고 있는 19개 공적 연금기금과 6개 노동조합 기금을 대신해서 투자를 하고 있었는데 디멘셔널 입장에서는 절대로 잃어서는 안 될 고객들이었다.[31]

하룻밤 사이, 펀드는 확정급여형 연금에 대해 자신의 견해를 분명히 했다. 디멘셔널의 이사장 데이비드 부스(David Booth)는 〈연금과 투자(Pension and Investments)〉 잡지에 '싱크필드의 정치적 야망과 운용 방식이 우리를 페널티 박스 안으로 몰아넣었다. 그것이 그가 원한 바는 아니다'라고 말했다. 또한 퇴직연금 적립제도는 '우리의 생계가 달린 문제'라며 계속해서 '우리는 확정급여형 연금의 열혈 팬'이라고 말했다. 디멘셔널이 관찰목록에 들어간 뒤 싱크필드는 펀드 이사회를 '떠났다'. 관찰목록에서 벗어나는 데 필사적이었던 디멘셔널은 이후 펀드의 세계 기관 서비스 최고책임자였던 스티븐 클라크(Stephen A. Clark)의 서한을 웨인가튼에게 보냈다. 서한에서 클라크는 확정급여형 공동체를 대신해 투자하는 디멘셔널의 장기 사업에 관해 언급했다. '디멘셔널은 모든 미국인을 위한 노후 보장의 열렬한 지지자이다. 확정급여형 연금제도는 모든 가입자들의 이런 중요한 목표를 달성하기 위해 필요한 결정적이면서도 대표적인 수단이다.' 유한회사 하이브리지캐피털매니지먼트(Highbridge Capital Management) 역시 관찰목록에 오른 뒤 CEO인 스콧 캡닉(Scott Kapnick)의 서한을 웨인가튼에게 보냈다. 서한에서 캡닉은 '나는 당신에게 하이브리지는 앞으로 뉴욕시의 '학생 우선'을 지원하지 않을 것임을 확실히 해두고 싶다'라고 썼다. '하이브리지는 노동조합과 공적 연금을 대신해서 퇴직자산을 운용하는 데 자부심을 느낀다. …… 하이브리지는 확정급여형 연금제도에 반대하지 않는다.'[32]

이런 내용의 편지들을 받은 뒤 웨인가튼과 페드로티는 디멘셔널과 하이브리지를 관찰목록에서 뺐다. 비슷한 사례로, 투자자문사인 에이온(Aon)은 '브루스 라우너를 위해 분골쇄신하는 일리노이주(Illinois Is Broke for Bruce Rauner)'라는 조직에 참여해왔었다. 일리노이 공화당 주지사 라우너는 공무원 퇴직 자금을 투자해 부를 축적한 사모펀드 매니저로 일한 적이 있었는데 주지사가 되자 공무원 연금을 삭감하는 전쟁에 돌입했다.[33] 에이온은 미국교원연맹과 캘리포니아주 교원연금, 뉴욕주 교원연금, 전미자동차노동조합 임의송업원수급자협회 등 모든 고객으로부터 압력을 받고, '브루스 라우너를 위해 분골쇄신하는 일리노이주'와의 관계를 끊었을 뿐 아니라 노동친화적 연금 연구 및 정책 기관인 전국노후 보장협회에 가입했다. 이 협회는 교원 및 여타 노동자들의 확정급여형 연금기금을 옹호해온 기관이다. 2015년 3월 뉴욕시 종사자 퇴직기금은, 관찰 목록에 이름을 올린 펀드로 '학문적 투자' 기사에도 언급된 헤지펀드 고섬 캐피탈에 4천 9백만 달러를 투자하지 않기로 결정했다. 페드로티에 따르면 첫 번째 보고서를 발행한 이래 12개에서 15개 헤지펀드들이 교원연금을 공격하는 단체의 이사회에 대한 기부를 중단하거나 이사회를 떠났다.[34]

단 한 사람, 헤지펀드 써드포인트캐피털의 펀드매니저 댄 로엡(Dan Loeb)만이 관찰목록과 관련해서 미국교원연맹에 공개적으로 맞섰다. 미국교원연맹이 첫 번째 헤지펀드 목록을 공개하기 바로 직전에 웨인가튼은 반년마다 열리는 기관투자자협의회 회의에서 연설하기로 예정돼 있던 로엡과의 면담을 요청했다. 기관투자자협의회는 교원기금을 포함해서 대체로 노동조합과 공적 연금기금으로 구성돼 있었으며, 이들 가운데 일부는 로엡에게 투자를 맡기고 있었다. 웨인가튼이 기관투자자협의회 회의에서 로엡과 만나고자 했던 것은, 그 자리에서 로엡을 설득해 교원연금에 반대하지 않도록 하고 싶었기 때문이다. 웨인가튼의 면담 요청에 쉽사리 결정을 내리지 못하던 로엡은 자신이 교원연금 삭감을 지지하는 것은 아니라면서 일단 만나기로 합의했다. 그러고 나서 웨인가튼과의 만남과 기관투자자협의회 회의 출석 모두를 취소했는데 이런 그의 태도는 언론의 주목을 끌었다. 매트 타이비(Matt Taibbi)가 운영하는 〈롤링스톤(Rolling Stone)〉의 기사 제목인 '로엡, 연금기금들에 간청과 배신을 동시에'는 관찰목록에 이름을 올린 거의 모든 헤지펀드에 적용될 만했다.[35] 이런 대립과 부정적인 언론 보도에 화가 난 로엡은 '학생 우선'에 대한 기부를 백만 달러까지 늘리면서 보복했다. 그의 자존심이 용납할 수 없는 일이었기 때문이다. 그 일이 있은 직후, 로드아일랜드주의 연금들은 헤지펀드 매니저 로엡에 대한 투자를 철회하면서 그의 펀드 써드포인트캐피탈로부터 7천 4백 30만 달러를 인출했다.[36]

웨인가튼은 로엡과의 다툼에서 "교원퇴직기금으로부터 떼돈 벌 생각을 하지 마라. 그리고 동시에 교원퇴직보장책을 없애려 하지도 마라"고 말한 것은 근본적으로 위선을 드러내는 일이라 생각했다. 실제로 그것이 위선의 문제라고 할 때, 그녀의 관점에서 보면 차터스쿨과 관련해서 사사건건 말다툼을 하려고 했던 사람은 로엡이었다. 그녀는 "여성 조합원이 월등히 많은 노동조합이 자본전략에 관여할 것이라는 사실에 사람들은 충격을 받았다"고 필자에게 말했다. 헤지펀드는 전반적으로 거의 남성이 지배하고 있으며, 헤지펀드의 상위 투자매니저 가운데 오로지 3%만이 여성이다.[37] 웨인가튼은 투자 선택에 여성이 권한을 행사하는 것이 익숙한 세상은 아니라고 지적했다.

거의 동일한 다툼이 사모펀드에서도 발생했다. 예를 들어 블랙스톤그룹의 고위 자문관이 공무원의 확정급여형 연금을 공격한 뒤 뉴욕시 공무원연금이 펀드와 예정된 회합을 취소하자 블랙스톤은 즉각 성명서를 냈다. '공무원 연금에 대한 블랙스톤의 관점은 분명하고 모호하지 않다. 우리는 연금이 약속이라고 믿는다. 남녀 노동자들은 자신들이 속한 직장에서 근무기한을 마친 뒤 노후 보장에 대해 걱정해서는 안 된다. 우리는 시와 주 들이 당면하고 있는 구조적인 예산부족 문제를 공무원들 탓으로 돌리면서 그들을 희생양으로 삼는 데 반대한다.' 〈월 스트리트 저널〉이 보도한 바와 같이 블랙스톤의 투자자금 중 37%는 주와 지방의 퇴직연금으로부터 온 것이었다. 계속해서 이 문제를 좀 더 들여다보자면, 사모펀드 회사 콜버그크라비스로버츠는 미국교원연맹 관찰목록을 접한 이후, 회사 국제홍보 책임자로 있던 케네스 메흘맨(Kenneth Mehlman) 전 공화당 전국위원회 위원장으로부터 편지 한 통을 받았다. 메흘맨은 이 편지에서 '과거 몇 년 동안 우리는 입법자들과 정책결정자, 조직화된 노동 지도자들과 동반자 관계 속에서 공공부문 노동자들을 위한 선택사항으로서 확정급여형 연금의 중요성을 옹호해왔다'라고 썼다. 그 편지를 받은 다음 날 미국교원연맹은 KKR을 목록에서 지우기로 합의했다. 또 다른 노동조합 유나이트히어(UNITE HERE)도 실제로 페드로티와 웨인가튼이 만든 헤지펀드 목록과 비슷한 사모펀드 관찰목록을 만들었다. 그 목록은 사모펀드들을 '책임감 있는' 펀드와 '무책임한' 펀드로 분류한 것으로, 공적 연금기금과 노동조합 기금 사이의 관계에, 잠시 후 다시 살펴볼 독특한 쟁점들을 제기했다. 이러한 조처들은 연금과 직업의 문제를 넘는 확산효과마저 가지고 있었다. 예를 들어 르네상스테크놀로지(Renaissance Technologies)의 억만장자 공동 CEO이자 우익 운동의 재정적 후원자인 로버트 머서(Robert Mercer)는 기부기금과 연금기금 들로부터 자신의 정치적 행위들에 책임지라는 압력을 받고 CEO 자리에서 물러나면서 펀드 내 지분도 팔았다. 압력을 행사한 연금기금 중에는 볼티모어시 경찰 소방관 연금도 포함돼 있었는데 이 연금은 항의 차원에서 르네상스테크놀로지로부터 수천만 달러를 인출했다.[38]

앞에 든 사례들은 노동자 주주 기관들이 자기 기관 소속 노동자들에 대한 공격을 방어해내기 위해 투자자로서 어떻게 자신들의 입장을 활용하는지를 실증한다. 나아가 헤지펀드든 사모펀드든 아니면 공화당전국위원회의 전 위원장이든 간에, 그들이 주변에서 자주 부딪혀본 적이 없는 조직 혹은 개인 들에 과감히 맞서는 노동자 주주들의 힘을 실증적으로 보여주고 있다. 또한 이들 사례는 앞으로 헤지펀드나 사모펀드 같은 사회 내 일부 강력한 조직들이 노동자들의 복지에 공격을 가할 때 그런 공격을 차단하기 위해 공적 연금기금과 노동조합 기금이 어떻게 활용될 수 있는지를 입증한다. 더욱이 이런 조처들은 노동자 주주들이 헤지펀드를 자신들의 뜻에 굴복시킬 수 있도록 하는 메커니즘을 제시한다. 더욱이 어떤 대규모 사회기반시설 지출계획에 따라 노동조합 노동자를 고용하는 경우처럼 그들에게 우선권이 주어지는 상황이라면 이런 메커니즘이 한층 더 명백해진다. 페드로티가 미국교원연맹을 떠나 북미건설노동조합(North America's Building Trades Union) 자본전략국장으로서 새로운 역할을 맡았을 때 실제로 그는 과거라면 상상할 수도 없는 약속을 블랙스톤으로부터 보장받는 데 조직자로서 주요한 역할을 수행했다. 2017년 9월 5일, 블랙스톤은 자사의 천억 달러 사회기반시설투자기금에 일종의 책임계약정책을 적용하기로 노동조합과 합의했다고 발표했다. 이 정책은 '블랙스톤의 사회기반시설 특수목적사업을 위한 프로젝트에 고용될 건설 노동자들에게 공정한 급여와 임금, 근로조건, 교육기회를 제공하는 계기로 작용할 것이다.'[39] 마지막 장에서 그 전개 과정을 보다 상세히 논한다.

여기에 노동자들이 공감하는 대의명분을 전개하는 데 노동자 자본이 사용되는 또 다른 사례가 있다. 매사추세츠주 북미노동자국제노동조합(LIUNA) 조합원들의 투자를 대신해주는 매사추세츠주 노동자 연금기금은 '월 스트리트를 점령하자(Occupy Wall Street)'라는 이름의 시위대가 주코티 공원을 차지하자 시위대를 내쫓기 위해 뉴욕시장 블룸버그가 나서려는 것을 막으려고 부동산 회사 브룩필드프로퍼티즈(Brookfield Properties) 투자자로서의 권한을 활용했다. 브룩필드프로퍼티즈가 공원의 소유자였기 때문이다. 매사추세츠 기금의 집행이사 배리 맥아나니(Barry McAnarney)는 브룩필드에게 다음과 같은 편지를 썼다.

> 우리의 연금기금 투자는 자신들의 삶을 우리나라를 건설하는 데 헌신해온 수많은 남녀를 대신해서 그들이 노후소득보장을 위해 열심히 벌어들인 돈을 관리한다. …… 우리 기금 가입자들은 월 스트리트에 있는 주요 회사들의 부주의한 금융거래 결과로 고통을 받았다. 주코티 공원에서 항의시위를 벌이는 사람들은 노동자 민중을 지지하면서 이러한 잘못에 결연히 저항하고 있다. '월 스트리트를 점령하자' 시위대의 목소리를 내지 못하게 하는 것은 우리 가입자 개개인과 그들이 쟁취하고자 하는 모든 것에 대한 공격이 될 것이다.

이러한 노력들로 인해 주코티 공원 점거 농성을 해산시키려는 뉴욕시의 시도가 한 달도 더 넘게 지연됐고, 이에 따라 '월 스트리트를 점령하자' 시위대가 노출되는 시간이 늘어나면서 그들의 목소리를 전할 시간도 자연스럽게 늘어났다.[40]

미국교원연맹의 헤지펀드와의 투쟁, 사모펀드에 대한 이와 유사한 반발, 블랙스톤과 맺은 책임계약정책 그리고 '월 스트리트를 점령하자' 시위대를 대신한 매사추세츠주 노동자들의 개입 등을 이야기하다 보니 제1장에서 소개한 법적·정책적 문제들을 다시 검토하지 않을 수 없다. 그런 상황들은 노동자 주주들이 노동자들의 이익에 반하는 자금 형성 시도들을 어떻게 무력화시킬 수 있는지 혹은 정반대로 노동자들의 이익에 따라 어떤 상황들을 어떻게 구체화시키는지 보여준다. 그리고 이 과정에서 노동자들은 이러한 힘이 어떻게 행사돼야 하는지를 알고 그 방식에 의존한다. 그것은 결국 연금수탁자가 선량한 관리자로서의 수탁자 책임(Fiduciary Duty)의 범위에 대한 논쟁으로 우리를 되돌아가게 한다.

첫째, 여기서 언급할 만한 가치가 있는 또 다른 법적 규칙, 즉 '등가 투자 규칙'이라고 하는 것이 있다. 이 규칙은 연금수탁자들이 선량한 관리자로서 지켜야 할 수탁자 책임에 대해 미국 노동부가 해석한 바를 반영하고 있다. 이 규칙에 따르면 가령 여러 투자 대상이 있을 때 그 투자 대상들이 등가를 가지는 한, 즉 동일한 위험(수익수준)을 갖고 있는 한 기금수탁자들은 어떤 이유로든 둘 또는 그 이상의 투자 대상 가운데서 어느 하나를 선택할 수 있다. 그것이 페드로티가 보고서에서 그리고 있던 선이다. 그것은 투자매니저들이 동등한 자격을 갖추고 있는 한 수탁자들은 '부차적인' 이유로 어느 매니저 대신 다른 매니저를 선택할 수 있음을 의미한다. 동등한 가치를 계산하는 방법은 분명하지 않으며, 투자 Y에 대해 투자 X를 선택하고 설정하는 것은 어느 정도 인위적이다. 하지만 실제로는 투자들이 동등한 가치를 갖는 한 수탁자들은 어떤 법적 이유로든 투자 Y에 대해 투자 X를 자유롭게 선택할 수 있는 고삐를 쥐고 있다. 이 규칙은 상대적으로 낮은 가치에 대한 투자를 선택할 수 없도록 못 박고 있기 때문에 대략적으로 볼 때 여전히 수익을 우선시하고 있다. 하지만 이 규칙은 수탁자들에게 수익을 뛰어넘는 기준을 바탕으로 투자를 선택할 수 있는 지렛대를 준다. 그로 인해서 수탁자들이 연금을 공격하는 헤지펀드로부터 자금을 빼내올 수 있는 틈이 생긴다.[41] 이 규칙은 헤지펀드가 연금을 훼손하려 하지 않는 한 비슷한 전략과 자유로운 구조를 갖고 있는 헤지펀드 가운데 어느 하나를 선택할 자유재량을 어느 정도 수탁자들에게 준다. 웨인가튼과 페드로티는 헤지펀드 순위 보고서를 작성하는 과정에서 그 규칙의 한계를 벗어나지 않았다. 따라서 행동가들은 '펀드 우선'이라는 관점을 벗어나지 않고도 활동할 수 있는 방법들을 발견해오고 있었던 것이다.

이 규칙이 안고 있는 문제는, 그리고 필자가 선량한 관리자로서의 수탁자 책임을 '노동자 중심으로' 보다 폭넓게 해석해야 한다고 주장하는 이유는 이 규칙이 같은 이유로 노동자에 친화적인 펀드가 아닌 노동자에 적대적인 펀드를 의도적으로 선정할 권한을 수탁자들에게 부여한다는 데 있다. 노동자에게 적대적인 정치인들이 연금기금 이사회를 좌지우지할 때 그런 일이 벌어질 수 있다. 선량한 관리자로서의 수탁자 책임을 '노동자 중심으로' 해석하면 노동에 적대적인 정치인 혹은 수탁자 들이 노동자들을 약화시키는 데 노동 자본을 활용할 투자매니저들에게 그 자본을 쉽사리 투자하지 못할 것이다. 자기 노동자들의 일자리를 민영화하는 회사에 공적 연금을 투자하는 상황이 벌어지면 등가투자 규칙이 사실상 충분한 보호막이 되지 못하며 바로 그 지점에서 '오로지 펀드' 대 '노동자 중심'을 구별하는 일이 특히 중요해진다.

브룩필드프로퍼티즈에 보낸 매사추세츠주 노동자 연금기금의 편지는 약간 다른 쟁점을 드러낸다. 주코티 공원을 오랫동안 점거하고 있던 '월 스트리트를 점령하자' 시위대를 지지하는 편지를 쓰는 것도 일종의 투자 결정이라 볼 수 있을까? 그것은 꼭 해야만 하는 것일까? 여기서는 어떠한 투자 결정이나 투자 철회 결정도 없다. 단순히 공원을 사용하도록 허용하라는 요구가 있을 뿐이다. 이것이 브룩필드에 투자한 펀드의 가치를 넘어서 제3의 당사자, 즉 '월 스트리트를 점령하자'의 이익을 우선시하는 것일까? 어떤 면에서 보면 펀드 구성원들이 그런 조치를 지지하리라 믿었고 또 거기에는 투자의 합리적 근거가 필요 없다고 믿었기 때문에 펀드가 나서서 그런 행동을 했다고 딱 잡아서 이야기하고 싶은 사람도 있을 것이다. 하지만 투자효과를 고려하더라도 거기에 무엇이 자리 잡고 있는지는 전혀 분명하지 않다. 브룩필드, 더 나아가 펀드를 포함한 투자자들에게 공원 철수를 지연시키기 위해 들인 실질 비용은 얼마나 될까? 순수 투자 분석의 측면에서 보면 누구든 이러한 요구를 하기 전에 그들이 치러야 할 잠재적 비용을 고려할 것이다. 자신에게 돌아올 잠재적 혜택 또한 고려할 것이다(비용이든 혜택이든 아마도 모두 극히 적었을 것이다). 투자의 합리적 근거를 보다 심도 있게 따져본 사람이라면 역사적 일화의 장소로서 주코티 공원이 얻은 명성 때문에 관광객이 증가했고, 결국은 브룩필드와 그 투자자들에게 혜택이 돌아갈 것이라고 주장할지도 모른다. 어쨌든 그보다 중요한 사실은 필자의 추정으로는 비용이든 혜택이든 양자 모두 선량한 관리자로서의 수탁자 책임과 연계하기에는 너무

사소했다는 점이다.

결국 선량한 관리자로서의 수탁자 책임은 결과와 관련된 것이라기보다는 거의 절차와만 관련된 것이다. 투자 결정은 엄청난 성공으로 이어질 수도 있다. 재앙과도 같은 결과로 이어질 수도 있다. 투자의 결과가 좋지 않다고 해서 그것이 선량한 관리자로서의 수탁자 책임을 위반했다고 볼 수는 없다. 투자에 따른 위험과 보상, 비용 그리고 혜택을 합리적으로 평가하지 않고 투자를 선택하거나 투자가치에 영향을 주는 선택을 하는 것이 위반이다. 따라서 수탁자의 의무는 오로지 수익 한 가지만 고려하는 것을 넘어서 일자리 같은 눈에 보이는 경제적 혜택까지 고려하는 수준으로 그 범위가 확대돼야 마땅하다. 법은 투자에 걸린 사안에 비례하는 적절한 수준의 숙고를 요구한다.

연금 수탁자들이 투자를 결정할 때 연금에 대한 헤지펀드의 공격 상황을 고려해야 한다는 페드로티의 요구를 분석한 사례는 또 있다. 첫째, 등가투자규칙에 따라 펀드는 자신들이 하는 투자가 등가투자라는 가정에서 헤지펀드 매니저를 갈아탈 수 있다. 그러한 교체는 연금에 대한 헤지펀드의 공격을 포함해서 그 어떠한 이유로도 발생할 수 있다. 경우에 따라서는 헤지펀드 자체와 그 설립자를 구분할 수도 있다. 하지만 이 문제와 관련해서는 그러한 구분이 사실상 별 의미가 없다—헤지펀드는 어떤 독보적인 증권 컨설턴트가 신화적인 명성을 얻으면서 탄생하는 경우가 대부분이다. 따라서 그 사람의 개성과 사업 수행 방향이 펀드 그 자체와 거의 구별되지 않는다. 게다가 '노동자 우선'이라는 시각에서 보면, 처음으로 투자에 나서는 바로 그 연금을 헤지펀드가 공격한다면 그런 행위를 문제시할 수도 있고, 결국 연금을 기탁하는 노동자들의 노후 보장에 공격을 가하는 꼴인 그런 행위가 장차 어떤 결과를 낳을지에 대해서도 적절히 고려할 수 있다. 그렇다고 그러한 고려를 함으로써 연금이 투자 선택의 과정에서 어느 한쪽 방향으로 자동적으로 쏠리게된다는 말은 아니다. 하지만 그러한 고려 사항이 여러 면을 숙고하는과정에서 마땅히 하나의 모체로 작용해야 하는 것은 분명하다.

혹자는 이런 의문을 가질지도 모른다. 만일 막대한 수수료와 빈약한 실적 등 순수한 투자 환경만으로도 헤지펀드에 반대할 이유가 충분하다면 '굳이 연금에 대한 헤지펀드의 공격이라는 요소를 고려할필요가 있을까?' 그리고 뒤이어 실적이 그렇듯 빈약한데도 왜 공적연금기금과 노동조합 기금이 굳이 헤지펀드에 투자하려고 기를 쓰느냐는 의문이 생긴다. 웨인가튼과 페드로티는 빈약한 실적을 이유로내세워 야망 찬 과업, 즉 헤지펀드에 대한 투자를 전면 철회하는 일에 착수했다.[42] 댄나크 머피(Dennak Murphy)가 국제서비스직종사자노동조합(SEIU)의 자본관리 프로그램을 세우면서 확립해둔 한 걸출한본보기가 두 사람에게는 큰 힘이 됐다.

머피와 캘리포니아공무원연금의
헤지펀드로부터 투자 철회 _____

머피는 비영리 정치조직에서 일하면서 전통적노동운동을 통해 자신의 경력을 쌓기 시작했다. 필자가 대화를 나눠본 몇몇 노동 행동가들처럼 머피는 자기 일을 논하기 전에 먼저 선배들이 해온 작업의 계보를 나열했다. 그는 자신이 프레드 로스 시니어 (Fred Ross Sr.)의 아들 프레드 로스 주니어(Fred Ross Jr.)를 위해 일한 사실을 필자가 알아줬으면 했다. 아버지 로스는 사울 앨린스키 곁에서 행동가로 훈련받았고, 시저 차베스(Cesar Chavez)를 만나기도 했으며, 상추와 포도 구매거부운동에도 참여했다. 그는 자신이 훈련받은 그대로 아들 로스 주니어를 포함해 많은 행동가들을 교육시켰다. 머피는 '이웃끼리(Neighbor to Neighbor)'라 불리는 조직을 통해 아들 로스 주니어를 만났다. '이웃끼리'는 다양한 지원 봉사와 공동체 옹호 활동을 하는 풀뿌리 기관이었다. 1999년 로스 주니어는 국제서비스직종사자노동조합에서 일하기 위해 마침내 '이웃끼리'를 떠나면서 머피도 함께 데려갔다.[43]

머피는 국제서비스직종사자노동조합에서 주주 행동주의만을 전담하는 첫 상근 직원이 되겠다고 서명했다. 오늘날 국제서비스직종사자노동조합 자본관리 프로그램은 노동자 주주 행동주의를 위한 '금과옥조'로 일컬어지고 있지만 머피가 합류하기 전까지는 그런 프로그램 자체가 아예 존재하지도 않았다. 머피에 따르면, 나머지 대부분의 노동운동이 그랬듯이 국제서비스직종사자노동조합 역시 연금기금 투자가 노동조합원들의 건강 및 노후연금을 지원하기 위해 지출하는 돈만큼 노동자들에게 영향을 미칠 수 있다는 사실을 다소 뒤늦게 깨달았다. 오늘날 국제서비스직종사자노동조합은 9만 5천 명의 조합원을 갖고 있으며, 조합원들은 거대한 투자기관인 캘리포니아공무원연금에 돈을 대고 있다. 캘리포니아공무원연금 또는 다른 펀드가 국제서비스직종사자노동조합의 자금을 실제로 어디에 어떻게 투자하는지는 지금까지 조합의 핵심 관심사가 아니었다. 머피를 비롯한 프로그램 관계자들이 그런 상황을 바꾸기 시작했다. 휴스턴의 잡역부와 로스앤젤레스의 경비원 편에 서서 전개한 두 차례의 조직화 투쟁 과정에서 국제서비스직종사자노동조합은 연금기금 투자라는 측면이 얼마나 중요한지 깨달았다.[44]

1990년대에 캘리포니아공무원연금과 같은 연금기금들은 이른바 부동산투자신탁(real estate investment trusts, REITs)이라고 불리는 기관들에 상당히 많은 투자를 했다. 그런데 부동산투자신탁은 휴스턴에 있는 A급 사무실의 3분의 1 이상을 자기 통제 아래 두고 있었다. 이들 부동산투자신탁은 노조 결성과 임금 인상 움직임에 반대했다. 두말할 필요도 없이 연금을 포함한 부동산투자신탁 투자자들은 저임금 유지와 관련해서 이해당사자였다. 부동산투자신탁 입장에서는 저임금 유지를 바랐지만 국제서비스직종사자노동조합은 입장이 달랐다. 당연한 일이지만 조합의 입장에서 보면 노조 결성과 임금 수준 개선은 장기적으로 투자자들에게 혜택을 주는 것이었다. 보다 나은 보수를 받는 잡역부는 보다 나은 종업원이 될 터였다. 보수가 좋으면 그만큼 장기근속을 하게 될 것이고 그만큼 상대적으로 안정적인 일자리를 보장받게 되면서 좀 더 효율적인 노동자가 될 것이기 때문이다. 무엇보다도 이제 잡역부들에게는 아이들까지 동원해서 대걸레 바닥청소를 하다가 아동노동법을 위반할 가능성도 줄 것이다.[45] 이는 자녀양육비를 충당할 수 없을 정도로 터무니없이 적은 보수를 받는 비노조 노동자들에게서 자주 발생하는 일이다.

이와 비슷한 사례로 국제서비스직종사자노동조합은 로스앤젤레스에서 연금이 투자한 부동산투자신탁 소유의 빌딩 경비원들을 대표했다. 당시 로스앤젤레스 대부분의 빌딩 경비는 젊은이들로 구성됐으며 개중에는 심지어 10대도 포함돼 있었다. 그들은 몇 개월 일하다가 해고되고 그 자리를 새로운 노동자가 채우는 과정이 반복되면서 경비원들의 보수는 저임금 상태를 벗어나지 못했다. 국제서비스직종사자노동조합은, 경비 분야에 숙련된 노동자들에게 보다 나은 임금과 노조 결성을 보장함으로써 그런 안정된 직장에서 장기근속자가 늘어나고 연금불입액도 늘어나면 결국 빌딩의 경비 상태도 개선되고 아울러 투자자금을 모으는 데도 도움이 될 것이라고 주장했다. 또한 빌딩 노동자들에게 장기적으로 안정된 이익을 보장하는 것은 노동자들이 그 빌딩에 직장을 두고 있는 자와 아닌 자를 쉽사리 구분할 수 있도록 해줌으로써 결과적으로 경비 상태를 개선해줄 것이라고도 주장했다. 이러한 접근법은 또한 새로운 연금 가입자들을 창출하게 될 것이다. 국제서비스직종사자노동조합의 견해에 따르면 노동자들의 노동조건을 개선시켜야 할 경영상의 강력한 근거가 과거에도 있었고 지금도 존재한다. 국제서비스종사자노동조합은, 연금기금과의 관계를 발전시키고 노동자에 대한 보상과 근로조건을 개선할 경제적 근거를 마련하는 것이야말로 중요한 조직 목표라는 사실을 깨닫기 시작하고 있었다. 노동자 관련 쟁점은 제쳐두더라도, 머피를 비롯한 조합 관계자들은 자신들은 뒤로 물러나 앉은 상태로 투자전문가들이 포트폴리오를 조종하도록 방치할 수 없다는 것 또한 깨닫게 됐다. 그들은 자신들의 퇴직연금이 어떻게 투자되고 있는지 면밀히 살필 필요가 있었다.[46] 머피는 수년 뒤 초점을 옮겨 캘리포니아공무원연금에 관심을 가지면서 앞서 얻은 통찰력을 그 연금에 적용했다.

2001년 캘리포니아공무원연금은 처음으로 헤지펀드에 대한 투자를 결정하며 그것을 '절대 수익 전략'이라고 했는데, 이는 결과적으로 그들에게 쓴웃음만을 가져다준 전략이었다. 머피는 절대 수익 전략 회의에 참석한 일을 회상한다. 그 전략에 따르면 헤지펀드는 '컴퓨터로 작동되기 때문에 어떤 상황에서든 돈을 만들어낼 수밖에 없는 놀라운 기금 및 회사 집단이었다'. 머피는 이 전략에 회의적이었다고 회상한다. 하지만 그를 비롯한 사람들이 헤지펀드 매니저들 또는 캘리포니아공무원연금 투자 참모들에 대해 우려를 표명하자 그에 대한 반응은 헤지펀드 투자전략은 '과학적'이고 '객관적'이라는 것이었다. 시간이 지나고, 머피가 애당초 캘리포니아공무원연금의 헤지펀드 투자에 대해 갖고 있던 회의론은 그런 투자에 대한 단순한 반대를 넘어 명백한 경종으로 바뀌게 된다. 그는 헤지펀드를 팔아치우는 쪽이 캘리포니아공무원연금 수급자들과 국제서비스직종사자노동조합 구성원들에게 이익이 되는 길이라는 확신에 이르렀다.[47]

그러한 목표를 위해 머피가 동원한 방법은 목표 그 자체만큼이나 흥미롭다. 그의 방식은 우리가 흔히 행동주의와 행동가를 상상할 때 떠올리는 방식과는 대조를 이룬다. 행동주의 하면 극한 대치를 통해 세간의 이목을 끌고자 하는 공격적인 행위를 먼저 떠올린다. 말하자면 명백한 전선을 형성해서 투쟁을 이끌어내려 한다는 것이다. 행동주의라면 마땅히 그래야 한다는 식이다. 그러나 머피의 방식은 달랐다. 그는 공격적인 투쟁을 말하는 대신, 캘리포니아공무원연금에서 새로운 관계 설정 방식을 개발하면서 조용히 지속적으로 의문을 제기하는 식이었다. 머피의 견해에 따르면 새로운 관계 설정의 열쇠는 일종의 '충격완화요법'이었다. 그는 "캘리포니아공무원연금 이사회에 어떤 쟁점을 제기하려고 할 경우 우리는 사전에 이를 모두에게 예고할 것"이라고 말했다. 그러면 그런 조치들이 점차적으로 머피와 이사회 구성원들, 투자 참모, 정부 참모 그리고 캘리포니아공무원연금 내 핵심 관계자들 사이에 어떤 신뢰의 분위기를 창출해냈다.[48]

지속적으로 의문을 제기하는 것과 관련된 질문들은 단순하고 직설적이었다. 헤지펀드는 얼마나 많은 수수료를 캘리포니아공무원연금에 부과했는가? 캘리포니아공무원연금 포트폴리오의 나머지 부분과 비교해서 헤지펀드는 어느 정도 성과를 올리고 있었나? 이런 질문에 대해 머피는 처음부터 두 가지 놀라운 반응에 계속 직면해왔다고 말한다. 첫 번째 질문과 관련해서 수수료라는 것이 개별적으로 공개되지 않고 전반적인 실적과 연동될 뿐이기 때문에 캘리포니아공무원연금이 얼마나 많은 수수료를 부담하고 있는지는 사실상 어느 누구도 말할 수 없다는 것이었다. 그것은 연금기금이 헤지펀드와 사모펀드에 투자할 당시 이미 업계에 널리 확산돼 있던 충격적인 관행이었다—애석하게도 캘리포니아공무원연금은 머피의 집요한 이의 제기에서 아무런 교훈도 얻지 못한 듯하다. 캘리포니아공무원연금은 최근 사모펀드 매니저들에게도 수수료를 얼마나 지급하고 있는지 확실하지 않다고 밝힌 바 있다. 두 번째 질문과 관련해서, 헤지펀드 포트폴리오는 지속적으로 기대에 미치지 못하는 저조한 실적을 올렸다. 하지만 머피에 따르면 캘리포니아공무원연금의 외부 투자 자문역들은 이러한 저조한 실적을 계기로 '절대 수익전략'에 의문을 제기하기는커녕 여전히 일부 투자 참모들처럼 어떻게 하면 포트폴리오에 헤지펀드를 유지할지 골몰해왔다. 두세 차례 일부 투자담당 직원들과 헤지펀드 매니저들이 고용되거나 해임되면서 프로그램이 개편되기도 했다. 그러나 실적은 개선되지 않았다.[49]

저조한 실적이 여러 해 누적되면서 머피의 지속적인 문제 제기는, 금융에 대한 배경 지식도 없이 그저 떠벌이기 좋아하는 어느 노동조합 지도자의 성가신 의문이 아닌 직관적이고도 상식적인 관심으로 받아들여지기 시작했다. 머피는 여전히 만족스러운 대답을 받아들지 못한 가운데 자기 나름으로 어림잡은 계산을 내놓았다. 그는 헤지펀드들이 전통적으로 부과하는 수수료율 '2와 20'을 가정하고 기초적인 계산을 해봤다. 그 결과 헤지펀드의 실적은 전반적인 포트폴리오 실적과 대략 같았지만 그 수수료는 훨씬 높다는 놀랄 만한 결론에 이르렀다.[50]

아마도 2008년 금융위기가 닥치면서 몇몇 분석가들이 머피가 처음부터 그랬던 것처럼 헤지펀드 투자에 대해 심각한 의문을 제기하기 시작한 듯하다. 헤지펀드의 목적은 순전히 금융위기나 불황기에 투자자들을 위해 하방 보호를 해주는 데 초점이 맞춰져 있었다. 일반적으로 알려져 있듯이 헤지펀드가 나머지 시장과 상호관련성이 없다면 헤지펀드는 경기 하강기에 실적을 낼 터였다. 하지만 그것은 사실과 다른 것으로 판명 났다. 그리고 그렇듯 치명적인 실적을 내고도 헤지펀드는 여전히 살아남아 있다. 역설적인 것은 금융위기 속에서 발생한 막대한 손실 때문에 연금기금은 엄청난 부채를 졌고 그 부채를 감당할 자산은 이전보다 줄어들었다. 따라서 위기 뒤에 투자자들은 시장의 회복 수준을 능가하는 실적을 냄으로써 잃어버린 투자기반을 보상받기 위해서라도 이전보다 더 헤지펀드를 필요로 했다는 것이 헤지펀드 관계자들의 주장이었다.[51] 그래서 헤지펀드들은 포트폴리오에 남아 있었다.

하지만 머피는 집요했다. 결국 헤지펀드 수는 더는 정당화될 수도 발뺌할 수도 없을 정도로 형편없이 줄어들었다. 헤지펀드들에 회의적인 기존 직원들이 의기투합한 데다 신규 직원들이 합세하면서 균형추가 이동을 했고 마침내 캘리포니아공무원연금이 헤지펀드에서 투자를 철회하는 충격적인 결정을 내리기에 이른 것도 결코 놀랄 만한 일은 아니다.

헤지펀드 프로그램을 개시한 이후 2003년 프리야 마더(Priya Mathur)가 캘리포니아공무원연금 이사로 선출됐다. 그녀는 캘리포니아 버클리대학 하스경영대학원에서 MBA를 취득한 재정분석가로 샌프란시스코만 도시고속철도(Bay Area Rapid Transit) 구역 사회기반시설에 90억 달러 자본을 투자한 사업을 감독한 바 있었다. 마더는 캘리포니아공무원연금이 지나치게 단기투자에 초점을 맞추고 있음을 확인하고 투자접근법의 방향전환에 착수했다. 마더는 캘리포니아공무원연금이 지속 가능한 장기 투자에 초점을 맞춰야 한다는 자기 소신을 밝혔다.[52] 바클레이즈 은행에서 일하다 투자실 제2인자로 캘리포니아공무원연금에 합류한 제닌 질롯(Janine Gilot) 역시 마더와 비슷하게 헤지펀드, 사모펀드의 수수료와 실적 모두에 회의적이었다. 머피가 신용한 사람 중에는 커티스 이시이(Curtis Ishii)도 있었는데 그는 캘리포니아공무원연금에서 고정 임금으로 일하던 장기근속 직원으로 그 역시 헤지펀드에 회의적이었다.[53] 2014년 캘리포니아공무원연금 투자실장(CIO) 자리를 넘겨받은 테드 엘리오폴로스(Ted Eliopolous)는 이시이에게 '절대 수익전략'을 재검토하도록 지시했다. 이시이의 심사는 결정적이었다. 그는 헤지펀드 참모들의 모든 이동을 중단시키고, 신규 채용을 중지시켰으며, 그 프로그램을 폐지하라고 권고했다.[54]

그해 말 캘리포니아공무원연금은 헤지펀드로부터 자금을 전면적으로 회수하는 중이라고 공표함으로써 헤지펀드 세계를 망연자실하게 만들었다. 총 회수 자금은 40억 달러에 이르렀다. 투자 회수 이전 최종 회계연도에 캘리포니아공무원연금은 40억 달러의 헤지펀드 포트폴리오에 1억 3천 5백만 달러를 운용 수수료로 지불했다. 헤지펀드의 수익률은 7.1%였지만 캘리포니아공무원연금의 나머지 포트폴리오 수익률은 18.4%였다. 이러한 수치는 헤지펀드 투자가 안고 있는 주요 문제, 즉 시장을 이길 수 있다는 착각으로 인해 고비용 저실적으로 귀결되는 경우가 너무 잦다는 문제를 완벽히 드러냈다. 수많은 금융전문가들은 그 조처가 헤지펀드에 엄청난 타격을 줄 가능성이 높고 그만큼 캘리포니아공무원 연금의 투자 철회는 비상한 성격을 지니고 있다며 이 뉴스에 반응했다. 마일스 존슨(Miles Johnson)이 〈파이낸셜 타임스〉에서 언명한 것처럼 '만일 헤지펀드 매니저들이 캘리포니아공무원연금의 경고가 뜻하는 바를 제대로 이해하지 못한다면 그것은 곧 자살행위에 다름 아니다'. 스탠포드의 애쉬비 몽크(Ashby Monk)는 '공적 연금기금의 행태를 관찰하는 데 평생을 바친 사람으로서, 나는 여러분들에게 단호하게 말할 수 있다. 이것은 엄청난 일이다!'라고 선언했다. 버클리 법학전문대학원의 스티븐 솔로몬(Steven

Davidoff Solomon)과 〈뉴욕타임스〉는 '캘리포니아공무원연금의 철수 결정은 전적으로 합리적이다. 헤지펀드가 수익을 올렸다면 수수료도 온전히 정당화될 수 있었을 터이지만 그들은 수익을 올리지 못했다'고 주장했다.[55] 그리고 캘리포니아공무원연금의 헤지펀드 투자금 회수 결정은 그야말로 시작에 불과했음이 이내 드러났다.

2014년 머피는 웨인가튼과 미국교원연맹의 초대로 시카고에서 열린 회의에 참석했다. 웨인가튼과 페드로티는 이미 헤지펀드에 대해 지대한 관심을 갖고 있었다. 그들은 머피가 캘리포니아공무원연금에서 해온 일과 그의 그런 작업이 어떻게 해서 전국적인 규모로 폭넓게 확산될 수 있었는지 알고 싶어 했다.[56]

그 회의에서는 웨인가튼과 페드로티가 의뢰한, 공적 연금기금의 헤지펀드 투자와 관련한 어느 연구 논문이 화제로 떠올랐다. 저자들은 연구 결과에 걸맞게 그 논문에 '반짝인다고 모두 황금은 아니다: 공적 연금기금의 헤지펀드 투자 분석'이라는 제목을 달았다. 저자는 미국교원연맹의 엘리자베스 파리지앤(Elizabeth Parisian), 루즈벨트연구소의 사퀴브 배티(Saqib Bhatti) 두 사람이었다. 두 저자는 11개 공적 연금기금의 헤지펀드 투자를 평가하기 위해 이미 공개된 자료들을 활용했다. 그리고 헤지펀드에 배정된 투자금의 실적을 연금기금의 전반의 실적 그리고 고정수입 포트폴리오 투자분과 비교했다. 요점만 말하자면 연금기금들은 헤지펀드 투자를 통해 80억 달러의 수입 손실을 입었다. 연구 대상이 됐던 대부분의 연도에 헤지펀드 투자는 전반적인 연금 포트폴리오보다 실적에서 뒤져 있었다. 그럼에도 불구하고, 이 기간에 펀드 매니저들은 이들 연금기금만으로 대략 71억 달러의 수수료를 벌어들였다. 이 수치는 연구기간 중 연금기금이 벌어들인 돈 1달러당 대략 57센트의 수수료를 평균적으로 지불해왔음을 의미했다.[57] 그 연구는 캘리포니아공무원연금의 '절대 수익 전략'과 관련해서 머피가 어림잡아 계산했던 결과를 사실로 확인해줬을 뿐 아니라 같은 문제가 전국적으로 존재한다는 점 역시 명백히 드러내 보여줬다.

이 연구 논문과 언론보도도 물론 중요했지만 이 논문이 헤지펀드에 치명타가 될 수 있었던 것은 미국교원연맹을 비롯한 주주 행동가들과 이 논문이 연결되면서였다. 이러한 연구논문으로 무장한 연금기금들은 헤지펀드 투자의 물결을 돌려놓기 시작했다. 2016년 초에 이르면 헤지펀드로부터 철수하는 연금기금의 물결은 최고조에 달했다. 일리노이주 투자위원회는 헤지펀드로부터 1억 달러를 인출해서 사모펀드와 보다 비용이 낮은 스톡펀드로 분산투자했다. 2015년 4분기에는 4년 중 처음으로 헤지펀드로부터 순인출이 발생했으며, 2016년 1월에는 연금기금을 비롯해서 기부재단과 보험회사를 포함한 투자자들이 1백 97억 5천만 달러를 별도로 인출해갔다. 전체적으로 공적 연금기금의 헤지펀드 배정자금은 2012년에서 2015년 사이에 40%쯤 떨어졌다.[58] 공적 연금기금들이 모두 헤지펀드를 포기한 것은 아니었다. 수적으로 많은 것은 아니지만 일부는 헤지펀드에 대한 투자 배정을 늘렸다.[59] 그러나 전반적인 감소 추세는 분명 의미가 있으며, 아마 더 중요한 사실은 헤지펀드 투자에 대한 연금기금의 태도가 수수료 및 실적과 관련해서 훨씬 더 회의적으로 변하고 있다는 점이다. 아마도 지금이라면 높은 비용에 돈까지 잃어가면서 10년을 기다리다가 헤지펀드에 대한 투자를 중단하는 그런 연금기금은 없을 것이다. 게다가 이러한 투자 철회 물결은 대학기금들 역시 헤지펀드 팔아치우기에 나서면서 점차 확산되는 조짐을 보여왔다.[60]

미국교원연맹은 '반짝인다고 모두 황금은 아니다'라는 보고서에 이어 2017년에도 또 다른 헤지펀드 및 사모펀드 연구 보고서를 발간했다. '엄청난 착복: 자산운용 매니저들의 수수료가 국가 예산과 노동자들의 노후 희망을 어떻게 망가뜨리고 있는가'라는 제목의 이 보고서는 공적 연금기금들을 자금 부족에 허덕이도록 만드는 가장 중요한 요소들 가운데 하나가 헤지펀드와 사모펀드가 부과하는 높은 수수료라는 사실을 확인했다. 한 걸음 더 나아가 이 보고서는 이들 펀드가 '2와 20' 대신에 '1과 10'%를 수수료로 지불한다면 얼마나 많은 비용을 절감할 수 있는지 계산했다.[61] 이 보고서가 가져다줄 충격을 예단하는 것은 시기상조일지 모르지만 혹시 사모펀드까지 포함해서 헤지펀드로부터 추가적으로 투자를 철회하는 사태가 발생하지 않더라도 최소한 수수료 인하 압박으로는 이어질 것이라고 결론내리는 것이 타당할 듯하다.

연금기금의 헤지펀드 투자와 높은 수수료, 저조한 실적을 염두에 둔 누군가는 '감독관청은 어디에 있었는가?' '왜 그들은 손을 놓고 있었는가?' 하고 마땅히 물을지도 모른다. 물론 감독관청이 완전히 손을 놓고 있었던 것은 아니었다. 2004년 증권거래위원회는 헤지펀드에게 등록을 요구하는 규칙을 제정했다. 하지만 그들에게 돌아온 것은 주주제안권의 강화 확대를 무력화시켰던 바로 그 컬럼비아특별구 순회법원의 규칙 폐기 판결이었다. 앞으로 살펴보겠지만 이후 그 규칙은 노동자 주주 행동가들에 의해 도드-프랭크법을 통해 되살아났다.[62] 미국교원연맹, 국제서비스직종사자노동조합, 캘리포니아공무원연금 등의 조직이 헤지펀드를 대상으로 벌인 투쟁은 그들 이외에는 어느 누구도 할 수 없고 할 의지도 없을 때 스스로를 보호하기 위해 주주로서 권한을 행사하는 노동자 주주의 능력을 실증적으로 보여준다.

PART 4

견제와 불균형

제왕적 CEO에게 '아니다'라고 말하다

견제와 균형의 개념만큼 미 공화국 건국의 아버지들과 밀접하게 결합된 사상은 없다. 왜냐하면 건국의 아버지들은 한 사람에게 지나치게 많은 권력이 귀속되면 불가피하게 독재로 귀결될 것이라고 믿었기 때문이다. 그래서 정부의 권력을 뚜렷이 구별되는 세 가지 부, 즉 행정부, 입법부, 사법부로 나눠 한 사람이 과도한 권력을 쥐지 못하도록 했다. 이후 그러한 통찰력은 정부를 둘러싼 논쟁에서부터 기업을 포함한 모든 종류의 제도에 이르기까지 확산돼 왔다. 그러나 미국 기업법에 깊게 관여하고 있는 많은 사람들은 기업 차원의 견제와 균형에 대해서는 그저 입만 벙긋해도 고개를 절레설레 흔든다. 그들은 그 개념을 협잡꾼, 즉 신성한 도시로 밀반입한 트로이의 목마로 취급한다. 그러한 개념은 기업에는 중앙집권화된 권력이 필요하다는 기업인들의 견해를 위협했다. 대부분의 미국 기업사에서 이른바 이 트로이의 목마는 언제나 성벽 바깥에 있었다. 그러나 이런 견해가 이미 해외에서 도전받고 있듯이 투자 대중들은 점차적으로 이 견해에 저항감을 갖기 시작했다. 이제는 기업 내에서 보다 폭넓은 주주 민주주의를 요구하는 목소리를 쉽게 들을 수 있다. 그리고 기업에 대한 태도 변화는 제2장에서 아주 간략히 설명한 주주투표상의 급격한 변화를 이사회책임프로젝트만큼이나 잘 설명해준다. 점차적으로 투자자들은 다른 제도에서 경험을 공유함으로써 알게 된 투표권과 소송권 또는 제도적 구조들에 대한 근본적 통찰이 왜 회사라는 이른바 사적 영역에서는 적용될 수 없었는지 묻고 있다.

예를 들어 기업 내에서 가장 강력한 지위라 할 수 있는 이사회 의장과 최고경영자, 즉 CEO를 살펴보자. CEO는 매일매일 회사를 진두지휘한다. 이사회 의장은 기업을 위해 궁극적으로 법적 책임과 수탁 책임을 지는 위원회인 이사회를 이끈다. 이들 이사회 구성원들은 대부분 자기 스스로를 지명하고, 그들의 구성원 자격은 거의 중요한 선택을 하지 않는 주주들에 의해 재가를 받는다. 아마 이사회의 가장 중요한 책임, 그중에서도 특히 이사회 의장의 책임은 고용하고 보상하는 일과, 회사경영, 특히 CEO를 감독하는 일이다. 마음속으로 견제와 균형을 염두에 두고 행동하는 사람이라면, 한 개인에게 지나치게 권력이 집중된 상황을 우려하는 사람이라면, 특히 당신이 부당경영을 우려하는 사람이라면 이사회 의장과 CEO가 같은 사람이어서는 안 된다고 생각하는 것이 타당할지 모른다.

대부분의 나라에서는 두 직책을 두 사람이 나눠 가지고 있다. 하지만 미국에서는 그렇지 않다. 그리고 역설적이게도 미국에서 기업 부도는 두 자리가 한 사람에 의해 장악되고 있는 경우 일어난다. 우리는 이것을 '황제 CEO'라고 부르는데, 그에 대한 날카로운 비판이 최근에 나타나고 있다.[1] 우리는 미국 대통령들이 자기 행동의 합헌성을 최종적으로 결정해서는 안 된다고 생각한다. 그리고 CEO가 자신들의 보수나 실적을 최종적으로 결정하거나 평가하는 인물이 되어서도 안 된다고 생각한다. 황제 CEO라는 쟁점은 미국 기업 지도력의 현주소와 관련한 여러 관심사 가운데 하나일 뿐이다. 그 밖에도 CEO 보수의 절대 수준, CEO 보수와 회사 경영 실적 사이의 무관함, 그리고 CEO 대 노동자 보수 비율 등도 우려스러운 현안이다. 노동자 주주들은 이러한 병리 현상에 앞장서 도전해왔다.

미국 CEO들이 이사회 의장 자리까지 차지하고 있는 상황은 결코 정상적이라 할 수 없다. 호주와 캐나다, 핀란드, 독일, 네덜란드, 뉴질랜드, 싱가포르, 영국, 남아공화국, 그 밖의 숱한 나라에서 CEO와 이사장의 역할은 법과 규범, 증권거래 규칙 혹은 관리 규정의 문제로 반드시 분리돼야 한다.[2] 분리의 논리는 단순하다. 이사회 의장인 사람을 CEO로 둔다는 것은 연방대법원장을 대통령으로 두는 것과 유사하다. 특히 그 이사회와 CEO가 주주들에 대한 책임에서 벗어나 있다면, 그 회사는 사실상 아무에게도 책임질 필요가 없는 CEO를 두고 있는 것에 다름 아니다. 미국에서는 대부분 대기업과 공기업 들이 황제 CEO들을 두고 있다.

황제 CEO를 옹호하는 사람들도 있다. 어떤 이들은 CEO란 기업의 하루하루를 경영하는 사람이고 기업의 실질적 책임자는 이사회 의장이므로 이 둘의 역할은 결국 같다고 못 박으면서 황제 CEO가 있으면 그 기업의 의사결정은 그만큼 강화되고 집중화된다고 주장한다.[3] 스탠포드대학의 데이비드 라커(David F. Larcker)와 브라이언 타얀(Brian Tayan) 두 교수의 연구 결과에 따르면, 20년 넘는 지난 기간에 미국 기업의 황제 CEO에 대한 의견은 엇갈렸다. 전반적으로 S&P 500 기업 가운데 황제 CEO 비율은 2000년 77%에서 오늘날에는 가까스로 50%를 넘는 선까지 떨어졌다. 그것은 시장에서 그들에 대한 반대 조류가 있음을 보여주며, 그러한 조류 속에서 노동자 주주들이 중요한 역할을 수행해오고 있다. 기업 지배 체제와 관련한 다른 쟁점들의 경험적 증거들과 마찬가지로, CEO와 이사장 역할을 분리하는 것이 주가 또는 기업 가치 개선과 상관성이 있는지는 논쟁거리이다.[4] 중요한 점은 주주들이 노동자이든 아니든 간에 황제 CEO로 인한 혜택에 합리적 의심을 가질 수 있다는 것이다. 이러한 의심은 가장 먼저 CEO의 보수 문제로 가 닿는다.

미국의 CEO는 황제이든 아니든 다른 나라 CEO들에 비해 훨씬 더 많은 보수를 받고 있다. CEO 보수 총액 자체도 높지만 미국 중간직 회사원 보수 대비 CEO의 보수 비율은 다른 시장보다 훨씬 더 높다.[5] 미국 황제 CEO들이 독립적인 이사회 의장과 맞서야 하는 CEO들보다 더 많은 보수를 받고 있다는 흥미로운 연구 결과도 있지만–연구에 따르면 흥미롭게도 유럽에서는 정반대의 결과가 나왔다– 그렇다고 해서 기업 책임성의 결여가 이러한 불균형적 보수에 대한 유일한 설명은 아니다. 하지만 우월한 경영실적이, 미국 CEO들이 다른 나라 CEO들보다 훨씬 더 많이 보수를 받고 있는 절대적인 이유가 될 수 없다는 사실을 증명해주고 있다.[6]

주주투표, 즉 주주제안권의 강화, 헤지펀드와 사모펀드 투자 폐해 사례에서도 그랬듯이 노동자 주주 행동가들은 CEO의 보수와 권력이라는 쟁점을 놓고도 투쟁해왔다. 미국 CEO들에 제동을 걸려는 행동가의 노력은 기본적으로 세 가지 형태를 띠고 있다. (1) CEO와 이사장의 역할을 분리하는 주주제안이 있는데 그 제안이 받아들여지는 경우는 절반 정도이다. (2) 이제는 어디서나 흔히 볼 수 있는, 경영진의 보수를 두고 주주들이 찬반 투표를 할 수 있도록 권한을 준 '보상에 대해 말하라(say on pay)' 투표. '보상에 대해 말하라' 투표는 CEO 보수에 온건하면서도 유익한 영향을 끼치고 있다. (3) 'CEO 대 노동자 보수 비율 규칙.' 이 규칙은 도드-프랭크법 내부 규정으로 중산층 회사원 보수 대비 CEO의 보수 비율을 회사가 공개하도록 규정하고 있다.

그러한 비율 공개를 통해 기업의 보상 관행이 대부분의 기업종사자에게 적절한 동기부여를 하고 있는지 주주들이 식별할 수 있게 해야 한다. 이를 통해 오로지 한 사람의 보수에 초점을 맞추는, 건전하지도 정당하지도 않은 관행에서 벗어나는 것이 마땅하다. 의심할 여지없이, 일부 행동가들은 '월 스트리트를 점령하자' 운동이 '1%'와 '99%'라는 단어를 어휘 사전에 등재한 이래, 이러한 CEO 대 노동자 보수 규정이 경제적 불평등에 대한 미국인의 일상적인 대화에 가장 많은 영향력을 미칠 것으로 기대한다.[7]

CEO와 이사회 의장의
역할 분리 _____

　　리사 린슬리(Lisa Lindsley)는 한때 미국에서 가장
두렵고도 선명한 주주 행동가로 손꼽혔다. 똑똑하고 창조적이며 도
전적인 그녀는 미국공무원연맹의 자본전략국장으로 일했다. 미국공
무원연맹은 1백 60만 명의 조합원을 가진 공무원노동조합으로, 1조
달러가 넘는 연금 자산을 공적 연금기금에 투자하고 있다. 그리고 조
합원과 자산 규모로 인해 노동자 주주 행동주의 역사상 독보적인 역
할을 하는 것이 가능했다. 자본전략 프로그램 설립자인 페르라우토
는 제2장에서 논한 바와 같이 초기에 여러 차례에 걸쳐 주주제안권
강화 관련 제안을 내고 소송을 제기했다.

　린슬리는 페르라우토 역할을 계승해서 2010년부터 2013년까지 그
프로그램을 지휘했다. 어떤 측면에서 보면 해리건의 영향을 받아 앞
뒤 가리지 않고 저돌적으로 투쟁에 나서는 지도자였다. 그녀는 세계
적인 개인용 컴퓨터 판매 기업인 델의 창립자이자 CEO인 마이클 델
(Michael Dell)에게 증권거래위원회가 벌금 4백만 달러를 부과하자 연
례 주주총회에서 델에게 CEO 자리에서 물러날 것을 당차게 요구했
다. 또한 회사가 받고 있던 증권법 위반 혐의들을 해결하기 위해 1억
달러를 지불하도록 회사를 압박했다. 그녀가 자본전략 프로그램을
떠맡은 지 불과 몇 개월 만에 〈월 스트리트 저널〉 사설은 린슬리를
개인적으로 공격했다. 그녀가 무엇을 위반했다는 것일까? 라자드사
(社)의 재정 자문역에게 회사의 조세 회피 전략이 야기할 수 있는 위

험성에 대해 편지를 썼던 일을 두고 하는 말일까? 그러한 조세 회피가 미국공무원연맹 조합원에게 반드시 혜택이 되는 것은 아니라고 지적했던 일을 두고 하는 말일까? 연맹 조합원은 결국 공무원들이며, 그들의 일자리는 세금으로 유지되고 있는데도 말이다.[8] 사설에서 〈월 스트리트 저널〉은 세이프웨이가 해리건에게 활용하려고 했던 것처럼 선량한 관리자로서의 수탁자 책임 위반을 운운하며 세간의 관심을 딴 데로 돌리고자 했다.

자신의 힘이 절정에 달했을 당시 린슬리는 세상에서 가장 유명한 황제 CEO로 손꼽히는 제이피모건체이스의 제이미 다이먼(Jamie Dimon) 회장 겸 CEO를 자리에서 쫓아낼 지경까지 몰아붙였다. 결국 다이먼을 축출하는 데는 실패했지만 이러한 시도로 인해 미국공무원연맹은 놀라운 이점들을 확보하게 됐는데, 이러한 시도는 행동주의가 향후 노동자들에게 연금복지를 넘어서는 혜택을 가져다줄 수도 있다는 점을 하나의 실증적 사례로 보여주고 있다.

지금까지 논의된 많은 주주 행동가들과는 다르게 린슬리는 노동운동을 통해 성장한 인물이 아니다. 그녀는 월 스트리트에서 중요한 직책을 맡다가 행동주의로 옮겨온 지극히 예외적인 사례라 할 수 있다. 1991년에서 1995년까지 린슬리는 베어스턴스(Bear Stearns) 투자은행에서 전무이사로 일했다. 2008년 금융위기로 부도나기 전만 하더라도 세계에서 가장 큰 투자은행으로 손꼽혔던 베어스턴스를 같은 해 인수한 것은 제이피모건(JPMorgan)이었다. 당시 미국 연방 준비제도이사회가 중개한 그 거래에서 베어스턴스는 주당 10달러라는 치욕스러운 조건으로 제이피모건에 팔렸다-베어스턴스 주식은 한때 주당 최고

171.51달러에 거래되기도 했던 주식이다. 이런 파국이 있기 오래전에, 린슬리는 아르헨티나로 건너가 베어스턴스의 부에노스아이레스 지점을 열고, 라틴 아메리카 전체를 대상으로 보통주 거래와 신규 상장(Initial Public Offering, IPO)을 담당하고 있었다. 그 회사에 합류하기에 앞서 린슬리는 뉴욕은행(Bank of New York)에서 부행장을 맡기도 했으며, 뉴욕대학의 스턴 경영대학원에서 MBA를 취득했다.[9]

10년 가까이 은행에서 일하면서 자기 일에 따분함을 느낀 린슬리는 자신의 기량을 소액금융 산업에 쏟아붓기로 결심했다. 1990년대 말 그녀는 액시온인터내셔널(Accion International)에서 일하면서 라틴 아메리카에서 소액금융에 투자하는 게이트웨이(Gateway) 펀드를 조성했다. 이 과정에서 가난과 경제적 불평등이라는 쟁점과 마주하게 된 린슬리는 스스로 점차 정치화하고 있음을 느꼈다. 결국은 미국으로 돌아와 2004년 하워드 딘의 대통령 선거 운동에 합류했다. 노동조합 대표를 처음으로 만난 것도 바로 그 선거운동 때였다. 유색인종 및 여성 공동체의 정치 참여를 독려하는 조직인 '취업 가정의 목소리(Voice for Working Families)'에서 잠시 일한 뒤 린슬리는 해리건의 노동조합, 즉 식품상업노동조합(United Food and Commercial Workers Union)의 자본 관리 프로그램에 참여해 부국장으로 일했다. 몇 년 뒤에는 미국공무원연맹으로 자리를 옮겨 결국 금융위기가 한창 진행 중이던 시기에, 증권거래위원회로 떠난 페르라우토 대신 자본전략 프로그램을 넘겨받았다.[10]

그녀가 미국공무원연맹의 프로그램을 관리하는 업무를 맡은 뒤 우선순위에 둔 것 가운데 하나는 CEO와 이사장의 역할을 나누는 주주제안서를 제출함으로써 기업의 견제와 균형을 회복하는 일이었다. 린슬리와 팀원들이 제안서 제출에 착수한 것은 2010년의 일이었다. 팀에는 오늘날 미국공무원연맹 프로그램을 운영하는 인재 존 키난(John Keenan)도 포함돼 있었다. 당시 행동가 집단 내에서는 2007년에서 2008년 사이의 금융위기는 부분적으로 미국 은행들의 잘못된 관리방식에서 비롯됐다는 견해가 널리 지지받고 있었다. 은행원들은 모기지 대출기준이 무너지고 모기지 지급유예 위험이 급증하는 것을 알고 있던 상황에서, 미국의 주택 담보대출을 모기지 담보증권에 묶고 그것을 또 다른 파생상품에 묶어 투자자들에게 판매했다는 사실이 최근의 증거를 통해 드러났다.

등급평가기관들이 이러한 증권들에게 매긴 높은 순위의 등급이 부정확하고 은행 자체의 금융 모델에 의해 왜곡됐다는 것을 은행들은 훨씬 더 잘 알고 있었다. 황제 CEO가 하나의 대세로 자리 잡고 있는 미국 상황에서 우리가 그 밖에 또 다른 무언가를 추론하든 간에 그들은 미국 경제를 벼랑 끝으로 몰고 간 미국의 은행들을 경영하고 있었다. 금융위기 직후 황제 CEO들에게 책임이 있음을 밝히려 했던 일부 성공적인 시도들이 은행 수뇌부를 겨냥한 것은 놀랄 일이 아니다. 2009년 주주들은 미국은행(BOA)에서 역할 분리를 결정하는 투표를 성공적으로 치러냈다. 투표 후 1년도 채 되지 않아 미국은행의 CEO 겸 이사장이었던 켄 루이스(Ken Lewis)가 회사를 떠났다. 주주들이 '보상에 대해 말하라' 규칙에 입각해 시티은행의 비크람 판디트(Vikram Pandit)의 봉급에 반대하는 투표를 한 뒤 판디트 역시 회사를 떠났다.[11]

제이피모건의 다이먼은 금융위기를 극복하고 명성도 올라간 미국 주요 은행의 유일한 지도자였다. 2010년 12월 〈뉴욕타임스 매거진〉은 '제이미 다이먼: 미국에서 가장 미움을 덜 받는 은행인'이라는 제목으로 로저 로웬스타인(Roger Lowenstein)이 쓴 표지 기사를 게재했다. 〈타임스〉는 참모가 준비한 요약서에 의존하기보다는 직접 거래 자료를 훑어보고 또 모기지 대출을 비교적 일찍이 억제했다는 이유에서 다이먼을 솔선수범하는 매니저로 추켜세웠다. 제이피모건은 금융위기 동안 악성 대출로 인해 막대한 손해를 입었는데 주된 요인은 모기지였다. 그러나 실적 면에서 경쟁자들을 압도하는 가운데 매 분기마다 여전히 이윤을 냈다. 그리고 금융위기 기간에 상대적으로 양호했던 대차대조표에 힘입어 연방준비제도이사회의 중재 아래 베어스턴스와 워싱턴뮤추얼 등 도산한 두 은행을 인수할 수 있었다. 결과적으로 제이피모건의 덩치는 훨씬 더 커졌다. 필자가 이 글을 쓸 당시 그 회사는 2조 4천억 달러의 자산을 갖고 있는 미국에서 가장 큰 은행이다.[12]

이런 규모 때문에 제이피모건은 '대마불사(大馬不死, 너무 커서 도산하지 않는다)'가 되리라는 데 심각한 우려를 표시하는 이들이 많다. 은행이 너무 커서 도산하지 않는다고 한다면, 그 은행은 지나치게 위험한 투자를 할 가능성이 그만큼 높다. 만일 그러한 투자에 성공한다면 은행과 주주들은 그에 따른 보상을 받는다. 하지만 투자가 실패한다 해도 경제 전반에 미칠 크나큰 피해를 예방하기 위해 십중팔구 정부가 나서서 긴급구제 조처를 취할 것이다.[13]

비슷한 이유로, 제이피모건과 같은 대형 은행들에게는 '매우 커서 감옥에 가지 않는다'는 말이 늘 붙어다닌다. 즉, 대형 은행의 경영자들이 기소되거나 유죄 선고를 받으면 경제 전반에 부정적인 영향을 미칠 수 있기 때문에 이를 우려한 나머지 그들을 형사소추하지 않을 것이라는 논리이다. 그런 논리라면 대형 은행들은 '너무 커서 경영하기 어렵다'는 말도 성립할 수 있다. 즉, 너무 크고 복잡해서 우리에게 익숙한 기업 형태로는 운영하기 힘들고 모든 전권을 쥔 황제 CEO 한 사람에 의해 운영되기는 더욱더 힘들다. CEO와 이사장의 역할을 분리하자는 이론은, 견제를 받지 않고 책임을 지지 않는 CEO는, 독립적으로 존재하는 이사회 의장에게 자신의 결정을 설명해야 해서 언제나 긴장을 늦추지 않는 그런 경영자는 아닐 것이라는 생각에 뿌리를 두고 있다.

린슬리와 미국공무원연맹으로서는 다이먼에 맞서는 제안서를 제이피모건에 제시하는 것이 타당한지 아니면 누군가 다른 황제 CEO를 표적으로 삼는 것이 타당한지가 하나의 전략적이면서도 전술적인 문제로 대두됐다. 다이먼을 표적으로 삼아서는 안 된다는 주장의 논리는 매우 단순했다. 즉, 다이먼은 '미국에서 가장 미움을 덜 받는 은행가'였고 주주들에게 상당히 좋은 평판을 받을 가능성이 높다는 것이었다. 반면에 다이먼을 표적으로 삼아야 한다는 주장은 린슬리 쪽에서 누구보다 강하게 제기한 듯했는데 그 논리는 이랬다. 그렇다 하더라도 다이먼은 여전히 한 사람의 은행가였고, 은행가는 2012년에는 마땅히 인기가 없는 직업이었다. 그는 금융위기 중에 그리고 위기 이후에 양적으로 성장한 금융기관을 경영하고 있었으며, '매우 커서 ~하지 못한다'는 모든 주장을 제기하게 만든 장본인이었다.

다이먼이 개인적으로 인기가 있을지라도 혹은 아주 인기가 없지는 않을지라도 만약 어떤 더 큰 힘이 작용하지 않는 한 역할 분리 원칙은 누구에게나 동등하게 적용됐다. 은행의 규모, 영향력 그리고 경제 전반에 미칠 잠재적 위험 때문에 누군가 우연히 제이피모건의 경영을 책임지고 있더라도 그 사람에게도 예외 없이 적용될 터였다. 그런데 그 회사의 담보권 행사를 감독한 사람들이 내놓은 수많은 조사들을 통해 제이피모건에서 심각한 경영상의 일탈 행위가 있었고 그 일탈 행위는 시간이 지나면서 악화될 가능성이 높다–그 직감은 곧 예언이 됐다–는 사실이 밝혀지면서 린슬리와 미국공무원연맹은 마침내 결단을 내렸다. 그들은 자신들의 생각을 실행에 옮겨 제이피모건에게 CEO와 이사장의 역할을 분리할 것을 요구하는 주주제안서를 제출했다. 결과적으로 보면 그들은 2011년부터 2013년까지 3년에 걸쳐 주주제안서를 잇달아 제출한 셈이 됐다.[14] 2011년의 시도는 주목을 거의 끌지 못했고 제안서에 대한 지지도 거의 없었기 때문에 필자는 2012년과 2013년 제안서에 초점을 맞춰 논의를 전개할 것이며 이들 제안서를 각각 1라운드, 2라운드로 부르겠다.

다음에 인용한 글은 미국공무원연맹이 제출한 2012년 제안서를 지지하는 선언문으로 베스 영이 기안한 것이다–린슬리는 필자에게 이렇게 말했다. "그것은 영의 작품이다. 무언가 제안서를 작성할 일이 있다면 그녀에게 맡겨라. 명작이 탄생할 것이다."

지지선언문

제이피모건의 CEO 다이먼은 회사 이사회 의장을 겸직하고 있다. 이 두 가지 역할이 한 사람에게 집중되는 것은 기업의 지배구조를 약화시키고 주주 가치를 훼손할 수 있다고 우리는 믿고 있다. 인텔의 앤드류 그로브(Andrew Grove) 전 이사장은 이와 같이 말했다. "두 가지 핵심 업무를 분리하는 것은 기업 개념의 급소와도 같다. 기업은 CEO를 위한 모래놀이 상자인가? CEO는 종업원인가? 그가 종업원이라고 한다면, 그에게는 상사가 필요하고 바로 그 상사는 이사회이다. 이사장은 이사회를 운영한다. CEO가 어떻게 스스로 자신의 상사가 될 수 있겠는가?"

우리의 견해로는 주주 가치는 독립적인 이사회 의장에 의해 향상된다. 그는 CEO와 이사회 사이에서 권력의 균형을 이룰 수 있으며, 이사회의 강력한 지도력을 뒷받침할 수 있다. 이사회 이사들의 첫 번째 의무는 회사 주주들을 대표해 회사경영을 감독하는 일이다. 그러나 만약 CEO가 이사장 역할까지 맡는다면, 이해관계 상의 갈등을 초래해서 이사회에 대한 경영상의 과도한 영향력으로 귀결될 수 있고 또 회사 경영에 대한 이사회의 감독 권한을 약화시킬 수 있다고 우리는 믿는다. 독립적인 이사회 의장이 상장 기업의 재무성과를 개선한다는 사실은 이미 숱한 학문 연구를 통해 밝혀진 바이다. 2007 부즈앤컴퍼니(Booz & Co.)가 내놓은 연구에 따르면 2007년에 저조한 실적을 낸 모든 북미 기업들은 CEO가 장기간 재직하면서 독립적인 이사회 의장을 갖지 못했던 것으로 밝혀졌다(『포괄적인 지도자의 시대(The Era of the Inclusive Leader)』, 부즈 알렌 해밀튼, 2007년 여름). 보다 최근에 이뤄진 연구는 세계적으로 기업들이 이제 일상적으로 이사장과 CEO의 역할을 나누고 있음을 확인했다. 2009년에 새로 선출된 CEO 가운데 12% 미만이 이사장을 겸임하고 있는데, 이 수치는 2002년의 48%와 비교된다(『2000~2009 CEO 승계: 집중과 압박의 10년(CEO Succession 2000~2009: A Decade of Convergence and Compression』, 부즈앤컴퍼니, 2010년 여름).

지금까지 우리 회사의 모기지 담보권 행사와 관련해서 연방과 주 차원의 숱한 조사가 이뤄왔던 점에 비춰볼 때 우리는 독립적인 이사회 지도력이 제이피모건에서 특히나 건설적일 것으로 믿는다(JPMorgan 2010 Form 10 K, p. 9).

우리는 주주들이 이 제안을 지지해서 투표에 참여하기를 촉구한다.[15]

인용한 학문적 연구는 어느 정도 시간이 지난 자료들이고 근거로 제시한 상황들도 점점 더 복잡해졌다. 하지만 이 선언문은 제이피모건뿐만 아니라 보다 더 일반적인 경우에 대해 CEO와 이사장 역할의 분리 사례를 간단명료하게 요약했다.[16] 이에 대해 제이피모건 측은 "우리 회사의 이사회 지도 체제는 이미 독립적인 지도력을 갖추고 있으며 제안자가 요구한 경영에 대한 감독 기능을 충실히 이행하고 있다"는 말로 응답했다. 기업의 주된 주장은 이랬다. 비록 다이먼이 이사회 의장이기는 하지만 제이피모건에는 의장 말고도 '수석 이사'라는 직책이 있다는 것인데, 이 수석 이사는 '의장이 출석하지 않는 이사회의 모든 회의와 사외이사(independent director)들의 간부회의를 주재한다'. 또 수석 이사는 '사외이사 회의를 소집할 수도 있고 …… 이 사장이 설정한 의제에 자기 나름의 의제 항목을 덧붙일 수도 있다'. 또한 제이피모건 측은 역시 이사회의 90%와 감사위원회, 관리위원회, 보상위원회 위원 전체가 사외이사로 구성돼 있다고 밝혔다-기업들은 누구를 '독립적인' 인사로 간주해야 할지 결정하는 데 엄청난 재량권을 갖고 있다는 사실을 기억하자. 결국 이사회는 미스터 다이먼이 CEO와 이사장으로서 명백히 인준했다. 아울러 '회사를 가장 효율적으로 이끌기 위해서는 미스터 다이먼이 이사장과 CEO 두 직책을 함께 맡아야 한다'고 결정했다.[17]

이사회가 다이먼을 인준한 뒤 얼마 지나지 않아 세계는 '런던 고래(London whale)'에 대해 알게 됐다. 2012년 5월 11일 다이먼은 브루노 익실(Bruno Iksil)의 거래로 제이피모건이 6주 만에 20억 달러를 잃었다는 뉴스로 시장을 놀라게 했다. 큰 거래 규모 때문에 언론은 익실에게 '런던 고래'라는 별명을 붙여줬다. 그날은 주주들이 다이먼이 이사회 의장 자리에서 물러나야 하는지 여부를 투표하기 4일 전이었다. 익실의 거래 행위와 관련된 뉴스는 바로 전 달에 이미 시장에 충격을 줬다. 전 달에 〈월 스트리트 저널〉은 익실의 거래량이 지나치게 대규모여서 그가 거래한 신용부도 스와프(Credit Default Swap: CDS, 채권을 발행하거나 금융기관에서 대출을 받아 자금을 조달한 기업의 신용 위험만을 분리해서 시장에서 사고 파는 신종 금융파생상품) 지수를 움직였다고 보도했다. 막대한 거래량만으로도 이미 충분한 기삿거리였지만 20억 달러의 손실을 야기한 사실은 단순한 뉴스를 넘어 하나의 추문이었다. 다이먼 자신도 그 거래에 대해 "흠결이 있고, 복잡다단하며, 심사와 집행, 감독 모두 부실했다"고 설명했다. 그리고 그 거래가 결국 30억 달러에 이르는 손실을 끼칠 수 있다고 경고했다. 그러한 손실은 그 주말에 현실이 됐다. 결과적으로 볼 때 다이먼의 계산은 100% 이상 벗어났다. 그 거래로 인해 은행이 직접적으로 입은 손실 총액이 62억 달러로 늘어났기 때문이다. 그리고 이 액수는 직접 손실만을 계산에 넣은 것이었다. 그 소식에 시장이 반응하면서 제이피모건의 시가총액은 200억 달러 줄어들었다. 게다가 그 손실로 인해 시장은 제이피모건의 경영에 대한 의견을 재평가하도록 요구받았다. 또한 은행의 최고운용책임자가 부진한 실적에도 불구하고 자주 결근을 했다든가 뉴욕과 런던 사무소가 불화를 빚고 있다든가 하는 사실들이 새롭게 밝혀지고 이를 언론이 폭로하면서 예전엔 몰랐던 제이피모건 내부의 기능 장애가 어떤 수준에 이르렀는지 드러났다.[18]

다이먼이 CEO와 이사장 역할을 겸하고 있음을 비판해오던 린슬리와 미국공무원연맹은 이런 폭로로 새로운 힘과 추동력을 얻었다. 미국공무원연맹의 맥켄티 총재는 변화를 강력히 밀어붙이고 있는 노동조합의 헌신에 큰 목소리로 성원을 보냈다.

월 스트리트의 탐욕과 이해 갈등이 미국 경제를 하수구에 처박았다. 제이피모건체이스 주주들은 한마음 한뜻으로 뭉쳐 제대로 된 위기관리와 실직적인 경영 감독을 원하는 주주들의 뜻을 이사회에 전달할 필요가 있다. 우리는 이사회에 독립적인 의장이 필요하다고 생각한다. 다이먼을 감독받지 않은 상태로 두기에는 우리가 소유하고 있는 지분이 너무 많다. 다이먼은 '런던 고래'가 위험한 투기를 하는 중이었음을 부인했다. 하지만 그런 그의 부인이 터무니없는 허풍이었음이 입증된 지금 주주들의 개입이 필요하다.[19]

린슬리도 직접 나서서 그 주제에 반응했다. 그녀는 〈폭스 비즈니스 (Fox Business)〉와의 인터뷰에서 이렇게 말했다. "다이먼은 CEO와, 경영진을 감시할 이사회 의장을 겸직해서는 안 된다. 나는 그가 좋은 사람이며 CEO로 남아 있어야 한다고 생각하지만 한편으로 그가 자신의 상사 역까지 맡아서는 안 된다고 생각한다. 그는 이사회 의장이 되어서는 안 된다." 린슬리의 견해대로 '결코 실수하지 않는 CEO를 찾는 일은 헛고생이다'. 황제 CEO에 대한 그녀의 비판은 구조적인 것이지 개인적인 것이 아니었다.[20]

혹자는 투표가 있기 꼭 4일 전에 '런던 고래' 관련 뉴스가 보도됨으로써 다이먼이 이길 기회를 놓칠 것이라고 생각할 수 있다. 기업 선거가 정치적 선거처럼 이뤄진다면, 그런 생각이 맞을지 모른다. 물론 상황이 변하고 있다는 점은 인정하지만 대부분의 정치적 선거에서는 유권자 대다수가 심지어 부재자 투표를 하는 경우에도 선거 당일에 투표한다.[21] 하지만 기업 투표에서는 많은 주주들이 실제로 주주총회가 열리기 전 여러 날 여러 주에 걸쳐 투표를 한다.[22] 따라서 주주투표의 절반이 주주총회 닷새 전 혹은 그 이전부터, 그러니까 이 경우라면 '런던 고래' 사건 보도보다 앞서서 이루어지는 일이 다반사이다. 통상적으로 ISS와 글래스 루이스는 주주총회 2주 전에 자신들의 권고안을 공개함으로써 기관투자가 투표에 시동을 건다.[23] 미국공무원연맹의 제안에 대해 주주들이 40%라는 높은 수준의 지지율을 보여주었음을 고려할 때 '런던 고래' 사태를 알고 난 뒤 투표한 주주들은 그보다 훨씬 더 높은 비율로 다이먼에 반기를 들었을 것이라고 추정하는 것이 합리적이다.[24] 제이피모건이 '런던 고래' 사태를 며칠 또는 일주일만 앞서 공개했다면, 다이먼은 이사장 자리를 분명 잃었을 것이다.

그러한 중요한 정보를 공개하는 데 CEO와 기업들에게 재량권이 무제한으로 주어져 있지는 않다. 예를 들어 그들이 공개한 정보가 사실이 아니었을 경우 그에 대한 진실을 아는 순간 그 정보를 정정할 의무가 있다.[25] 따라서 다이먼과 제이피모건은 손실 사실을 알자마자 증권법에 따라 그 손실을 공개할 의무를 지고 있었다. 무엇보다도 그 손실들을 감안하게 되면 기업의 수입 및 수익과 관련한 기왕의 발표가 모두 오류나 허위가 될 것이기 때문이었다. '런던 고래'가 빚은 대형 사고가 있고 나서 투자자들이 다이먼과 회사에 대해 제기한 증권 사기 집단소송에서, 원고 측은 다른 여러 혐의와 더불어 거래의 '중대성과 위험성'을 감춘 혐의가 다이먼과 제이피모건에게 있다고 주장했다. 다이먼에게는 자신의 보수와 관련한 '보상에 대해 말하라' 투표 말고도 이사장직을 내려놓아야 할지 여부를 결정하는 주주투표가 임박해 있었기 때문에 그가 그런 중대한 정보를 감췄을 가능성이 높다는 것이었다.[26] 그 소송은 제이피모건이 피해 주주들에게 1억 5천만 달러의 보상금을 지급하는 것으로 일단락됐다.[27]

비록 다이먼이 황제 CEO로 살아남으려는 싸움에서 1라운드를 승리로 장식했다고 하더라도, 득표차를 감안할 때 그것은 불안한 승리였다. 대부분의 사람들은 정치적 투표에 익숙해 있어서 다이먼의 59

대 41 승리를 낙승으로 여길 것이다. 그러나 CEO들은 일반적으로 90% 이상의 지지율을 획득한다–한 해 전만 하더라도 다이먼은 같은 쟁점을 놓고 88.1%를 득표했다. 주주들의 41%가 당신에게 이사장직을 내려놓으라고 했다면 그것은 당혹스러움 그 이상의 상황이다. 첫째, 대통령 선거처럼 4년 뒤가 아닌 바로 이듬해에 동일한 유권자를 마주쳐야 한다. 차기 선거 전이라도 주주의 불만 수준이 은행에, 은행의 실적과 평판에 그리고 좀 더 확대하자면 경영진의 보수에 부정적 결과를 가져올 수 있다. 게다가 다이먼과 제이피모건은 '런던 고래' 사건 공개 전후의 투표수를 보았을 가능성이 크다–그 수치는 주주투표를 집계하는 회사인 브로드리지(Broadridge)에 의해 제공된다.[28] 만약 그 수치가 다이먼에게 불리한 것이라면, 즉 '런던 고래' 사건 발표 후 과반수 이상의 주주가 다이먼이 이사장에서 물러나는 쪽에 표를 던졌다면, 다이먼은 이듬해 있을 투표에서 자신이 살아남을 수 있을 것인지 걱정해야 할 판이었다. 이제 모든 유권자가 투표 전에 '런던 고래' 사건을 알고 있는 상황이어서이다.

린슬리는 마치 기다렸다는 듯이 미국공무원연맹이 다른 제안서를 제출할 것이라고 발표했다. 이번에는 린슬리의 접근과 회사의 반응 모두가 아주 달랐다. 먼저 린슬리는 강력한 공동후원자들을 얻었다. 뉴욕시 기금들을 감독하는 뉴욕시 감사관 존 류와, 세이프웨이 투쟁 경력이 있는 코네티컷주 회계담당관 데니스 나피어(Denise Nappier)가 운영하는 코네티컷주 연금기금이 그 제안을 지지하겠다고 나섰다. 두 기금은 린슬리가 대표하는 미국공무원연맹 연금보다 제이피모건에 훨씬 더 많은 금액을 투자하고 있었다.[29]

두 공적 연금기금에 이어 에르메스인베스트먼트매니지먼트(Hermes

Investment Management)도 대열에 합류했다. 이 회사는 브리티시 텔레콤이 소유한 민간투자운용사로 회사의 연금기금을 운용하기 위해 설립됐다. 지지 서명을 한 유일한 민간 기금이 영국에 본사를 두고 있다는 것은 그리 놀랄 일이 아니다. 영국에서는 CEO와 이사장의 분리가 하나의 규범이다. 그리고 2013년 제안에서 후원자들은 다이먼의 지위를 둘로 분리하도록 명확히 요구하는 대신에, 회사가 별도의 이사회 의장을 둘 수 있도록 제이피모건의 내규를 수정하라고 요구했다.[30]

이에 대해 2013년 제이피모건의 반응은 현저히 달랐다. 제안의 지지자들이 2012년에 이미 다이먼 축출에 바짝 다가서기도 했고 뉴욕시 기금들과 코네티컷주 그리고 에르메스가 큰 힘을 가진 거대 규모의 운용자였기 때문이다. 또 2013년 3월 영향력이 있는 분석가 조쉬 로스너(Josh Rosner)가 작성한 '제이피모건체이스: 통제 불능'이라는 제목의 세부 보고서가 공개됐던 것도 이러한 태도 변화에 한몫했다. 이번에는 제이피모건의 이사회 구성원들 가운데 두 사람, 즉 존슨앤존슨의 CEO 빌 웰던(Bill Weldon)과 엑슨의 전 CEO 리 레이몬드(Lee Raymond)가 직접 린슬리와 공동후원자들을 만났다. 린슬리는 제안서를 바라보는 그들의 시각을 이렇게 특징적으로 묘사했다. "어이, 나도 이사장 겸 CEO였어! 왜 제이미 다이먼에게 그 자리를 내놓으라는 거야? 다이먼이 좋아하면 그만이지!" '런던 고래'에 관해서는 웰던과 레이몬드는 린슬리와 류, 나피어에게 유사한 사건이 발생하지 않도록 잘 통제하고 있다고 장담했다. 린슬리에 따르면, 역할이 분리된다면 기업은 더 잘 운영될 것이라며 후원자들이 구조적인 주장을 펼치고 있던 바로 그 순간에 다이먼은 개인적으로 투자자들에게 전화를 걸어 이러쿵저러쿵 하소연하면서 "나에게 이러지들 마. 만약에 내가 이사장직을 잃으면 아내와 자식들에게 무슨 할 말이 있겠어"라며 읍소 작전을 펼치고 있었다고 한다. 그가 내세운 전술 가운데는 이사장직을 잃으면 사퇴해버리겠다는 협박 작전도 있었다.[31]

결론적으로 말하면 그는 이사장직을 잃지 않았다. 그는 2012년보다 오히려 격차를 벌여 68 대 32로 승리를 거두며 위협을 물리쳤다. 위협은 이후 다시 제기되지 않았다. 두 번의 투표가 있는 동안 시장의 추세를 따라 제이피모건의 주가가 20% 오르는 데는 아무런 지장도 없었다. 런던 대형사고 이후 이사회가 다이먼의 보수를 절반으로 삭감했다는 사실 또한 마찬가지였다.[32] 노동자들은 이 특별한 전투에서 승리를 거두지 못했다. 그러나 미국공무원연맹과 제이피모건 사이에 흥미로운 뒷이야기가 있다.

2012년 6월 1라운드 이후 리 사운더스(Lee Saunders)는 미국공무원연맹 총재직을 넘겨받았다. 그는 조합 주택에서 성장했다. 그의 아버지는 버스 운전사로 일했으며, 어머니는 지역 사회 행동가로 지역 전문대학 교수를 지냈다. 사운더스는 1978년 노동경제학자로 미국공무원연맹에서 일하면서 사회에 첫발을 내디뎠다. 이후 승신을 거듭한 끝에 흑인 최초로 미국공무원연맹 총재 자리에 올랐다. 린슬리는 맥켄티의 지도 아래 다이먼에 반대하는 운동을 시작했고, 사운더스는 일단 조직을 장악하자 그 운동을 적절히 지원했다. 사운더스는 2013년 제2라운드 투쟁 기간에서 이렇게 말했다. "런던 고래는 우주의 주인인 신도 삼킬 수 있다. 주주를 보호하기 위해 우리에게는 견제와 균형 체제가 필요하다."[33]

린슬리와 다이먼 간 싸움은 노동자에게 특별히 우려스러운 일이 발생하던 상황에서 벌어졌다. 2011년 위스콘신의 스콧 워커(Scott Walker) 주지사는 주공무원노동조합의 단체교섭권을 박탈하는 법률을 강행 통과시켰다. 〈워싱턴 포스트〉는 이렇게 논평했다. '그 결과 한때 번창하던 공공부문 노동조합들이 위축되는 것을 넘어서 불구 상태가 됐다. …… 미국교육협회 위스콘신주 지부는 한때 조합원이 10만 명에 이를 정도로 막강했으나 그 수가 3분의 1로 줄어들었다. 전문대학 체제로 결성된 미국교원연맹은 그 세력이 절반으로 줄었다. 7만 명에 이르던 주공무원노동조합원은 70%까지 떨어졌다.' 오하이오주지사 존 케이식(John Kasich)은 좀 더 극단적인 법률을 통과시켰다. 그러나 이 법률은 결국 주민투표에 의해 철회됐다.[34] 금융위기 기간에 입은 너무도 충격적인 손실 때문에 연금 약정이 주와 군 차원에서 지속 가능하지 않을 것이라는 폭넓은 우려가 있었다.[35] 50개 주 중에서 49개 주가 연금제도를 고쳐서 미래 급여를 줄이고 가입자 자기분담금을 늘렸다. 그리고 하다못해 일부 사례에서는 연금의 일부를 확정급여형에서 확정기여형으로 옮겼다.[36] 적대적 분위기가 강화되고 있는 상황에서 린슬리는 필자에게 행동가와 노동 공동체 내부에서 "다이먼과 제이피모건에 반대하는 새로운 전선을 펴는 것이 타당할까?" 하는 정서가 퍼지고 있었다고 말했다.[37]

2013년 투쟁이 린슬리의 온갖 노력에도 실패로 돌아간 뒤 미국공무원연맹과 제이피모건 관련 쟁점은 다른 양상으로 전개될 터였다. 필자가 대담을 한 일부 행동가들에 따르면 다이먼은 사운더스에게 전화를 걸어 일대일 면담을 요청했다.[38] 놀라운 진전이었다-제이피모건체이스는 이 회의가 있었는지 여부를 확인해달라는 필자의 요구에 응하지 않았다. 행동가들이 밝힌 바에 따르면 두 사람은 은밀히 만나고도 그 자리에서 논의된 바를 공개하지 않고 있다는 것이었다. 하지만 뒤따른 것은 미국공무원연맹 노동자들의 연금을 보호하고자 하는 제이피모건의 이례적이고도 눈에 띄는 노력이었다. 노동자들의 퇴직연금은 디트로이트시가 참담하게 파산하는 과정에서 심각한 위험에 빠져 있었다. 이러한 상황은 다이먼과 사운더스가 미국공무원연맹 디트로이트 노동자 연금을 보호하기 위해 모종의 거래를 한 것이 아닌가 하는 추측성 의문을 제기한다.

디트로이트시의 파산에 관해서는 그 자체만으로 별도의 책을 써 살필 만한 가치가 있지만-실제로 그에 관한 책이 이미 나왔다- 여기서는 몇 가지 필수적인 세부 사항들만 살펴볼까 한다.[39] 디트로이트시는 미국 연방법전 제9장에 규정된 파산 보호 신청을 2013년 연방법원에 냈다. 이는 미국 역사상 지방정부가 신청한 파산 보호 기록 가운데 그 규모 면에서 단연코 으뜸이었다. 디트로이트시는 시가 갚을 수 없는 빚이 180억에서 200억 달러에 이른다고 주장했다. 디트로이트시가 파산 보호 신청에 성공했다는 소식은 전국 노조 지도자들의 등골을 오싹하게 만들었다. 공무원연금은 법적으로 보호받도록 되어 있기 때문이다. 보호의 내용은 주마다 다르지만 보호해야 할 이유는 단순 명쾌하다.[40]

연금은 퇴직연금제도로 전환된 이른바 연기된 임금이다. 근로자들은 이미 그 소득을 벌었다. 소득을 보호해주지 못한다는 것은 임금

절도행위에 다름 아니다. 연금을 보장받지 못할 경우, 제정신을 가진 노동조합 지도자라면 노동자 보수의 단 1%도 연금으로 수용하지 않을 것이다. 디트로이트시가 파산 보호 신청을 했다는 것은 결국, 지급되지 않은 연금 수십억 달러를 빚지고 있는 시 공무원을 포함한 채권자들과 연방파산법에 의거해 채무 재협상에 들어가겠다는 의미였다. 만약 디트로이트시가 연방파산제도의 보호를 받는 데 성공한다면, 그 영향은 디트로이트시를 넘어 걷잡을 수 없이 확장될 수 있었다. 비록 연금 약정이 주법 또는 주 헌법 아래 '보장받는다' 할지라도 연방파산법에 의거해서 전국 다른 도시들이 그들의 연금 약정을 어길 수도 있기 때문이다. 따라서 수만 명의 디트로이트 노동자들을 대표하는 미국공무원연맹은 파산 보호 신청을 격렬히 반대했다. 이 싸움에서 패자는 미국공무원연맹이었다. 2013년 12월 3일 연방파산법관 스티븐 로데스(Steven Rhodes)는 디트로이트시의 파산 보호 신청을 받아들이면서 시는 연금을 잠식할 수 있다고 판결했다. 미시건주 헌법 제24조 제9항에서 연금은 줄거나 잠식될 수 없다고 명령하고 있었지만 그런데도 그렇게 판결한 것이다.[41] 그것은 경종을 울리는 나쁜 선례였다.

법원의 판결 뒤 적어도 연금수급자에게는 상서로운 국면 전환일 수도 있는 상황이 전개되기 전 여러 달 동안 채권자들과 줄다리기 협상과 논쟁이 벌어졌다. 2014년 4월에 갑자기 이루어진 잠정적인 협상 결과를 그대로 받아들인다면 디트로이트 노동자들은 최고 20% 한도 내에서 평균적으로 자기 연금을 4.5% 삭감하는 안을 받아들여야 할 판이었다. 디트로이트 경찰 및 소방관 연금은 미래의 조정 생계비가 줄어들기는 했지만 전혀 삭감되지 않았다. 그것은 34%라는 높은 삭감률을 들이대는 것과 대비되는 것이고, 1달러에 15센트를 받아들이도록 요구받은 다른 채권자들과도 대조를 이룬다. 그 계획이 실행되면 디트로이트시는 빚을 갚기 위해 디트로이트예술연구소 소장 작품을 팔아치우지 않고도 채무를 적절히 관리함으로써 파산에서 탈출할 수 있었다.[42] 그러나 협상 작업을 마무리하기 위해서는 당사자들이 독지가와 국고보조금을 통해 8억 달러를 조달해야 했다. 거기서 제이피모건이 돕고 나섰다. 2014년 5월 14일 다이먼은 시를 살린 '대협상'의 일환으로 은행이 디트로이트에 1억 달러를 투자하고 있다고 발표했다. 이 협상의 목표는 '디트로이트시 퇴직자를 위해 연금 삭감을 완화하고 시가 소장한 예술 작품의 판매를 피하려는 것이었다'. 다이먼은 퇴직 시 1년에 평균 2만 달러로 살아가게 될 디트로이트시 연금수급자들의 처지를 안타까워하면서 매우 직설적으로 언급했다. "나는 연금은 반드시 보호돼야 한다고 개인적으로 생각한다."[43]

사운더스와 미국공무원연맹 그리고 다이먼과 제이피모건이 서로 이해관계를 공유할 수도 있다는 것은 어느 정도 예견된 일이다. 첫째, 사운더스와 미국공무원연맹은 자기 노동자들의 연금을 보호하는 데 온 힘을 쏟았다. 만약 연금을 보호하지 못한다면 디트로이트시뿐만 아니라 전국적으로, 조합원들의 이익을 대변한다는 노동조합의 주장에 심대한 타격이 있을 터였다. 다이먼은 미국공무원연맹과의 관계에서 자신의 평판을 개선하는 데 열중했을 것이다. 물론 제이피모건의 도움은 보조금과 투자라는 양자의 형태를 띠었다. 공공 서비스를 민영화하는 논란 많은 투자를 포함해 제이피모건은 그 투자로부터 이윤을 올리기를 기대했다.

이 책을 위해 필자가 대담을 한 다양한 주주 행동가들은 다이먼과 사운더스의 면담, 디트로이트시에 대한 제이피모건의 투자와 미국공무원연맹의 주주 행동주의를 연결하는 무언가가 있다고 믿었다. 제이피모건이 디트로이트시에 도움을 주는 대신에 미국공무원연맹이 CEO와 이사장 자리를 분리하는 네 번째 주주제안서 제출을 포기하는 일은 가능하지만 그럴 개연성은 없었다—그러한 투자와 보조금을 끌어들이려고 3년 전부터 미국공무원연맹이 이 캠페인을 주도했다고 한다면 그런 말을 믿을 사람이 있겠는가. 황제 CEO의 역할을 분리하자는 주주제안이 다이먼의 주목을 끌면서 다이먼이 두 조직 사이의 적대적 입장을 완화시키고자 했을 것이라는 쪽이 훨씬 더 그럴듯해 보인다. 모종의 거래가 있었든 없었든 간에, '런던 고래'로 대형 사고를 쳤음에도 다이먼이 투표를 통해 그 제안을 무력화시킨 상황에서, 미국공무원연맹이 네 번째 제안을 시도했을 개연성은 낮다. 미국공무원연맹이 다이먼에 반대하며 제출한 주주제안서와는 상관없이 어쨌든 제이피모건 측이 협상에 참여했을 가능성 또한 있다.[44]

그럼에도 불구하고 미국공무원연맹이 조직의 다른 이익을 진전시키기 위해 자신의 주주 행동주의를 일부러 철회했을지도 모른다는 암시로 인해 컬럼비아특별구 항소법원은 도드–프랭크법에 규정된 의회의 명령을 무시하고 주주제안권 강화를 무력화시켰다.[45] 말하자면 노동자 연금기금이 그들의 행동주의를 통해 무언가 다른 혜택을 얻을 수도 있는 특수 이해관계 주주들이라는 개념이 거기에 작용했으리라는 것이다. 기업의 맥락에서보다 헤지펀드나 사모펀드의 맥락에서 살펴보면 이에 대한 보다 많은 증거들을 찾아낼 수 있다.

그리고 그런 맥락에서 주주 행동주의를 주시해보면 그들이 투자 목표를 달성하고자 하는 과정에서 환경 개선이나 다양성 개선 같은 보다 보편적으로 적용 가능한 정치적 목표들까지 동시에 진전시키고자 했음을 알 수 있다. 하지만 그것은 가능한 일인 동시에 필자 시각으로는 잠재적으로 바람직한 일이기도 하다. 노동자 펀드들이 특수 이해관계에 있을 수 있다는 주장을 문제시한다고 해서 그것이 오류라는 것은 아니다. 그 안에는 일부 진실이 있다. 모든 주주들은 특수 이해관계 아래에 있다. 기업 경영진 역시 대기업협의회나 미국상공회의소 같은 자신의 로비스트들과 함께 특수 이해관계 집단이다. '특수 이해관계'에 대한 비판이 안고 있는 문제는 이중적이다. 첫째, 그것은 연금과 노동조합 기금에 대해서만 선택적으로 적용된다. 그들만의 특별한 혜택이 있다 해도 투자자 전체가 노동의 주주 행동주의로부터 혜택을 볼 수도 있다는 그런 가능성을 무시한다. 법적으로 주주의 특수 이해관계 가운데 오로지 한 유형, 즉 연금기금이라는 유형에 대해서만 차별하는 것이 공정성 또는 효율성의 문제를 일으킬 수 있다는 사실을 간과하고 있다. 이 특수 이해관계와 관련한 우려에 대해서는 투자자들이 서로 거래를 할 때 이러한 이해관계를 알고서 그에 걸맞게 행동한다는 데서 적절한 해답을 찾을 수 있다. 또한 이러한 이해관계는 기업의 측면에서, 즉 기업 운용역들에 부과된 선량한 관리자로서의 수탁자 책임을 통해서도 다뤄질 수 있다.

게다가 노동자 주주 기금이 기업의 맥락-헤지펀드나 사모펀드에 반대하는-에서 오로지 기금 자체만의 이익을 직접 추구하는 드문 경우가 있다. 이러한 추구는 보상으로서, 즉 우리 자신의 노후생활을 개선하는 데 이런 펀드들이 방해가 되지 않도록 차단하는 우리의 능력이라고 보는 견해가 합리적일 것이다. 예를 들어 주주제안권 강화를 위한 뉴욕시 기금들의 투쟁이 모든 퇴직기금의 상황을 개선시켰지만 거기에 따른 비용을 실제로 부담한 쪽은 오로지 뉴욕시 기금들과 그들의 협력자들뿐이었다는 사실이 무게 있는 증거다. 필자는 S&P 500 전반에 걸쳐 여러 기업들이 주주제안권 강화를 확대하는 모습을 바라보고 싶었던 것만큼이나 제이피모건이 분리된 'CEO-이사장' 모형을 채택하는 모습을 보고 싶었다. 필자에게는 그것을 이룰 힘이 없었고 지금도 없는데 그것은 당신도 마찬가지이다. 하지만 캘리포니아공무원연금과 미국공무원연맹, 뉴욕시 기금들은 그런 힘을 갖고 있다. 필자는 때때로 이들 기금 역시 자신들의 행동주의적 활동을 통해 어떤 직접적이고도 특별한 이익을 창출하는 것으로 판명된다 하더라도, 그런 이익은 싸움을 벌일 기회를 갖지 못한 나머지 사람들을 위해 투쟁에 나서서 그 비용까지 부담한 것에 대한 정당한 보상이라고 간주할 것이다.

구조적으로 말하면, 하버드대학 법학교수 루시안 뱁척이 주장한 바와 같이, 자신들이 제출한 제안 편에 서도록 다른 주주들을 설득하기 위해서 노동조합과 연금 주주들은 자기 자신의 이익과 다른 주주의 이익을 동시에 진전시키는 방법을 찾아야 한다. 그렇게 되면 노동자 주주들이 공공 기업에서 이익에만 영향을 주는 제안을 내는 데 힘을 동원하지 못하도록 어느 정도 제동을 걸 수 있다. 반면에 헤지펀드와 사모펀드에 직접 이익을 추구할 때는 유권자 범위를 넓혀 폭넓게 호소할 필요가 없기 때문에 보다 많은 신축성을 갖게 된다. 공기업에서, 노동조합이나 연금기금이 특정 주주제안서를 제출하는 이유가 오로지 자신들의 이익을 증진시키는 데 있다고 모든 사람들이 믿고 있다면, 결국 그 제안은 지지를 얻지 못하고 그에 따라 제안이 가진 위력도 사라질 것이다.[46]

이런 맥락에서 볼 때 노동조합과 연금기금 들은 애당초 많은 지지를 얻을 만한 제안들을 선택하거나 지지의 대가로 주주들에게 다른 수혜를 제공하기로 합의하는 등 다른 주주들의 지지를 확보하는 데 힘써야 한다. 반면에 공적 연금기금과 노동조합 기금 들은 기업 경영진 또는 헤지펀드나 사모펀드에 기꺼이 맞설 유일한 기금이라 할 수 있기 때문에, 그런 주주들이 어떤 일을 주도할 때 아무래도 친노동적으로 방향이 기우는 것이 일반적이다. 그것이 노동자의 주주 행동주의를 중도좌파 세력으로 만든다. 공기업에서 주주 행동주의는 폭넓은 주주층에 호소해야 할 경우가 많지만, 여전히 노동자를 호소 대상으로 하는 노동자에게 혜택이 돌아가는 쟁점들을 선호하는 경향이 있다.

게다가 다른 주주들은 자신들만의 특수 이해관계를 가지고 있다. 뮤추얼펀드들은 그 기업의 주주라는 사실 말고도 무엇보다 회사 종업원의 401(k) 계획을 관리한다는 의미에서 기업들과 직접적인 사업관계를 맺고 있다.[47] 따라서 투표와 관련해서 어떤 의사를 결정할 때 그들이 그러한 관계들을 고려하는 것은 놀라운 일이 아니다. 앞서 언급한 바와 같이, 최소한 한 연구에 따르면 뱅가드는 아무런 사업적 이해관계가 없는 회사에 비해 종업원의 401(k)를 관리하는 에너지회사에서 경영진에 반대표를 던질 가능성이 적은 듯 보인다. 그것 역시 특수 이해관계이다. 그래서 어떻다고? 노동조합과 연금 주주들이 자신의 이해관계를 항상 다른 주주들의 이해관계와 완벽히 맞춰 조정하지 않는다고 해서 그들에게 주주 행동주의를 추구할 자격이 없다고 말할 수는 없다―뮤추얼펀드와, 뮤추얼펀드가 소극적이라는 평판에 대해 공평하게 말하자면, 그들은 공적 연금기금과 노동조합 기금, 재단으로부터 잦은 압력을 받으며 점차 행동주의 쪽으로 가까이 다가서왔다. 예를 들면 앞에 기술한 바와 같이, 스테이트스트리트는 이사회에 성의 다양성을 도입하는 방향으로 새로운 투표 정책을 발표했다. 그 정책은 스테이트스트리트가 월 스트리트에서 '용감한 소녀상' 제막식을 연 유명한 사건과 동시에 일어났다. 그리고 2017년 주주총회 시즌에, 뱅가드와 블랙락과 같은 거대한 뮤추얼펀드가, 대표적으로 네이선커밍스재단, 뉴욕주 보통퇴직기금, 성공회기여기금 등이 두 에너지 회사인 엑슨과 옥시덴털 석유사에 제기한 주주제안, 즉 환경문제와 관련해서 투명성을 높이라는 제안들을 지원함으로써 투자 공동체에 충격을 줬다.[48]

국부펀드는 국가가 조성하고 운용하는 투자펀드이다. 아부다비투자청과 중국투자공사, 노르웨이정부연금기금은 모두 수익을 항상 극대화할 수는 없는 투자기금이다. 그들은 또한 민족적 이익이나 다른 정치적 이익을 추구할 수도 있다.[49] 좀 더 장기적 투자자인 연금기금과 노동기금, 뮤추얼펀드, 국부펀드에 비해 헤지펀드는 특정 주식에 재빨리 투자했다 빠지기를 반복한다.[50] 예를 들어 헤지펀드는 기업의 장기 실적을 뒤로한 채 주가의 단기 급등을 노려 이익을 취한다. 말하자면 그들은 단기이익이 목표이다.[51] 정치 유권자들이 획일적이지 않은 것처럼 주주 유권자도 획일적이지 않다. 때때로 일부 주주 유권자가 받아들인 주주 행동주의는 수많은 이해관계가 얽혀 다면적이다. 그것이 주주 행동주의를 막는 이유는 될 수 없다. 이는 그것이 이러저러한 정치적 행동주의를 파괴하는 일을 정당화할 수 없는 것과 마찬가지이다. 단순히 이해관계의 다양성과 때로는 이해관계의 차이로 인해 주주들이 그러한 이해관계에 적응하고, 자신이 추구하는 이익들 가운데 중첩되는 부분은 없는지 이성적으로 살펴 찾아내고, 또 때때로 특정 이익에 대해서는 애써 참으며 추구하지는 않는다. 그것이 성숙한 시장이 기능하는 방식이다. 특정 이익의 추구를 어느 정도 참아내는 대신 얻는 대안이 모든 주주들을 침묵하게 하고, CEO들과 다른 경영진들이 어떠한 책임도 지지 않은 채 모든 결정을 내리도록 하는 맥락에서이다. 그것이야말로 이러한 이해관계들에 관해 끊임없이 떠벌리는 사람들이 정확히 노리는 목표이다.[52]

요컨대 미국공무원연맹의 주주 행동주의가 미국공무원연맹 디트로이트 지부 노동자들의 연금을 구하는 데 도움을 달라고 제이피모건 측을 설득했는지에 대해 필자는 확실히 알지 못한다. 만약에 그런 일이 실제로 있었다면 필자는 그런 중재에 반대하는 이유를 모르는 반면 찬성할 이유는 너무도 많이 알고 있다. 이 일화는 적어도 노동자의 이익을 간접적·직접적으로 진전시키는 도구로서 주주 행동주의가 갖는 잠재력을 실증하고 있으며, 또한 주주 행동주의가 그 자신의 이익보다는 다른 이익에 이롭도록 활동함으로써 어떻게 힘을 끌어모을 수 있는지를 실증적으로 보여주고 있다. 그것은 중산층과 노동계층 사람들이 경제성장에 보다 많이 참여하는 방향으로 기우는데, 즉 중도좌파로 기우는 데 강력한 도구로 활용될 것이다.

린슬리에 관해 말하자면, 그녀는 제이피모건 투표에서 다이먼을 이사장직에서 축출하는 데 실패하자, 마치 세이프웨이 투쟁 이후 해리건의 운명을 상기시키기라도 하듯 즉각 미국공무원연맹을 떠났다. 그리고 인권과 같은 사회적 쟁점에 투자자들의 초점을 맞춘 주주 행동가 조직인 섬어브어스(Sum of Us)에서 상담활동을 개시했다.[53] 필자가 이 책을 쓸 당시 그녀는 자신의 고향에서 공직에 출마했다.

결국 제이피모건에서 CEO와 이사장 역할을 분리하려는 시도는 실패로 돌아갔지만 그와 관련해서 두 가지 주목할 만한 뒷이야기가 있다. 그 후 여러 해 동안, 다이먼은 우선적으로 지배구조에 우호적인 기업 지도자로 변신을 꾀하며 모범 경영 창조에 앞장섰다. 다이먼이 제시한 여러 원칙들은 제이피모건의 현재 기업 관행에 적극 활용됐다. 여기에는 당연히 기업 지배구조에 대한 투쟁을 끝내고자 하는 제이피모건의 바람이 그 동기로 담겨 있었다. 그럼에도 불구하고 기업사를 조금만 뒤로 되돌려놓고 봐도, 워런 버핏을 위시한 여남은 명의 CEO들과 어깨를 나란히 하는 미국 최대 은행의 지도자가, 과반수투표제에 의한 이사 선출과 장기 주주가 추천한 이사 지명, CEO와 이사장을 통합할지 여부를 결정할 권한을 사외이사들에게 부여하는 제도 도입, 황제 CEO가 있을 경우 수석 사외이사를 두는 제도 도입, 현금 및 자기자본 환수정책 등의 원칙들을 약속한 것은 놀라운 일이다.[54] 노동자 자본으로부터 강한 압박이 없었다면 그들이 자발적으로 나서서 이런 조치를 취하지는 않았을 것이다.

다이먼이 이렇듯 방향을 바꾼 것은 트럼프 행정부가 출범하기 직전의 일이었다. 대기업협의회 의장으로서 자신에게 새롭게 부여된 역할을 바탕으로, 다이먼은 자신을 제이피모건 이사장직에서 내쫓을 뻔했던 그런 제안서를 더는 제출하지 못하도록 주주들을 효율적으로 제어할 개혁들을 밀어붙였다.[55] 앞서 기술한 바와 같이 그 개혁은 의회에 상정된 금융선택법(Financial Choice Act)의 일부이며, 그 법은 하원을 통과한 뒤 상원에 계류 중이었다. 그 법이 채택되지 않을 것으로 믿을 만한 충분한 이유가 있지만 그래도 만약 채택된다면 뉴욕시 기금들과 같은 대규모 기금들도 주주제안서를 제출할 힘을 잃게 될 것이다. 그에 따라 투쟁도 계속될 것이다.

'보상에 대해 말하라' 규정 _____

우리는 제2장에서 미국공무원연맹 자본전략 프로그램의 설립자 페르라우토를 살펴본 바 있다. 페르라우토는 주주제안권 강화를 위해 초창기 투쟁을 펼친 인물이다. 그는 증권거래위원회에서 부국장으로 일하는 동안 주주제안권 강화 규칙의 초안 작성에 힘을 보탠 뒤 지휘봉을 스트링거와 갈란드, 뉴욕시 기금들과 미국 대학퇴직연금기금에 넘겼다. 하지만 컬럼비아특별구 항소법원은 결국 그 규칙을 파기했다. 또한 페르라우토는 미국노동총연맹 투자사무소 설립에 일익을 담당했으며 홈 디포의 CEO 나르델리의 보수를 놓고 벌인 투쟁에도 참여했다. 그는 비영리기구인 '50/50기후프로젝트'를 설립했는데 그 조직의 주요 임무는 탄소발자국(원료채취에서

부터 생산·유통·사용·폐기 등 제품 생산의 전 과정에서 발생하는 이산화탄소 배출량을 제품에 표시하는 제도−역주) 상위 50대 상장 기업에게 효율적인 장기 기후 변화 전략을 창출하도록 촉구하는 일이었다.[56] 페트라우토는 이 책에서 설명하는 거의 모든 행동주의 활동을 직접 조직했거나 적어도 거기에 관여했던 인물이다. 아마 자신의 세대에서 가장 많은 성과를 올린 주주 행동가가 아니었을까 싶다. 그는 2017년 5월 8일 오랜 투병 끝에 60세를 일기로 세상을 떠났다.[57]

그가 미국공무원연맹에 재직할 당시로 돌아가면, 페르라우토는 다시금 영과 손잡고 주주들의 '보상에 대해 말하라' 투표를 통해 CEO 보수를 점검하는 데 주도적인 역할을 했다. '보상에 대해 말하라' 투표는 말 그대로 CEO의 보수를 승인하는 주주들의 투표이다−이 용어는 페르라우토 작품이다.[58] 그 투표는 일종의 '권고'이다. 이 말은 이사회가 법적으로 투표 결과를 무시할 권리가 있는 자문적 성격의 투표임을 의미한다. 그러나 이사들이 투표 결과를 무시하는 데는 위험이 따른다. 주주투표 결과를 거부하는 사람들은 차기 선거에서 ISS를 비롯한 의결권 자문회사들로부터 '반대표' 권고 대상으로 낙인찍힐 중대한 위험에 부딪친다.[59]

페르라우토는 처음, 주주제안권 강화에 착수했던 2000년대 초반 즈음에, CEO의 보수를 제한하고자 했던 방식을 동원해서 실험에 착수했다. 그는 스스로 묘사한 바와 같이 "경영진 보수와 관련해서 그 언저리를 대강 손보겠다는 생각"으로 이 일을 시작했다. 페트라우토는 경영진이 회사에 재직하고 있는 이유 하나로 지급되는 이른바 근속 보너스를 추적한 다음 그들이 세액 공제 없이 보수를 받는지 살펴보고—경영진들의 상여금이나 기타 급여에 부과된 세금을 회사가 대신 지불하는 관행— 이후 주식보유 조건—경영진들이 일정 수의 주식을 보유하고 회사 실적에 연동해서 성과급을 받는 조건—을 따져볼 참이었다. 그것은 한마디로 두더지 잡기 게임이었다. 새로운 형태의 보수가 어디에서 튀어나올지 알 수 없는 상황이었다. 문제는 경영진의 보수에 대한 전반적인 정보를 내놓을 수 있을지 여부였다. 페르라우토는, 2003년부터 주주들이 경영진 전반의 보수에 대해 투표권을 갖고 있는 영국 모형을 본보기 삼아, 미국에서 같은 작업을 시도했다.[60]

법률고문으로 있던 영과 손을 잡고, 두 사람은 우선 '보상에 대해 말하라'로 이름 붙여진 주주제안이 미국에서 합법적일지 따져봤다. 페르라우토와 영은 '아직 존재하지 않는 것은 불법적인 것이 분명하다'는 증권거래위원회와 기업계의 압도적인 태도에 직면했다.[61] 그러나 증권거래위원회가 그 주제에 대해 '무제재확인서(증권거래위원회 직원이 개인의 질의에 답하는 회신으로, 지시된 방식으로 거래가 이루어질 경우 해당 거래에 대해 어떠한 규제조치도 취하지 말도록 위원회에 권고하겠다는 답변을 담고 있다—역주)'를 발행할 권한은 없었다. 즉, '보상에 대해 말하라' 투표가 불법이라고 콕 집어 말할 권한이 증권거래위원회에 없었다. 따라서 그들은 절차를 진행하기로 결정했다. '보상에 대해 말하라' 투표가 불법일 수 있는 한 가지 이유는 기업들이 주법에 따라 설립됐고 주의 기업법은 성실한 관리자로서의 궁극적인 권한이 이사회에 있어야 한다고 일반적으로 규정하는 데 있다. 경영진의 보수를 결정하는 것은 이사회의 핵심적 기능 가운데 하나이다. 아니, 이사회 고유의 핵심 기능이다. 따라서 보수에 관한 주주제안은 이사회의 특권을 불법적으로 침해하는 것으로 비칠 수도 있다. 그러나 이 문제에 대해서는 단순한 합법적 해결책이 있었다. 그러한 제안들이 법적 구속력이 있다기보다는 단순히 권고하고 자문하는 것일 수 있기 때문이다. 그런 식이라면, 이사회는 여전히 최종적인 법적 권한을 보유하고 있을 것이다.

2000년대 중반 페르라우토와 영은, 홈 디포를 비롯한 회사에 유사한 제안서를 제출하고 있던 뉴욕시종사자 퇴직기금과 힘을 합쳐 컨트리와이드(Countrywide)처럼 저명한 6개 회사에 '보상에 대해 말하라' 투표 제안서를 처음 제출했다.[62] 제안서는 꽤 훌륭했지만 찬성표가 40%대에 머물면서 통과되지는 못했다.[63] 2000년대 중반의 많은 행동주의적 쟁점에서처럼 호황을 누리고 있던 경제의 불길은 기업의 변화로 옮겨붙지 않았다. 그것과 더불어 2000년대 후반의 많은 행동주의적 쟁점에서처럼 2007~2008년의 금융위기는 상황을 결정적으로 바꿔 놓았다.

'보상에 대해 말하라'가 도입될 뻔했던 첫 사례는 2009년 찰스 슈머(Charles Schumer) 뉴욕주 상원 의원과 마리아 캔트웰(Maria Cantwell) 워싱턴주 상원 의원이 미국 상원에 공동으로 발의한 주주권리장전법안(Shareholder Bill of Rights Act)이었다. 두 상원 의원 모두 민주당 소속이었다.[64] 페르라우토를 포함한 행동가들은 이 주주권리장전법안을 성안하는 데 깊숙이 관여하고 있었으며, 법안 채택을 위해서 압박도 가했다. 그 법안을 초기에 제창한 사람들 가운데는 노동자의 자본기관들을 선도하는 유명 인사 및 단체들이 망라돼 있었다. 명단에는 미국소비자연맹과 유명한 주주권 지지자인 ISS의 넬 미노우(Nell Minow)

전 사장뿐 아니라 미국공무원연맹, 캘리포니아공무원연금, 국제서비스직종사자노동조합, 건설산업연구원, 미국노동총연맹 등 단체들과 뉴욕주 감사관으로 뉴욕주 종사자 퇴직연금의 이사장을 겸하고 있던 토머스 디나폴리(Thomas DiNapoli) 등이 포함돼 있었다.[65]

왓첼 립튼과 클리포드 챈스같은 기업 관리 로펌들과 미국상공회의소, 대기업협의회 등이 그 법안에 반대한 것은 그들이 그간 걸어온 행적으로 볼 때 충분히 예견된 일이었다. 대기업협의회는 이 책 전체를 통해 조직의 영향력에 대해 이미 주목한 바 있다—이 책 전반에 걸쳐 이미 그 영향력을 주목받은 대기업협의회는 '경제 번영을 촉진하고 건전한 공공정책을 통해 모든 미국인의 기회를 확대하는 미국 선도 기업 CEO들의 협의체'[66]를 자처한다. 대기업협의회가 주장하는 미국 경제 번영에는 협의회 회원들의 보수에 대한 주주들의 투표 금지도 포함된다. 미국상공회의소 자본시장경쟁력센터의 총재이자 CEO인 데이비드 허쉬만(David Hirschmann)은 그 법안을 노동자들이 노사 협상 테이블에서는 얻어낼 수 없는 것을 이사회 테이블에서 성취하기 위해 쓰고 있는 '가면'이라고 불렀다. 대기업 압력단체들은 노동자들이 자신들처럼 로비 활동을 벌이는 데 불쾌감을 보였다. 노동자들이 그들의 권력을 활용해 자신들에게 유리한 입법을 관철하려 하면서 이런 입법을 통해 지나치게 보수를 많이 받는 CEO들을 제외한 모든 이들에게 혜택이 돌아갈 것이라고 주장한다는 불쾌감이었다. 노동자 주주 행동주의에 대해 대기업 압력단체들의 반복적인 불만 표출은 '보로위츠 보고서(Borowitz Report)'에 실린 2016년 민주당 예비경선에 대한 풍자적 기사, '클린턴 측은 샌더스가 지명을 얻으려 한다고 비난한다'[67]를 떠올리게 한다.

주주권리장전법안은 시차를 두고 시행되는 이사선임투표제 폐지와 함께 주주제안권의 강화, 그리고 경영진의 보수를 승인하는 연례적인 주주투표를 요구했다.[68] 마지막 두 가지는 결국 도드–프랭크법을 통해 약간 다른 형태로 채택됐다. 이 법은 '보상에 대해 말하라' 투표를 적어도 매 3년마다 한 번 실시할 것을 기업 측에 요구했다.[69] 도드–프랭크법이 통과된 뒤 법이 기업들에게 최소 3년마다 실시할 것을 요구했음에도 불구하고 기업의 주주들은 앞다퉈 해마다 그러한 주주투표를 실시했다. 주주제안권 강화 문제에서도 그랬던 것처럼, 주주들이 다시 한 번 '보상에 대해 말하라' 연차 투표에 압도적 지지를 보낸 점을 고려하면, 미국상공회의소와 대기업협의회가 스스로는 주주들과 '건전한 경제'를 대변한다고 하면서도 실상은 그들의 상대가 비난한 대로 지나치게 많은 보수를 받는 CEO들과 기업 경영진을 대변하는 특수이익집단에 불과하다는 사실을 보여준다. 상공회의소와 대기업협의회가, 상대가 자신들의 처신 방식을 그대로 따라한다며 끊임없이 비난하는 것을 바라보면 언뜻 심리학적 투사 관련 사례 연구를 읽고 있는 듯하다.

'보상에 대해 말하라'는 세간의 이목을 끈 많은 성공 사례를 갖고 있다. 2012년 시티그룹의 주주 55%는 CEO 판디트에 대한 총 보수 지급을 거부했고, 몇 달 안 있어 판디트는 회사를 떠났다. 애버크롬비앤드피치(Abercrombie & Fitch) 주주들이 CEO이자 이사장인 마이클 제프리스(Michael Jeffries)의 총 보수 지급을 2년간 잇따라 거부한 뒤, 이사회는 제프리스의 이사장직을 박탈하고 그의 보수를 단순화하고 삭감했다.

CEO 총 보수 안건 부결

2013년	2014년	2015년	2016년
57	60	61	36

　가장 유명하고 다루기 힘든 기업 CEO이자 이사장은 오라클의 래리 엘리슨(Larry Ellison)인데, 주주들은 그의 보수를 4년간 잇따라 거부했다. 엘리슨이 기업의 25%를 소유하고 있다는 사실을 감안할 때, 그것은 주주들에게 불행한 일이다. 자신이 설립한 기업에서 엘리슨이 유의미한 지분을 소유하고 있었던 까닭에 이사회가 그의 보수를 삭감하는 일은 매우 어려웠다. 그러나 그는 2014년에 CEO 자리에서 물러났다. 해마다 수십 개가 넘는 기업의 주주들이 CEO들의 보수 지급을 거부해왔다. 2012년 57개 총 보수 안건이 50% 미만의 지지를 받았다. 또 2013년 57개, 2014년 60개, 2015년 61개, 2016년에는 36개, 2017년에는 9월까지 31개 기업이 CEO의 총 보수 안건에 대해 지지를 받지 못했다.[70]

　'보상에 대해 말하라'를 회의적 시선으로 바라보는 사람들은 이 수치가 러셀 3000 지수에 등록된 기업들로부터 얻은 것이기 때문에 총 3천 개 기업 가운데 오로지 2% 정도만이 '보상에 대해 말하라' 투표에서 지지를 받지 못한 것이라고 지적한다. 따라서 그들은 '보상에 대해 말하라'는 실패했다고 주장한다. 필자는 이에 동의하지 않는다. 첫째, 같은 4년이라는 기간, 즉 오바마 대통령의 두 번째 임기와 트럼프 대통령의 임기 중 처음 9개월과 일치하는 기간에, 주식시장은 미국 역사상 가장 극적인 상승기를 겪었다. 다우존스 산업평균지수는

2009년 3월 6일 저점 6,626.94에서 2017년 10월 17일에는 22,956.96까지 회복함으로써, 2009년 대침체(Great Recession) 이전에 지수가 도달했던 고점을 넘어섰다.[71] 지금까지 '보상에 대해 말하라' 투표는 주식 상승장으로 주주들이 그 이상 더 행복할 수 없는 환경에서 이뤄졌다. 그리고 이러한 정서는 의심할 여지 없이 투표에 반영됐다.

둘째, 경영진의 보수를 승인하는 비율이 높다고 해서 이 투표 체제가 경영진 보수를 통제하는 데 실패하고 있음을 의미하지는 않는다. 2003년에 시작된 영국의 '보상에 대해 말하라' 투표에서도 통과 비율이 꾸준히 큰 격차로 높게 나타났으며 그 격차는 애초부터 페르라우토와 다른 행동가들에게 알려져 있던 상황이었다.[72] 따라서 미국의 결과들이 충격으로 다가오지는 않았다. 문제는 승인 비율이 아니라 '보상에 대해 말하라' 투표가 지금까지 경영진의 보수에 어떤 영향을 미쳤는가와 앞으로는 어떤 영향을 미칠 것인가 하는 것이다. 첫 번째 문제에 관해 말하면, 증거가 어느 정도 혼재해 있지만 그런 증거만으로도 '보상에 대해 말하라' 투표가 전반적인 기업 성과에 비례해서 CEO의 보수를 줄이는 데 적어도 실질적인 영향력은 갖고 있음을 알 수 있다. 투자계의 전문가들도 정서적으로 같은 결론을 내리고 있다.[73] 그러한 결론은 부분적으로 경영진의 보수를 거부한 '보상에 대해 말하라' 투표 결과로부터 기인하는 것이지만 훨씬 더 많은 부분이 투표를 통해 보수를 거부당하는 난처한 상황을 피하는 선에서 적절히 보수를 유지하고자 하는 기업의 소망에서 비롯된 것이다.

이러한 결론이 진실인 이유를 제대로 이해하려면 ISS가 이 쟁점에 대해 고객들에게 어떻게 조언하고 있는지 알아보는 편이 도움이 될 것이다. ISS는 기업의 절대 성과를 1년, 3년, 5년 단위로 보며, CEO의 보수를 그 기간 내 기업의 실적과 비교 가능한 다른 기업의 CEO들에 대비해서 바라본다. ISS는 이러한 측정기준에 기초해서 투자자들에게 어떻게 투표할지를 자문해준다. 이러한 자문이 가져다주는 순수 효과는 평균 범위를 넘어서는 특이한 경우를 처벌하는 것이다.[74] 보수가 기업의 실적과 조화를 이루지 못하는, 또는 비슷한 수준의 CEO에 비해 지나치게 높은 보수를 받고 있는 CEO들은 대부분 부정적 투표 권고 대상이다. 따라서 ISS 권고는 시간이 지나면서, 처음 과도한 수준을 보였던 CEO들의 보수를 정상적인 수준으로 돌려놓는다. 가장 높은 수준을 보인 CEO의 보수를 낮추면, 그런 CEO의 보수를 근거로 자신의 보수가 왜 낮은 수준인지를 놓고 목청을 높였던 CEO들의 주장이 잦아들게 된다.

앞서 언급한 바와 같이 지금까지 투표는 고성장이라는 환경 속에서 이뤄졌다. 투자자들의 정서가 부정적으로 바뀌는 경기 침체기가 다시 오면, '보상에 대해 말하라' 투표에서 보수 거부가 증가하거나 거부를 회피하기 위해 CEO 보수를 실질적으로 낮추는 현상이 벌어질 것이다. 아니면 이 둘 모두 발생할 수도 있다. 어떤 면에서 보면 이러한 상황은 선거 때만 되면 온건한 변화만을 보이다가도 유권자의 정서가 눈에 띄게 변화하면 때때로 정부 통제를 급격히 강화하는 정치적 상황 변화와 보조를 맞출 것이다. 정치적인 투표에 비해 상대적으로 낮은 거부 비율은 투자자들이 CEO의 보수를 급격히 낮추기보다는 점진적으로 낮추는 쪽을 합리적으로 선호한다는 사실을 보여줄 뿐인지도 모른다. 투자자들은 CEO의 보수를 급격히 낮추면 예측하지 못한 새로운 문제가 야기될 수 있다고 생각하는지도 모른다.

CEO와 이사장의 역할을 분리하려는 노력과는 다르게, '보상에 대해 말하라' 투표는 이제 해마다 이뤄지고 있으며, 주주 스스로 의견을 밝힐 권리가 있다고 느끼는 쟁점들 중 핵심부분이 되고 있다. 10여 년 전만 해도 아예 존재하지 않았던 '보상에 대해 말하라' 투표가 지금은, 아무 통제도 받지 않던 CEO들의 보수 인상을 둔화시키고 있는 것으로 나타나고 있다. 그런데 하원을 통과한 금융선택법은 '보상에 대해 말하라' 투표를 연례적인 것에서 3년마다 한 번씩 하는 투표 또는 경영진 보수에 실질적 변화가 있는 경우에만 실시하는 투표로 바꾸려 한다. 이 법이 최종적으로 채택된다면 그 규정은 개혁의 효과를 일정 정도 약화시킬 가능성이 있다.[75]

CEO 보상 관행과 관련한 또 다른 개혁이 있다. 아직 그 효과가 발휘되고 있지는 않지만 CEO와 이사장직을 분리하는 일이나 '보상에 대해 말하라' 투표보다 더 강력한 힘을 지니고 있을 수도 있는 개혁이다. 그런데 의도했던 변화가 우연히 거의 완벽한 형태로 발생했다는 것은 매우 흥미로운 일이다.

CEO와 노동자 간
보수 비율 _____

노동자 주주들은 일종의 감독관 역할도 하게 되었다. 예를 들면 노동자 자본은 증권거래위원회나 다른 주주들이 외면하고 싶어 하는 건에 대해 제소하는 경우가 많다. 이 글에서는 노동자 주주들이 증권거래위원회에 압력을 가해 의회가 집행을 명령한 규정을 시행하도록 한 또 다른 예를 살펴보고자 한다.

금융 규제상 아주 사소한 변화라도 가져오기 위해서는 많은 시간과 돈, 노력이 필요하다는 점을 고려할 때—월 스트리트가, 항상 바짝 긴장한 상태로 끈질기게 활동하고 있는 로비스트들에게 얼마나 좋은 자금줄인지를 고려할 때—워싱턴의 '정규 선수'들을 알지 않고도 그런 중대한 변화가 발생할 수 있다는 것은 놀랄 만한 일이다. 그러나 그것은 CEO-노동자 보수 비율을 법규대로 공개하면서 틀림없이 일어난 일이다. 상원 의원들과 의회 직원들이 작성한 어떤 법률 하나가 입법 과정에서 요행히 로비스트들의 공작을 비껴갔는데 이 법률이 시행되면 기업들은 이제 기업 내 중간급 종업원 보수 대비 CEO의 보수 비율을 계산해서 보고하도록 요구받을 것이다. 그 수치는 2018년에 보고되도록 정해져 있으며, 그리고 그것이 이뤄지면 기업들의 분위기는 험악해질 것이다 (증권거래위원회에 보고된 2018년 S&P 500대 기업의 CEO-노동자 보수 비율은 평균 2백 87배로 낮아짐—역주).[76]

〈위싱턴 포스트〉가 가장 최근 정보에 기초해 정리한 자료에 따르면, 미국 CEO들은 자신들이 경영하는 회사의 평균적인 노동자가 받는 임금보다 3백 54배 더 많은 보수를 받고 있다. 이는 그 비율에서 2위와 3위를 차지한 스위스와 독일에 비해 두 배 이상 높은 수치이며, 이 두 나라는 각각 백 48배, 백 47배 높은 것으로 드러났다. 그 뒤를 이어 호주의 CEO들은 93배, 영국은 84배, 일본은 67배 더 많이 지급받고 있었다. 미국 CEO들이 자신들의 종업원들에 비해 항상 터무니없는 보수를 받았던 것은 아니었다. 경제정책연구소에 따르면 1965년 미국 거대 기업의 CEO들은 그들의 노동자들보다 20배 더 받고 있을 뿐이었다. 연구자들이 보고한 것처럼, '1978년부터 2014년까지 물가상승률을 감안해서 조정된 CEO 보수는 9백 97% 증가했으며, 주식시장 상승의 거의 두 배 가까이 오른 것이다. 같은 기간 전형적인 노동자의 연봉이 지겨울 정도로 느리게 10.9% 성장한 것에 비하면 CEO 보상은 훨씬 더 많이 상승했다고 볼 수 있다'.[77]

역사적으로 CEO 보수 공개를 둘러싼 복잡성 때문에 그리고 평균 또는 중간급 종업원 보수에 대한 자료를 폭넓게 입수하는 데 어려움이 따르기 때문에, 그러한 연구들은 정보에 입각한 추론에 기초를 두고 있었다. 하지만 그런 상황은 곧 변화할 것이다. 뉴저지주 상원 의원 다니엘 메넨데즈(Daniel Menendez)가 보좌관 마이클 파산테(Michael Passante)의 도움을 받아 도드-프랭크법에 끼워 넣은 규정 때문에라도 이제 기업마다 이러한 수치들이 공식적으로 보고될 것이다.[78]

이 조항이 결국 법안에 어떻게 들어가게 됐는지를 밝히려고 노력하는 과정에서, 필자는 미국노동총연맹 투자사무소를 운영하는 히더 코르조(Heather Slavkin Corzo)를 불러 그와 관련해서 아는 바가 있는지 물었다.

CEO와 노동자 임금 비교(배)

미국	스위스	독일	호주	영국	일본
354	148	147	93	84	67

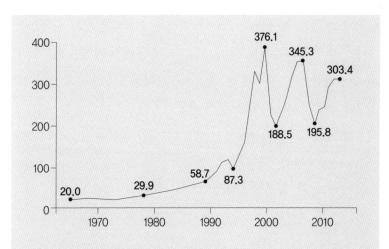

CEO 대 노동자 보수비율, 1965~2014년.
CEO의 연봉은 옵션들을 현실화했을 때 받을 수 있는 일련의 보수들을 활용해 계산됐다. 봉급과 상여금, 제한부 주식 증서, 옵션 행사, 장기 인센티브 보수 등이 포함됐고, 매출규모 상위 350개 기업의 CEO를 대상으로 했다. 노동자 보수에는 1년 이상 상근 노동자의 임금 및 수당이 포함됐다.

    필자는 일부 노동자 측 주주 행동가들이 이 조항의 삽입을 위해 로비를 벌인 것으로 추정했으며, 또 코르조가 그 사람이 누구인지 알 것이라고 생각했다. 그 조항이 법안에 포함시킨 것은 누구의 작품일까? 그녀일까 아니면 미국노동총연맹의 누군가일까? 그녀는 자신이 아니라고 대답했다. 필자는 질문한 모든 노동자 주주 행동가로부터 같은 대답을 들었다. 그 조항이 법안에 포함돼 통과되기 전에는 누구도 그에 대해 아는 바가 없었다. 그렇다 하더라도 코르조가 없었더라면 도드-프랭크법에도 불구하고 CEO와 노동자 보수 비율 공개는 결코 실현되지 않았을 것이다.

    코르조는 2005년 보스턴대학 로스쿨을 졸업했으며, 펀드 업계에서 경력을 쌓기 시작했다. 그러나 '그것은 골머리만 아픈 일이었다'. 그녀는 주주 행동주의에 발을 내딛고 민주당에서 정치를 시작했다. 2006년 의회 선거 기간에는 'Moveon.org'에서 현장조직책으로 잠시 일했다. 이후 그녀는 미국노동총연맹 투자사무소에 합류해, 페드로 티 아래에서 고등법률정책자문관으로 7년간 일했다—노동자 주주 행동주의의 세계는 아주 작은 세계이다. 코르조는 현재 페드로티로부터 자리를 물려받아 미국노동총연맹 투자사무소 국장으로 일하고 있다.[79] 페드로티처럼 그녀 역시 자수성가해서 미국에서 매우 영향력 있는 주주 행동가로 손꼽히는 인물로 부상했다.

도드—프랭크법은 2010년에 채택됐다. 4년 뒤에도 증권거래위원회는 여전히 CEO—노동자 보수 공개를 시행하는 규정을 만들지 않았다—공평하게 증권거래위원회를 바라보자면, 도드—프랭크법은 증권거래위원회가 86개 규정을 제정하도록 명령하고 있으며, 그 규정들 가운데 바로 첫 번째였던 주주 제안권 강화 규정이 폐기됐다. 필자가 이 글을 쓸 당시 증권거래위원회는 도드—프랭크법 아래에서 요구된 규정들 가운데 67개 규정들을 반포했다. 2014년 국장으로 취임한 직후 코르조는 세간의 주목을 받도록 쟁점을 유지하면서 증권거래위원회가 규정을 채택하도록 밀어붙이기 위해 매체홍보활동과 로비운동을 펼쳤다. 그녀는 보수 공개를 지지하고 옹호하기 위해 여러 기사들을 썼으며 CNBC에도 여러 번 출연했다. 민주당 소속인 애리조나주의 라울 그리발바(Raúl Grijavla), 미네소타주의 케이스 엘리슨(Keith Ellison), 캘리포니아주의 맥신 워터스(Maxine Waters) 하원의원은 기자회견을 열어 그 규정을 채택하라고 요구하면서 다음과 같이 말했다.

CEO들에게 일반 노동자들보다 수백 배 더 많은 보수를 주는 지금의 문화는 노동자 가족을 해치고, 종업원 사기에 해롭고, 기업을 위해 최선이라고 밝힌 연구와는 반대로 가고 있다. 경영전문가 피터 드러커는 20 대 1 또는 25 대 1을 초과하지 않는 보수 비율이 이상적이라고 주장하면서 보수 비율이 높을수록 기업이 성공하기 위해 필요한 협동 정신이나 신뢰를 쌓기 어렵다고 주장했다. 오늘날의 통계 수치는 드러커가 최적의 비율이라고 말한 그 수치를 적어 보이게 만들고, 눈과 귀를 의심하게 하는 경제적 불평등 확산에 기여한다. 세계적 금융위기 이후 얻은 소득의 95%는 상위 1%에게 귀속된 반면 일반 노동자의 보수는 정체 상태에 있었다.[80]

도드-프랭크법이 통과된 지 거의 5년이 다 지난 2015년 6월, 매사추세츠주 민주당 상원 의원 엘리자베스 워런(Elizabeth Warren)이 당시 증권거래위원회 의장이었던 메리 화이트(Mary Jo White)에게 통렬한 편지를 써 보내면서 CEO-노동자 보수 비율 규정 운동은 새로운 동력을 얻었다. 워런은 증권거래위원회가 자신에게 요구된 많은 규정을 시행하지 못했다며 화이트와 증권거래위원회를 맹비난했다. 일부 경고성 발언과 함께 "국가의 가장 큰 금융기관이, 위기에 대처하기 위해 의회가 통과시킨 법률을 무력화시키고, 약화시키고, 시행을 연기하는 데 혈안이 되어 있다"고 지적했다. 그리고 워런은 화이트가 CEO-노동자 보수 비율 규정을 시행하지 못한 점을 비판 목록의 맨 앞에 놓았다.[81]

코르조는 이 편지에 의해 생성된 동력을 등에 업고 증권거래위원회가 그 규정을 발표하도록 촉구하는 청원운동을 조직했다. 이 청원운동에는 최종적으로 16만 5천 명이 서명했다. 그녀는 또한 온라인 수단을 활용해 5명의 증권거래위원회 위원들 사무실로 천여 통의 전화를 해서 그 규정을 지지하도록 압박했다. 도드-프랭크법에 이 규정이 포함될 당시에는 그것을 막지 못했던 기업의 로비스트들은 그 시행을 늦추고 규정의 유효성을 약화시키려는 운동을 맹렬하게 전개했다. 미국상공회의소는 여론에 이끌려 보수 비율을 공개하게 되면 그 과정에서 기업들은 해마다 31만 천 8백 달러와 천 8백 25 노동시간이라는 비용을 부담하게 될 것이라고 주장했다. 코르조는 이에 대해 다음과 같이 응답했다. "참으로 터무니없는 이야기이다. 기업들은 이미 장부에 이런 정보를 실었어야 했다. 도드-프랭크법에 따르면 기업들은 약간의 간단한 계산만 하면 된다. 만약에 이보다 더 많은 노력이 필요하다고 한다면, 기업들이 자신들의 재정보고 의무는 어떻게 이행하고 있는지 심각한 의문이 들지 않을 수 없다."[82]

2015년 8월 5일 증권거래위원회는 그 규정을 공표했다. 증권거래위원회가 보도자료에서 밝힌 것처럼, 그 규정은 '기업들이 보수 비율을 계산하는 데 융통성을 주고, 주주들에게는 '보상에 대해 말하라' 투표를 할 때 정보 제공을 돕는다'. 이 규정은 기업들이 다양한 법정 문서들을 통해 보수 비율을 공개하도록 요구한다. 그중 가장 대표적인 것이 주주들에게 제공하는 기업의 연례 재무보고서이다. 보도자료에 기술된 '융통성'은 기업의 로비에 대한 양보이다. 하지만 필자와 대화를 나눈 코르조를 포함한 행동가들은 한목소리로 그 규정의 핵심은 온전히 남아 있다고 말한다. 그 융통성으로 인해 기업들은 중간층 종업원의 보수를 '매 3년마다 한차례만 계산해도 되고 기업의 회계연도 마지막 3개월 이내에 결정하면 됐다. 게다가 개인정보보호법이나 규제 때문에 그 규정을 따를 수 없는 나라 출신의 노동자는 예외로 할 수 있다고 규정하면서 비미국인 노동자에 대한 최소기준(de minimis) 면제 조항을 넣었다'. 그것은 또 기업들이 중간층 종업원 보수를 계산하는 데 통계적 표본추출법을 활용할 수 있도록 허용한다. 이는 미국노동총연맹이 제시한 비용 삭감 방법인데 역설적으로 기업들은 이에 반대하는 로비를 했다. 기업들은 그 규정을 보다 손쉽게 관리하는 데 드는 비용을 줄이기보다는 아예 보수규정 자체를 없애려고 로비를 했다.[83]

2017년 말부터 시작해서 상장기업들은 중산층 노동자 보수 대비 CEO 보수 비율을 보고해야 한다. 그렇게 되면 주주들은 '보상에 대해 말하라' 투표에 적절히 대응하는 데 필요한 정보를 제공받게 된다. 코르조는 이러한 혜택을 '인적 자본 관리'에 관한 것이라고 기술한다. 그녀는 이렇게 말했다. "지독히 기분 나쁜 용어이기는 하지만 근본적으로 생각해보면 경제가 제조업을 떠나 점점 더 서비스업 쪽으로 방향을 틀고 있는 마당에 투자자들은 노동력이 어떻게 훈련을 받고 보상을 받으며 또 어떻게 유지되는지 알 필요가 있다. CEO에 대한 보수 정보를 갖는 것만으로는 충분치 않다. 우리는 조직 전반에 걸쳐 그 정보를 보다 깊이 이해할 필요가 있다."[84] 투자자들은 기업이 중간층 노동자에게 주는 것보다 수백 배 많은 보수를 CEO에게 주고 있는지도 알아야 하며, 그 CEO가 실제로 보수만큼의 가치를 지닌 인물인지도 알아야 한다. 비록 CEO-노동자 보수 비율이 투자의 합리적 근거가 될 수 있는지에 대해서는 회의론이 널리 퍼져 있지만, 실제 투자자들은 이번에도 예상보다 훨씬 더 그 규정에 흥미를 갖고 있는 듯 보인다. ISS가 실시한 최근 조사에 따르면, 기관투자자의 무려 75%가 경영진 보수 관련 쟁점들을 평가할 때 이러한 공개내용들을 활용할 의도를 갖고 있다. 다국적 대형법률자문사인 스캐든(Skadden)이 배포한 보고서에 따르면 '그 조사 결과는 투자자들이 보수 비율의 공개를 단순히 무시할 것이라는 일반적인 시각과 모순된다'.[85]

마지막으로 CEO-노동자 보수 비율을 보고하게 되면 경제적 불평등 관련 쟁점들을 국가적 혹은 국제적 대화의 장으로 다시 끌어들일 수 있다. 공개를 연례화해서 기업들이 그들의 보수 비율을 보고하게 되면 대부분의 기업이 주주총회를 여는 대략 3월부터 6월까지의 기간, 즉 주주총회 시즌에 이 쟁점이 논의 대상에 오를 수 있다. 이 정보는 기업세계 내부뿐 아니라 외부로도 영향을 미쳐, 조세정책과 사회복지 프로그램 등에도 영향을 줄 것이다. 그리고 언론은 그들 스스로 이야깃거리를 만든다. 올해 미국에서 누가 최고의 CEO-노동자 보수 비율을 기록했는가? 어느 산업에서는 누가 최고를 기록했는가? 노동자들은 자기 회사의 CEO 보수에 대해 어떻게 느끼고 있는가? 투자자들에게는 어떨까? 미국에서 누가 가장 낮은 비율을 기록했는가? 어느 산업인가? 왜? 시간이 흐르면서 그러한 숫자들은 어떻게 변화해왔는가? 노동조합 결성이 이러한 숫자들에 어떻게 영향을 미치는가?

상원 의원 워런과 코르조가 최종적으로 그 규정을 공표하도록 증권거래위원회와 그 회장인 화이트에게 엄청난 압력을 가했을 때, 그것이 소멸되는 것을 막을 수 있었는지도 모른다. 의회는 의회심사법에 따라 CEO-노동자 보수 비율 규칙과 같은 새로운 행정규정이 공포된 당해 연도 내에는 그 행정규정을 폐지할 자동적인 권한을 갖고 있다. 일단 그 해가 지나가면 그 규정은 자동적으로 발효된다. 증권거래위원회가 그 규정에 대해 스스로 입장을 바꿀 유일한 방법은 그 규정의 영향에 대해 다른 공식적인 연구를 진행해서 그 규정을 폐지하는 제안을 내놓은 뒤 공시와 논평을 기다리는 수밖에 없다. 그것은 긴 시간을 필요로 하는 과정이다. 요컨대 증권거래위원회가 2015년 8월에 시행을 공표하지 않고 6개월을 더 미뤄 2016년 1월에 공표했더라면 공화당 의회가 그 규정을 폐지하는 일은 그야말로 식은 죽 먹기였을 것이다. 의회는 지금도 그 규정을 제거할 수 있다. 하지만 그러려면 새로운 금융 관련 법률을 통과시켜야 하고 거기에는 너무도 복잡한 일들이 수반된다.

그렇다고 그들이 그런 시도를 하지 않을 것이라는 말은 아니다. 증권거래위원회의 현 회장 제이 클레이튼(Jay Clayton)이 임명되기 전 증권거래위원회 회장 대행을 맡고 있던 미카엘 피아워(Micael Piwowar)는 기업에 보수 비율을 보고하도록 요구하는 데 맹렬히 반대하면서, 그 규정을 준수하는 데 따르는 어려움이 명시적이지 않고 '예측 가능하지도 않다'는 이유를 들어 그 규정에 대한 심사를 요구했다-피아워는 처음에는 '대규모 노동조합과 그들의 정치적 동맹이 펼치는 사울 알린스키식 전술'이라는 이유로 그 규정의 채택을 반대했다.[86] 그의 의도는 명백했다. 공화당 의회가 그 규정을 무효화할 새로운 법안을 통과시킬 때까지 오랜 기간 그 규정의 시행을 연기하려고 했던 것이었다. 그러나 그런 일은 일어나지 않았다. 그 결과 증권거래위원회는 기업들이 2018년에는 CEO-노동자 보수 비율을 보고할 각오를 해야 할 것이라고 시사해왔다(S&P 500대 기업의 CEO-노동자 보수 비율이 2018년 증권거래위원회에 처음으로 보고됨-역주).[87]

CEO-노동자 보수 비율은 완전한 것은 아니다. 저임금 노동자들이 많은 산업체의 CEO들은 은행가들보다 더 나쁜 상황에 처할 가능성이 크다. 금융 산업에서 상대적으로 낮은 수준의 보수를 받는 노동자라 해도 제조업 또는 음식 서비스업에서 일하는 저임금 노동자들에 비해서는 훨씬 더 많은 보수를 받고 있기 때문이다. 하지만 크게 신경 쓸 일은 아니다. 가장 효과적인 비율 비교 방법인 산업 내 비교, 가령 은행 간 비율 비교, 소비재 산업 간 비율 비교 등을 통해 할 수 있기 때문이다. 전반적으로 보면 이러한 비율 공개는 앞서 언급했던 고삐 풀린 경영진 보수 관련 수치에 나타난 어떤 추세를 막는 데 도움이 돼야 마땅하다. 보수 비율 공개는 99% 대 1% 논쟁을 촉발하고 기업 내부에서 그런 논쟁이 적절히 이뤄질 수 있도록 해주며, 지속적으로 경영진 보수를 인상하고자 하는 힘에 맞서는 일종의 대항마를 길러낼 것이다. 또한 이 정보는 기업이 경영진을 제외한 나머지 종업원들에게 보상하는 방식에 새로운 통찰력을 제공해야 한다. CEO의 보수에 대해서만 보고하게 되면 실제로는 'CEO를 위대한 영웅으로 치켜세우는' 일종의 신화를 더 강화시킬 우려가 있다. 적절히 모든 종업원들에게 장려책을 시행하는 것 역시 주주 이익에 부합하는 것이다.

요약하면 노동자 주주들은 황제 CEO들에 대한 투쟁을 세 가지

전선에서 수행해왔다. 그들은 CEO와 이사장의 역할을 분리하기 위해 투쟁해오고 있으며 그 부분에서 어느 정도 성공을 거두기도 했다. 이것은 미국을 제외한 거의 모든 비교할 만한 시장에 존재하는 이른바 견제와 균형이라는 기능적 체제를 현대적 기업에 걸맞게 미국에서도 부활시키기 위한 노력의 일환이다. 행동가들은 '보상에 대해 말하라'를 경영진 보상에 대한 연례적인 주주투표로 성공적으로 도입했다. 또한 CEO-노동자 보수 비율의 연례보고를 위해 투쟁해왔다. 다음 장에서는 노동자 주주들이 대단히 영향력이 큰 또 다른 시장 분야, 즉 사모펀드에서 어떤 활약을 펼쳐왔는지 살펴보기로 하자.

PART 5

대중 편에 선
로비스트들, 사모와
대결하다

공개와 투명성의 원칙, 사모펀드 규제의 핵심

정확히 백 년 전, 루이스 브랜다이스(Louis Brandeis)가 연방대법관이 되기 전 변호사 시절에 『타인 자산과 은행가들의 타인 자산 활용법(Other People's Money and How the Bankers Use It)』이라는 책을 펴냈다. 저자의 빛나는 통찰이 여러 군데 눈에 띄지만 그중에서 특히 '햇빛은 가장 뛰어난 살균제이며, 전등 불빛이야말로 가장 효율적인 경찰'이라고 말한 대목이 주목을 끈다.[1] 그의 통찰력이 한 세기가 지난 지금에도 여전히 힘을 발휘하고 있다는 것은 우울한 일이 아닐 수 없다. 브랜다이스의 주장 그대로, 공개와 투명성의 원칙은 오늘날에도 금융 규제 방식의 핵심으로 남아 있다. 유가증권 판매를 금지해야 할 경우가 자주 있음에도 불구하고 그것을 금지하는 일은 거의 없다. 그 대신 우리는 유가증권 판매에 대해 충분하고도 완전한 공개를 요구하며 그러한 공개가 믿을 만하고 공평무사하게 진행될 수 있도록 사기 금지 규정을 두어 감시한다.[2] 필요한 금융 정보를 제대로 공개하지 않거나 거짓 또는 허위 정보를 공개할 경우 법무부와 증권거래위원회, 주 증권감독관 혹은 주주 소송을 통해 광범위한 형사상·민사상 책임을 지게 된다. 우리는 기업들이 어떤 금융 상품을 판매하는지에 초점을 맞추기보다는, 그 금융 상품을 어떻게 판매하는지에 더 주목한다. 따라서 기업들이 알려진 모든 위험을 공개하는 한, 고위험 유가증권을 일반 대중에게 판매하는 일은 얼마든지 수용 가능하다.

물론 그러한 규제가 햇빛과 같다는 브랜다이스의 생각에 이의를 제기하는 견해도 있다. 그에 따르면 공개 명령을 하는 규제는 그 규제가 보유한 가치보다 더 많은 비용을 필요로 하여, 기업과 주주 들에 해가 된다. 또 좋은 기업이라면 투자자들이 필요로 하는 모든 관련 정보를 자발적으로 공개할 올바른 동기를 갖고 있다고 말한다. 햇빛의 가치, 즉 규제의 가치에 이러한 문제들이 제기될 수 있다면, 어떤 종류의 금융상품들이 어둠에 묻혀 사는 쪽을 선호하는지, 또 그러한 금융상품들이 어떻게 작동할 것으로 예상되는지는 고려할 만한 가치가 있다. 지난 10년간 사모펀드들은 어둠의 주요 점거자들이 됐다. 사모펀드들에 대해 우리가 무언가를 발견해냈다 하더라도 대부분은 결국 사모펀드가 스스로 우리에게 알려주겠다고 작정한 것들에 불과하다. 하지만 도드−프랭크법 이후 조명이 밝혀지면서 희미하게나마 이러한 상품들이 어떤 모습을 하고 있는지 정도는 충분히 알아볼 수 있게 됐다.[3] 노동자 주주들은 전등과 전선, 스위치를 설치하고, 증권거래위원회에는 그저 스위치를 켜달라고 요구했을 뿐이다. 그리고 증권거래위원회는 결국 그 스위치를 켰다.

그 조명을 설치하도록 투쟁을 이끈 것은 코르조였다. 그녀는 증권거래위원회를 압박해서 위원회가 CEO-노동자 보수 규정을 공표하도록 했다. 또한 다른 사람들과 힘을 합해 스스로 '금융 개혁을 바라는 미국인들(Americans for Financial Reform)'이라는 단체를 설립, 도드-프랭크법이 사모에도 빛을 비추도록 증권거래위원회에 확실한 권한을 부여하는 데 핵심 역할을 했다. 이를 위해 코르조는 사모펀드가 보유 자산을 등록하고 보고하도록 처음으로 요구했다. 그것은 결코 쉬운 일이 아니었다. 2015년 현재 사모펀드는 운용자산으로 4조 2천억 달러를 보유했다. 엄청난 로비활동을 벌일 힘이 여기에서 나왔다. 그들은 자칭 '사모펀드 위원회(Private Equity Council)'를 지부로 삼아 워싱턴에서 주도적으로 로비활동을 벌여왔다. 이후 위원회는 명칭을 '사모펀드성장위원회(Private Equity Growth Council)'라고 바꿨고, 이 명칭이 입에 담기에 너무 뻔하다는 이유로 지금은 스스로를 '미국투자위원회'라고 부른다.[4]

사모펀드의 사업 모형은 오랫동안 논란거리였다. 일부는 사모펀드를 본질적으로 자금조달 구조로 보는데 이 구조가 유난히 선호하는 것은 펀드의 투자자들과 납세자, 이들 펀드가 구매한 기업의 종업원들 위에서 펀드를 통제하는 방식이다. 사모펀드의 무한책임조합원은 사모펀드 투자자들과 유한책임조합원이 공급하는 자본에 의지해 로버츠(Kohlberg Kravis Roberts)와 서버러스(Cerberus)가 세이프웨이와 함께(제1장)했던 것처럼 상장기업을 구매해서 '사적으로 취하는 것'이다. 사모펀드는 투자자들을 위해, 미국인 대다수가 납부하는 것보다 낮은 세율을 적용받기 위해 '보유이익의 허점(carried-interest loophole)'을 포함한 각종 세금우대 조처를 활용한다.[5]

빅터 플라이셔(Victor Fleischer)는 샌디에이고대학의 법학교수로 한 때 〈뉴욕타임스〉 '표준공제(Standard Deduction)' 칼럼의 집필자였으며, 최근에는 상원 재정위원회 고위 간부인 론 와이든(Ron Wyden, 민주당, 오리건주) 의원을 위해 조세 자문 공동위원장으로 일했다. 지난 10여 년 동안 가장 영향력 있고 가장 많이 인용되고 가장 많이 읽히는 법학서로 손꼽히는 한 저서에서 플라이셔는 사모펀드 산업의 '보유이 익의 허점'은 불법적으로 그 산업이 그들의 노동으로부터 창출된 이 윤을 자본수익으로부터 창출된 이윤에 넣어 계산할 수 있도록 해줬 다고 주장했다. 노동으로부터 창출된 수익에는 우리들 대다수가 납 부하고 있는 것처럼 높은 세율이 적용되고, 자본수익으로부터 창출 된 이윤에는 낮은 세율이 적용되기 때문이다. 플라이셔에 따르면 이 것은 '말이 조세정책이지 도대체 이치에 맞지 않는 정책'이었다. 플라 이셔는 이런저런 이야기 끝에 사모 이윤은 일반적인 소득으로 과세 돼야 한다고 주장했다.[6] 워싱턴에서 그 허점을 막으려고 했지만 여전 히 별다른 성과를 거두지 못한 가운데 플라이셔의 주장은 전국적으 로 알려졌다. 지방 차원에서도 그러한 노력은 있었다. 노동자와 연대 한 행동가 단체인 헤지 클리퍼스(Hedge Clippers)는 12개 주와 컬럼비 아 구에서 이러한 탈세 행위에 반대하는 운동을 펼치고 있다.[7]

와이든 상원 의원이 플라이셔를 조세 자문 위원으로 임명하자 일 부에서는 우려의 눈길을 보냈다. 〈포브스〉는 '급진주의자 플라이셔 를 고용한 상원의원 와이든, 조세 개혁을 위험에 빠뜨리다'라는 제목 의 기사를 썼다. 그 기사에도 어김없이 앨린스키는 등장한다. '플라 이셔의 지명은 그가 여러 해 동안 함께 일했던 앨린스키 풍의 '애국적

백만장자' 집단의 찬사를 받았다.'[8]

실제 미국인 삶의 모든 측면에서 확산되고 있는 사모펀드 산업의 막후 역할이 논란거리가 많은 사업 모델과 더불어, 주요 관심사로 떠올랐다. 〈뉴욕타임스〉의 '손익계산에 빠진 국민 사모펀드(Bottom Line Nation)' 연재 기획 보도는 이런 우려들을 정확히 포착해냈다. 2008년 금융위기는 주와 도시 들을 일시적이나마 재정적 곤경에 빠뜨렸다. 사모펀드는 그 빈 공간에 발을 들여놓은 뒤, 응급구조회사와 철도, 고속도로, 911콜센터, 상수도, 대중 골프장, 심지어 법원 청사까지 포함한 공공서비스 업무를 넘겨받았다. 가령 주가 도로를 건설하고자 할 때 과거에는 정식 절차를 밟아 필요한 예산을 책정하면 그만이었다. 하지만 오늘날에는 사모펀드가 통행요금 징수권을 갖고 있는 도로 인근에 주정부에서 새로이 도로를 건설하려면 사모펀드로부터 허락을 받아야 할 수도 있다. 이러한 소유권 지분에 힘입어 사모펀드 산업은 워싱턴과 여러 주의 수도에서 큰 목소리를 내고 있다. 이는 공공 노동자의 일자리를 빼앗는 결과를 빚기도 했는데 필자는 이 쟁점을 논하려 한다.[9]

도드-프랭크법을 입안할 당시 코르조는 그 일에 전력투구했다. 그녀는 미국노동총연맹 투자사무소를 대표하는 로비스트로 등록했으며, 지금도 이 사무소를 운영하고 있다. 연방하원이 도드-프랭크법안을 처음 집어들었을 때만 해도 그 법안에는 사모펀드 등 민간펀드들의 등록 의무 조항이 포함돼 있었다. 이는 앞에서 서술한 일종의 정보공개 제도가 이러한 펀드들에 적용될 것임을 의미했다. 그러나 그 법안이 연방상원에 송부됐을 때에는 등록 요건이 신기하게도, 물론 신기해할 일도 아니겠지만 어쨌든, 사라져버렸다(그것은 우연의 일치였겠지만, 은행위원회 위원장이자 도드-프랭크법안의 후견인인 민주당 상원의원 크리스 도드(Chris Dodd)는 사모펀드 산업의 주요 축이었던 코네티컷주를 대표했다). 코르조는 민간펀드 등록조항을 그 법안에 다시 끼워 넣도록 연방상원 의원들인 잭 리드(Jack Reed, 민주당, 로드아일랜드주)와 론 존슨(Ron Johnson, 공화당, 위스콘신주), 말 레빈(Carl Levin, 민주당, 미시건주), 셔로드 브라운(Sherrod Brown, 민주당, 오하이오주), 찰스 그래슬리(Charles Grassley, 공화당, 아이오와주) 등을 대상으로 로비를 벌였다. 그녀는 하원과 상원을 통과한 별개의 법안들을 하나로 일치시키는 조정 절차에 들어가 있는 동안 특히 상원 의원 리드의 등록 의무를 부활 노력이 돋보였다고 말했다.[10]

물론 워싱턴 로비스트들에게야 일상적인 일이지만 이는 수천 쪽짜리 법안 속 어딘가에 깊숙이 숨어 있어 눈에 제대로 띄지도 않는 조항들을 둘러싸고 알 수 없는 다툼을 벌이는 수많은 사례 중 하나에 불과하다. 대중은 이 미로에 들어갈 꿈도 꾸지 못한다. 그저 자신들이 제대로 된 대표를 보냈기를 바랄 뿐이다. 사모펀드는 엄청난 보수를 받는 로비스트 무리를 파견했다. 남은 우리를 위해서는 코르조와 '금융 개혁을 바라는 미국인들'이 있다. '금융전문가 조직으로부터 공동체 옹호단체에 이르기까지 200개에 가까운 주와 지방의 조직들이 모여 전국적인 연합체를 이룬 이 단체'에는 루스벨트연구소와 미국공동체재투자연합(National Community Reinvestment Coalition, NCRC)과 같은 저명한 기관들도 포함됐다. 이 단체의 실무자들은 대체로 코르조를 비롯한 미국노동총연맹 인력으로 채워져 있었는데, 2009년 1월

29일자 의회감독단(Congressional Oversight Panel, COP) 발행 '규제개혁에 관한 특별보고서(Special Report on Regulatory Reform)'에 설계돼 있는 금융 개혁의 틀을 제도화할 목적으로 결성됐다. 의회감독단 단장은 엘리자베스 워런이었다. 감독단을 이끄는 과정에서 이름을 널리 알린 그녀는 이를 바탕으로 나중에 매사추세츠주에서 상원 의원에 출마해 당선됐다. '금융 개혁을 바라는 미국인들'의 최우선 사항은, 워런이 제안한 보고서에서 명시된 권고 그대로 소비자금융보호국을 창설하는 것이었다. 그런데 오바마 대통령이 보호국장으로 워런 임명을 거절하자, 그녀는 상원 의원에 출마하기 위해 북부로 돌아갔다.[11]

　물론 비평가들은 코르조와 '금융 개혁을 바라는 미국인들' 역시 자기 자신의 이익, 이 경우라면 노동조합 후원자들을 위시한 사람들의 이익을 대변한다는 측면에서 사모펀드 로비스트들과 다를 바 없다고 주장할 것으로 예상했다. 그리고 그들은 실제 그랬다. 이 이익이란 무엇이었나? 연금기금들은 사모펀드에 문외한이면서 그 펀드에 노동자 퇴직 저축을 투자하는 중이었다. 그들은 사모펀드가 내미는 청구서 내용을 이해할 능력이 없었다. 가입 노동자들의 퇴직 저축을 공립학교와 소방기업, 경찰과 응급구조서비스, 상수도사업소, 도로요금소를 슬그머니 인수하는 데 투자하고 있었다. 단적으로 말해 그들은 자기 노동자들이 일자리를 잃게 하는 데 투자하고 있었던 것이다.[12] 연금이 겪고 있는 이러한 상황은 기업들이 굳이 법으로 규정하지 않아도 투자자들에게 필요한 모든 정보들을 자발적으로 공개할 것이라는 견해와 정면으로 배치됐다. 정보공개가 여전히 또 하나의 특별한 관심사인가? 수수료와 투자 실적, 민간의 공공 영역 인수만이 노동조합의 관심사인가?

필자의 견해로는 코르조와 '금융 개혁을 바라는 미국인들'이 대변하여 옹호했던 이익은 다른 어떤 금융 분야보다도 미국인 대다수의 이익과 훨씬 잘 맞아 떨어진다. 물론 필자는 코르조나 이 책에서 묘사된 행동가들이 여타의 금융 관계자들보다 훨씬 더 공적 정신으로 무장돼 있다고 믿지만, 그렇다고 해서 그들이 자기를 돌보지 않고 '공공 이익의 제단에서 산화한 순교자'라는 식의 신뢰를 보내는 것은 아니다. 오히려 그들에 대한 필자의 믿음은 그들 구성원들의 이익이 금융의 다른 어느 분야보다 훨씬 더 큰 비중의 대중들의 이익과 일치한다는 사실로부터 유래한다. 이러한 연금기금과 노동조합 기금에 투자한 수천만 명의 미국인들, 그리고 그들의 가족으로서 연금기금 가입자 및 수급자에 의존해 살아가는 보다 많은 사람들이 노동자이며 중산층 국민이다. 그들은 권력의 공간에서 날이 갈수록 가장자리로 내몰리고 있다. 국민 스스로 선출한 대표들이 국민의 연금을 운용하는 사람들보다 오히려 국민을 위해 일하는 데 적은 관심을 보일지도 모른다.[13]

코르조와 '금융 개혁을 바라는 미국인들'을 비롯한 여러 사람들 덕분에 도드−프랭크법에는 소비자금융보호국 창설을 포함한 많은 다른 금융 개혁 조치와 사모펀드 등록 및 보유 자산 공개 의무 조항이 포함됐다.[14] 그들은 바로 이런 방식을 동원해 전등을 설치했던 것이다. 문제는 증권거래위원회가 스위치를 신속하게 올려 전등을 켤지의 여부였다. 증권거래위원회는 거의 4년 뒤인 2014년 5월 6일에 전등을 켜고, 법적 규정에 따른 공개가 과연 가치 있는 일인지 여부를 두고 벌어진 논쟁에서 직접적인 증거를 제공했다.

2014년 당시 증권거래위원회의 준법점검조사국(OCIE) 국장은 앤드류 보든(Andrew J. Bowden)이라는 인물이었다. 5월 6일 보든은 뉴욕에서 열린 사모국제민간펀드포럼에서 연설을 했다. 우연찮게도 연설 제목은 '사모펀드 전반에 햇빛을'이었다. 보든은 증권거래위원회가 도드−프랭크법의 등록 조항에 따라 새롭게 갖게 된 심사 권한에 근거해서 사모펀드에 대한 점검 결과를 발표했다. 그리고 사모펀드 산업에 내재해 있던 일부 갈등의 배경을 설명하면서 연설을 시작했다. 갈등 중 하나는 사모펀드가 어떤 기업을 인수한 다음 사모펀드 기업을 그 기업의 자문역으로 고용하도록 강요하는 것이었다. 이어서 등록 의무 조항 발효 후 증권거래위원회가 처음으로 실시한 백 50차례의 감사에서 발견한 사실들을 설명했다.

조사관들이 조사하는 과정에서 확인한 공통점은 단연코 사모펀드 회사들을 자문역의 수수료 징수 및 비용 산정과 관련돼 있다.

"우리는 사모펀드 자문역들이 수수료와 비용을 어떻게 처리하는지 조사하는 과정에서, 위법 혹은 관리상의 중대한 취약점이라 믿을 만한 꽤 많은 사항들을 확인했다."

이것은 주목할 만한 통계이다. 과거에는 자문역 조사에서 가장 자주 인용된 문제가 부적절한 정책과 절차 또는 부적절한 공개 등이었다.

"수수료 및 비용 처리와 관련한 문제점을 드러낸 사모펀드 회사들이 절반 이상이란 사실은 의미심장하다."[15]

요컨대 사모펀드는 햇빛이 비치지 않는 상태에서 운영될 때 '절반 이상'[16] 수수료 및 비용을 속여 청구하고 있었다. 우리는 백 년 전 브랜다이스로부터 이 교훈을 배웠다. 그 교훈을 처음부터 다시 공부해야 하는 것은 부끄러운 일이다. 더욱이 사모펀드 산업이 쥐고 있는 힘을 감안할 때, 이러한 폭로들이 코르조와 미국노동총연맹, '금융 개혁을 바라는 미국인들' 그리고 민간펀드의 등록을 위해 로비활동을 벌인 다른 기관들 없이도 이뤄질 수 있었을까. 상상할 수도 없다.

보든의 연설 이후 증권거래위원회는 사모펀드들에 대해 여러 증권법 위반 행위를 들어 11차례 강제 집행 조치를 취했다. 그중 하나가 더블유엘로스엘엘씨앤드컴퍼니(WL Ross LLC & Company)에 대해 취해졌는데, 이 회사는 현재 트럼프 행정부에서 상무부 장관으로 있는 윌버 로스(Wilbur L. Ross)가 설립해 운영하고 있었다. 증권거래위원회는 로스의 펀드가 자문해주는 다른 펀드들에게 수수료 청구 내역을 공개하지 않음으로써 이들 펀드들이 2001년부터 2011년 사이에 좀 더 높은 운용수수료를 지불했음을 확인했다. 그에 따라 그 회사는 비용 청구 관행을 고치고 천 백 80만 달러의 수수료를 돌려줬으며 2백 30만 달러의 벌금을 물었다.[17]

그러한 집행 조처들도 물론 중요하고 그러한 조처들이 백악관에 누가 앉았고 또 누가 그 자리에서 증권거래위원회를 통제하느냐에 달려 있는 것도 사실이다. 하지만 이러한 정보 공개의 가장 높은 가치는 수수료에 대한 투명성을 높이고 사모펀드의 투자 활동을 보다 폭넓게 감시하는 데 있다. 간단한 예를 들면, 성공적인 대형 사모펀드로 손꼽히는 레오나르드그린파트너스(Leonard Green Partners)는 회사가 자체 포트폴리오에 포함된 회사들, 즉 연금기금과 노동기금을 비롯한 투자자들에게서 모금한 자금으로 매입한 세이프웨이 같은 회사들에게 경영진의 1등석과 전용석, 비즈니스석 항공 요금을 부담시켜 왔음을 정보공개 형식 요건인 ADV 문서-Form ADV: 2천 5백만 달러 이상의 자금을 운용하는 투자자문회사가 미국 증권거래위원회에 제출하는 서류로 수수료 구조, 운용자산 규모 등 정보를 담고 있다-에 담아 공개했다. 그러자 펀드 투자자들 가운데 하나인 유나이트히어는 레오나르드그린파트너스의 여행 경비 산정 방식에 문제가 없는지 들여다봤다.

유나이트히어는 호텔산업 노동자들을 대표하는 노동조합으로 페드로티와 웨인가튼의 헤지펀드 목록과 비슷한 사모펀드 관찰목록을 만들었다.[18] 2013년 이후 유나이트히어는 18개 사모펀드들에게는 '무책임함' 그리고 13개에게는 '책임감이 있음'이라는 꼬리표를 붙인 목록을 공표했다. 무책임한 사모펀드란 무엇보다도 노동조합의 면담 요구를 거듭 거부한 펀드들이며, 이들은 '접대 관련 자산이나 포트폴리오 기업과 관련해서 오랫동안 논란이 끊이지 않고 있었다'. 유나이트히어는 투자자로서 보다 높은 수준의 투명성과 자료 공개를 요구하며 압력을 넣을 수 있는 조직이다. 그러나 유나이트히어가 이렇게 하는 것은 조합원들의 이익을 증진시키기 위해서다. 조합원들의 연금 급여는 조합원들의 일할 능력과 보수와 직접적으로 연결돼 있다. 사실 엄밀히 말하면 노동조합이 '접대 관련 자산이나 포트폴리오 기업과 관련해서' 협상하고 있는 것도 같은 쟁점들 때문이다. 그러한 노동조합들은 가능하다면 언제든지 노동조합 노동자들을 활용할 것을 사모펀드들에게 요구하는 '부가 합의'를 요청하기도 했다.[19]

노동조합 역시 노조 결성에 착수하거나 사모펀드 소유주들과 임금 및 근로 조건을 협상할 때 연금투자자들에게 도움을 요청했다. 예를 들면 미국통신노동조합은 노동자로부터 양보를 얻어내려는 회사 측 시도를 무력화하기 위해, 사모펀드 아폴로글로벌매니지먼트(Apollo Global Management LLC)에 투자하고 있던 자산 규모 천 9백 20억 달러의 뉴욕주공동퇴직기금에 도움을 요청했다. 결과는 성공적이었다. 이와 비슷하게 로스앤젤레스 호텔 노동자들은 테라니어(Terranea)리조트 노동조합 결성 과정에서 적절한 압력을 행사하도록 연금들에 요청했다.[20]

공적 연금기금, 노동조합 기금과 사모펀드 사이의 접점은 이 책에서 서술한 여러 관계 중에서도 가장 우려스러운 관계이다. 만일 공적 연금기금의 투자가 없다면 사모펀드의 미래는 현재보다 불투명해질 것이다. 추정치야 다양하지만 사모펀드 총 운용 자산의 3분의 1에서 2분의 1에 조금 못 미치는 수준이 공적 연금기금으로부터 나온다.[21] 헤지펀드에서도 그랬던 것처럼 연금기금은 사모펀드가 부과하는 수수료 문제, 즉 수수료의 규모와 투명성 문제를 최근에야 인식했다. 캘리포니아공무원연금은 사모펀드 수수료 관련 문제와 투명성 결여 문제로 노심초사하다가 직접 사모펀드 기금을 조성해서 인력을 배치하는 방향을 적극 고려 중이다. 하지만 그도 여의치 않으면 글로벌 자산운용사인 블랙락에게 전적으로 운용을 위탁하는 쪽을 적극 고려하고 있다.[22] 그러나 최근 공적 연금기금과 사모펀드 사이의 관계 발전은 그 앞길이 이전보다 상당히 밝다. 2017년 뉴욕시 감사관 스트링거의 사무실은 뉴욕시기금들과 KKR 사이에 한 가지 합의 사항을 이끌어내는 데 성공했다. 합의에 따르면 사모펀드는 기금 수익이 7%를 초과할 때까지 투자수익에 대해 어떠한 수수료도 받지 않기로 했다. KKR에 30억 달러를 투자하고 있던 뉴욕시기금들은 그러한 합의를 강제할 만한 지렛대를 가지고 있었다. 합의의 목적이 '적어도 일반 장세에 맞추는 것'이었기 때문이다.[23] 이는 곧 뉴욕시기금들의 수익이 S&P 500 지수 펀드의 투자 실적을 넘어서기 전까지는 투자수익에 대해 수수료를 내지 않겠다는 뜻이었다. 하지만 이 사례는 시작에 불과하다. 연금과 노동조합 기금들이 사모펀드에서 갖고 있는 실질적 지분을 기반으로 자기에게 부여된 권한을 실제로 사용한다면 좀 더 노동 친화적 방향으로 펀드 투자 전략을 세울 수 있다. 더구나 관심을 일자리 문제로 옮기면 이러한 권한은 비할 데 없이 중요한 것이 된다.

대부분의 경우, 공공 부문을 인수하는 사모펀드에 공적 연금기금이 투자를 함으로써 결국 자신의 일자리를 빼앗는 일에 스스로 나서서 투자한 셈이 되고 말았다. 공공구급차 운전사와 소방관, 교사, 교도관, 기술자 등의 퇴직기금은 자신의 일자리를 빼앗는 회사에 투자되고 있으며, 그들로부터 빼앗은 일자리들은 사모펀드에 가입한 민간 부문의 연금 급여 없는 저임금 노동자들에게 돌아간다. 그러한 투자들은, 이런 결정들을 내린 수탁자들이 진실로 노동자들 그리고 그들의 퇴직 저축에 충실해야 한다는 법적 의무를 이행하고 있는지 여부에 심각한 의문을 제기하게 한다.[24] 이제 가공할 만한 저항이 나타나고 있다. 많은 기금들이 그러한 투자를 거부하기 시작했으며, 노동자 보호를 위해 그러한 투자에 제한을 가하고, 한걸음 더 나아가 일자리 창출에 자신들의 투자력을 활용하고 있다. 그렇게 창출된 일자리들은 기금에 다시 기여하게 된다. 아직도 연금 투자 관리법은 그 자체가 정쟁의 불씨이다. 클린턴, 부시, 오바마 행정부를 거치면서 관련 법률은 진퇴를 거듭해왔으며 트럼프 행정부 들어서도 그런 상황은 달라지지 않을 것이다. 하지만 노동자 주주들이 대면하게 될 법적·정책적 도전을 논하기 전에 다뤄야 할 보다 중대한 주제가 하나 있다. 다음 장에서 다룰 노동자 주주권의 활용 방법이다. 필자는 노동자 주주들이 CEO와 은행가, 회계사 등을 상대로 증권사기 소송을 벌이면서 주주권을 어떻게 활용했는지 살펴볼 것이다.

연금기금과 노동조합 기금에 투자한 수천만 명의 미국인들,

그리고 그들의 가족으로서 연금기금 가입자 및 수급자에 의존해 살아가는

보다 많은 사람들이 노동자이며 중산층 국민이다.

그들은 권력의 공간에서 날이 갈수록 가장자리로 내몰리고 있다.

국민 스스로 선출한 대표들이 국민의 연금을 운용하는 사람들보다

오히려 국민을 위해 일하는 데 적은 관심을 보일지도 모른다.

PART 6

월 스트리트의
새로운 보안관들

사기와의 투쟁

2007년에서 2008년 사이의 대 경기침체가 세계에 부채담보부증권(CDO)과 주택저당증권(MBS)에 대해 경종을 울리기 얼마 전, 또 하나의 금융사기, 즉 스톡옵션 소급적용이 시장 곳곳에서 화제로 등장했다. 소급적용 문제는 노르웨이 출신의 아이오와 대학 금융학 교수인 에릭 리(Erik Lie)에 의해 처음으로 확인됐다. 리는 스톡옵션 소급적용이 만연해 있음을 폭로했으며, 결국 이로 인해 수십 건의 증권거래위원회 집행조처와 투자자소송이 이뤄지고, 리는 관련 집단 내에서 단번에 우상과 같은 존재로 떠올랐다. 리의 제자들은 그가 코믹 영화 '푸트루스(Footloose)'의 주인공 케빈 베이컨(Kevin Bacon)처럼 보인다고 언론에 말했다. 〈비즈니스위크〉는 그가 학자로서의 삶을 좋아하는 것은 학기가 끝난 뒤 크로스컨트리 스키를 할 수 있고 여름에는 가족과 함께 노르웨이에 있는 부모의 별장에서 지낼 수 있기 때문이라고 보도했다. 리는 〈타임〉의 '올해의 인물'에 선정되지는 않았지만, 엘리엇 스피처는 리의 약력을 소개하면서 2007년 〈타임〉이 선정한 100인의 인물 가운데 84위에 이름을 올랐다고 기술했다. 리의 작업은 금융학계에서 보면 꽤 단순한 일이었다. 그는 수년 동안의 자료를 모아 이를 분석했다. 리의 경우 스톡옵션에 초점을 맞추고, 특히 언제 어떻게 기업들이 스톡옵션을 경영진에게 주는지에 관해 연구했다. 리는 자신이 처음 확인한 것을 2005년에 금융 잡지 〈경영과학(Management Science)〉에 게재했다. 리는 자신의 논문에서 이렇게 언급했다. '필자는 스톡옵션을 주기 전에는 예상수익이 비정상적으로 낮고, 스톡옵션을 주고 난 뒤의 예상수익은 비정상적으로 높다는 사실을 증거로 덧붙인다.' 그저 빈정대고 말 사안이 아니었다. 리는 '경영진이 이만큼의 수익이 발생할 것이라고 미래의 전반적인 시장동향을 예측할 만큼 비범한 능력을 가지지 않았다면, 이런 분석 결과는 적어도 일부 스톡옵션이 소급적용되고 있음을 의미한다'고 결론을 맺었다.[1] 결국 기업들이 제 입으로 '현재 부여된 상태'라고 말할 당시 이들 스톡옵션이 실제 '아직 부여되지 않은 상태'였다. 일단 스톡옵션을 부여한 다음, 불법적으로 스톡옵션의 가치를 엄청나게 높여줄 과거 시점으로 소급적용하고 있었던 것이다. 리의 자료는 총알을 장전한 상태로 〈경영과학〉 잡지에 게재되지 않은 채 거의 1년 동안 잠자고 있었다.

〈월 스트리트 저널〉이 '완벽한 월급날(The Perfect Payday)'이라는 제목의 기사를 보도한 2006년 3월 18일, 그 총은 발사됐다. 〈월 스트리트 저널〉은 윌리엄 맥과이어(William McGuire)가 1997년과 1999년, 2000년 그리고 2001년에 회사에 스톡옵션 승인을 받았다고 보도했다. 맥과이어가 CEO로 있던 유나이티드헬스(UnitedHealth)는 세계 굴지의 건강보험기업이다. 문제는 그가 스톡옵션을 받았다는 데 있는 것이 아니라, 스톡옵션을 부여받은 시점이었다. 스톡옵션은 리가 학문적 분석에서 서술한 유형을 그대로 따랐다. '완벽한 월급날'에 따르면 지난 4년간 맥과이어의 스톡옵션은 유나이티드헬스의 주가가 우연히도 연중 가장 낮은 날, 즉 맥과이어에게 가장 높은 수익을 가져다줄 수 있는 날에 부여됐다[2]–스톡옵션이란 주식이 미래에 어느 정도 높은 가격으로 거래될 때 스톡옵션을 부여받은 현재의 낮은 시가로 주식을 살 수 있는 권리이기 때문에 옵션의 행사 가격(strike price)이 낮으면 낮을수록 옵션은 그만큼 가치가 높아진다. 자세한 내용은 아래에서 좀 더 다룰 것이다.

1997년과 1999년, 2000년 맥과이어의 스톡옵션은 주가가 연중 가장 낮은 날에 부여됐다. 그리고 2001년 스톡옵션이 부여된 날은 주가가 최저점 근처에 있었다. 보기 드문 우연의 일치였다. 너무도 비정상적이어서 〈월 스트리트 저널〉은 이런 일이 발생할 가능성을 2억분의 1로 계산했다.[3] 스톡옵션 소급적용이 왜 문제인지 이해하기 위해서는, 스톡옵션의 작동 방식을 조금은 이해해야 한다.

기업들은 종업원들에게 보수를 주기 위해 자주 스톡옵션을 사용한다. 예를 들어 흔히 '부여일'이라 부르는 날 기업의 주가가 1주에 25달러로 마감됐다 치자. 그러면 그날 스톡옵션을 부여받은 사람은 미래에 '행사가격'이라 불리는 그 가격으로 기업 주식을 매입할 권리를 갖는다. 만약 주식이 미래의 그 시점에 주당 24달러로 떨어지면, 스톡옵션은 가치가 없게 된다. 24달러 주식에 25달러를 지급하는 것은 비합리적이기 때문이다. 그러나 예를 들어 주가가 주당 35달러로 오른다면 상황은 다르다. 여전히 주당 약속대로 25달러에 그 주식을 살 수 있기 때문이다. 이 경우 각 옵션은 화폐로 10달러 가치가 있다. 주식 시세와 할인된 구매가격 사이의 차이이다. 물론 스톡옵션 대신에 기업은 당신에게 25달러 주식 한 주를 줄 수도 있다. 만약에 주식이 35달러로 올라가면, 당신은 주가가 오른 만큼 10달러를 벌 수 있다. 주식을 구매하는 옵션이 주식 그 자체의 가치보다 항상 싸기 때문에 기업은 주식 한 주 가격으로 더욱 많은 스톡옵션을 당신에게 줄 수 있다. 만약에 행사가격 25달러로 일부 스톡옵션을 얻었다면, 주가가 35달러를 기록할 때 아주 많은 돈을 벌게 될 것이다. 그러나 주가가 24달러로 떨어지고 거기서 머물면, 옵션은 가치가 없다.[4] 그 대신 기업이 당신에게 주당 25달러의 주식을 건네줬는데 주가가 24달러로 떨어진 경우라면, 휴지조각이나 다름없는 스톡옵션 뭉치 대신 여전히 24달러 가치의 주식 한 주를 소유하고 있을 것이다. 이러한 기초 수학은 옵션으로 보상받는 효과를 실증한다. 만약 미래에 주가가 오르면 옵션은 당신에게 매우 유리한 것이 되겠지만 주가가 실행가격 아래로 떨어지면 당신에게 매우 불리한 제도가 된다.

기업들이 CEO를 비롯해서 하위 직원들에게까지 스톡옵션을 부여하는 이유는 그들에게 열심히 일할 동기를 부여하고 미래의 보다 나은 기업 실적을 독려하는 데 있다. 직원들이 열심히 일해 기업의 미래가치를 개선한다면, 그때 그들은 그러한 옵션들로 멋지게 보상받을 것이다. 그러나 종업원들이 기업의 미래가치를 개선하지 못해 주가가 하락한다면 직원들의 옵션은 가치가 사라질 것이다. 이것이 당장 보수를 지급할 현금은 적지만 미래 성장 잠재력은 매우 큰 신규 기업에서 통상적으로 스톡옵션 보상을 실시하는 이유 중 하나이다.

스톡옵션을 부여하는 쪽이 주식을 주는 쪽보다 위험도는 높지만 그만큼 보상이 더 크다. 하지만 그러기 위해서는, 즉 우대 권리를 얻기 위해서는 옵션 행사가격이 부여일의 종가여야 하는 것이 매우 중요하다. 그래서 만약 5월 15일 주가가 주당 25달러로 폐장됐으면, 5월 15일 직원들에게 부여된 옵션 행사가격도 25달러가 돼야 한다. 만약 당일 주식 종가가 주당 25달러에 폐장됐음에도 행사가격을 20달러로 정하면 옵션을 부여받는 사람들에게 5달러를 건네주는 꼴이다. 그것은 미래성과에 대한 보상이 아니라 과거성과 혹은 무성과에 대한 보상일 수밖에 없다. 종업원에게 현금을 전해주는 것과 다르지 않으며, 그에 따라 회계 장부에 기록도 남기고 세금도 내야 한다.[5]

이러한 이유 때문에 기업들은 스톡옵션 부여일 기업 주식 종가에 맞춰 그 옵션의 행사가격을 정하는 정책(스톡옵션 정책은 스톡옵션 부여일의 기업 주식 종가에 맞춰 스톡옵션 행사 가격이 확정—역주)을 시행하고 있다. 리가 확인하고 〈월 스트리트 저널〉이 보도한 내용은 기업들이 실제 옵션 부여일은 5월 15일인데도 불구하고, 이를테면 3월 1일, 주식이 20달러에 거래될 때 부여한 것처럼 보이도록 소급적용한다는 것이었다. 하지만 필자이든 그 누구든 '기업'이 이런 위법 행위를 저지른다고 말하면 그것은 사실을 약간 오도하는 것이다. 그런 행위의 주체는 엄밀하게 말하면 '기업'이 아니다. CEO와 CFO 그리고 감사위원회와 보상위원회이다. 이들이 기업들에게 이 옵션을 자기 자신들을 비롯한 직원들에게 소급적용하도록 하는 것이다. 그렇다면 이러한 조작들에 필요한 비용은 누가 감당할까? 기업의 주주들이다. 증권거래위원회 전 회장 아서 레빗(Arthur Levitt)이 설명한 것처럼, '소급적용은 탐욕의 극치를 보여주는 전형이며 …… 사실상 절도 행위이다. 주주들에 대한 비양심적인 갈취 행위이다'.⁶ 은밀한 보상 형식이지만 좀 더 노골적으로 말하면 절도의 한 형태이다.

이제 유나이티드헬스가 1997년과 1999년, 2000년, 2001년 맥과이어에게 부여한 옵션으로 돌아가보자. 부여 날짜가 너무도 의심스러워서 옵션 부여가 실제 훗날 이뤄졌음에도 그 날짜로 소급적용됐다는 것을 강하게 암시했다. 소급적용은 옵션을 받는 사람들에게 최고치의 보상을 주기 위해 주가가 연중 최저치를 기록한 날 옵션들이 부여된 것처럼 보이게 하는 것이었다. 어떤 일이 발생했는지 밝혀내는 데 있어서 물론 〈월 스트리트 저널〉 기사도 유용했지만, 유일하고도 실질적인 방법이 하나 있었다. 맥과이어와 회사, 그리고 소급적용을 꾸미고 소급적용으로부터 득을 본 것으로 추정되는 경영진들을 고소하는 것이었다.

그렇듯 사기가 이뤄졌다는 강력한 정황적 증거에 직면하면 모든 유형의 투자자들이 당장 법원으로 달려갈 것이라고 생각할 것이다. 하지만 그렇지 않다. 실제 그런 일은 거의 일어나지 않는다. 뮤추얼펀드들은 시장에서 최대 투자자에 속하며, 유나이티드헬스에 수십억 달러를 투자하고 있었다. 그들은 기관은 말할 것도 없고 수백만 미국인들의 401(k)와 403(b)를 운용한다. 맥과이어에게 씌워진 혐의들이 사실이라면, 뮤추얼펀드들은 맥과이어를 비롯한 회사 사람들에 의해 사기 당하고 있었다. 얼마나 많은 뮤추얼펀드들이 유나이티드헬스를 상대로 스톡옵션 소급적용 혐의로 소송을 제기했을까? 하나도 없었다. 세계적인 투자 귀재들인 헤지펀드들은 소송을 했을까? 하나도

하지 않았다. 만약 기업들이 사기 행위를 했을 때 책임을 지도록 하려면 연금기금과 노동조합 기금 들과 같은 노동자 주주들이 기업들을 상대로 소송을 제기하는 길밖에 없다.

뮤추얼펀드들, 헤지펀드들을 비롯한 대형 투자자들은 주식 사기 행위를 한 기업들을 상대로 결코 소송을 제기하지 않는다. 투자자들이 사기로 심각한 손해를 입어도 이런 상황은 변하지 않는다. 그들이 사기행위에 대해 아무런 대응을 하지 않는 데는 여러 이유가 있다. 이러한 이유들은 제 2장에서 제시한 바와 같이 그들이 일반적으로 주주 행동주의에 가급적 발을 들여놓지 않으려는 이유와 겹친다. 그러나 여기에서는 그 이유들을 좀 더 폭넓게 살펴보고자 한다.

첫째, 뮤추얼펀드들이 기업에 주주 소송을 제기하려면 여러 이해가 상충된다. 앞서 주목한 바와 같이 뮤추얼펀드의 주요 사업들 가운데 하나가 거대 공기업 종업원들의 401(k) 퇴직기금들을 운용하는 것이다. 기업 경영진은 직원 퇴직기금을 운용할 뮤추얼펀드 목록을 선정해서 직원들에게 제시한다. 만약 직원들에게 제시할 펀드 목록에 새로 이름을 올리거나 계속 그 목록에 들고 싶은 뮤추얼펀드라면, 그 기업 경영진을 고소하는 것은 성공적인 시장전략이 아니다. 만일 어느 뮤추얼펀드가 CEO나 회계사 혹은 은행가 들을 고소한다면, CEO들은 퇴직기금 운용 뮤추얼펀드 추천목록에 그러한 뮤추얼펀드 이름이 오르는 것을 달가워하지 않을 것이다.

두 번째 이유는 뮤추얼펀드에 고용된 투자분석가들이 정보를 얻는 방법과 관련이 있다. 투자분석가들은 보통 시장 부문별로 특정 기업에 배정돼 그 기업의 상황을 추적하고 분석한다. 뮤추얼펀드 분석가들은 고객들에게 매도, 매입, 보유 권고를 한다. 그들은 자기가 배정받은 회사 수익이 공개되지 않은 상황에서 그 회사가 다음 분기에 어떤 실적을 낼지 지속적으로 예측하려고 한다. 전적으로 합법적이지만 점차 내부자거래에 가까운 위태로운 줄타기를 하며 이들 투자 분석가들은 회사 CFO들과 소통하고, 자신의 정보와 CFO의 정보를 대조하면서, 다음 분기 예측이 정확한지 아닌지 판별해내고자 한다. 이런 상황에서 회사를 고소한다면 이는 그 회사 CFO가 당신 전화를 절대로 받지 않게 만드는 기막히게 좋은 방법이 될 것이다. 이런 상황 또한 뮤추얼펀드가 기업의 사기행위에 소극적으로 나설 수밖에 없는 이유이다.

사회관계망 효과 역시 그 문제의 원인이 되어 있다. 뮤추얼펀드 운용역들은 기업 경영진과 같은 사회관계망 안에서 활동한다. 뮤추얼펀드 운용역이 경영진과 같은 대학 혹은 경영대학원에 다니고 있다면 그런 이유 하나만으로도 경영진들에 맞서는 일을 피하려 할 것이다. 반대로 노동조합과 연금 수탁자들은 사회관계망이 부족하기 때문에 자신들의 목적을 이루도록 보다 대립적이고 행동주의적인 방법에 의존할 필요가 있는지 모른다.[7]

마지막으로 뮤추얼펀드는 소송에서 스스로를 방관자적 입장에 놓이게 하는 이른바 무임승차자라는 중대한 문제와 마주하게 된다. 뮤추얼펀드들은 서로 경쟁한다. 이러한 법적 소송의 대부분이 부당경영으로 손해를 입은 모든 투자자들을 대표해 집단소송으로 제기된다는 것을 기억할 때 이 같은 사실은 중요한 의미를 지닌다. 만약에 뮤추얼펀드가 소송을 하기 위해 한 발 앞으로 내디디면, 소송비용이라는 것을 발생시킨다.[8] 만약에 어떤 뮤추얼펀드가 사기행위에 대한 법적 소송을 하는 데 시간과 돈을 투입한다면, 그에 따른 손실은 고스란히 그 뮤추얼펀드의 몫이다. 하지만 소송에 따른 혜택은 나머지 투자자 집단에 공평하게 분배된다. 당연히 그 나머지 투자자 집단에는 같은 기업에 의해 역시 사취를 당한 경쟁 뮤추얼펀드들도 포함돼 있다. 여기에서 다시금 무임승차자 문제가 대두된다. 따라서 뮤추얼펀드들은 앞장서서 소송을 제기하고 싶어 하지 않는다. 뮤추얼펀드들은 차라리 다른 누군가가 소송을 제기해주기를 기다렸다가 집단 소송이 해결되면 자기 몫의 합의금을 챙기는 소극적 방식을 선호한다.

헤지펀드들도 비슷한 사회관계망과 무임승차자라는 제약들에 직면해 있다. 하지만 그들에게는 소송을 피해야 할 또 다른 이유가 있다. 헤지펀드는 자신들이 시장을 이길 수 있다고 투자자들에게 광고한다. 따라서 헤지펀드들은 시장보다 더 좋은 실적을 내야 한다. 자신들이 부과하는 부가적인 수수료 값어치를 하려면 다른 투자자들보다 한발 앞서야 한다.

하지만 필자가 제3장에서 기술한 바와 같이, 헤지펀드들은 핵심 과업을 성공시키는 경우가 거의 없다. 그런데 어느 기업을 주식 사기행위로 고소하려 한다면, 해당 기업에서 소유한 지분과 구매 내역, 구매 일시 등을 소상히 밝혀야 한다. 그래야 법원이 실제 사기로 자산을 잃은 사기범죄의 피해자로서 소송을 제기할 자격 여부를 확인할 수 있기 때문이다.[9]

헤지펀드들은 소송 과정에서 거래 전략이 노출될 우려가 있기 때문에 그러한 사항들을 공개하는 데 신중할 수밖에 없다고 주장한다.

하지만 필자는 그런 주장은 대체로 핑계라고 생각한다. 아마 공개하면 헤지펀드의 거래 전략 부재가 드러날 것이다. 헤지펀드가 법적 소송으로부터 가급적 멀리 떨어져 있고자 하는 주요 이유는 헤지펀드가 사기로 많은 돈을 잃었다는 사실을 세간에 숨기기 위한 것이라고 필자는 생각한다. 사취를 당한 것 자체가 부끄러운 일은 아니다. 헤지펀드들이 거짓말에 속았다면 그들에게는 아무런 책임이 없다. 하지만 만약에 당신이 세상에 대고 큰 소리로 "나는 도둑맞았다"라고 선언한다면 어떨까? 더 이상 당신을 우주의 지배자로 보지는 않을 것이다.

이러한 이해 상충이 없는 유일한 시장 투자자는 노동자 주주, 즉 공적 연금기금과 노동조합 기금이다. 이러한 연금 주체들은 피고 회사에 투자한 점 말고는 그 회사와 아무런 사업 관계를 맺고 있지 않다. 연금 주체들은 피고들의 401(k) 자산을 운용하려 들지 않으며 그들은 CFO가 가진 정보를 탐색하러 전화를 거는 일도 없다. 또 수학교사, 간호사, 경찰공무원 또는 연금이사회 이사들인 주와 지방의 정치인들은 기업 CEO들과 같은 사회 영역에서 활동하는 일이 거의 없다. 이러한 기금들 역시 다양한 투자자들이다. 뮤추얼펀드와 비슷하지만 헤지펀드와는 다르다. 자신들이 시장을 이길 수 있다고 애써 주장할 만한 이해관계를 갖고 있지 않다. 그저 시장을 따라잡고자 애쓸 뿐이다. 그들은 다양한 기업들에 상대적으로 적은 자금을 분산 투자할 뿐 어떤 천재적인 전략을 내세우지 않는다. 사기를 당해 소송을 제기한다고 해서 혹시 공공연히 오명을 뒤집어쓰지 않을까 눈치를 볼 일도 없다. 그들에게는 사실상 경쟁자라는 것이 없기 때문에 무임승차자들에 대해서도 신경 쓰지 않는다.

캘리포니아공무원연금이 뉴욕시공무원연금에 어떤 혜택을 준다고 해서 캘리포니아공무원연금이 손해를 볼 일은 없다. 캘리포니아공무원연금은 캘리포니아주 공무원들을 위해 투자하고 뉴욕시공무원연금은 뉴욕시 공무원들을 위해 투자하기 때문이다. 이들 공무원은 자신들의 연금기금을 이곳저곳으로 옮기며 넣었다 뺐다 할 수 없다. 따라서 하나의 기금이 다른 기금에 어떤 혜택을 준다고 해서 위험을 안는 것은 아니다. 그들은 스스로 손해를 입지 않을까 하는 두려움 없이 함께 일할 수 있다. 또 함께 일하지 않을 수도 있다. 결국 이들 기금에는 시장의 수많은 투자 주체들과 구분되는 공공심(公共心)의 문화가 있다. 필자가 경사 직급의 보비 딜(Bobby Deal)이라는 경찰에게 왜 딜 자신과 경찰소방관퇴직기금이 스톡옵션 소급적용 추문과 관련해서 유나이티드헬스를 고소했는지 묻자 그는 이렇게 대답했다. "우리는 가입자 절반이 도끼를 들고 다니고 또 나머지 절반은 총을 들고 다니는 사람들이다. 나쁜 녀석들을 감옥에 보내는 일을 밥벌이로 삼는 사람들이다. 누군가가 우리 가입자들과 투자 대중에게서 도둑질을 해가도록 팔짱을 끼고 앉아 지켜보지는 않을 것이다. 우리는 이 문제에 대해 무언가 조치를 취할 생각이냐."[10] 그리고 그들은 실제로 그렇게 한다.

모든 미국 주식 사기 집단소송과 흡수합병 집단소송의 40%가량은 공적 연금기금과 노동조합 기금 들이 제기한 것이다. 나머지 60%도 개인투자자들이 제기한 것이다. 다른 기관들은 거의 소송에 연루돼 있지 않다. 실증적 조사에 따르면 주식 사기와 흡수합병 소송에서 공적 연금기금이 보여준 지도력은 주주들에게 보다 나은 성과를 보여 준 것과 결정적인 상관관계가 있다. 몇몇 학자의 연구뿐 아니라 필자 자신의 경험적 연구도 이것을 입증하고 있다. 공적 연금기금은 주식 사기 집단소송과 부정거래 소송 양자 모두에서 보다 높은 승소율과 보다 낮은 변호사 수수료 양자 모두와 연관돼 있다.[11]

『완벽한 월급날』이 발간되고 11일이 지난 '2006년 3월 29일 세인트 폴교원연금, 미시시피주공무원연금, 콜로라도주소방경찰관연금, 잭 슨빌시경찰소방관연금기금, 루이지애나주공무원연금, 루이지애나주 보안관연금및구호기금, 오하이오주공무원연금, 코네티컷주연금, 국 제서비스직노동조합 연금플랜마스터트러스트는 유나이티드헬스와 맥과이어에 대해 이른바 대표소송(derivative lawsuit)'을 제기했다[12]—기 업 경영진이 자신을 고소할 가능성이 거의 없기 때문에, 기업을 대표한 기업 경영진을 고소하기 위해 투자자들이 기업의 입장이 되어 제기하는 소송을 대표소송이라고 한 다. 그들은 또 그 회사의 최고운영책임자(COO)이자 회장인 스티븐 헴 슬리(Stephen Hemsley)를 고소했다. 헴슬리는 맥과이어가 법적 소송 때 문에 강제로 사퇴한 뒤 CEO 자리를 넘겨받았다.

또 회사의 법무 자문위원 데이비드 루벤(David Lubben)과 회사의 최 고재정책임자(CFO)들 가운데 각기 다른 시기에 근무한 두 사람 그리 고 이사회 이사 전원을 고소했다. 이사들 가운데 특히 눈에 띄는 인 물은 맥과이어의 보수를 감독했던 보상위원회 위원장 윌리엄 스피어 스(William Spears)였다.[13] 몇 달 뒤 캘리포니아공무원연금을 비롯한 다 른 연금기금들도 이 회사에 대한 주식 사기 집단소송에 발을 들여놓 으려 했는데, 이 소송은 대표소송과는 다른 형태였다.[14] 예측 가능하듯이 어느 뮤추얼펀드나 헤지펀드도 이 소송 어느 쪽에도 앞장서서 관여하지 않았다.

맥과이어의 스톡옵션과 관련해서 무슨 일이 일어났는지 밝혀내는 것이 무엇보다 중요했지만, 이러한 소송들은 오로지 진실 추구만을 목적으로 했던 것은 아니었다. 법적 소송이란 결코 진실 추구만을 목적으로 하지는 않는다. 맥과이어를 비롯한 사람들이 스톡옵션을 소급적용했다면, 그들이 가져가는 돈은 회사 그리고 좀 더 넓게 보자면 회사 주주들로부터 나온 것이었다. 유나이티드헬스 투자자들이 맥과이어 등을 고소한 이유가 여기에 있다. 그들이야말로 소급적용된 것으로 보이는 스톡옵션에 제동을 걸 수 있는 사람들이다. 요컨대 그들이 소송을 제기한 이유는 한 가지이다. 노동자 주주 기관들이 이러한 대표소송과 집단소송을 제기했다고 해서 이 주주들만 그 소송으로부터 혜택을 보지는 않기 때문이다. 모든 주주들이 이들 소송으로부터 혜택을 입는다. 모든 주주들이 그 소송의 결과에 따라 자기 지분만큼 혜택받는다. 앞서 기술한 투자자들은 소송을 제기하는 데 앞장섰을 뿐이다.[15]

유나이티드헬스를 상대로 한 소송이 벌어질 당시, 필자는 중간 규모의 법률사무소에서 이러한 주주들을 대표하는 연금기금들을 지원하고 있었다. 그 사건과 관련한 고객 가운데는 콜로라도주소방경찰관연금협회도 있었는데, 그 연금의 법무자문위원은 그때나 지금이나 케빈 린달(Kevin Lindal)이다. 필자는 그에게 그 소송과 관련해서 알고 있는 바를 물었다. 린달은 자신의 연금은 시장에서 여러 주식에 분산 투자하고 있는 전형적인 공적 연금으로 '시장에서 감시가 필요한' 사례들을 면밀히 주시해왔다고 말했다. 그리고 "이러한 감시 활동이 본인과 이사회에 보다 심오한 가치를 지니는 것은 우리가 이들 기업들을 경영하는 거물들에 맞서서 스스로를 방어해야 한다는 메시지를 보내기 때문이었다"고 했다. 연금의 외부 자문위원이 유나이티드헬스 사건에 대해 주의를 환기시켰을 때, 린달의 반응 그리고 연금 내부의 반응은 "지금 농담하시는 것 아니죠? 소급적용을 해도 괜찮다고 생각하는 사람들이 있다니 그저 놀라울 뿐입니다"였다. 그래서 그들은 고소했다.[16]

필자는 이 사건 담당 변호사로 일했기 때문에, 비밀 유지 계약하에 생산된 많은 기록을 봤다. 또 일반에 공개할 수 없는 대화와 협상 내용을 공유하고 있었다. 고소인 측인 연금기금의 변호인단은 이 기록들을 소급적용 혐의를 심사할 특별소송위원회로 넘겼다. 이 위원회는 유나이티드헬스가 지명한 두 명의 위원으로 구성돼 있었다―그 사건 자체는 미네소타주 연방법원에 제소가 됐다. 지금까지 필자는 이 소송에 관한 모든 논의를 공식 기록 내에 있는 정보에 한정해왔다.

수정된 고소장에 혐의를 입증할 내용을 세세히 담느라 여간 공든 것이 아니었다. 76쪽에 이르는 고소장은 합의에 이르기 6주 전인 2016년 9월 21일에 제출됐다. 고소장에 적힌 세부적인 혐의 가운데 일부를 살펴보자.

소급적용 행위는 맥과이어에게 자기 자신과 다른 임원들의 옵션 부여일을 선택할 일방적인 권한을 위임하면서 이루어졌다. 이는 기업의 스톡옵션 제도를 직접적으로 위반하는 것이었다. 아래에 충분히 제시돼 있는 바와 같이 주법과 연방법 그리고 기업의 스톡옵션 제도를 위반해가면서, 맥과이어는 여러 차례 자신과 다른 임원들의 옵션 부여일을 임의로 선택했다. 그런데 그 날짜는 피고측에 가장 유리한 반면 회사에는 가장 불리한 날짜였다. 맥과이어는 피고 임원들에게 혜택을 주기 위해 회사를 속이고 수십억 달러를 빼돌렸다. 이러한 사실들 가운데 그 어떤 내용도 유나이티드헬스 주주들에게 공개되지 않았으며, 따라서 이 사기 행위는 최소 9년 동안 지속됐다.[17]

고소장은 역시 맥과이어와 다른 임원에게 부여된 수많은 스톡옵션의 일자와 금액을 심사했다. 예를 들어 원고의 최초 진술에 따르면 맥과이어는 2000년 3월 8일 32만 5천 달러 상당의 유나이티드헬스 스톡옵션을 주당 47.63달러의 행사가격 또는 기준가격으로 부여받았다. 그런데 그 날은 '유나이티드헬스의 주가가 연중 최저가로 폐장한 날이며 이 수치는 회사의 주가가 사상 바닥에 해당하는 가격이었다. …… 피고측이 부여일이라고 주장하는 날짜 이전 15일 동안 유나이티드헬스의 주가는 20% 하락했으며, 그 날 이후 15일 동안에는 주가가 17% 올랐다'.[18]

원고의 진술에는 맥과이어가 스톡옵션을 부여받은 과정이 상세히 기술돼 있었다. 회사가 1999년에 맥과이어와 체결한 고용합의서에 따르면 '맥과이어는 자신의 스톡옵션 부여일을 스스로 정해 피고 윌리엄 스피어스(William G. Spears) 이사에게 구두로 통보하면 되는 권한을 갖고 있었다. 피고 스피어스 이사 역시 맥과이어가 옵션 보조금을 부정하게 소급적용할 수 있도록 허용함으로써 맥과이어가 옵션 부여일을 정하는 자신의 권한을 남용하도록 고의로 또는 부주의하게 묵인했다'. 고소장은 보상위원회 위원장인 스피어스에 대해서도 다음과 같은 혐의를 적용했다. '또한 맥과이어가족재단의 자산들이 피고 스피어스 이사가 회장으로 있는 뉴욕 스피어스그리산티 앤드 브라운 유한회사(Spears Grisanti & Brown LLC)에 의해 운용되면서 재단은 그 회사에 상당한 수수료를 지불하고 있다.'[19] 달리 말하면 보상위원회 위원장으로 맥과이어의 보수를 정하고, 맥과이어가 자신의 스톡옵션 부여일을 정하는 데 있어 유일한 결재권자인 스피어스는 동시에 맥과이어의 가족 돈까지 운용하고 있었던 것이다. 그 어디에서도 이해관계상의 갈등이란 찾아볼 수 없었다.

고소장에 따르면 맥과이어와 스피어스 그리고 다른 피고 임원들은 옵션 행사가격이 부여일의 종가보다 낮아서는 안 되도록 규정하고 있는 회사의 스톡옵션 정책을 위반했다.[20] 이 정책은 이를테면 유나이티드헬스 주식이 25달러에 거래된 날, 20달러의 행사가격으로 스톡옵션을 부여하지 못하도록 설계된 조항이다. 이 조항이 있으면 같은 목적으로 스톡옵션을 소급적용하는 일도 막을 수 있다. 유나이티드헬스 스톡옵션 소급적용 소송은 2007년 12월 6일 합의에 이르렀다. 소송이 제기된 지 채 21개월이 지나지 않은 시점이었다. 주식 사기 소송 사례에서는 보기 드물게 전광석화처럼 해결된 것이다.[21]

관례대로 유나이티드헬스와 맥과이어를 비롯한 피고들은 잘못을 인정하지도 부인하지도 않은 상태로 원고 측 요구를 받아들였다. 하지만 맥과이어는 그때까지 대표소송 또는 주식 사기 소송에서 개인이 지불한 최고액인 6억 천 5백만 달러를 합의금으로 지불했다. 그 액수는 민사소송 전체를 통틀어 봐도 개인이 지불한 금액 가운데 두 번째로 높은 금액이었다. 억만장자 국제무기상 애드난 카쇼기(Adnan Khashoggi)가 전 부인과의 이혼소송에서 지불한 합의금이 맥과이어보다 높은 금액으로 기록돼 있을 뿐이다. 비슷하게 소급적용된 스톡옵션을 가지고 있던 최고운영책임자 스티븐 햄슬리는 2억 4천만 달러를 지불해야 했고 법무자문위원인 데이비드 루벤(David Lubben)은 3천만 달러를 지불했다. 피소된 다른 임원들은 모두 합해서 3천 5백만 달러를 지불했다.[22] 이 어마어마한 합의금 액수를 고려할 때 소장에 기재된 혐의의 실태가 어떠했을지 결론은 분명하다.

기록적인 손해배상금에도 불구하고, 합의는 거기에서 멈추지 않았다. 거의 모든 소송이 그렇듯, 연금기금과 노동조합 기금은 사기 행위가 저질러진 뒤에도 피고 회사에 투자된 채로 남아 있었다. 분산투자자 입장에서는 그럴 수 있다. 이번 사례의 경우 굴지의 건강보험회사를 연금기금의 포트폴리오에서 탈락시키는 것은 건강보험 사업과 적절히 관계를 유지할 연금기금의 역량에 혼선을 초래할 수 있다.

게다가 항의 표시로 자신의 지분을 판매하는 것은 무의미한 몸짓이 될 수 있다. 시기는 이미 노출됐고, 주주들은 이미 손실을 입었다. 대규모 연금기금이 그런 회사에서 발을 뺀다면 스스로 위험을 무릅쓰는 일이다. 연금기금들의 소유 지분이 워낙 커서 그들이 주식을 팔면 주가에 보다 큰 하방 압력을 넣을 것이고 그것은 막 발을 빼려 하고 있는 기금들에 대해 훨씬 더 큰 손실을 야기할 것이다.

이러한 점은 투자 철회에 따른 잠재적 비용과 관련해서, 노동자 주주 기관 같은 대규모 분산 투자자들이 왜 시장 전반의 장기적 성장과 밀접히 연관돼 있는지 이해하는 데 매우 중요하다. 무능에서 사기에 이르기까지 여러 요인들로부터 비롯된 기업의 저조한 실적에 불만을 가진 주주들은 '월 스트리트 산책(Wall Street Walk)'에 나서서 자신들의 지분을 팔아버리곤 했다. 산책에 나서겠다는 위협, 그리고 주가에 미칠 하방 압력만으로도 경영진들을 충분히 훈련시킬 수 있다. 그러나 분산 투자자들은 다음에 기술하는 것처럼 쉽사리 '월 스트리트 산책'을 할 수 없다. '월 스트리트 산책'은 그들의 분산 전략에 타격을 줄 수 있으며, 투자 철회는 오히려 손실을 입힐 수 있다. 기금들은 투자의 문을 걸어 잠글 것이다. 따라서 대체 전략은 행동주의로 돌아가 기업이 책임성을 유지할 수 있도록 앞서 여러 장에서 기술한 많은 수단들을 동원해 회사를 내부로부터 변혁시키는 것이다.

이것은 연금과 노동조합기금 고객들이 어떠한 해결책도 기업의 지배구조 개혁을 수반해야 한다고 주장한 이유를 설명해준다. 지배구조 개혁은 애초에 불법 행위를 허용했던 독소적 지배구조의 난맥상에서 벗어나고자 설계된 것이다. 이들 기금과 법무팀은 이 분야의 전문가인 루시안 벱척 교수와 함께 해결책의 일환으로 광범위한 기업 지배구조 개혁안을 설계했다. 이러한 개혁안들은 실제로 채택되어 유나이티드헬스의 내부 기능을 보다 나은 방향으로 탈바꿈시켰다. 개혁안에는 CEO와 이사장의 역할 분리, 이사장의 독립성 강화, 3년 동안 회사 주식의 3%를 소유한 주주에게 이사 후보 추천권 부여-주주의 주주제안권의 강화 움직임이 널리 확산되기 거의 10년 전의 일이다-사외 이사 자격요건 강화, 경영진 보수 규정 수정, 이사회 구성원이 4개 이상의 다른 회사 이사를 겸임할 수 없도록 제한하는 규정, 이사들의 주주총회 참석 요구 그리고 경영진이 정년 전 퇴직연금 수령권을 갖기 위해 회사 지분의 최소 3분의 1을 보유하도록 요구하는 규정 등이 포함됐다.

또한 회사는 감사위원회가 승인하지 않는 한 '관계인' 거래를 금지하는 정책을 채택했다. 관계인 거래란 이사, 임원, 주요 주주들, 그들의 직계가족 등 회사 지도부와 회사 간 사업상의 거래를 말한다.[23] 이와 더불어 회사는 '사기 사건 당시'[24] 회사가 고위 간부들에게 주었던 현금과 배당주식을 회수하는 환수 정책을 채택했다. 요컨대 그 소송은 투자자에 대한 실질적인 배상과 개인에 대한 민사소송 사상 최고액의 배상금을 이끌어냈을 뿐 아니라 미래에 발생할 사기의 위험성을 줄이는 방향으로 유나이티드헬스의 내부 지배구조를 근본적으로 변화시켰다. 소송이 마무리되고 개혁안이 채택된 이후, 유나이티드헬스는 더 이상 증권거래위원회나 회사 투자자들에 의해 피소되는 홍역을 치르지 않고 있다.

〈월 스트리트 저널〉의 '완벽한 월급날' 기사가 없었더라면 유나이티드헬스 소송은 결코 제기되지 않았을 것이다. 하지만 소송이 마무리됐음을 알리는 〈월 스트리드 저널〉의 기사에는 막상 소송을 제기했던 공적 연금기금의 역할이 언급돼 있지 않았다. 기사의 부제는 '유나이티드헬스와 증권거래위원회, 스톡옵션 소급적용 소송에서 맥과이어와 합의하다'였다. 기사에 거론된 증권거래위원회에 대한 찬사는 대부분 부정확한 것이었다. 증권거래위원회는 실제 맥과이어에게 부과한 7백만 달러의 벌금 그리고 맥과이어가 10년 동안 상장기업의 간부나 이사로 일하지 못하도록 한 것과 관련해서는 찬사받을 만했다. 그러나 증권거래위원회는 주주대표소송(derivative action)의 집단적 합의에는 거의, 아니 전혀 제 역할을 하지 못했다. 〈월 스트리트 저널〉의 기사는 그 소송을 제기한 연금기금 또는 그들의 변호사들에 대해서는 일절 거론하지 않으면서 단지 '주주 대표들'이 합의 사항을 승인했다고 스치듯 언급했을 뿐이다. 이와 대조적으로 〈뉴욕타임스〉는 연금기금과 그들의 변호사들이 해야 할 역할에 주목했다.[25]

몇몇 실증적 연구가 뒷받침하고 있듯 주주 소송에서 공적 연금기금이 수행하는 적극적 역할을 감안하면, 만약 이들 기금들이 사라지거나 혹은 사기 행위에 대응할 그들의 역량이 제대로 힘을 발휘하지 못할 경우, 미국 증권법 집행이 심대하게 손상될 것은 분명하다.

주식 사기 문제에 관한 한 역사는 끊임없이 되풀이되고 있다. 소비자금융보호국(CFPB)은 상원 의원 워런의 작품으로, 도드-프랭크법에 의해 창설돼 초대 국장 리처드 코르드레이(Richard Cordray)가 능숙하게 운영하고 있었는데 2016년 웰스 파고(Wells Fargo)에게 벌금 1억 8천 5백만 달러를 부과했다고 발표했다. 금융보호국과 로스앤젤레스 시 법무담당관, 통화감사국은 파고가 2011년 5월부터 2015년 7월 사이에 고객의 인지나 허락 없이 2백만 개의 신용카드 혹은 은행 계정을 개설하거나 신청했다는 혐의를 제기했다. 파고 추문으로 회사 주주들은 2백 25억 달러의 엄청난 손해를 입었다.

이제는 일종의 관행이 되다시피 했지만 헤지펀드들과 뮤추얼펀드들은 자신들이 받은 명백한 손해에도 파고에 대해 아무런 법적 조치도 취하지 않았다. 그러나 단 하나 그 회사에 대한 투자자 소송이 있다. 이 소송은 콜로라도소방경찰관연금협회가 연금의 법무자문위원 케빈 린달의 후원 아래 공동으로 진행하고 있다. 이 글을 쓰고 있는 지금도 그 소송은 사법 체계를 뚫고 앞으로 나아가고 있다.[26]

PART 7

선량한 관리자로서의
수탁자 책임 법률과
포획의 위험

누구의 이익을 위해 투자해야 하는가?

릭 손(Rick Thorne)은 22년간 매사추세츠주 첼름스포드(Chelmsford)에서 공립학교 관리인으로 일했다. 그는 시간당 20달러를 벌면서 격주로 지방공무원연금기금에 보험료를 납부해 왔다. 2007년 12월 주 전역에 영업망을 가진 한 투자신탁회사가 손과 그의 동료들의 연금이 들어 있는 매사추세츠주공무원연금의 자금을 아라마크코퍼레이션(Aramark Corporation)이라는 회사에 투자했다. 아라마크는 시설 관리 및 급식 서비스 회사로, 주나 시 정부로부터 교도소나 공립학교 같은 공공기관 용역 계약을 따내려고 공무원 노동조합과 경쟁을 벌이고 있었다.[1] 아라마크는 매사추세츠주 투자신탁회사가 투자한 사모펀드 공동출자자가 소유하고 있다. 아라마크는 첼름스포드 학교들과의 계약을 따내기 위해 릭 손이 속한 관리인 노동조합보다 낮은 가격을 써냈다. 그러고는 손과 동료 관리인들이 56%의 임금 삭감, 즉 시간당 8.75달러의 임금 조건을 받아들인다면, 아라마크는 손을 위시한 관리인들과 고용 관계를 유지하겠다고 제안했다. 손은 그 제안을 거부하고 다른 일자리를 찾기 위해 1년 반 동안 허송세월했다. 손 자신의 퇴직기금이 자신을 일자리에서 쫓아내는 데 투자됐던 것이다. 일단 회사를 떠나자, 그는 기금에 보험료 납부를 중단했다. 그렇게 경력이 갑자기 단절되면서 손은 지방연금기금으로부터 줄어든 연금을 정기적으로 받아 생활하는 신세가 됐다.[2]

손이 처한 곤경은 그 혼자만의 곤경이 아니다. 루이지애나주교원연금 역시 아라마크에 투자했다. 허리케인 카트리나의 여파로 그 회사는 뉴올리언스에 있는 학교들을 수탁 경영하게 됐다. 아라마크는 1982년부터 올리언스 교구에서 요리사로 일한 캐럴 샌더스(Carol Sanders) 같은 연금 가입자들의 임금을 삭감했다. 아라마크와 계약하기 전에 샌더스는 시간당 15달러의 임금에 추가 수당을 받고 있었다. 아르마크는 그녀의 근무 시간을 절반으로 줄인 데 그치지 않았다. 이제 그녀는 견딜 수 없도록 힘든 분할 근무에 시달려야 했고 보수도 시간당 9달러로 줄었다. 샌더스는 '의료보험 없이 지내고 식품구입권(food stamp, 공적 부조 프로그램의 하나로 저소득 개인이나 가족에게 더 많은 식품을 구입할 수 있도록 하는 프로그램-역주)을 일주일에 2백 달러씩 받기 시작했다.' 결국 그녀는 해고됐다. 루이지애나주교원연금 전무이사인 필 그리피스(Phil Griffith)는 그 연금이 아라마크에 투자하는 방식을 이렇게 평가한다.

우리는 불개입이라는 접근 방식을 취하고 있다. 이는 선량한 관리자로서의 수탁자 책임감에 근거를 두고 있다. …… 우리는 수익을 위해서 또 우리 자신의 구성원들을 위해 기금을 운용한다. '불개입 원칙은 곧 기금이 공적 노동자들을 해고하는 것을 의미하는가?'라는 의문은 제기하지 않는다. 우리는 기금이 일자리를 창출하는지 아니면 일자리를 빼앗는지 여부를 들여다보지 않는다. 루이지애나주 공무원인지 전국의 공무원인지도 중요하지 않다. 우리가 들여다보는 것은 오로지 신탁재산의 보장이다. 우리의 책임은 신탁재산에 대한 책임이다. [3]

그리피스가 사실상 말하고 있는 것은 이른바 '충성 의무'이며, 이는 신탁법상 핵심 의무 가운데 하나이다. 충성 의무는 여러 관심사 중에서 무엇보다 자신들의 이익과 제3의 당사자의 이익을 포함해서 그들이 책임져야 할 사람들의 이익을 최우선시할 것을 수탁자에게 요구한다. 여기서 문제는 충성 의무가 수탁자들이 기금에 돌아올 수익을 극대화해야만 한다는 의미인지 아니면 기금이 자기분담금을 내는 노동자들의 복지까지도 직접적으로 고려해야 마땅하다는 것을 의미하는지 여부이다. 엄밀히 말해 법적 문제이지만 실제 사회에서는 엄청난 결과를 가져오는 문제이다. 그리피스는 다음과 같은 일반에 널리 공유된 하나의 견해를 피력하고 있었다. 충성 의무는 노동자들 그 자체에 대한 충성 의무가 아니며 기금의 투자가 그들의 일자리를 해칠지 여부까지는 고려하지 않는다. 심지어는 기금 자체가 노동자들로부터 나오는 자기분담금을 잃음으로써 피해를 볼지 여부도 고려하지 않는다. 선량한 관리자로서의 수탁자 책임에 대한 그 견해에는 많은 함축적 의미를 담고 있다.

첫째, 만일 루이지애나주교원연금이 기금 투자가 가입자의 일자리에 잠재적으로 부정적 영향을 줄 수 있다고 보고 아라마크 투자를 걸러내 퇴출시켰다면, 그것은 충성 의무에 대한 이러한 해석을 위반하게 될 것이다. 교원연금이 기금 수익보다 루이지애나주교원연금 가입자들의 일자리를 우선시했기 때문이다. 둘째, 만약에 루이지애나주교원연금이 수익은 약간 줄어들지만 연금 가입자의 일자리들에 부정적 영향을 미치지 않는 투자를 선호해서 아라마크로부터 투자를 철회한다면, 그것 역시 이러한 견해에 위배되는 것이다. 애초의 투자가 기금을 위해 보다 나은 선택이었기 때문이다. 셋째, 만약 루이지애나주교원연금이 기금 가입자들의 일자리 보호를 위해 수익을 어느 정도 희생하면서 협상을 했다고 하면, 이 또한 선량한 관리자로서의 수탁자 책임에 대한 그리피스의 생각을 위반하는 일이 될 듯하다. 기금 가입자와 수급자 들에게 돌아갈, 투자에 따른 순수 경제적 혜택을 향상시킨다 할지라도 그리피스의 생각을 위반했다는 사실에는 변함이 없다. 왜냐하면 그 선택은 기금에 돌아올 수익을 줄이기 때문이다.[4] 그러나 이들은 이 책의 시작 부분에서 필자가 제시한 목표를 저마다 위반하고 있다. 연금들은 그들의 투자가 연금 가입 노동자들에게 일자리를 포함해서 어떤 영향을 미칠지 가늠해야 마땅하다. 선량한 관리자로서의 수탁자 책임에 대한 그릇된 견해야말로 연금 투자의 힘을 가입 노동자들의 이익과 경제 전반의 이익을 침해하는 쪽으로 활용하도록 노동자들을 억제하는 것이다.

　법률은 투자 결정에 있어서 노동자의 일자리를 고려할 수 있도록 합리적으로 해석될 필요가 있다. 말하자면 그러한 결정이 일자리 상실을 피하는 것인지 혹은 일자리를 새로이 창출하는 것인지 고려할 필요가 있다는 것이다. 필자 생각으로는 이것은 법률을 올바르게 이해하는 일이라기 보다 올바른 정책 선택의 문제이다. 따라서 필자는 특히 주법의 엄호가 있다면 순수한 도덕적 관심사들도 합법적으로 고려될 수 있을 것이라고 주장한다.

연금기금 투자와
충성 의무 _____

여기에서는 특히 현장에서 일하는 주주 행동가와 변호사, 법관 그리고 정책결정자 들에 대해 다루고자 한다. 경험에서 얻은 교훈에 따르면 법률에는 투자 결정에 있어서 노동자의 일자리를 고려하도록 합리적으로 해석될 수 있는 여지가 있다. 다시 말해, 그러한 결정이 일자리 상실을 피하는 것인지 혹은 일자리를 새로이 창출하는 것인지를 고려할 수 있는 여지가 법률에 있다는 것이다. 그러한 견해는 이들 기금이 다른 모든 고려사항들을 희생해서라도 수익을 극대화해야 한다는 법률 해석과 대조를 이룬다.

연금수탁자의 선량한 관리자로서의 수탁자 책임을 법률적으로 분석하기 위한 출발점은 1974년의 근로자퇴직소득보장법(ERISA)이다. 소득보장법은, 어느 면에서 보면 수치스럽다고 할 만한 신탁법에서 유래한다. 신탁법에 규정된 법적 의무는 그 법의 사촌격인 기업법에 규정된 같은 의무보다 편협한 경향을 보인다. 기업법이 좀 더 신축적이고 관대한 경우가 많다. 오늘날 연금기금은 그 규모가 엄청나고 복잡해서 여러모로 좀 더 관대한 기업법 상의 의무들을 적용하는 것이 더 적절할 듯하다. 그럼에도 소득보장법은 전통적인 신탁법의 충성 의무에 근거를 둔다. 신탁법과 기업법 두 법률에 규정된 충성 의무에 따르면 피신탁인 혹은 수탁자는 자신들의 이익이나 제3자의 이익을 위해서가 아니라 수급자의 이익을 위해서 신탁재산을 운용해야 한다. 먼저 소득보장법 조문을 살펴보자. '수탁자는 연금 또는 퇴직기금 운용과 관련해서 오로지 가입자들과 수급자들의 이익을 위해 자신의 의무를 다해야 한다. 또 (1) 가입자들과 수급자들에게 급여를 제공하고 (2) 연금을 관리하는데 든 합리적인 비용을 부담하는 배타적 목적을 위해 자신의 의무를 이행해야 한다.'[5] 조문을 다시 읽어보라. 2008년 부시 행정부의 노동부는 조문을 해석하는 지침을 공표했다. 지침에 따르면 조문은 다음과 같은 뜻을 가지고 있다. '수탁자들은 자신의 의무를 이행하는 과정에서 연금의 경제적 이익을 그와 무관한 목적들에 종속시키지 않아도 된다. 수탁자들은 매우 제한된 상황을 제외하고는 연금의 경제적 이익이 아닌 다른 어떤 요소에 근거해서 투자 대상을 선별하지 않아도 된다.'[6] 이러한 부시 행정부의 노동부 지침은 선량한 관리자로서의 수탁자 책임을 필자가 '오로지 수익'이라고 말한 바로 그런 시각으로 바라보도록 한다. 이 시각은 바로 그리피스의 시각이며 필자 생각으로는 그릇된 시각이다.

부시 행정부 노동부의 이 해석에서 눈에 띄는 첫 번째 사항은 조문에 나오는 '가입자들과 수급자들'을 '연금'이라는 단어로 사실상 바꿔 읽고 있다는 점이다. 장기의 말 하나를 미묘하게 움직인 것이지만 그 결과는 중대한 의미를 갖는다. 일단 그렇게 단어를 바꿔 읽으면 여러분은 이미 선량한 관리자로서의 수탁자 책임을 '오로지 수익'이라는 시각에서 바라보기 일보 직전에 있다. 그러한 시각을 지지하는 사람들이 다음으로 내거는 것은 '급여를 제공할 배타적 목적을 위해'라는 구절에 대한 해석이다. 만일 이러한 투자의 배타적 목적이 급여를 제공하는 것이라면, 수탁자들은 '연금의 경제적 이익과는 상관없는' 일자리나 노동자의 분담금 같은 고려사항들을 무시하고 오로지 연금의 투자 가치를 극대화해야 한다는 것이 그들의 주장이다. 그들의 시각에 따르면, 손과 그의 동료 관리인들에 미칠 잠재적 영향을 고려해서 매사추세츠 연금기금이 아라마크에 대한 투자를 철회하거나 연금이 그러한 영향력까지도 고려하는 것은 '연금의 경제적 이익을 그와 무관한 목적들에 종속시키는 것이며 ······ 연금의 경제적 이익이 아닌 다른 어떤 요소에 근거해서 투자 대상을 선별하는 것'[7]이다. 노동자 분담금과 고용주 분담금이 연금의 이익 내에 있다고 누구나 쉽사리 주장할 수 있기 때문에 그것은 기이한 비약이다.

하지만 루이지애나주교원연금의 그리피스가 그랬듯이 그리고 일부 학문적 논의에서 그랬던 것처럼 일자리에 대한 고려는 흔히 묵살된다.[8] 일자리는 경제적 핵심 고려사항이라기보다는 부수적·사회적 고려사항이라는 이유로 쉽사리 거부당한다.[9] 또한 일자리 상실은 세척과 같다는 잘못된 믿음 때문에 묵살될 수도 있다. 다시 말해서 한 노동자가 일자리를 잃어 기금에 들어오던 노동자와 고용주의 분담금이 사라진다 해도 그 노동자에게 지급해야 할 채무도 함께 줄어들기 때문에 그러한 손실은 상쇄된다는 것이다. 이는 옳지 않은 믿음이며 소득보장법의 '오로지 수익'이라는 시각도 옳지 않다.

첫째, 앞에서 기술한 바와 같이 그 법의 실제 문언에는 수탁자는

'오로지 가입자들과 수급자들의 이익을 위해' 투자해야 한다고 되어 있다. 즉, 노동자들의 이익을 위해서 투자해야 하는 것이지 연금의 이익을 위해 투자해서는 안 된다. 이 두 이익은 흔히 동일한 것이지만 항상 그런 것은 아니다. 손의 경우를 보자. 만약에 의회가 '연금의 이익을 위해서'를 생각하고 있었다면, 제2항의 '연금을 관리하는 데 든 합리적 비용을 부담하는'이라는 구절에서처럼 '연금'이라는 단어를 썼을 것이다.[10] 수탁자들은 연금을 관리하는 데 든 합리적 비용을 부담해야 하기 때문에, 설령 가입자들과 수급자들에게 손해가 된다고 하더라도 연금의 수익을 극대화해야 한다고 말하는 것은 비약이다. 가입자들과 수급자들은 법률이 보호하도록 설계한 바로 그 사람들이다. 이와 마찬가지로, '급여를 제공하는 배타적 목적을 위해'라는 구절 역시 다른 고려사항들을 배제한 채 '오로지 수익만' 심지어 '오로지 연금만' 고려하라는 의미는 아니다.

다시 손의 사례로 되돌아가보자. 일자리를 잃었을 때 손의 급여에는 어떤 일이 발생했을까? 급여는 줄어들었다. '급여 제공'이라고 표현하기조차 어려웠다. 줄어든 것은 손의 급여만이 아니었다. 연금에 내던 손의 분담금 역시 줄어들었다. 공적 연금기금 가입자들의 일자리는 자신들의 연금과 불가분하게 연결돼 있기 때문이다. 일반적으로 노동자 연금은 노동자의 직위 및 근속 기간과 직접적인 함수 관계에 있다. 또한 노동자들은 자신의 보수에 비례해서 연금에 자기분담금을 납부한다. 수탁자들이 기금의 투자가 기금에 속한 노동자들의 일자리에 어떤 영향을 미칠지 고려하는 것은 '급여를 제공할 배타적인 목적을 위해' 투자하는 것과 완전히 일치한다. 기금들은 일자리를 잃은 노동자들에게 예전과 같은 수준의 급여를 제공할 수 없고, 노동자들 역시 투자 실적과는 별개인 소득의 원천이라 할 연금에 재정적으로 기여할 수 없다.[11]

따라서 극단적으로 말하자면 수탁자들이 일자리 상실을 피하는 것, 따라서 노동자 분담금을 유지하는 것이 이윤 감소보다 더 중요할 수 있다고 합리적으로 믿는 한 다음과 같이 말할 수 있다. 기금이 일자리에 부정적 영향을 미치지만 이윤을 더 많이 올릴 수 있는 투자보다는, 이윤은 감소하지만 일자리에는 부정적인 영향을 미치지 않는 투자를 선택할 수 있어야 마땅하다. 또한 이는 수탁자들이 일자리 형태의 급여 또는 분담금 유입 증가가 이윤 감소나 법적 책임 증가보다 앞설 합리적 기회라는 확실한 결론에 도달한다면, 이윤은 덜 거두지만 기금에 자금을 댈 사람들을 위해 일자리를 창출하는 투자를 할 수 있어야 한다는 것을 의미한다. 연금들은 퇴직자들의 갑작스러운 증가 혹은 감소를 겪을 수 있고 퇴직자들이 자신들의 급여를 지급할 기금의 능력을 뒷받침하기 위해 자기보다 젊은 사람들의 자기분담금을 필요로 하는 경우가 때에 따라서는 있을 수 있기 때문에 특히 이는 진실이다.[12] 일자리 상실로 인해 유입되는 분담금이 줄어든다 해도 그들에게 지불해야 할 채무도 따라서 줄어들기 때문에 기금에는 아무런 손해도 없다는 결론이 옳지 않은 것은 바로 이런 이유 때문이다. 다시 말하지만 유입되는 분담금이 줄어드는 상황은 기금에 손해로 작용할 수 있다. 게다가 거추장스럽게 투자가 이뤄질 때마다 이러한 결정들을 할 필요는 없다. 대신에 그런 결정들은 기금이 채택한 투자 정책의 기초로 해두면 된다. 일부 기금들은 공공 영역의 일자리를 없애는 투자는 단기적으로든 장기적으로든 경제적으로 맞교환할 만한 가치가 전혀 없다는 합리적 결론을 내릴지도 모른다.

필자는 기금들이 항상 수익 대신 고용과 분담금 유입을 우선시해야 한다고 주장하는 것은 아니다. 어떤 경우에 일자리의 상실이 분담금 손실을 통해 기금을 해칠 수 있고, 다른 경우에는 부채의 감소로 인해 기금에 도움이 될 수도 있다. 요점은 수탁자로서 투자하기 전에 살펴봐야 한다는 것이다. 일자리에 대한 기금 투자와 기금에 대한 분담금의 영향은 수익 최대화라는 시각 아래 사실상 무시되고 있지만, 그래서는 안 된다. 역시 같은 추론과정을 통해 내린, 그리고 아마 현실에서는 가장 중요한 의미를 지니는 연금은 일자리를 늘리고 노동자들의 일자리를 보다 확실히 보장하기 위해 투자할 수 있어야 하고, 연금의 투자의 힘을 활용할 수 있어야 한다는 것이다. 비록 이로 인해 수익이 일부 감소해도 순수익이 좀 더 높다면 그렇게 해야 한다.

두 법원은 '단순한 말싸움'에 지나지 않을 이런 논의는 제쳐 놓고 선량한 관리자로서의 수탁자 책임에서 나온 '오로지 수익'이라는 시각을 거부했다.[13] 사실상 이들 법원들은 선량한 관리자로서의 수탁자 책임에 대해 '노동자 우선'이라는 시각을 암암리에 수용했다. '노동자 우선'이 수익을 매개로 이뤄지든 아니면 일자리를 통한 분담금 유입 증가를 매개로 이뤄지든 간에 수탁자들이 이런 시각을 가질 경우 단순히 연금 자체의 경제적 혜택만을 고려하기보다는 노동자들에게 직접 경제적 혜택을 고려할 수 있게 된다. 브로크 대 월튼(Brock v. Walton) 사건에서 미국 노동부는 기금에 가입한 노동자들에게 시장 이자율보다 낮은 이율로 주택자금대출을 해준 혐의로 오퍼레이팅엔

지니어스로컬 675 연금기금을 제소했다. 노동부는 이 조처가 기금에 대한 충성 의무를 위반했다고 주장했다. 연금기금은 가입자들에게 시장이자율보다 낮은 이자율로 대출해줌으로써 알려진 대로라면 기금과는 전혀 상관이 없는 혜택, 즉 이 사례에서는 기금 가입자들에게 좀 더 넓은 주택을 마련할 수 있는 혜택을 주는 대신에 좀 더 낮은 투자수익을 용인하고 있었다.[14] 연금기금은 연금 가입자들이나 그 밖의 어떤 사람들에게든 시장이자율로 대출을 해줬어야 했다. 미연방 제11순회 항소법원은 노동부의 주장을 각하하고 충성 의무의 위반이 아니라고 판시했다. 법원은 주택자금대출 프로그램이 수익 극대화에 지장을 줬다고 해서 그 프로그램이 의무 위반 자체를 구성하지는 않는다고 판시한 것이다. 그 대신 법원은 이사회의 포괄적인 심의에 분석의 초점을 맞췄다. 이는 선량한 관리자로서의 수탁자 책임을 결과보다는 절차에 초점을 맞춰 분석한 고전적 방식이라 할 수 있다.

이와 비슷한 것이, 반트 대 샌디에이고 카운티(Bandt v. San Diego County) 사건이었다. 샌디에이고 카운티는 샌디에이고공무원연금기금에 지불해야 할 분담금을 줄여줄 새로운 연금계산공식을 받아들이도록 수탁자들에게 요구했다.[15] 만약 수탁자들이 이에 동의하지 않는다면, 카운티는 지원들을 해고할 판이었다. 수탁자들은 새로운 공식에 합의했는데, 이것은 고용주의 분담금을 줄임으로써 기금에 손해를 끼치는 결정이었다. 두 명의 연금 가입자가 수탁자들이 기금 희생을 감수하면서까지 노동자들에게 급여를 주는 조처를 취함으로써 자신들에 주어진 충성 의무를 위반했다며 수탁자들을 제소했다. 법원은 가입자 측 주장을 기각하고, 수탁자에게 승소 판결을 내렸다.

두 사건에서 법원은 기금이 자신에게 주어진 배타적 목표를 관철하기 위해서라면 다른 경제적 수혜를 무시해도 좋다는 것이 법의 취지는 아니라고 판시했다.

필자는 판례법이 선량한 관리자로서의 수탁자 책임을 이렇듯 폭넓게 해석하는 쪽에 비중을 두고 있다고 주장하려는 것은 아니다. 다른 방향의 판례들도 있다.[16] 요점은 필자가 주장하는 해석을 허용할 만한 유연성이 법에 충분히 존재한다는 것이다. 수탁자 재량권은 수익의 극대화 견해보다 필자의 견해에 보다 관대하다. 그러나 그런 재량권은 '급여를 제공한다는 배타적 목적을 위해' 투자하라는 명령에 의해 여전히 제한을 받고 있다. 필자의 견해를 받아들였다면 매사추세츠주 또는 루이지애나주 기금들은 '급여 제공이라는 배타적 목적을 위해' 투자가 일자리에 미칠 잠재적 부정적 영향을 곧바로 가늠함으로써 아라마크 투자 회피를 고려했을지도 모른다. 또한 연금기금은 아라마크가 실제 자기 노동자들의 일자리를 볼모로 잡을 때까지 기다릴 필요도 없었다. 아라마크에 투자하라거나 아라마크를 걸러내라거나 혹은 아라마크로부터 투자를 철회하라거나 하는 주장을 하는 것이 아니다. 그 어느 쪽이든 허용될 수 있다는 점을 주장하고 있을 뿐이다.

이는 언뜻 이러한 법적 세부사항들이 그다지 중요하지 않다는 말처럼 들릴지 모르지만 그런 세부사항들은 대단히 중요하다. 더구나 어떤 대규모 사회간접자본 투자가 현 행정부나 미래의 행정부 아래에서 또는 민간자금으로 아니면 두 부문 모두에서 이루어진다면 세부사항들은 훨씬 더 중요해질 가능성이 높다. 사회기반시설에 투자하는 연금기금들이 역시 노동조합 노동자들의 고용을 목표로 삼거나 그 프로젝트에 고용된 노동자들에 대한 임금을 현 수준으로 관철시키는 것을 목표로 삼을지가 관건이다. '오로지 수익'이라는 편협한 시각을 옹호하는 사람은 아니라고 말하거나, 아니면 적어도 노동을 우선시하는 것은 오로지 투자 측면에서만 정당화될 수 있다고 주장할 것이다. 하지만 필자의 대답은 '예'이다. 필자의 접근 방식에서 보면, 노동자는 고용과 미래의 연금 분담금과 관련해서 자신들이 가입한 연금을 유리하게 활용할 거대한 지렛대를 갖게 될 것이다. 그 지렛대는 노동자에게 생명 유지 장치를 벗어던지게 해줄 아드레날린 주사를 투여함으로써 21세기에 정치 무대로 되돌아갈 힘을 부여할 수도 있을 것이다.

몇몇 공적 연금기금들은 공공부문의 민영화에 투자하는 것을 전면적으로 금지하거나 그러한 투자들이 공공부문 노동자들의 일자리를 필자가 기술한 노선에 어느 정도 부합하는 방향으로 최대한 보호하도록 하는 정책들을 이미 채택해왔다. 이와 관련해서 뉴욕시의 연금기금이 강경파에 속해 있다는 사실은 놀라운 일이 아니다. '그 체제는 공공부문의 일자리를 없앨 가능성이 있는 제안들을 담지 않을 것이다.' 그것은 기금들 사체 가입자들의 일자리일 뿐 아니라 모든 공공부문의 일자리임에 주목하라. 다른 기금들은 이보다 덜 단호하지만 적어도 그 사안에 관심을 보이고 있다. 예를 들어 오하이오주공무원연금(OPERS)은 다음과 같은 투자 정책을 채택했다.

오하이오주공무원연금은 기관의 사모펀드 투자 계획을 통해 공공부문 일자리의 민영화를 촉진할 의도가 없다. 오하이오주공무원연금 사모펀드 투자가 민영화 전략에 의존할 가능성은 거의 없다. 사모펀드 투자를 평가하는 데 있어서, 연금 관계자들은 민영화가 오하이오 주공무원연금에 회계상 부정적인 영향을 미칠 상황을 제한하기 위해 최선의 노력을 다할 것이다. 만약 그러한 제한이 불가능할 경우, 절차를 진행하기 전에 이사회로부터 지침을 구할 것이다.[17]

캘리포니아주 교원연금은 '민관 협력관계' 혹은 '공공자산의 판매, 임대 및 관리 공모' 입찰에 적용할 유사한 정책을 갖고 있다. 이 정책에 따르면 연금이 그러한 관계를 맺거나 입찰에 참여할 때 기금의 투자 관계자들은 피투자자, 통상 사모펀드로부터 서면 약속을 받도록 되어 있다. 또한 거기에는 '투자 중개기관은 그러한 자산의 성장과 운용에 공무원들의 역할과 기여가 중요하다는 사실을 인정하는 데 온갖 선의의 노력을 다한다'는 원칙도 들어 있다. 그런 가운데 '투자 중개기관은 그러한 거래들이 기존의 일자리들에 미칠 부정적 영향을 최소화하기 위해 온갖 선의의 노력을 다해야 한다.'[18] 캘리포니아공무원연금도 비슷한 정책을 취하고 있다.[19] 앞서가는 연금기금들은 사모펀드와 별개의 거래를 협상하는 데 기관의 주주 권한을 더욱 치밀하게 동원하고 있다. 그 협상 과정에서 연금기금들은 사모펀드가 노동자의 일자리들을 보호하도록 요구하고 건물 신축부터, 페덱스(FedEx) 대신 노동조합이 결성된 유나이티드파슬서비스(United Parcel Service, UPS)를 경유해 그들의 우편물을 발송하는 일에 이르기까지 매사에 노동조합 세력을 활용할 것을 요구했다.

그러나 다른 연금기금들은 '오로지 수익'이라는 근거를 활용해 이러한 투자 갈등을 무시해왔으며, 또 투자가 가입 노동자들의 일자리에 대한 미칠 수도 있는 부정적인 영향을 고려하는 것은 불법이라고 주장했다. 설상가상으로 일부 연금기금들은 적대적 정치인들에 의해 어쩔 수 없이 그러한 투자로 내몰리는 듯하다. 예를 들면 2004년 플로리다주의 교원노동조합들이 주지사 젭 부시(Jeb Bush)의 재선에 반대한 뒤, 재선에 성공한 부시는 태도를 바꿔 교원 퇴직금을 공립학교 종사자들을 대체하는 민간기업인 에디슨스쿨스(Edison Schools)에 투자했다. 법률을 '오로지 수익'이라는 법률적 시각에서는 부시와 플로리다주 투자위원회가 에디슨스쿨스를 매입하는 것을 막을 도리가 없었다. 이 투자 역시 '등가투자 규칙'의 취약점들을 그대로 드러냈다. 그 규칙은 수탁자들의 선택이 등가의 두 투자 대상 사이에 있는 한, 어떤 이유로든 둘 중 어느 하나를 선택할 수 있도록 허용한다. 그 규칙은 수익성은 있지만 다른 방식으로 노동자에게 해를 끼치는 헤지펀드들에 대한 노동자의 장악력을 높여줄 수도 있다. 하지만 그 규칙은 또한 적대적 연금 관계자가 노동자들에게 해를 끼칠 수 있다는 바로 그 이유로 특정 등가투자를 선택할 여지를 준다.

알려진 대로라면 연금수탁자들의 일자리에 대한 연금투자의 부정적 영향력을 무시할 것을 요구하는 법률적 시각은 조지 부시 대통령 시절에 발행된 노동부 해석 고시에서 정점에 도달했다. 그 지침은 2015년 11월 버락 오바마 대통령의 노동부에 의해 결국 폐지됐다. 새로운 지침은, 1994년 로버트 라이시(Robert Reich)가 노동부 장관을 지내던 클린턴 행정부 시절에 보다 신축적인 해석을 하도록 회복시켰다.[20] 옛것을 되살린 지금의 새로운 해석은 투자를 결정할 때 연금 수탁자들이 노동자 일자리들을 포함해 환경, 사회 그리고 지배구조상의 요인들을 고려하도록 하는 데 보다 신축적이다. 이 책이 출판에 들어갈 때까지도 트럼프 행정부의 노동부가 이 쟁점에 대해 어떤 자세를 취할지 아직은 분명하지 않았다. 로비스트들은 부시 행정부 시절의 견해를 되살리기 위해 총력을 기울일 가능성이 높다.

이 논쟁과 관련해서 한 가지 결정적인 법률적 난점이 있다. 이 책에서 공적 연금기금의 행동주의에 대해 자세히 설명했지만, 소득보장법은 이 공적 연금기금들에 실제로 적용되지 않고 있다. 소득보장법은 캘리포니아공무원연금, 캘리포니아주 교원연금, 뉴욕시 종사자퇴직기금과 같은 주 및 지방정부의 공적 연금기금이 아니라 노동조합기금들과 같은 민간연금만을 적용 대상으로 한다.[21] 이러한 연금기금들이 연방정부에 의해 설립된 것이 아니라 주와 시에 의해 설립됐기 때문이다. 따라서 연금기금들은 연방법이 아닌 주 법률의 통제를 받는다. 부시, 오바마 또는 트럼프 노동부가 소득보장법에서 규정하는 연금기금들의 선량한 관리자로서의 수탁자 책임을 포함해서 그 어떤 발언을 해도 그런 발언들은 공적 연금기금들과는 아무런 상관도 없다. 공적 연금기금들은 소득보장법에 의해 구속되지 않기 때문이다.

그렇다면 왜 그 문제를 놓고 이렇듯 장황하게 논의하는가? 대부분의 주 연금 법규들은 수탁자와 관련해서 소득보장법과 같거나 비슷한 수탁어로 규정돼 있다. 별개의 주 연금 법규가 50개나 있어, 그 수탁어들이 다른 주 혹은 연방법과 같거나 아주 조금 다름에도 불구하고 주 법원과 법무장관들은 그 언어가 의미하는 바를 자기 나름으로 해석할 수 있다. 그러나 노동부가 공표한 소득보장법 해석이 비공식적이지만 영향력이 있다. 많은 연금 변호사들이 소득보장법을 '최고의 관행'으로 생각하기 때문이다. 변호사들은 그들의 고객들에게 소득보장법이 규정하는 바대로 행하라고 조언을 한다. 그것이 현 행정부가 소득보장법 규정에 대해 말하고 싶어 하는 내용이라는 배경에서다.[22] 이러한 쟁점들에 대해서는 상대적으로 소송이 지극히 적어 법관과 변호사들이 무언가 결정을 내릴 때 지침으로 삼을 만한 법적 의견도 거의 없었다. 이로 인해서 소득보장법 논의는 여전히 채워야 할 빈 공간으로 남았다.[23] 하지만 선량한 관리자로서의 수탁자 책임이라는 쟁점은 결코 비껴갈 수 없는 문제로 지금까지 거듭 거론돼 왔으며 당분간은 정쟁의 불씨로 남아 있을 가능성이 높다.

제1장으로 다시 거슬러 가보면, 세이프웨이는 해리건이 '오로지 수익'이라는 시각에서 바라봤을 때의 선량한 관리자로서의 수탁자 책임을 위배했다고 은근히 비난했다. 이러한 비난은 캘리포니아공무원연금이 세이프웨이에 대한 투자수익을 극대화하는 대신 세이프웨이 노동자들을 지원하고자 연금을 조종해 세이프웨이와의 투쟁으로 끌어들임으로써 해리건이 캘리포니아공무원연금에 대한 자신의 의무를 위배하고 있음을 함축했다. 필자는 해리건이 세이프웨이 주주운동에서 한 걸음 뒤로 물러섰던 이유가 여기에 있었고 후에 그에 대해 말을 아낀 것도 그 때문이 아니었을까 생각한다. 해리건이 파업에 연루된 바 있기 때문에, 주주운동에 그가 공공연하게 참여하는 것은, 수익을 극대화하는 대신 세이프웨이 노동자들을 대표해서 연금을 주주운동 투쟁에 끌어들임으로써 캘리포니아공무원연금에 대한 자

신의 의무를 위배하고 있다는 세이프웨이의 주장을 강화할 수도 있었다. 캘리포니아공무원연금과 다른 연금들이 버드 반대 투쟁을 세이프웨이의 경영 및 실적에 초점을 맞춘 것이라고 진술한 것도 같은 이유에서였다. 경영 및 실적은 결국 회사가 노동자들의 급여를 삭감하도록 만드는 상황과 분리할 수 없는 요인이었다. 근본적으로 보면 근로자들에게 혜택을 주는 쪽으로 끼워 맞추면 법률은 처벌할 것이고, 주주들에게 혜택을 주는 쪽으로 끼워 맞추면 법률이 보상을 할 것이라는 말이다. 노동자들에게는 이러한 이해관계가 상호 배타적인 것은 아니다. 미국의 현 체제에서는, 투자의 근거를 들 수만 있다면 항상 보다 강한 법적 기반 위에 서 있을 수 있다. 회사에 중요한 노동 쟁점이 생기면 언제나, 중대한 투자 쟁점 역시 불가피하게 따라 붙는다. 그래서 노동 쟁점을 투자 쟁점으로 표현하는 것이 보다 현명하다.

물론 세이프웨이에 깊은 흠집을 낸 지배구조와 회사 실적으로 인해 세이프웨이 반대 운동을 '오로지 수익'이라는 견해 아래에서도 완벽히 방어해낼 수 있었다. 하지만 같은 일이 아라마크와 관련해서도 벌어질 수 있다고 장담할 수는 없다. 회사가 노동자-투자자들의 경제복지를 직접 훼손하면서도 투자에서만큼은 꽤 좋은 실적을 낼 수도 있기 때문이다. '노동자 중심'이 꼭 필요한 것이 이런 맥락에서다.

연금기금들이 투자 결정에 있어 다른 요소들을 고려할 수 있는지 여부를 묻는 법적 질문은 정책적 문제로서 고려 여부를 묻는 질문과는 별개의 것이다. 미국에는 4천 개가 넘는 공적 연금기금들이 있다. 어떤 방향으로 나아갈지의 여부는 불가피하게 특정 기금의 특수한 상황에 의존한다. 기금들은 저마다 다른 유형의 노동자들의 저축을 각기 다른 사법 관할구역에서 투자하는 가운데 저마다 다른 자금조달 상황들을 마주하며 50개의 각기 다른 주 연금 법령의 통제를 받는다. '오로지 수익' 대 '노동자 중심' 문제에는 전반적으로 널리 적용될 하나의 해법이 없을 수도 있다. 또한 '오로지 수익'이라는 틀에서만도 수수료 삭감에서부터, 비록 부수적 효과일지라도 일자리와 연금보장을 고려하는 방향으로 계속해서 주주 행동주의의 가치를 제고해 나가는 일까지 노동자들의 이익을 증진시키기 위해 할 수 있는 일은 여전히 많고 또 많다. 필자는 여기서 두 접근법 사이에 이뤄질 수 있는 일부 정책 거래를 간결하게 정리하고자 한다.

'오로지 수익' 주창자들은 기금에 돌아올 수익의 최대화는 단지 법규이기 때문이 아니라 올바른 정책 선택, 노동자의 관점에서도 행하는 올바른 선택이라고 주장한다. 무엇보다 우선, '오로지 수익'은 당신이 기금의 투자 실적을 객관적으로 판단하게 하며, 회사 간 실적 비교도 가능하게 해준다. 그리고 수탁자들과 관련한 합법적인 관심사들도 있다. 요컨대 수탁자들에게 지나치게 많은 재량이 주어져 기금을 자신들이 선호하는 사업들에 투자하거나, 기금의 일차적 목표 즉, 기금에 자금을 대는 노동자들의 퇴직연금을 적립한다는 목표에서 벗어나 특별히 관심을 깃는 정치적 명분을 지지하기도 한다는 것이다.[24] 가장 최악의 시나리오를 상정하면, 수익의 극대화로부터 벗어나는 상황이 단순히 저조한 수익에 그치지 않고 일자리나 분담금 형태의 경제적 혜택조차 제대로 벌충해주지 못함으로써 노동자들을 나락으로 빠뜨릴 수도 있다는 점이다. 빗나간 투자들과 관련한 비슷한 증거가 있다. 예를 들어 일부 주의 연금들은 수익을 극대화하는 투자에 앞서 주 경계 내 투자를 우선시하도록 요구받아왔다. 한 연구에 따르면, 물론 늘 그렇듯 이들 연구가 투자자에게 돌아갈 다른 경제적 혜택은 도외시한 채 오로지 투자 실적만을 쳐다봤던 것은 사실이지만, 따라서 이 논의에서 논외로 쳐도 상관없을 만큼 한계를 지닌 연구이지만 어쨌든 이러한 연금들이 좋은 실적을 내지 못하고 있다는 것이다. 그리고 자신의 주에 혜택을 줄 투자를 해달라는 것과 단순한 수익을 넘어 다른 형태의 혜택까지 주민에게 제공할 투자를 해달라는 것 사이에는 중대한 차이가 있다.

한 걸음 더 나아가, 일부 '오로지 수익' 옹호자들은 공공노동자의 일자리를 민영화하는 회사에 공적 연금을 투자하면 사실상 노동자들에게도 일종의 대비책이 되어 이익일 수 있다고 주장한다. 그 이론은 공공부문의 일자리들은 어찌 됐든 사라질 운명에 있고, 따라서 그들의 퇴직기금은 그런 종말의 상황에서 어떤 이윤이든 창출해내야 한다는 것이다.

이 모든 것들은 우리에게 어떤 접근 방식이 노동자들을 더 잘 살게 하는지에 대한 논쟁을 숙제로 남긴다. 논쟁의 기본 용어들조차 생각만큼 분명하지 않다. 수익 극대화 정책들이 항상 실제로 수익을 극대화하지는 않는다는 실재적 증거가 있다. 그 증거에 따르면 환경, 사회, 지배구조 렌즈를 통해 여과된 투자 포트폴리오들은 여과 없이 수익 극대화만을 위해 노력하는 포트폴리오를 능가한 성과를 내고 있다.[25] ESG 투자 사례에는 온실가스 배출 감소를 위한 감시, 생산 및 공급망에서의 공정 노동 관행의 정착, 주주제안권의 강화 추진 등과 같은 활동도 포함된다. 물론, ESG 투자가 더 나은 성과를 낸다는 생각을 거스르는 증거도 있다.[26] 그러나 순수하게 투자 근거들에 입각한 포트폴리오들을 선호한다. 증거는 폭넓고 뿌리도 깊어 전적으로 묵살될 수 없다.

언뜻 보기에, 결과들이 이해되지 않는다. 왜 ESG 요소들에 가치를 둔 투자들이 오로지 최고 수익만을 추구한 투자들보다 나은 성과를 낼까? 무엇보다 우선, ESG 친화적 정책을 제도화하는 기업들은 보다 많은 소비자들을 끌어들이고 판매량도 늘릴 수 있을 것이다.[27] 게다가 그 기업들은 보다 많은 투자자들을 끌어들이고 자본비용도 낮출 수 있을 것이다.[28] ESG에서 주주제안권의 강화와 다수결 투표, 시차를 두지 않는 이사 선출 투표, CEO와 이사장의 역할 분리 같은 'G'의 영역은 아마 사업상 위험이나 법적 위험들을 줄일 수 있고 책임성을 증대시킬 수 있다. ESG에 초점을 맞춘 투자자들은 기후 변화에 따른 투자 위험이나, 인권을 침해하는 사업 관행이 기업 상표에 미치는 피해 등 평판 상의 위험 같은 현실적인 위험들을 시장보다 앞서서 인식할 수 있을 것이다.[29] 비슷한 이유로 노동자 중심적 접근 방식은 수익을 극대화하는 포트폴리오들과 어깨를 나란히 하거나 그들을 능가할 수 있다. 그러나 필자의 노동자 중심적인 주장의 근거를 고수익을 추구하는 주장 위에 둘 수는 없다.

필자는 별개이지만 서로 관련이 있는 몇몇 직관에 근거해서 노동자 중심적 접근을 선호한다. 첫째, 모든 조건이 같다면 간접적 책임을 지는 대리인보다 직접적 책임을 지는 대리인에게서 보다 나은 성과를 기대해야하는 것이다. 둘째, 가입자 및 수급자 측 이사, 노동조합 들이 투자운용역들보다 투자가 일자리와 급여에 미치는 영향을 좀 더 잘 포착한다. 이는 고용뿐 아니라 기금 자금에도 영향을 미친다. 셋째, 우리는 스스로 평가한 것을 관리한다는 진부하고도 상투적인 문구에 근거한다. 필자의 견해로 본다면, 이러한 기준들 아래에서는 노동자 중심적 접근 방식이 수익 극대화 접근 방식보다 더 강력하다. 특히 투자가 일자리에 직접적 영향을 미치지 않는 흔한 상황에서는 두 방법론이 같은 성과를 내는 사례들이 많을 수 있다는 점에 주목해야 한다. 차이가 실제로 문제시되는 경우는 민영화 위협을 관리하거나 노동자 일자리 창출을 위한 투자 결정을 할 때이다.

수익보다 '노동자 중심적' 접근을 선호함으로써 얻을 수 있는 하나의 효과는 연금기금의 운명을 결정하는 데 있어서 수탁자들에게 투자운용역들을 통제할 권한을 부여한다는 점이다. '오로지 수익'은 사실상 월 스트리트에 연금의 운명을 결정할 권한을 부여할 뿐이다. 기금의 명확한 목표가 수익을 우선시하는 것이라면, 기금은 오로지 위험과 수익에 초점을 맞추어 계산하는 투자운용역들의 전문 지식과 결정 사항을 자연스레 선호할 수밖에 없다. 투자운용역들이 창출해내는 수익에 기초해 연례적으로 그리고 분기별로 순위가 정해지고, 그러한 순위에 근거해서 기금도 포트폴리오에 투자금을 넣을 것인지 뺄 것인지를 결정한다. 만약에 어떤 투자를 통해 11%가 아닌 10%의 수익을 올렸다면, 10% 수익률의 투자가 기금 가입자의 일자리를 보장하거나 혹은 새로운 일자리들을 창출한다할지라도, 보수는 덜 받게 된다. 포트폴리오 운용역들은 수익과 운용 자산에 근거해서 일차적 보상을 받기 때문에, 이러한 지표를 넘어서서 자신들의 투자가 투자자들에게 실제 어떤 경제적 영향을 미칠지에 대해서는 흔히 눈을 감는다. 이런 것들이 왜 연금기금들이 가입 노동자들의 일자리를 빼앗는 투자에 휘말리는지를 설명해준다. 수탁자들은 기금 가입자의 격분한 목소리를 들을 때까지 무슨 일이 벌어졌는지 모를 수도 있다. '오로지 수익' 원칙 아래에서는 그 쟁점이 법적으로 나타나 보이지 않는다. 그리고 투자운용역들은 기금 실적에 따라 보상을 받기 때문에 '기금 우선'이라는 법적 체제를 선호한다.

필자가 공적 연금기금 수탁자들로부터 숱하게 들은 이야기에 따르면, 그들이 투자운용역들과 함께한 자리에서 일자리를 쟁점으로 삼으려 할 때마다, 운용역들이나 법률자문관들은 일자리를 쟁점으로 삼는 것만으로도 선량한 관리자로서의 수탁자 책임을 위반하는 일이라고 말하며, 투자운용역들이 일자리에 관심을 갖는 일 자체가 의무 위반이라고 했다는 것이다. 왜 부시 행정부의 노동부가 '오로지 수익' 원칙을 수용했는지 이해하는 데 도움이 될 것이다. 부시 행정부의 노동부가 실제 이것이 노동자의 이익을 위한 것이라고 믿었기 때문에 그러한 접근 방식을 옹호했던 것일까? 아니면 차라리 투자운용역들을 포함한 전통적 공화당 지지 유권자들에게 이익이 되기 때문에 그랬던 것일까?

넓은 의미에서 선량한 관리사로서의 수탁자 책임은 연금기금 수탁자들에게 투자운용역들이 바라는 바를 고려할 권한도 부여하지만 이러한 투자들이 실제 기금의 노동자─가입자들에게 어떤 영향을 미치는지를 고려할 권한도 부여한다. 수탁자들은 기금 가입자들에게 직접적인 책임을 진다. 수탁자들은 뉴욕시기금들과 오하이오주 공무원연금, 캘리포니아공무원연금의 민영화 정책과 같은 투자운용역들이 채택해야 할 투자 정책을 설계함으로써 가입자들과 수급자들의 실질적인 이익으로 초점을 옮길 수 있다. 투자운용역들이 아닌 수탁자들을 투자 계산법의 중심에 놓는 방식이다.

연금 수탁자는 선출된 임원들과, 기금 가입자 및 수급자들이 동료들 가운데서 수탁자이사회 이사로 선출한 사람들의 집합체이다. 흔히 노동조합들은 이 후자의 수탁자들이 이사회 내에서 어떤 지위를 가질 것인지와 관련해서 큰 발언권을 갖는다. 일반적으로는 전자와 후자 모두, 그중에서도 특히 스스로 펀드 가입자이면서 동료들에 의해 이사로 선출된 사람들은, 기금 가입자들이 간접적인 영향력밖에 행사할 수 없는 월 스트리트 투자운용역들보다 기금 가입자들에게 더 큰 책임이 있다. 기금 가입자들은 수탁자들에 대해 불만을 느낄 경우 다음 선거에서 투표를 통해 그들을 갈아치울 수 있다.

게다가 노동조합들은 투자 프로젝트가 일자리에 미칠 영향을 이해하는 데 투자운용역들보다 더 좋은 위치에 있다. 노동조합들은 보상과 근로기준, 특정 프로젝트에 필요한 작업에 대해 더 잘 이해한다. 또한 급여가 구성원들에게 어떻게, 얼마만큼, 어떤 이유로 배분되는지와 같은 급여 관련 측면들에 대해 투자운용역들보다 더 많은 경험을 갖고 있다. 따라서 '노동자 우선'이라는 접근 방식에서는 투자 의사 결정의 중심축이 투자운용역에서 수탁자로 이동한다.

필자의 세 번째 직관은 시장에 잘 알려진 진부한 표현 즉, 우리는 스스로 평가한 것을 관리한다는 데 근거를 두고 있다. 이 직관은 수익 극대화보다는 폭넓은 경제적 시각을 선호한다. 만약 연금기금과 노동조합기금들이 투자가 일자리에 미칠 영향을 평가, 계산하는 방법을 가지고 있지 않다면, 시장에는 이를 평가하고 계산하려들 사람은 아무도 없다. 기업과 헤지펀드, 사모펀드는 투자수익의 관점에서 문제를 분석할 뿐, 일자리와 보수 감소에 따른 비용은 부담하지 않는다. 아니 오히려 그들은 일자리 및 보수의 감소에 따라 반사이익을 흔히 본다. 만약에 연금기금들이 투자 포트폴리오 구성에서 일자리 쟁점을 직접 고려할 수 없다면, 일자리 계산은 투자 고려사항에서 완전히 자취를 감춘다. 지난 40년간 미국에서 발생한 것이 거의 틀림없이 이런 것들이다. 시장은 아직도 이 쟁점에 대해 충분히 깨닫지 못하고 있다. 하지만 만약 가입자들의 일자리와 기금 기여금 평가를 포함해서 투자 계산을 하는 노동자의 자본 기관과 같은 시장 운용자가 있다면, 시장은 일자리들을 고려사항에 넣기 시작한다. 연금자본 운용에 관심을 가진 투자운용역들은 이러한 이익들을 반영한 투자 상품과 전략들을 만들어낼 동기를 갖게 될 것이다. 일부 노동조합들은 정확히 이러한 이유들 때문에 자신들만의 투자운용역들을 임명했다.

이는 '대비책'이라는 또 다른 주장으로 이어지게 한다. 이 주장은 공공노동자들은 어떤 식으로든 일자리를 잃게 될 것이므로 어차피 그럴 바에는 수익을 추구하는 편이 낫다는 것이다. 첫째, 이러한 투자들이 유일한 대비책은 아니라는 타당한 주상이 있다. 이미 알려진 바대로, 공적 연금은 운용 중인 전체 사모펀드 자산의 3분의 1에서 2분의 1에 조금 못 미치는 규모이다.[30] 만약 당장 내일 모든 공적 연금기금이 뉴욕시 기금들 또는 오하이오주 공무원연금이 했던 방식으로 민영화에 대한 투자를 엄격하게 제한하는 정책을 채택한다면, 사모펀드에 의한 공공 부문 민영화를 완전히 차단하지 못한다 하더라도 최소한 민영화에 타격을 줄 수는 있을 것이다. 달리 말해, 만약 연금이 민영화 참여를 중단하면 민영화는 반드시 되어지지도 않으며 훼손될 수도 있다. 둘째, 노동자들의 일자리에 부정적 영향을 미칠 위험이 있음에도 불구하고, 수탁자들이 매우 높은 투자수익으로 인해 노동자들이 잘살게 될 것이라고 믿을 만한 좋은 이유가 있는 한 '노동자 우선'이라는 시각은 여전히 이러한 투자들을 허용할 것이라고 주장하는 사람들이 있다. 필자는 그러한 계산 방식에는 회의적이지만, 가능성은 인정한다. 민영화를 피해야 할 많은 타당한 이유들이 있다. 민영화에 투자하느냐 거부하느냐는 불가피한 이분법적 선택의 문제가 아니다. 많은 기금들이 이미 암암리에 채택한 보다 신축적인 법적 해석에 따르면, 노동자들은 자신들의 이익을 위해 민영화를 받아들일 수 있다. 예를 들면 이 펀드들을 활용해 노동조합 노동자들을 고용하거나 구성원들의 일자리를 창조하거나 그렇지 않으면 공공 부문을 지원하는 것이다.

마지막으로 남은 것은 제1장에서 제기됐던 가능성이다. 일부 유럽 기금들처럼 경제적 계산법을 떠나 노동 쟁점을 비장의 도덕적 무기로 취급하는 것이다. 이런 방식은 특히 '오로지 수익'이라는 시각에서는 미국의 선량한 관리자로서의 수탁자 책임과 법적 갈등을 야기할 것이다. 하지만 그러한 법적 문제는 캘리포니아주교원연금이 총포에 대한 투자 철회 과정에서 했던 것처럼 도덕적 동기와 사업적 동기를 조합함으로써 해결될 수 있다. 또한 많은 주와 지방정부가 1980년대와 1990년대에 인종차별정책 철회 과정에서 했던 것처럼 그리고 많은 주들이 이스라엘 보이콧을 역으로 비보이콧했던 것처럼[31] 법적 쟁점은 노동 쟁점들을 고려하도록 명시적으로 권한을 부여하거나 심지어 명령을 내림으로써, 주와 지방정부 내 연금 후원자들에 의해 해결될 수도 있다. 주지사 또는 주 입법부로부터 이런 식으로 법적 공포가 이루어지면 그 쟁점은 더 이상 수탁자의 고려사항이 되지 않는다. 필자는 이런 방식으로 노동 쟁점들을 우선시하는 데 공감한다. 하지만 그렇게 하는 것은 논쟁을 일으킬 만한 모든 종류의 정치적·도덕적 쟁점들에 문을 여는 것이나 다름없다는 사실 역시 주목받아야 한다. 그러한 쟁점들은, 노동자들의 퇴직 저축을 투자하는 연금기금들로서는 그 자체로 중대한 정치적·도덕적 쟁점이라 할 노동자들의 경제적 보장과는 거의 관계가 없다. 미국의 맥락에서는 경제적으로 전체론적인 '노동자 중심' 시각이 광범위하게 실행에 옮겨진다면 그 자체로 중대한 진전일 것이다. 적어도 필자는 그곳을 전술적 출발점으로 삼고자 한다.

노동자 주주의 권한이
살아 있는 곳 _____

소득보장법이 영향력은 있지만 실제 공적 연금기금들에 적용되지 않는다는 사실은 다른 무엇보다 한 가지 이유에서 매우 중요한 의미를 갖는다. 한가지 이유란 공적 연금기금 자산이 집중된 지역은 대체로 민주당이 장악한 주와 도시 들로 공공 부문이 강력한 세력을 자랑하고 있으며 정치 지도자들과 사법당국도 연금기금에 비교적 우호적이다. 이 때문에 이곳 기금들은 백악관의 주인이 누가 되든 그 영향력에서 벗어나 있다.

미국의 최대 공적 연금기금들은 그 종류와는 상관없이 세계에서 손꼽히는 규모의 연금기금에 속한다. 전 세계 상위 50개 연금기금에 포함된 미국 연금기금들을 규모 순으로 나열하면 다음과 같다. 캘리포니아공무원연금, 캘리포니아교원연금, 뉴욕주공동기금, 뉴욕시종사자연금, 플로리다주행정이사회, 텍사스교원연금, 뉴욕주교원연금, 위스콘신투자이사회, 노스캐롤라이나연금, 오하이오주공무원연금, 캘리포니아대학연금, 오리건공무원연금, 오하이오주교원연금, 미네소타주연금 그리고 미시건연금이다. 캘리포니아와 뉴욕 기금들만해도 감독하는 연금 자산이 거의 1조 달러에 달한다.[32] 그들의 단독 개입만으로도 이 책에서 서술한 주주 행동주의를 지속시킬 수 있다. 만약에 연금에 적대적인 노동부가 연금조항들 해석을 내놓았다 해도 그들은 그런 해석 내용은 들은 체도 안 한다. 소위 자주색 주, 즉 민주당과 공화당 양당 경합 주와 붉은 색 주, 즉 공화당 지지 주의 연금이 유난히도 교원기금에 치우쳐 있는 점에 주목하자. 공무원들이 일반적으로 그러한 것처럼 교원기금들은 더 정치적으로 자유주의적인 경향을 띤다.

다른 대형 연금기금으로는 아라마크에 투자한 매사추세츠연금유보투자운용이사회, 트럼프를 지지했어도 여전히 민주당 지역인 펜실베이니아의 펜실베이니아교원연금, 로스앤젤레스카운티공무원연금국, 콜로라도공무원퇴직연맹, 메릴랜드교원연금, 일리노이교원연금 그리고 미주리학교연금 등이 있다. 그런데 위에 거론한 캘리포니아,

뉴욕 연금기금 총액에 로스앤젤레스 기금을 합하면, 그 2개 주만으로도 자산 총액이 1조 달러를 충분히 넘어선다. 이 명단에 없는 지역도 주목해보자. 최대한으로 공공 부문을 줄여온 반노동조합적이면서 '일할 권리'를 표방한 소규모 붉은 색 주들이 명단에서 제외돼 있다. 이른바 '일할 권리'의 결과로, 이러한 주들은 주주 행동주의 영역을 보다 크고, 보다 자유로운 주들에게 대규모 공공 부문과 함께 넘겨줬다. 시장의 관점에서 볼 때, '일할 권리'의 붉은 주들은 사실상 의미 없는 반올림 오차와 같은 존재다. 그들은 자신들이 지불한 만큼의 영향력을 가지고 있을 뿐이다. 이들 주를 콜로라도, 매사추세츠, 메릴랜드, 오리건 같은 보다 작은 푸른색 주들과 대조해보자. 이 푸른색 주들은 강력한 공공 부문과 함께, 주 당국에게 피투자자들에 대한 엄청난 발언권을 부여하는 상당한 규모의 연금들을 보유하고 있다. 뉴욕과 텍사스처럼 큰 주들을 비교하면 이와 같은 경향이 금세 드러난다. 텍사스는 많은 인구를 가지고 있지만 뉴욕의 연금들은 텍사스 연금들을 훨씬 능가한다.[33] 뉴욕이 훨씬 더 중요한 주주이다.

　민주당을 지지하는 푸른색 주에 연금 권력이 집중돼 있다는 점 그리고 연금들이 주 법의 지배를 받는다는 사실은, 헌법에 위배될 가능성이 높은 대단히 위험하고도 극단적 단계의 연금 권력의 국유화가 이뤄지지 않는 한, 그 권력을 자기 통제하에 두려는 워싱턴의 어느 행정부에 대해서도 상대적인 도전이 된다. 연방 정치인들은 독점금지법을 적극적으로 활용해 이 기금들에 고삐를 죄려고 시도할 수도 있다. 이는 헌법상의 문제를 야기할지 모른다. 적대적인 행정부가 독점금지법을 활용해 기금들 사이의 연대를 약화시키려 한다 해도 독점

금지법은 주주 행동주의를 전반적으로 약화시킬 수 있다는 측면에서 상대적으로 제한적일 수밖에 없다. 의심의 여지 없이 증권거래위원회도 투자자의 특정 권리들을 제한하려고 시도할 수 있다. 하지만 증권거래위원회가 새로운 법률을 통과시키지 않고도 할 수 있는 일이란 비교적 제한적이며, 자체적으로 할 수 있는 일이 있다 해도 대부분은 정치적 풍향이 바뀌면 함께 바뀔 가능성이 높다. 대체적으로 이들 기금과 관련해서는 올버니와 새크라멘토에서 일어나는 일이 워싱턴에서 일어나는 일보다 더 중요할 수 있다. 하지만 그것이 이들 푸른색 주 연금기금이 안전하다는 것을 의미하지는 않는다. 연금기금은 미국과 동맹국들의 광범위한 자유주의 집단에 자금을 제공한 억만장자 석유왕 코흐 형제 즉, 찰스(Charles)와 데이비드(David)에게는 여전히 취약하다. 그들은 이 책에서 밝힌 많은 연금기금들을 대놓고 표적으로 삼았다. 이와 관련한 자세한 내용은 마지막 장에서 살핀다.

결국 이러한 연금기금들을 누가 통제하고 어떻게 움직일 것인가는 대단히 중요한 문제가 된다. 사모펀드와 다른 피투자자들이 공적 연금에서 나온 자금으로 공공 부문 노동자 자신의 이익에 반하는 투자를 계속할 것인가? 또는 연금기금들은 투자의 힘을 활용해 상대의 양보를 얻어냄으로써 노동자들의 이익을 위한 투자 환경을 성공적으로 조성해낼 수 있을까? 이 펀드들은 투자 거부의 경우 발생할 수도 있는 투자 손실, 그에 따른 투자 능력 상실 사이에서 발생하는 긴장 관계를 어떻게 풀어나가야 할까? 펀드들은 가입 노동자들을 위한 일자리 창출을 위해 투자의 힘을 어느 정도까지 배치할 수 있는가? 우리는 뉴욕시 감사관 스콧 스트링거 같은 몇몇 지도자들이 그러한 질문에 대답해온 방식들을 살펴봤다. 나머지 사람들은 그 영역에서 어느 위치에 서게 될 것인가? 트럼프 행정부와 민주당이 지지하고 하원에서 공화당의 반대를 넘어설 수조 달러 추산의 사회기반사업에서 이러한 투쟁들이 어떻게 작용할까? 연금들이 대규모 사회기반사업 지출계획에 투자를 해야 할지, 한다면 어느 정도 투자를 해야 할지에 이러한 펀드들은 어떤 영향을 미칠 것인가? 그 계획에 대해서는 트럼프 대통령이 선거운동 기간에 약속했으며, 이미 상원의 민주당도 이를 수용했다. 그렇다면 그 계획이 지금 당장 모습을 드러낼 것인지 아니면 미래의 행정부하에서 드러낼 것인지에도 영향을 미칠 수 있을까?[34] 또는 워싱턴에 진척 중인 중대한 계획이 없을 경우, 대규모 민영 사회기반사업지출에 대해서도 그런 영향을 미칠 수 있을까? 과장이 아니다. 수조 달러의 자산과 산업 전반 그리고 수백만 개의 일자리의 운명이 바로 이 질문에 달려 있다.

그러한 질문들을 풀 수 있는 열쇠 하나는 바로 전에 다뤘던 논쟁, 즉 연금 수탁자들의 선량한 관리자로서의 수탁자 책임에 대한 정의를 둘러싸고 이뤄지고 있는 투쟁에 있다. 또 다른 열쇠는 관련 조직을 체계화하는 운동과 관계돼 있다. 이 운동만큼 중요한 일을 최근의 기억에서는 없다. 그 운동은 쟁점들과 이해관계상의 갈등들을 찾아내, 선량한 관리자로서의 수탁자 책임의 범위를 이해하고 또 자신들이 채택하는 투자 정책들의 결과들을 충분히 파악하도록 연금기금 수탁자들을 훈련시키는 일이다. 행동가들은 필자에게 이러한 수탁자 조직화 운동을 위한 황금 기준을 만든 인물이 국제서비스직종사자연합의 자본 스튜어드십 사업을 이끌고 있는 본다 브런스팅(Vonda

Brunsting)이라고 이구동성으로 말했다.[35]

수탁자의
조직화 _____

　　　브런스팅은 노동자 주주 행동주의에 참여하기
전에 지역사회 조직가로서 경력을 쌓기 시작했다. 그녀는 1940년 사
울 앨린스키가 세운 산업지역재단(IAF)을 위해 일하면서 12년을 보냈
다─놀랄 일도 아니겠지만 시카고대학에서 공공정책 석사학위를 받을 때까지도 브
런스팅은 앨린스키에 대해 전혀 들어보지 못했다. 그녀는 교회에서 앨린스키에 대해
알게 됐다. 산업지역재단은 변화를 앞당기기 위해 교회와 유대교회당,
사찰 그리고 회교사원들과 손잡고 일하면서 권력은 신자로부터 나온
다는 철학을 효율적으로 활용했다. 산업지역재단의 조직 이론 가운
데 하나는 처음부터 집단 조직들을 만들려 하지 말고 신도집단 같은
기존의 집단 조직과 손을 잡는 것이었다. 그 이론에 따라 그녀는 머피
가 했던 것처럼 '관리인을 위한 정의 운동'에 참여했다. 그러다 마침내
국제서비스직종사자연합에서 일하고 있던 아들러를 만났다. 국제서
비스직종사자연합에서 막 출범한 자본스튜어드십사업을 함께 할 인
물로 브런스팅을 점찍은 사람이 바로 아들러였으며, 브런스팅은 아들
러의 제안을 받아들였다. 그녀는 2004년부터 국제서비스직종사자연
합에서 국제 간사로 일을 시작했으며, 조정관에서 차장, 부장을 거쳐
지금은 해당 사업팀의 국장으로 일하고 있다.[36]

국장 지위에 오른 브런스팅은 미국에서 가장 강력한 것으로 손꼽히는 이 노동자 주주 기관을 감독한다. 국제서비스직종사자연합은 기본적으로 의료 서비스, 재산 관리 그리고 공공서비스 분야에서 일하는 2백만 명의 가입자들을 확보하고 있다. 그들은 48개 공적 연금 기금과 19개 민간 기금에 참여하고 있으며, 자산 규모는 대략 1조 5천억 달러이다. 브런스팅 자신은 국제서비스직종사자연합 위탁운용연금의 수탁자로 일하며, 기관투자자위원회 위원으로 활동하고 있다. 기관투자자위원회는 주주제안권 강화와 도드-프랭크법의 다른 핵심 요소들을 위해 로비를 벌이는 연금연합체이다. 그녀는 국제서비스직종사자연합 가입자들을 효율적인 연금수탁자로 키우는 15명의 전담 참모들을 감독한다.[37]

브런스팅은 수탁자들을 지도자로 키우는 일이야말로 자신에게 주어진 최우선 과제라고 생각한다. 핵심 문제는 국제서비스직종사자연합 연금 수탁자들이 아무런 지원도 받지 못한 채 자주 고립된 상황에 처한다는 점이다. 연금 참모들은 애써 수탁자들과 일정한 거리를 두고 펀드 관련 결정사항들을 통제하려 한다. 이러한 역학 관계로 인해 많은 연금기금들이 가입 노동자들을 나락에 빠뜨리는 투자를 하는 처지가 되곤 한다. 브런스팅은 수탁자늘이 철저히 무시당하는 상황이 빈번하게 발생한다고 말한다. 통상 수탁자들은 금융계 출신이 아니라, '변호사, 사회복지사, 회계사, 주의 감사관 등 대부분 금융권 밖에서 활동하는 전문인들이기 때문이다'. 대형 연금기금의 수탁자로 일하는 것은 '매우 두려운 일이다'.[38] 그들은 자주 "전문가가 아니면 참견 마세요"라는 말을 듣는다.

그 전문가라는 사람들이 연금기금들을 헤지펀드와 사모펀드에 투자한다. 그들은 트리플A 등급으로 알려져 있지만 실은 트리플A 등급이 아닌 모기지 담보증권을 매입한다. 그리고 펀드 투자운용역들이 투자 실적에 상관없이 2%/20%의 수수료를 요구한다 해도 투자를 철회하지 않는다. 전문가들은 경영진의 월급봉투에 반대표를 던지고 싶어 하지 않는다. 외부 투자운용역들이 노동자 돈을 가져가서 차터스쿨이나 민영화사업에 투자해도 상관없다고 생각한다. 또한 CEO-노동자 보수 비율에 대해서는 관심도 없다. 전문가들은 주주의결권이 무의미한 것이라고 생각한다. 골드만삭스에서 일자리를 얻을 수 있지 않을까 기대할 뿐이다. 전문가들은 CEO가 이사장 자리를 겸해야 한다고 생각한다. 비전문가들이 전문가들에게 질문을 하면, 그들은 흔히 펀드 자문가의 도움을 받아 마법의 단어인 '선량한 관리자로서의 수탁자 책임'으로 대답한다. 전문가들은 비전문가들에게 자신들의 임무는 수익을 극대화하는 것이라고 말한다. 전문가들은 수수료 체계를 이해한다고 말한다. 전문가들은 투자를 결정할 때 무엇을 고려해야 하고 무엇을 고려해서는 안 되는지 안다. 전문가들은 엄청난 돈을 버는 외부 투자운용역들의 도움을 받아 손실을 보는 것, 때로는 큰 손실, 그것도 해마다 큰 손실을 보는 상황을 성숙한 시장 참가자라면 예상했어야 할 일 정도로 치부한다. 그러고는 "여기에 서명만 하면 돼요"라고 말한다.

근본적으로, 브런스팅이 하는 일은 수탁자들에게 연금을 망치는 이들 전문가들을 어떻게 다룰 것인지 가르치는 것이다. 간혹 다른 전문가 집단에게 수탁자들을 훈련시키도록 맡기는 경우도 있다. 그들은 하루 온종일 수탁자들에게 이런저런 조언을 해주고 별반 도움이 되지 않는 두툼한 자료 뭉치를 '유용한 정보'라며 건네기도 했지만 문제의 핵심을 찌르지는 못했다. 수탁자들에게 실제로 필요했던 것은 1년에 한 차례 이상 며칠에 걸쳐 회의 탁자에 둘러앉아 자신들의 경험과 도전에 대해 서로 이야기 나누고 서로 배우면서 밑바닥으로부터 집단지성의 기초를 쌓아 스스로 전문가가 되는 것이었다. 브런스팅의 목표는 '그들을 서로 하나로 연결시켜 누군가가 자신을 지지해주고 있다고 느끼도록 하는 것'이었다. 따라서 그녀는 '수탁지도자포럼(Trustee Leadership Forum)'을 설립하는 데 핵심적인 역할을 했다.

포럼은 데이비드 우드(David Wood)의 후원 아래 하버드 케네디스쿨의 '책임투자 계획(Initiative for Responsible Investment)'의 한 분과로 자리잡고 있다. 그 포럼은 브런스팅에 의해 설립됐으며, 미국교육협회의 낸시 맥켄지(Nancy McKenzie)와 전 매사추세츠연금투자청 이사 폴 퀴크(Paul Quirk), 당시에도 미국공무원연맹에서 근무하던 리사 린슬리, 펜실베이니아주공무원연금의 수탁자인 짐 산도(Jim Sando), 미국노동총연맹의 댄 페드로티(Dan Pedrotty), 작가이자 상담역인 랜디 바버(Randy Barber), 연금자문연맹의 앨런 엠킨(Allen Emkin) 그리고 마르코컨설팅의 잭 마르코(Jack Marco) 등도 공동으로 참여했다. 뉴욕시 종사자퇴직기금의 전 수탁자인 마이클 무수라카(Michael Musuraca) 그리고 변호사이자 수탁자, 〈이스트베이익스프레스〉의 발행인인 제이 영달(Jay Youngdahl)도 역시 포럼 관련 초기 논의에 참여했다. 그것은 '노동과 노동생활계획' 그리고 '공무원연금전국회의'를 포함해서, 다양한 조직들의 후원 아래 있는 비슷한 수많은 포럼 중 하나이다.[39]

'수탁지도자포럼'은 전국을 돌며 해마다 여러 차례 회의를 연다. 포럼은 '수탁자들의 경험을 바탕으로, 장기적으로 지속 가능한 부를 창출하는 전략을 개발하면서 마주칠 핵심 쟁점들을 확인한다. 포트폴리오 이론과 선량한 관리자로서의 수탁자 책임, 그리고 수탁자, 참모, 자문위원, 법률 고문, 펀드매니저 등 연금 관계자들 사이에서 일어나는 쟁점들 그리고 확정급여형 연금 개념 자체에 대한 도전 같은 쟁점들과 씨름하면서 어떻게 대응할 것인가를 논의한다'. 브런스팅의 견해에 따르면 정규 회의석상에서 일어난 몇몇 사소한 변화가 역학 관계를 결정적으로 변화시켰다고 했다. 그들은 원탁에 앉았고 수탁자들 스스로 그 회의에서 다룰 의제를 설정했다. 무엇을 할지, 중요한 화젯거리가 무엇인지, 수탁자들이 무엇에 대해 말해야 하는지를 알려주는 쪽은 노동자 또는 학계 출신 사람들이 아니었다. 이따금 외부 전문가가 의견을 내기 위해 특별 초청되는 경우도 있지만 그런 의견도 충분한 토론을 거친다.[40]

가장 중요한 가시적 성과 두 가지는 수수료에 대한 반발과 헤지펀드에 대한 투자 철회이다. 이들 주제가 언뜻 평범하게 들릴지 모르지만 부패한 금융 체제에게는 뼈아픈 주제들이다. '책임투자 계획'의 책임자인 우드가 필자에게 말한 것처럼, 수수료 문제는 그 집단 모든 성원의 '최소공통분모'였다. 그는 이렇게 말을 이었다. "또한 수수료는 금융이 사회에 봉사해야 온당한지 또는 금융은 지대추구(rent seeking, 별다른 노력 없이 일정한 이득을 얻기 위하여 비생산적이고 부당한 활동에 경쟁적으로 자원을 낭비하는 행위 또는 그러한 현상—역주)에 불과한 것인지를 두고 새로운 논의를 촉발시켰다." 이러한 회의에서 수탁자들이 깨달은 바는 모두 한자리에서 대화를 하면서도 각기 다른 견해를 갖고 있다는 점이었다.

참모진은 수탁자들을 헤지펀드, 사모펀드와 같은 가장 '세련되고도' '획기적인' 투자로 밀어 넣지만, 그 수익은 참담해서 해마다 시장에 뒤지는 반면 수수료는 천문학적이다. 수탁자들은 수수료와 관련해서 자신들이 '심한 질책을 받고 있다'고 느꼈다. "2%/20%는 당신이 응당 지불해야 하는 것으로 언제나 신이 주신 진리와 같았다"고 브런스팅은 말했다. 이는 참모진이 수탁자들에게 종종 이야기하는 말이다. 수탁자들이 반발해서 어떤 식으로든 협상을 촉구하거나 심지어 한 걸음 더 나아가 새로운 펀드매니저로 교체하려고 시도할 경우 펀드 자문관은 수탁자들에게 그런 행위는 선량한 관리자로서의 수탁자 책임을 위반하는 행위일 수 있다고 말할 것이다.[41]

몇 가지 단순한 사례들을 통해 수탁자들이 어떻게 조직화해서 반발하는지 실증적으로 찾아볼 수 있다. 그 하나가 이미 제3장에서 살펴본 사례로, 머피가 헤지펀드로부터 투자를 철회하도록 캘리포니아 공무원연금을 밀어붙인 사례이다. 또 다른 사례로는 브런스팅이 시카고 재무관인 커트 섬머스(Kurt Summers)와 함께한 활동을 들 수 있다. 재무관으로 일하기 전 섬머스는 맥킨지(McKinsey and Company)에서, 그 이후에는 그로스베너캐피탈운용(Grosvenor Capital Management)에서 일했다. 그로스베너에서 그는 소수자 및 여성 소유 회사들과 함께 20억 달러 넘게 투자하는 '새롭고 다양한 운용역' 사업을 이끌었다. 스트링거가 5개의 뉴욕시 펀드를 감독했던 방식대로 섬머스는 재무관 자격으로 여러 다양한 시카고 펀드를 관리하는 수탁자로 일했다. 현장에서 직접 관찰한 결과 그가 감독하는 펀드들은 한 사람의 투자운용역이 동일한 상품을 여럿 관리하면서 수수료는 상품마다 별도로 부과하고 있었다. 브런스팅은 섬머스와 함께 총자산이 5백90억 달러에 이르는 시카고권의 펀드기금들에게 투자운용역 수수료 자료를 공유하고 낮은 수수료로 일하도록 설득했다.[42]

비슷하게 '수탁지도자포럼'은 투자운용역 수수료를 낮추는 일뿐만 아니라 헤지펀드와 같은 자산 부문 전반을 재평가하는 장으로도 활용됐다. 필자는 이전에 펀드 내부 관계자였던 시몬 랙(Simon Lack)이 발표자로 나선, 케네디스쿨에서 열린 한 포럼회의에 참석했다. 그는 자신의 책『헤지펀드 신기루: 일확천금의 환상과 너무 화려해서 진실일 수 없는 이유(The Hedge Fund Mirage: The Illusion of Big Money and Why It's Too Good to Be True)』를 통해 자료에 근거해서 다음과 같이 충격적인 주장을 했다.

실제 2008년 헤지펀드 산업은 과거 10년 동안 창출해낸 총수익보다 더 많은 돈을 잃었다. 2008년에 헤지펀드는 지금까지 창출한 모든 수익을 잃었을 개연성이 높다. 2008년 말 현재, 과거에 이루어진 모든 헤지펀드 투자의 누적 실적은 마이너스이다. 일반 투자자는 끝장이 났다. …… 그리고 아마 가장 빌어먹을 일은 만약 모든 투자자들이 헤지펀드로 인해 골머리를 앓는 대신에 헤지펀드에 투자한 돈을 재무부 단기증권에 투입했더라면, 그들은 2.3%의 수익을 올려 지금보다 형편이 훨씬 나았을 것이라는 점이다. 물론 여기에는 헤지펀드에 투자한 데 따른 비용이 포함되지 않았다.

헤지펀드 투자에 대한 논의는 미국교원연맹(AFT)의 '반짝인다고 모두 황금은 아니다'라는 보고서를 낳게 했다. 그 후속으로 미국교원연맹은 다른 보고서, '엄청난 착복: 자산운용 매니저들의 수수료가 국가 예산과 노동자들의 노후 희망을 어떻게 망가뜨리고 있는가'를 발간했다. 이 보고서는 만일 교원연맹이 2와 20 대신에 1과 10을 지불한다면 연금기금에 돌아올 수익이 어떻게 달라질지를 보여준다. 이들 두 보고서는 오늘날 헤지펀드로부터 투자를 철회하는 움직임에 일정한 역할을 해왔다.[43]

비록 통상적인 맥락을 벗어난 것이기는 하지만, 브런스팅의 업무에는 지난 수십 년간 쌓인 노동조합의 조직화 비결이 직접적으로 적용됐다. 물론 그녀의 조직화 대상은 지역사회나 종교집단 혹은 노동자가 아니라 자산상 수조 달러를 총괄 감독하는 연금수탁자들이었다. 하지만 원칙들은 대체로 같다. 뿔뿔이 흩어져 고립돼 있는 개인들을 한데 결집시켜 보다 많은 힘과 지식을 갖춘 집단으로 '직조함으로써' 그들이 서로 공유한 이익을 분석하고 효율성을 높이는 데 도움을 준다는 원칙이었다. 이 조직화는 그 원칙을 따르는 현실 세계의 행동을 통해 종종 열매를 맺는다. 브런스팅과 그녀의 수탁자들의 기량은 이러한 기금들과 활동에 대한 엄청난 반발을 헤치고 앞으로 나가는 과정에서 엄격한 시험대 위에 오를 것이다. 그것이 필자가 마지막에서 다룰 주제이다.

PART **8**

퇴직 '위기'와
노동자 자본의 미래

노동자 자본과 보수주의의 대결

노동자 자본은 21세기 노동자들의 이익을 진전 시키기 위한 가장 강력한 수단 중 하나가 될 수 있다. 자신의 실수에 따른 비용을 노동자들에게 전가하려는 무능한 CEO들에 맞서 행동 가들이 어떻게 자본을 활용해왔는지 앞서 살펴보았다. 행동가들은 노동자의 자본을 활용해 기업선거에 참여할 새로운 길을 트고, 노동 자의 돈을 받아 노동자를 해치는 데 사용하는 헤지펀드와 사모펀드 에 대처하고, 황제 CEO들의 권한과 보수를 축소하고, 규제가 미치 지 않는 어둠 속으로 숨으려는 사모펀드를 추적하여 드러내고, 나아 가 사기 행위를 하는 회사들을 고발해왔다. 또한 기금의 수탁자들이 자신들의 기금에 닥친 이해관계의 갈등을 주시하도록 하고, 피투자 자들의 볼모가 되지 않도록 하기 위해 노동자들을 조직화하고 교육 시킴으로써 전통적인 노동조합의 영향력을 활용해온 점도 살펴보았 다. 이 같은 수단들은 노동자들이 미래 사회기반시설 투자에 주도권 을 쥐는 데 활용될 수 있고, 이미 활용되고 있다.

이러한 강력한 증거에도 불구하고, 노동자 자본에 가해지는 심각한 위협은 있다. 엔론의 억만장자 아놀드와 그의 로라앤드존아놀드 재단(LJAF)뿐 아니라 보수주의 행동가들인 억만장자 찰스와 코흐 그리고 그들의 조직인 '번영을 위한 미국인들'도 노동자 주주 행동주의를 무력화시키는 방향으로 공적 연금기금을 개혁할 방침이다.[1] 이러한 위협은 기본적으로 세 가지 형태를 취한다. 첫 번째이자 가장 위험한 것은 주주 행동주의의 주요 동력인 대형 공적 연금기금들을 수천만 개인투자자 계좌로 쪼개 뮤추얼펀드로 위탁해버리는 방식이다. 이는 결국 기업, 헤지펀드, 사모펀드에 대한 연금기금들의 영향력을 약화시키거나 파괴할 가능성이 있다. 이렇듯 연금운용을 분산시켜 위탁하는 것은 행동주의를 그 구성방식에 따라 소멸까지는 아니라 해도 약화시킬 수는 있다. 두 번째 위협은 모든 '생산 현장(shop floor)'은 동등하다는 기준을 들이대는 것이다. 여기에는 공무원노동조합의 단체교섭권을 박탈하거나, '대행 수수료'를 겨냥, 연방대법원에 소송을 제기하는 두 가지 방식이 있다. 이는 노동계 전반에 실질적이고도 엄청난 위협으로 작용하고 있다. 그러나 첫 번째 것에 비하면 주주 행동주의에 가해질 위협은 덜 직접적이다. 세 번째는 선량한 관리자로서의 수탁자 책임에 대해 지나치게 한정적으로 정의를 내리는 것이다. 제7장에서 논의한 바와 같이 그런 정의 방식은 노동자 주주 행동주의를 부분적으로 제한할 것이다. 제8장에서는 앞의 두 가지 위협에 초점을 맞춘다. 우선 첫 번째 위협과 관련해서는 그것을 격퇴할 한두 가지 방법이 있고 다른 적극적인 진전을 통해 상쇄할 수 있다고 믿을 만한 충분한 이유가 있다. 두 번째 위협은 덜 즉각적이고 덜 위험하지만 나타날 가능성은 한층 더 높다. 두 가지 형태의 위협 모두 노동자에 대한 실존적 도전이라 할 수 있으며 코흐와 아놀드를 비롯한 인물들이 이러한 도전에 넘쳐흐르도록 많은 자금을 대고 있다.

연금기금을 쪼개서 정복하려는 시도: 확정급여형 연금 대 확정기여형 연금 _____

'번영을 위한 미국인들'과 아놀드재단이 주도하는 연금반대운동의 주요 효과 중의 하나는 연금들을 해체함으로써 주주 행동주의에 참여하려는 연금의 능력을 약화시키는 것이다.[2] 이를 위해 연금반대운동은 연금들을 중앙 집중식 운용 형태인 확정급여형 기금에서, 외부에 위탁돼 개별 운용되는 401(k) 같은 확정기여형 기금으로 변형시키려 할 것이다. 예를 들면, 미시간주는 공립학교 교원연금을 확정급여형 연금체제에서, 신규 교원은 확정기여형 체제로 편입시키는 확정급여−확정기여 혼합 체제로 바꿨다. 이에 따라 신규 교원의 연금은 민간뮤추얼펀드회사인 보야(Voya, 전 ING)가 운용하게 된다.[3] 그러한 변화가 전국적으로 확내되면 주주 행동주의뿐 아니라 노동자의 노후와 주 예산에 많은 영향을 미칠 것이다. 이는 결국 민간 영역에서 이미 수년 전에 발생한 사태, 즉 수백만 미국인들의 노후를 재앙으로 내몬 사태의 전철을 밟게 될 것이다.

앞에서 필자는 확정급여형과 확정기여형 사이의 차이점을 부분적이나마 간략히 정리했다. 하지만 연금 구조라는 자칫 따분할 수도 있는 주제가 이 책에서 묘사된 모든 주주 행동주의에 엄청난 의미를 지녔다는 사실을 이해하기 위해서는 그 주제를 좀 더 세부적으로 파헤칠 필요가 있다. 여러 측면에서 확정급여형과 확정기여형 연금의 차이는 노동조합이 결성된 노동 세력과 노동조합이 결성되지 않은 세력 간 차이와 비슷하다. 전자의 노동자들은 자신을 지킬 권한을 갖고 있지만, 후자의 노동자들을 고립된 채 무방비 상태로 방치된 존재이다. 노동조합을 공격하는 세력이나 확정급여형 기금을 공격하는 세력은 결국 같은 세력인데 이들이 노동조합과 그런 형태의 기금을 공격하는 이유도 같다.

확정급여형 연금은 퇴직기금의 황금 기준이지만 보장성이 덜한 확정기여형 기금을 선호하면서 수십 년 동안 서서히 부식돼왔다. 확정기여형의 가장 인기 있는 형태들은 401(k) 또는 개인퇴직계좌(IRA)이다. 이러한 형태의 연금에서는 종업원들이 때로는 사용자들과 함께 부담하는 기부금에 대해 세금 혜택을 받을 수 있다.[4] 현재 확정급여형 연금에 의존하는 미국인 노동자는 대략 4천만 명이며 이 수치는 지난 수십 년간 큰 변화 없이 유지되고 있다.[5] 그중 약 3천만 명이 공적 연금에 가입한 공무원들이다. 확정급여형 연금은 한때 민간 부문에서도 선풍적 인기를 누렸지만 이제 민간 부문에서는 거의 자취를 감췄다.[6]

확정급여형과 확정기여형 연금 사이에는 두 가지 주요한 차이가 있다. 확정급여형 연금은 수탁자들이 집중적으로 운용하고 있다. 대형 기금들은 투자 전문 참모진을 자체적으로 두고 있는 반면, 소규모 기금들은 대체로 외부 운용역을 고용한다.[7] 이는 결국 일정한 수준의 전문적 기술이 이들 투자에 적용되고 있음을 의미한다. 보다 중요한 사실은 기금 가입자들이 이 중앙집중식 운용을 통해 수수료를 협상하고 투자 실적을 감독하는 과정에서 투자운용역들에 대해 중대한 영향력을 행사할 수 있다는 점이다. 중앙집중식으로 운용되는 확정급여형 연금이 수십억 달러에 이르는 퇴직 공동 자산의 관리를 다른 운용역에게 맡기겠다는 위협은 자산운용역에게는 지대한 관심사가 아닐 수 없다. 이들 기금들이 항상 그 권한을 사용하지는 않았다. 하지만 그런 권한은 존재하며, 이 책의 목적들 가운데 하나는 그 권한을 사용할 방법을 알고 있는 행동가들의 이야기를 다루는 것이다. 이와 대조적으로 확정기여형 연금 체제에서는 개인계좌 보유자들이 투자운용역들과 무엇을 협상하든 자신만의 지렛대를 갖지 못한다. 계좌 가입자들은 자신들의 퇴직기금을 스스로 운용하고도 자신들의 수수료가 얼마라는 것을 통보받을 뿐이다. 계좌 가입자들이 할 수 있는 것은 기껏해야 펀드를 옮길 수 있는 정도이며 그조차도 사용자의 선택에 달려 있다.

두 번째 차이점은 확정급여형 연금은 노동자가 퇴직할 때 고정된 급여를 보장한다는 점이다. 이 경우 시장의 위험을 안는 쪽은 기금 그 자체 혹은 사용자이다. 반면에 확정기여형 연금은 노동사 쪽이 시장의 위험을 안는다. 예를 들면 당신이 2008년 금융위기 동안 401(k)나 개인퇴직계좌를 보유하고 있었다면, 비록 나중에 시장과 함께 그 가치가 회복되기는 했지만 어쨌든 그 당시에는 아마 퇴직기금의 가치가 절반 이상 떨어지는 것을 지켜볼 수밖에 없었을 것이다. 하지만 확정급여형 연금에 가입해 있다면, 시장이 붕괴된 상황에서도 여전히 같은 퇴직연금을 받을 자격이 있다. 그것은 당신의 사용자가 약속한 것이며, 따라서 당신의 사용자는 시장 동향과는 상관없이 당신에게 같은 액수의 빚을 지고 있다. 사용자는 그 차액을 메우기 위한 방도를 찾아야 한다. 확정기여형 연금은 노동자들에게 단 한 푼의 돈도 보장하지 않는다. 시장 붕괴 시 애석하게도 퇴직 저축의 절반을 잃을 수도 있고, 퇴직할 때는 얼마든 개별 운용 계좌에 남은 돈을 가진다.[8]

우리가 이 책에서 살펴본 행동주의적 연금기금들은 모두 중앙집중식으로 운영되는 확정급여형 연금들이다. 우연이 아니다. 캘리포니아공무원연금, 캘리포니아교원연금, 뉴욕시종사자퇴직기금 등의 기금들은 사용자와 종업원에게서 각각 분담금을 징수하고 그 기여금들을 투자해서 노동자들이 퇴직할 때 이들 노동자들에게 급여를 지급한다. 공동 퇴직 자산을 운용하는 한 매개체로서 연금들은 주주 행동주의와 소송을 통해 기업과 월 스트리트의 잘못을 점검하는 대단히 강력한 주주가 됐다.

이와 대조적으로 확정기여형 연금은 전혀 연금으로 기능하도록 설계돼 있지 않았다. 퇴직자들을 실질적으로 지원하도록 설계되지 않았다는 말이다. 확정기여형 연금은 전통적 연금의 대체재가 아니라 보완재라 할 수 있다.[9] 연금의 역할 측면에서만 보면 확정기여형 연금은 그 역할이 미미하기 짝이 없다. 401(k)의 창안자들조차도 이러한 연금이 실패했음을 인정한 바 있다. 〈월 스트리트 저널〉의 최근 기사는 '401(k)의 챔피언들이 그들이 시작한 혁명을 후회한다'고 썼다. 또 제럴드 파치아니(Gerald Facciani)는 〈월 스트리트 저널〉에서 '401(k)가 옛 연금 체제를 대체할 수 있다는 것은 새빨간 거짓말'이라고 말했다.

연금 운용 형태 비교

확정급여형	확정기여형
주주 행동주의	연금 반대 운동
중앙집중식 운용	개인계좌 보유 운동
수수료 협상	수수료 통보
영향력 증대	영향력 분산
고정급여 보장	고정급여 미보장

이미 1980년대부터 401(k) 정착을 위해 고군분투한 인물인 파치아니는 '401(k)는 사실에 비해 너무 부풀려졌다'고 말했다.[10]

401(k)같이 개별적으로 운용되는 계좌에는 많은 문제가 있다.[11] 그중 가장 눈에 띄는 것은 수수료를 낮게 유지할 만한 재주도 힘도 없는 개별 가입자들이 과도한 수수료를 무심코 지불하고 있다는 점이다. 월 스트리트는 그런 수수료 명목으로 막대한 돈을 쓸어 담았다. 쓸어 담는 방식도 다양했다. 연금기금들은, 실적이 저조하더라도 지수 연동 펀드보다 더 많은 수수료를 부과하는, 공격적으로 운용되는 펀드 쪽으로 투자자들을 유도했을지 모른다. 한 연구에 따르면 401(k) 연금의 16%는 기금 기부에 따른 세금감면 혜택을 넘어서는 수수료를 부과했다. 그런 연금이 제시한 계획대로라면 노동자들은 세금감면 혜택이 사라지는 사태에도 아랑곳 않고 자기 저축계좌에 돈을 계속 입금하면 지금보다 더 잘살게 될 터였다. 또한 일부 연금은 본질적으로 다를 게 없는 두 상품을 제시하면서 둘 중 어느 하나에 터무니없이 높은 수수료를 부과하기도 했다. 이는 어느 레스토랑

이 같은 요리를 이름만 달리해서 하나는 10달러에 그리고 다른 하나는 값을 두 배로 부풀려 20달러에 제공하는 것이나 다름없는 행위이다. 합리적인 사람이라면 두 번째 옵션을 선택하지 않겠지만 아직도 시장에는 사용자와 뮤추얼펀드 운용역들이 편리하게 제공하는 그러한 선택지를 그대로 받아들이는 투자자들로 가득하다. 연금기금들이 지금까지 과도한 수수료를 지급해왔던 것은 분명한 사실이지만 늦게나마 그 쟁점에 대해 무언가 조처를 취하기 시작한 것 또한 사실이다. 그들은 개별 투자자들과 달리 수수료를 끌어내릴 수 있는 투자 영향력을 가지고 있다. 높은 수수료와 더불어 401(k) 개인 가입자들은 지난 수년간 이들 기금에 너무 적은 기부금을 납부해왔다. 2001년과 2008년의 시장 폭락 사태로 인해 이들 개인 가입자들도 큰 피해를 입었다. 401(k)들의 자금 부족 사태는 사회보장을 책임지기는커녕 미국인 과반수 이상의 퇴직연금이 바닥날 위험에 처하게 된 주요 이유 가운데 하나이다. 종업원급여조사연구소에 따르면, 중간치 401(k)가 만 8천 달러를 갓 넘기는 수준이어서 퇴직 노동자를 부양하기에 턱없이 모자란다는 보고이다.[12]

그럼에도 불구하고 확정기여형 연금의 확산은 계속됐다. 미국 노동부 통계에 따르면, 8천 8백만 명의 미국인들이 확정기여형 퇴직연금에 가입하고 있는데 이는 1975년 등록자 수의 두 배이다.[13] 사용자들은 시장의 위험을 종업원들에게 전가할 수 있었기 때문에 이러한 종류의 연금을 선호했다. 이렇듯 401(k)를 수호하는 세력이 존재함에도 불구하고, 확정기여형 연금기금들이 퇴직 후 수백만 명의 미국인들을 심각한 경제적 궁핍으로 몰아넣을 것이라는 증거는 수없이 많다. 요컨대, 401(k)가 실질적 위기에 처해 있다고 믿을 만한 충분한 이유가 있다.[14] 필자가 이 글을 쓰고 있는 와중에도 의회에서 공화당이 401(k)의 세금감면 혜택을 크게 줄이는 안을 논의 중이라니 놀라운 일이 아닐 수 없다. 물론 충분히 예측 가능한 일이기는 했지만 이러한 조치가 현실화되면 가입자들이 이들 연금을 통해 노후를 보장받는 폭은 지금보다 훨씬 줄어들 것이다─그 제안은 401(k)보다 개인퇴직계좌에 우호적인 방향으로 조세 정책을 바꿀 것이다. 하지만 필자의 분석 목적에 비춰볼 때 이 둘 모두 개별 운용 퇴직계좌라는 데는 차이가 없고 결국 투자자들에게서 집단 행동 능력을 빼앗아간다.[15]

투자자 입장에서 볼 때도 전통적인 연금과 개별 운용 계좌는 다르다. 중앙집중식으로 관리되는 확정급여형 연금들은 401(k) 연금이나 그와 비슷한 연금에서는 거의 불가능한 방식으로 주주 행동주의에 참여할 수 있다. 반드시 그런 것만은 아니지만 적어도 미국의 경우라면 그러한 방식이 잘 통한다. 예를 들어 캘리포니아공무원연금이 밤사이에 확정급여형 연금에서 개별적으로 운용되는 확정기여형 연금으로 전환된다면 무슨 일이 벌어질지 상상해보자.

오늘날, 캘리포니아공무원연금은 3천억 달러 이상의 자산을 쥐고 백 80만 명의 연금가입자를 위해 한목소리를 내는 까닭에 고도로 효율적인 주주 행동주의적 집단이 되어 있다.[16] 캘리포니아공무원연금은 수천 개 기업에 실질적인 지분을 가지고 있으며, 각 피투자자들에 막대한 영향력을 행사하고 있다. 캘리포니아공무원연금은 규모의 경제를 내세우며 투자운용역들과 수수료를 놓고 협상할 능력을 갖고 있다. 그러나 만약 캘리포니아공무원연금이 가입자 1인당 16만 6천 달러 상당의 개인 운용 계좌로 쪼개진다면, 그 결과는 단체교섭권을 박탈당한 노동조합에서 일어날 끔찍스러운 상황들과 엇비슷할 것이다. 특정 기업당 기껏해야 수백 달러씩 분산 투자해서 총 16만 6천 달러의 퇴직 자산을 보유하고 있는 개인 주주들은 피신탁자들에 대한 모든 영향력을 잃는다. 401(k) 또는 개인 퇴직계좌 보유자로 원자화된 우리들 대부분은 주주 행동주의에 발도 들여놓지 못한다. 첫째, 우리는 기금을 통해 뮤추얼펀드를 소유하고 그 뮤추얼펀드가 기업들을 소유하는 구조이기 때문에 어떤 식으로든 우리는 간접 소유자일 뿐이다. 주주권을 행사하는 쪽은 뮤추얼펀드이지 우리가 아니다. 혹 우리가 직접 소유자라 한들, 우리가 소액 투자하고 있는 기업의 CEO를 적극적으로 개입시키기 위해 동료 개인투자자들을 불러모을 시간과 돈, 전문성, 또는 동기가 우리에게는 없다. 개인으로서우리는 뮤추얼펀드 내에서라면 적극성을 띨 수도 있을 것이다. 하지만 그런 경우는 극히 드물다. 물론 존 체베든(John Chevedden)이나 제임스 맥리치(James MacRitchie)처럼 극히 예외적인 경우도 없지는 않다. 하지만 주주제안들을 직접 작성해 제출하는 개인 투자자는 극히 드물다. 이 두 사람은 주주 행동주의를 필생의 과업으로 삼아 활동함으로써 주주 행동가 집단 내에서 유명해졌다. 그리고 이들 투자자들은 현재 대기업협의회의 집중 표적이 되어 있다. 최근 조사에 따르면주주들의 행동주의가 가져온 순수 효과가 긍정적임에도 불구하고대기업협의회는 개인투자자들이 주주제안서를 제출할 수 없도록 사실상 금지하려는 시도를 해왔다.[17]

    물론 뮤추얼펀드들은 자신들이 운용하게 될 401(k)의 모든 신규 자금을 대표해서 적극성을 띨 수도 있었다. 그러나 앞서 논의한 바와 같이, 펀드를 제약하는 모든 사업상의 이해충돌로 인해 뮤추얼펀드 행동주의는 그 존재 자체를 찾아보기 힘들거나 있다 해도 온건한 수준에 머물고 있다.

요컨대 주체가 캘리포니아공무원연금이라 해도 영향력을 발휘하기는 매우 어렵다는 것이다. 개인 주주로서는 목소리를 낼 기회가 현재로서는 극히 적고, 그렇다고 뮤추얼펀드가 나서서 개인 투자자를 위해 목소리를 낼 것 같지도 않다. 공정하게 말하자면 최근 들어 뮤추얼펀드 내에서 목소리를 낼 방법을 강구하기 위한 노력이 개인 투자자들 사이에 없었던 것은 아니다. 예를 들면, 랄프 네이더(Ralph Nader)가 설립한 대응법연구센터(Center for the Study of Responsive Law)는 뮤추얼펀드 운용역들이 기업의 지배구조와 경영진의 보수 관련 쟁점들에 매우 퇴행적인 방식으로 위임권을 행사하고 있다는 사실을 뮤추얼펀드 개인 투자자들에게 교육시켜왔다. 필자는 개인투자자들을 의미 있는 규모로 조직화할 단체가 생겨날 가능성을 배제하려는 것은 아니다. '당신이 뿌린 대로(As You Sow)' 같은 조직들은 이미 그러한 작업을 하고 있다.[18] 그러한 작업은 또 다른 가능성 하나를 제시하는데 노동친화적인 뮤추얼펀드를 창출해낼 가능성이 그것이다. 만일 기존의 뮤추얼펀드들이 앞으로 나서지 않는다면, 새로운 주체가 나설 수밖에 없는 것 아니겠는가. 하지만 현재의 흐름처럼 연금이 전반적으로 확정급여형 연금으로부터 확정기여형 또는 혼합형 연금으로 전환되고 있는 상황은 401(k) 연금을 일련의 통상적인 갈등까지 함께 기존의 뮤추얼펀드로 떠넘기는 일이나 다름없다.

어떤 상황에서든, 개인투자자들을 캘리포니아공무원연금과 같은 응집력과 힘을 가지고 활동할 수 있도록 조직화하는 것은 어려운 일이다. 이는 연금 개혁의 오류라기보다는 하나의 특징이다. 주주 행동주의 파괴는 개혁을 위해 제안된 변화들의 주요 결과 가운데 하나이다. 이러한 사실은 언론매체와 일반 대중, 학계 그리고 심지어 노동자와 연금행동가들에 사이에서도 거의 무시당해왔다.

코흐 형제의 '번영을 위한 미국인들'과 로라앤드존아놀드재단 같은 보수적 행동가들은 공공부문이 개인 운용 확정기여형 기금을 채택하도록 밀어붙이는 중이다. 항상 그렇듯이 그러한 행동을 위한 명분으로 그들은 위기를 들먹인다. 일부 전문가들은 확정급여형 공적연금들이 위기에 놓여 있다고 주장해왔다. 비록 개인의 평균 공적 연금이 대략 1년에 2만 6천 달러 가치를 갖고 있다 하더라도, 그 액수는 실제 대부분의 국민이 자신의 401(k)에서 갖는 액수보다 더 '넉넉하다'—공적 연금기금 대부분의 자금 총합이 이렇듯 적음에도 불구하고 '번영을 위한 미국인 캘리포니아 본부'는 여전히 '정부 연금으로 여행하는 부자와 유명인의 라이프 스타일'을 제시하고 있다. 운전기사를 고용해 주 전역을 일주 여행하고 있는 리무진 안에는 세칭 지나치게 많은 연금을 받은 공무원들이 타고 있다.[19]

혹자는 401(k)에 가입한 8천 8백만 명의 미국인들이 적은 연금에 불안해한다면, 쥐꼬리만큼인 것은 마찬가지지만, 상대적으로 넉넉한 확정급여형 연금보다는 401(k)가 세간의 관심을 더 끌 것이라고 생각할 수도 있다. 하지만 진실은 정반대이다. 401(k) 위기는 공적 연금의 위기에 비교해 언론매체나 워싱턴으로부터 상대적으로 주목을 거의 받지 못했다. 투박하지만 관심의 격차를 알려주는 통계를 제시하자면 구글에서 '401(k) 위기'를 검색하면 6백 49건이 나오지만 '공적 연금 위기'를 검색하면 대략 63배인 4만 천 2백 건이 나온다.[20] 좀 더 넉넉하다고 알려진 공적 연금들에 비해 자금 부족사태를 빚고 있는 401(k)에 더 관심이 적은 것은 어떤 의미일까?

그 답은 물론 돈이다. 자금 부족에 허덕이는 개인별 퇴직기금이 치를 대가는 재원 부족의 고통을 오롯이 감당할 원자화된 개인 저축자들에게만 돌아간다. 반면에 자금 부족을 겪는 확정급여형 연금의 경우 그 대가는 그 연금을 후원하는 주와 지방정부에게 돌아간다. 그리고 이는 결국 납세자 특히 부자 납세자들이 그러한 연금상의 격차를 메꿔야 하는 셈이다. 이러한 법적 책무로부터 벗어나는 한 가지 길은 파산 선언이다. 우리는 디트로이트시가 바로 그 일보 직전에 이르렀던 것을 봤다. 하지만 연방법상 파산할 자격이 없는 주도 그렇지만 대부분의 지방정부에게도 그것은 실행 가능한 대안이 아니다. 파산 선언이 아니라면 '번영을 위한 미국인들'과 아놀드재단이 채택한 방법도 있을 수 있는데, 그것은 공공 부문 노동조합들의 단체교섭권을 공격하고 또 연금들을 위한 법적 보호 장치들을 제거하는 것이다.[21]

앞서 캘리포니아공무원연금에서 일어날 수도 있다고 가정했던 일은 사실 단순한 가정이 아니었다. 캘리포니아의 연금기금들은 지난 10여 년 동안 끊임없이 공격받아왔다. 캘리포니아 지역 교사들의 노동조합인 캘리포니아교원연맹의 입법 자문변호사 제니퍼 베이커(Jennifer Baker)는 "그런 공격은 마치 시계처럼 매 2년마다, 그러니까 선거 때마다 일어난다"고 말했다. 가장 최근에 연금비평가들은 유권자권한법(Voter Empowerment Act), 즉 우선 2016년 국민발의와 이제 잠

정적으로 2018년 11월 캘리포니아 유권자들 앞에 놓이게 될 국민발의를 제안했다.[22]

상정된 법률은 2019년 1월 1일 이후에 고용되는 모든 캘리포니아 공무원들에게는 확정급여형 연금을 적용하지 않도록 캘리포니아주 헌법을 개정하는 것이었다. 법안에 따르면 '캘리포니아 관할구역의 유권자들이 가입을 승인하지 않는 한 주 정부의 사용자 측은 주 정부 신입 공무원에게 확정급여형 연금 가입을 허용해서는 안 된다'. 또한 유권자의 승인이 없을 경우 정부 사용자는 신입 공무원 급여의 절반 이상을 지급할 수 없도록 그 법안은 규정하고 있다. 덧붙여서, 유권자권한법과 함께 정부연금한도법안(Government Pension Cap Act)도 상정됐는데 그 법안은 대부분의 공무원퇴직급여에 대한 정부의 기여 책임을 공무원 기본 보수의 11%까지로 제한하도록 규정하고 있다. 만일 이 법안들, 특히 유권자권한법이 채택된다면, 캘리포니아공무원연금, 캘리포니아교원연금, 로스앤젤레스군공무원퇴직연맹과 여타 캘리포니아 지역 연금기금들은 장기적으로 주주 행동주의에 참여할 능력을 상실할 것이다. 기존의 공무원들이 여전히 이 연금들에 가입할 것이기 때문에 그 효과가 하룻밤 사이에 나타나지는 않을 것이다. 효과는 타이어에서 공기가 빠지듯 서서히 나타나 시간이 지나면서 점점 연금 주주의 힘을 약화시킬 것이다. 2018년 캘리포니아 주민법안 발의는 지난 10여 년 동안 그랬던 것처럼 실패할지도 모른다. 하지만 오직 한 번의 승리면 족하다. 베이커가 말했듯이 "그들은 계속해서 말을 바꿀 것이다". 하지만 목표는 항상 같다. "그들은 그저 연금을 개혁하려고 할 뿐이라고 주장한다. 하지만 그들은 그렇게 하지 않고 있다. 목표는 개혁이 아니다. 목표는 제거이다."[23] 2018년에 실패한다면, 2020년에 다시 돌아올 것은 충분히 예측 가능한 일이다.

이 캘리포니아공무원연금 관련 주민법안 발의 뒤에는 누가 있을까? 누가 그곳에 자금을 댈까? 필자가 이 글을 쓰고 있는 시점에서 이 질문에 답하는 것은 기술적으로 불가능하다. 그러나 2014년 약간 다른 연금 제안이 있었다. 제안의 장본인은 유권자권한법 제창자들 가운데 한 명인 전 산호세 시장 척 리드(Chuck Reed)였는데, 그는 아놀드로부터 운동 자금 전부인 20만 달러를 기부받았다. 그 제안은 캘리포니아주 헌법을 바꿔서 '주와 지방정부에 현직 공무원을 대상으로 하는 미래의 연금 공식을 수정할 권한을 주는 것'이었다.[24] 이는 캘리포니아주 헌법에 따라 노동자들이 이미 파업을 벌인 뒤에는 주와 지방정부가 노동자들과의 협상 결과를 뒤집을 수 없다는 널리 수용된 견해에 배치되는 것이다.[25] 리드는 자신이 다음에 법안을 발의할 때도 자신에게 기부해줬으면 하는 바람을 공공연히 드러내기도 했다.[26]

아놀드는 10억 달러 재산을 석유와 가스 중개상을 해서 벌었다. 엔론에서 사회에 첫발을 내딛은 아놀드는 미국 역사상 최대의 회계 사기 사건으로 그 회사가 파산한 뒤 자신이 직접 헤지펀드를 운영했다.[27] 『그 방에서 가장 똑똑한 녀석들(The Smartest Guys in the Room)』이라는 책에서 필자는 아놀드가 시장을 좌지우지하기 위해서는 엔론 방망이를 어떻게 휘둘러야 할지 배우고 있는 자기 팀에 찬사를 보냈다고 묘사한 바 있다.[28] 그 사기 사건으로 엔론 직원들은 20억 달러 연금 손실이라는 대가를 치렀고 그 회사에 투자한 공무원연금은 15억 달러였다─아놀드가 엔론 사기 사건에 연루됐다는 주장이나 증거는 없다. 그는 회사를 파산에 이르게 한 부서에서 일하지 않았다. 당연한 일이지만, 불법 행위가 드러난 뒤 많은 공적 연금기금과 노동조합 기금은 엔론과 다른 피고들을 고소했으며, 사기의 피해자인 주주들은 소송을 통해 70억 달러가 넘는 돈을 되찾았다.[29] 이 소송에는 워싱턴주투자이사회와 샌프란시스코시군공무원연금, 트럭운전사노동조합 175지부와 505지부, 하와이노동자연금, 중부주 남동부및남서부지역연금기금 등을 비롯해 밀워키 대교구와 대표 원고인 캘리포니아 리젠츠대학이 참여했다.

엔론에서 벌어들인 돈으로 아놀드는 13억 달러의 로라앤드존아놀드재단을 세웠다. 이후 연금 개혁을 지원하는 선도적 운동가가 됐으며, 그 과정에서 연금 형태를 확정급여형에서 확정기여형으로 변형시켜야 한다는 점을 유독 강조했다—비록 아놀드재단 웹사이트가 확정급여형 기금들에 대해 열린 자세를 유지하고 있다고 주장하지만, 지금까지 재단이 해온 여러 활동들로 인해 확정급여형 연금이 타격을 입은 것은 사실이다. 아놀드가 연금 관련 쟁점들을 두고 퓨재단(Pew Foundation) 등과 함께 여러 시도들을 해왔다는 증거는 여럿이고 그 일부는 최근 보고서 '연금에 대한 음모'에도 담겨 있다.[30]

전국공공연금연합에 따르면 아놀드는 기존 연금 체제에 끊임없이 이의를 제기하면서 연금 개혁 활동에 2014년 말까지 총 5천 3백만 달러를 지출했다. 활동의 형태는 다양했다. 2014년 그는 애리조나주 피닉스시에서 이루어진 주민 발의에 백만 달러를 기부했다. 향후 새로이 채용되는 공무원들에 대해서는 확정급여형 연금을 적용하지 말라는 발의였다. 아놀드의 기부금은 그 주민 발의에 들어온 기부금 총액의 거의 75%에 해당하는 금액이었지만 주민 발의는 통과되지 못했다. 같은 해에 아놀드는 미국의 민간 정치자금 단체인 슈퍼팩(SuperPAC)에 20만 달러를 기부했다. 슈퍼팩은 로드아일랜드주지사 선거에서 민주당의 지나 레이몬도(Gina Raimondo)를 지지했고, 주지사에 당선된 그녀는 골치 아픈 연금 개혁 작업에 손을 대기 시작했다. 아놀드는 시카고와 콜로라도, 오클라호마 그리고 위에서 본 바와 같이 캘리포니아에서 연금 개혁 활동에 자금을 대주고 있다. 그리고 상황은 그가 의도한 방향으로 조금씩 나아가고 있다. 2008년의 금융위기 이전만 하더라도 신입 직원들에게 확정기여형 연금 가입을 요구한 주는 미시간과 알래스카 두 주에 불과했다. 다른 주들은 확정급여형 연금에 확정기여형 연금을 선택적·부가적으로 제공했다. 금융위기 이후 조지아, 미시간, 펜실베이니아, 로드아일랜드, 테네시, 유타 그리고 버지니아 등 7개 주가 혼합형 연금을 채택했다. 이들 혼합형 연금은 확정급여형 요소와 함께 개개의 요구에 맞춰진 확정기여형 요소들도 보유하고 있다. 이에 따라 연금기금에 의해 중앙집중식으로 운용되는 자산은 줄어들고 있다.[31] 이론상으로 보면 이러한 상황은 노동자들의 노후 보장에 타격을 가하면서 연금에 대한 주정부와 지방정부의 책임을 줄여줘야 마땅했다. 하지만 실제로는 그러한 연금 정책이 주의 예산 절감에 기여하지 못했다는 증거가 있다. 웨스트버지니아주는 확정기여형 연금으로 바꿨다가 그런 연금 정책에 따른 비용이 감당 못 할 만큼 엄청난 반면 노동자들에게 돌아가는 혜택은 보잘것없다는 사실을 깨닫고 정책을 원위치시켰다. 그리고 공무원들은 임금과 급여가 삭감되면 공적 부조에 의존하는 경우가 흔한데 이는 어떤 식으로든 납세자들의 부담을 가중시킨다. 캐럴 샌더스(Carol Sanders)에게서 발생했던 일이 바로 그 경우이다. 그녀는 아라마크의 올리언스 교구 학교 용역 인수로 일자리를 잃었던 요리사이다. 결국 그녀는 식품구입권에 의존하는 생활을 할 수밖에 없었다.[32]

연금 개혁 활동의 막후 세력에는 코흐 형제의 '번영을 위한 미국인들'도 있었다. '번영을 위한 미국인들'은 뉴저지에서 연금 보장 강화에 반대하고, 일리노이와 켄터키에서 연금 삭감을 옹호하고, 미국광산노동자연맹 연금기금에 대한 연방 긴급구제에 반대해왔다.[33] 이러한 모든 연금 개혁 활동이 주로 전하는 바는 항상 같다. 연금기금들이 위기에 처해서 주와 시 예산에 큰 부담으로 작용하고 있다는 것이다. 아놀드, 코흐 형제 아니면 양쪽 모두에게서 간접적으로 자금을 지원받는 것처럼 보이는 한 법학전문대학원 회의에서 이런 사실이 토로됐다. '자금 부족에 허덕이는 공무원연금들은 미국의 주들과 지방정부들이 당면한 주된 재정 위기 가운데 하나이다. 부족분이 1조 달러로 평가되고 있으며, 경찰, 소방, 학교, 도로 그리고 여타의 핵심 부문을 포함한 필수 공공 서비스에 들어갈 예산들을 전용해서 퇴직자들에게 지급하는 상황이 점차 늘어나고 있는 실정이다.'[34]

연금기금의 자금 부족 문제는 경제학자들과 금융학자들 그리고 보험 회계사들에게 여전히 뜨거운 현안이다. 연금기금의 자금 부족만이 꼭 문제가 되는 것은 아니다. 일반적으로 연금들은 80%의 자금이 채워져 있으면 건전한 것으로 평가받는다. 공무원퇴직연금전국회의가 실시한 최근의 한 연구에 따르면 연금들은 전국적으로 금융위기 뒤 기금 수준이 74%로부터 오르기 시작해 지금은 76%를 기록하고 있다. 보스턴대학퇴직연금연구센터는 연금 자금 수준이 2020년에 이르면 78%를 기록할 것으로 예상한다. 이와 비교해, 기업연금들의 자금 수준은 84%를 기록중이다. 비평가들은 주와 지방정부가 연금 관련 책임을 이행하기 위해 학교와 도로 등 공공 서비스로부터 오는 자산들을 전용하도록 압박받게 될 것이라고 거듭 예측했다.[35] 그러나 전국적으로, 연금 채무는 모든 주와 지방정부가 지고 있는 공적 채무의 평균 4.5%에 불과하다.[36] 게다가 자금 부족에 시달린다고 알려진 공적 연금기금을 뒷받침하는 주와 지방정부 대부분은 채권시장에 부정적인 평가를 받는 경우가 거의 없거나 아예 없다. 예외가 있다면 일리노이주와 그보다 조금 덜 하지만 뉴저지주 정도이다.[37] 그 사실은 대단히 중요한 의미를 지니고 있다.

위험을 가격으로 매기는 데 시장의 힘보다 더 좋은 수단은 없다고 금융경제학자들은 틈만 나면 주장한다. 2009년 그리스를 국가채무 위기로 밀어 넣은 것은 채권시장이었으며, 결국 그리스는 유럽에 긴급구제를 요청한 바 있다. 이탈리아와 스페인에서도 상황은 거의 비슷했다. 투자자들은 그리스에 자금을 대주는 위험을 감수하며 이전보다 더 높은 채권수익률을 요구하기 시작했다. 투자자들은 그리스의 공공 부문 채무가 연금과 여타의 지출 때문에 지속 가능하지 않을 것이라는 점을 두려워했다. 연금과 공공 채무의 비지속 가능성은 미국 연금비평가들이 연금을 비판할 때 흔히 내세우는 주장이다. 비평가들이 옳다면, 미국 채권시장에서 그에 비견할 만한 압박이 어찌 존재하지 않는가? 맞다. 지방에서는 도산이 있었다. 비록 일리노이주가 최근에 이 문제를 처리하기 시작하면서 세금을 올렸다고는 하지만 일리노이주의 문제는 전혀 다른 성격의 것이다. 전반적으로 볼 때 우리의 경우 그리스와 이탈리아, 스페인이 위기 이후에 보인 그런 규모와 범위로 골치를 앓고 있지는 않다. 시장이 연금 문제들을 점검한 뒤 모든 것이 완벽하지는 않지만 위험들이 관리 가능한 수준이라는 결론을 내렸으며, 투자자들은 손실을 회복할 수 있으며 투자에 대해 지나치게 높은 채권수익률을 요구할 필요가 없다고 결론을 내렸음을 강하게 암시하고 있다.[38]

앞에 예로 든 회의 발표 중에 포착된 코흐와 아놀드의 시각과는 대조적으로, 경제학자 알라시아 먼넬(Alicia Munnell)이 이끄는 보스턴 대학퇴직연금연구센터는 '주와 지방정부 연금에 얽힌 신화와 현실들 (Myths and Realities about State and Local Pensions)'이라는 점검 목록을 제공했다. 이 점검 목록은 먼넬이 2012년에 펴낸 『주와 지방정부의 연금들: 그 실태는?(State and Local Pensions: What Now?)』이라는 책에 근거를 두고 있다―연금들은 2012년에는 훨씬 더 좋지 않은 상황에 있었다.

신화들 가운데에는 다음과 같은 것들이 있다.

신화: 대부분의 주와 지방정부 연금들이 위기 상황에 빠져 있다.
　　현실: 지난 10여 년 간의 쌍둥이 시장 침체(twin market downturn)에 의해 연금들이 심각하게 정도에서 벗어나 있었지만 연금들의 재정 상황은 안정을 되찾기 시작했고 대부분은 이제 관리 가능한 도전에 직면해 있다.
신화: 연금들이 오늘날 겪고 있는 자금 부족 사태에 대한 책임이 공공

부문 노동조합들에 있다.

현실: 연금의 자금이 풍족하거나 부족한 것과 노동조합들의 영향력 간에 연결고리를 찾기란 불가능하다.

신화: 연금들이 미래급여를 평가하기 위해 동원하는 높은 할인율이야 말로 연금의 자금 부족 사태의 원인이다.

현실: 할인율이 자금 부족 사태의 원인이라 할 수 없다. 연금의 자금조달은 합리적인 연금 계획을 개발해서 그것을 충실히 지키는 재정 규율일 뿐이다.

신화: 연금들은 채무를 줄이기 위해 항상 안전한 수익률을 추구해야 한다.

현실: 안전한 수익률은 보고 목적으로는 적절할지 모르나 투자나 기부를 결정하는 지침용으로는 부적절하다.

신화: 주와 지방정부 연금 들은 정부 예산을 파산 지경으로 내몰고 있다.

현실: 2009년 총 연금 기부금은 주와 지방정부 전체 수입의 4.6%이다. 연금들이 추정 수익을 실현하면 이 점유율은 5.1%로 올라설 것이다-앞서 언급한 바와 같이 오늘날 예산에 대한 연금의 점유율은 4.5%이다.

신화: 공공 부문 노동자들은 민간 부문 노동자들에 비해 지나치게

많이 급여를 받는다.

현실: 주와 지방정부 노동자와 민간 부문 노동자 들은 전체 보상 측면에서 보면, 평균적으로 대략 같은 수준을 받는다. 공공 부문 노동자들은 임금이 낮은 대신 높은 복리후생으로 보상받는다. 저임금 공공 부문 노동자들이 저임금 민간 부문 노동자들에 비해 많은 급여를 받는 반면 고임금 공공 부문 노동자들은 고임금 민간 부문 노동자들에 비해 급여를 덜 받는다.[39]

공적 연금기금들이 자금 부족에 허덕이는지 여부와 관련된 논쟁은 결국 이들 기금들에게 공정하고 정확한 수익률이란 어느 수준인지와 관련된 논쟁으로 비화한다. 즉 연금기금들이 투자에 대한 미래 수익률을 얼마로 잡아야 안전한가?[40] 경제학자들과 보험 회계사들은 이 질문에서 답이 엇갈린다. 추정치상의 몇 퍼센트 포인트 차이가 이들 기금의 건전성을 파악하는 데 중대한 영향을 미친다.

일부 경제학자들은 확정급여형 연금기금들은 보장된 급여이기 때문에 '무위험' 수익률을 가정해야 한다는 입장을 취하고 있다. 말하자면 투자자는 약정상 확실한 급여를 보장받는 대신 이런 수익률, 즉 매우 낮은 투자수익을 예상할 것이라는 주장이다. 미국의 지불 능력은 경제적 장래성에서 볼 때 현재로서는 여전히 세계에서 가장 안전하다. 이 때문에, 진실로 위험이 없는 투자에 가장 가까운 것은, 정부 정책에 쓸 자금을 조달하기 위해 미국 정부가 발행한 미국 재정증권이라 할 수 있다. 이 책을 쓸 당시 그러한 투자를 통한 수익은 거의 제로에 가깝지만 투자자들은 투자에 대한 보상은 받을 것이라고 어느 정도 확신할 수 있다.[41] 이러한 접근법을 지지하는 사람들은 미국 재정증권 투자 혹은 그에 비견되는 투자를 통해서만 연금이 약속한 바를 지킬 것으로 확신할 수 있다고 주장한다.

다른 경제전문가나 경제학자 들은 무위험 수익률을 장래 지급 보증에 적용하는 것은 하얀 칠판이 걸린 교실에서나 통할 이야기라고 주장한다. 그러면서 현실 세계에서 현실적 투자를 결정해야 하는 투자자들은 미래 급여가 보장돼 있다 해도 그런 무위험 수익률을 받아들이려 하지 않을 것이라고 말한다. 경제학자 알리시아 먼넬(Alicia Munnell)이 '신화와 현실들'에서 '안전한 수익률은 보고 목적으로는 적절할지 모르지만 투자나 기부를 결정하는 지침용으로는 부적절하다'고 말한 이유도 여기에 있다. 근본적 이유는 분산 투자한 포트폴리오의 실제 투자 실적이 무위험 수익률을 능가할 개연성이 있기 때문이다. 뉴욕대학의 스턴경영대학원 금융학부 애스워스 다모다란(Aswath Damodaran) 교수가 내놓은 온라인 자료에 따르면, 1928년부터 2016년까지 S&P 500은 해마다 산술적으로 11.42%의 수익을 냈다. S&P 500은 미국 주식시장 실적을 측정하는 가장 좋은 지표로 널리 인식돼 있다. 같은 기간 가장 안전하고 가장 보수적인 미국 재정증권 중 만기 3개월짜리 채권은 해마다 3.46%의 수익을 낸 반면에, 투자금을 10년 동안 묶어두기 때문에 3개월짜리보다 더 위험한 10년짜리 채권은 해마다 5.18%의 수익을 냈다. 1928년에 장래 지급 보증을 이유로 무위험 수익률을 적용해야 한다고 주장했던 경제학자들은 11.42%보다 3.46%에 훨씬 더 가까운 추정치를 주장했던 셈이다. 2014년 현재 대부분의 연금기금들이 추정하는 연간 평균수익률은

7.69%이다. 이 숫자는 금융위기 이전 8%에 근접했던 수치에 비해 줄어든 것이며, 그 수치는 이후 더 떨어졌을 가능성이 높다.[42]

연간 평균 수익률 비교(1928~2016년)

S&P 500	11.42%
미국 재정증권(3월)	3.46%
미국 재정증권(10년)	5.18%

*연금기금 연간 평균 수익률: 7.69%

〈월 스트리트 저널〉은 최근에 퇴직계좌 수익률을 7.4%로 추정하는 기사를 보도했다.[43] 무위험 수익률을 찬성하는 경제학자들은 주식 시장의 이러한 수치는 지난 90년간 미국의 경제적 성과를 반영하는 것으로 이 시기는 세계 역사상 가장 성공적인 경제성장을 구가한 시기라면서, 따라서 다음 90년간에도 그와 맞먹는 실적을 보일 것이라고 추정하는 것은 비합리적이라고 반박한다. 그렇게 학문상의 테니스 경기는 계속되고 있다.

앞으로 수십 년 동안 시장이 어떤 성과를 낼지는 분명 시간이 지나야 알 수 있는 일이다. 따라서 당장은 그 논쟁에 담긴 정치적 함의를 알아보는 쪽이 더 손쉬운 일이다. 가령 7.69%의 수익률을 가정하면 대부분의 연금 재정 상태는 건전하다고 볼 수 있다. 하지만 앞으로 무위험 수익률이 계속될 것이라고 가정하면 연금들은 자금 부족에 시달릴 것이다. 주와 시 들은 연금들에 지금보다 훨씬 더 많은 기부를 해야 하는 상황을 맞게 될 것이다. 이는 곧 증세로 연결되는 동시에 사회기반시설과 교육 같은 다른 수요에 대한 지출 감소를 초래할 것이다. 정부로부터 받는 서비스는 더 불량해지는 상황에서 세금은 더 많이 내야 하는 납세자로서는 분노가 치밀 것이며 화가 난 유권자들은 차라리 연금을 없애버리자고 달려들 것이다.

결국 미래를 논하는 일이어서 앞으로 적절한 수익률이 어느 정도여야 할지 불확실할 수밖에 없지만, 그럼에도 불구하고 이러한 공포는 연금을 삭감하고자 하는 사람들에게 유효한 것이다. 무위험 수익률이라는 주장이 원칙에 입각한 학문적 주장인 것은 사실이다. 하지만 현실 세계의 많은 시장 참가자들이 그런 주장을 밀어붙이는 것은 연금들이 무위험 수익률에 적응하는 것을 보고 싶어서가 아니라 연금이 망가지는 것을 보고 싶어서이다. 그리고 연금처럼 미래의 '보장된' 급여에 자금을 조달할 다른 길이 있기 때문이다. 연금들이 전혀 보장되지 않는 이유 그리고 단순히 연금들을 지급하지 않는 이유에 관한 법적 주장들을 떠올려보자. 새로운 법률적 주장들이 새로운 자극에 성난 대중들을 만난 법관들 앞에서 얼마만큼 효력을 발휘하는지 그저 놀라울 뿐이다.

이쯤에서 앞서 설명한 법학전문대학원 회의 발표문을 다시 살필수밖에 없다. 법학전문대학원 회의를 논의하는 것이 이 논쟁의 큰 틀에서 보면 지극히 작은 부분에 불과하다는 점은 필자도 인정한다. 하지만 그 사례는 연금에 맞서 전열을 갖춘 세력들이 얼마나 널리 퍼져있는지에 대해 많은 시사점을 던져준다.

최근 앤터닌스칼리아 법학전문대학원으로 명칭을 바꾼 조지메이슨대학 법학전문대학원의 헨리지만네법학경제학센터(Henry G. Manne

Law and Economics Center)는 2016년 12월 '공적 연금 개혁의 경제학과 법학'에 관한 회의를 주최할 예정이라고 발표했다. 이 회의 이름도 나중에 '공적 연금의 위기를 해결하기 위한 법학경제학센터 공공정책 법학교수회의'로 바뀌었다. 조지메이슨대학은 코흐 형제와 로라앤드 존아놀드재단 등으로부터 의미 있는 자금 지원을 받았다. 코흐 형제는 고인이 된 대법관 이름을 따 대학원 명칭을 앤터닌스칼리아로 바꾸는 조건으로 조지메이슨대학에 1천만 달러를 기부했다. 연금 '위기'의 복잡성과 수많은 논란에도 불구하고, 앞서 살펴보았듯이 발표는 그 문제를 규정하는 데 코흐-아놀드 노선을 취하고 있었다. 연금들이 자금 부족에 시달리고 있으며 즉각적인 조처가 없다면 증세와 공공 서비스 삭감이 불가피하다는 것이었다. 회의 주최를 알리면서 센터는 회의에 논문을 제출할 것을 학계에 요구했다. 채택될 논문은 모두 8편으로 연수회를 거쳐 회의에서 발표될 예정이었다. 나아가 센터는 논문의 주제도 '이해관계와 관련된 주제들'로 한정할 것을 권했다. 논문들은 '공무원들은 미리 예측된 현금 급여로 자신들의 연금을 지급하는지 여부 …… 연금권은 수당인지 약정인지 아니면 명백한 헌법적 권리인지 여부, 즉 그 법적 성격과 한계 …… 일리노이주 헌법의 연금 비잠식 조항 …… 그리고 다양한 연금 개혁 제안들의 법적 분석'[44] 등이었다. 제안된 이들 주제는 저마다 회의의 밑바탕에 깔린 목표를 드러낸다. 즉, 회의는 연금에 대한 법적 보호 장치들을 약화시킬 만한 논거를 발견하는 것을 목표로 삼고 있었다. '종업원들이 미리 예측된 현금 급여로 자신들의 연금을 지급하는지 여부'를 묻는 것은 곧 연금 채무를 반드시 존중해야 하는지 여부를 묻는 것에 다름 아니었다. 연금권이 일종의 약정이나 명백한 헌법적 권리와 반대되는 일종의 '수당'인지 묻는 것은 결국 연금이 폐지될 수도 있음을 암시하는 것이었다. 수당이라면 누구에게도 심지어 웨이터에게도 채권이 될 수 없다. 너무도 명명백백한 일리노이주의 '연금 비잠식 조항'을 묻는 것은 이보다 더한 것이다.

이들 주제들과 관련해서 심사를 통과한 각 논문의 '필자들은 여행 경비를 포함해 총 만 2천 달러를 사례비로 받을 것이다.' 연금의 경제적·법적 기초들을 훼손하는 8편의 논문에 모두 9만 6천 달러의 돈이 들어간 것이다. 각 논문의 필자에게 만 2천 달러를 지급하는 데 그치지 않고 필자가 회의에 참석할 경우 논문 표지 비용으로 천 달러를 별도로 지불할 것을 명기했다. 게다가 아마 가장 중요한 것은 그 회의가 '연금 위기 해결을 위한 법관 및 법률자문관 정책회의'로 광고되고 있었다는 점이다.[45] 법관들과 법률자문관들은 이러한 새로운 연구를 통해 무언가 배울 수 있도록 특별히 초청을 받았다. 필자는 논문을 제출하지 않았지만 이러한 논거들에 대한 호기심의 발로로, 또 이 책을 쓰기 위한 준비의 일환으로 회의에 참석했다. 회의에는 2백여 명이 참석했다.

충분히 예견할 만한 일이었지만, 발표된 논문들은 대부분 뛰어난 수준이었다. 논문들은 고도로 정치화된 논조로, 귀에 거슬리지도 감정적이지도 않은 견해를 차분히 밝히고 있었다. 회의를 조직한 사람들은 중도 우파적 관점에서 연금 쟁점들에 관한 일련의 냉철하고 엄격한 학문적 의견 제시의 장을 마련했다. 정확하게 바로 이런 점들이 그런 회의의 효과를 높여주고 있었다. 그러나 전반적으로 볼 때, 연금 위기라는 것이 실제 있는지 여부에 관한 질문은 없었고, 있다면 그 위기의 깊이와 범위가 어느 정도인지를 평가하는 작업도 없었다. 위기는 기정사실로 받아들여졌다. 발언자들은 거듭해서 노동자를 합리적인 해결을 방해하는 편협한 특수이익집단으로 묘사했다. 연금 부족분을 충당하기 위한 증세 가능성에 대해서는 진지한 고려가 전혀 이뤄지지 않았다. 실제로 증세는 딱 한 번 언급됐을 뿐이다. 보수적 잡지 〈시티 저널〉의 스티븐 말랑가(Steven Malanga)는 연금부족분을 충당하기 위해 주 당국이 증세를 할 수 있다는 의견을 낸 일리노이주 대법원을 웃음거리로 만들었다. 이 대목에서 회의장은 웃음바다가 됐다–그 뒤 일리노이주는 대법원의 판결을 그대로 따랐다.[46] 오찬 시간의 연설자는 디트로이트시가 시 채권보유자들보다 노동자 연금에 보다 큰 보장을 해줬다며 디트로이트시의 파산 절차를 비판했다.

공평하게 말해 그 자리에 반대의 목소리가 하나 정도는 있었는데, 필자의 동료인 보스턴대학교 법학전문대학원 잭 비어만 교수였다. 그는 두 가지로 기본 요점을 정리했다. 첫째, 비어만 교수는 연금 부족분을 책임져야만 하는 납세자들은 쓰레기 수거에서부터 자녀 교육과 거리의 치안 유지에 이르기까지 자신들이 이미 소비한 공공 서비스에 대한 비용을 지불하도록 요구받고 있기 때문에 증세에 대해 불평을 할 아무런 도덕적 자격도 없다고 주장했다. 둘째, 개혁가들이 연금 삭감을 원하는 실제 이유는 기업들이 저임금을 유지할 불안정한 노동 세력을 원하기 때문이라고 주장했다. 비어만이 이야기할 때, 필자는 뒤에 앉아 있는 한 법관이 억센 남부 억양으로 누군가에게 "비어만 저 녀석, 똑똑한 척하기는" 하고 말하는 소리를 들었다.[47]

이러한 학문적 논의가 있었다는 사실 자체는 분명 하찮은 것일 수 있지만 이는 연금 문제와 관련해서 보다 큰 세력이 작동 중에 있다는 사실을 실증하는 것이다. 연금 반대 세력들은 자신들에게 유리한 학문적·법적 주장들을 단순히 활성화하거나 그러한 주장들을 법관들과 법률자문관들에게 직접 전달하는 데 만족하지 않는다. 그들은 입법자들과 유권자들까지도 표적으로 한다. 미국입법교류평의회(ALEC)도 연금 개혁과 관련해서 비슷한 일을 하고 있다. 〈뉴욕타임스〉는 '주 법 뒤에 있는 큰 돈'이라는 제목의 사설에서 입법교류평의회를 '널리 알려지지는 않았지만 기업들이 지원하는 수백만 달러의 자금으로 운영되는 보수단체'라면서 '입법교류평의회의 큰 자금줄에는 엑슨 모빌과 올린 가문(Olin family), 스카이프 가문(Scaife family), 그리고 코흐인더스트리즈(Koch Industries)와 연결된 재단들이 포함돼 있다'고 기술했다. 사설은 입법교류평의회 활동의 순수한 효과를 '소수자들과 여타의 민주당 지지 집단들의 투표를 어렵게 하고, 의료 개혁을 반대하고, 환경 규제를 약화시키며, 공공 부문 및 민간 부문 노동조합의 척추를 부수는 것'으로 설명한다.[48]

입법교류평의회의 수많은 활동들을 통해 알 수 있듯이 이 단체는 건조하고 기술적이며, 공적 감시망을 피해 대단히 효율적으로 움직인다. 연금 개혁과 관련해서 입법교류평의회는 '연금재정지원 및 공정법'의 형태로 입법의 모범을 제시하고자 한다. 이 상정 법안은 입법교류평의회와 여타 집단들이 연금 위기를 주 당국의 과세권과 비용 지출 권한의 획기적 변화를 위한 기회로 삼으려 한다는 사실을 실증적으로 보여준다. 법안에는 '인플레이션에 인구 증가까지 감안한 소비

성장지수를 만들어서 주의 연간 지출을 제한하는 데 활용하는' 방안도 담겨 있다. 또한 법안은 '납세자구제기금' 설립을 제안하고 있는데 이는 '가장 최근의 소득세 신고 자료에 근거해 면세자 수를 바탕으로 매년 납세자들에게 세금을 환급하는 제도'이다. 주 당국이 법률에 정해진 한계를 넘어 지출하거나 과세하려면 '상하 양원에서 전체 의원의 5분의 3이 투표해서 과반수의 찬성을 얻어야 가능하다'. 게다가 거기엔 매우 엄밀한 예외 조항이 뒤따른다. 일정한 낮은 기준치를 넘어서는 주 예산 상의 잉여 자금은 납세자구제기금에 귀속될 것이다.[49] 그렇다면 주 당국의 과세권과 지출 권한에 가하는 이러한 모든 제약은 무엇을 위한 조처인가? 그것은 주가 연금들에 지고 있는 미납 부채를 청산하기 위한 것이다.

이러한 활동과 대규모 자원 동원이 겨냥하고 있는 대상은 바로 노동자의 연금이다. 하지만 이 같은 세력들은 일반적으로 노동조합들의 자금 조달과 단체교섭권을 표적으로 삼음으로써 노동조합의 핵심 기반을 약화시키려는 또 다른 목적도 갖고 있다.

공무원노동조합의
'공정부담수수료'에 대한 위협 _____

　　　　　　　노동자 주주 행동주의에 대한 또 다른 위협은 대행수수료 혹은 '공정부담수수료'를 받을 권리를 노동조합에게서 박탈하는 것으로, 이는 적어도 장기적으로는 노동자 자신에 대한 위협이 될 수 있다. 공정부담수수료는 노동조합이 사용자와의 임금 및 급여 협상을 통해 이끌어낸 혜택을 비노동조합원도 함께 누릴 경우 그에 대한 대가로 비노동조합원들이 노동조합에 지불하는 돈을 말한다. 필자는 이 책이 출판된 직후 이 투쟁이 끝날 것 같다고 먼저 말하고 싶다. 그럴 가능성은 거의 없다고 보지만 안토니 케네디(Anthony Kennedy) 또는 존 로버츠(John Roberts) 미국연방대법관이 마음을 바꾸지 않는 한 연방대법원은 공공 부문 노동조합들에 대해 심각한 타격을 줄 만반의 태세를 취하고 있다.[50] 노동조합과 조합의 연금이 서로 연결돼 있기 때문에, 그 타격은 간접적으로 공무원 연금들과 주주 행동주의를 약화시킬 것이다. 비록 그 타격이 개별화된 401(k) 기금으로의 대량 전환과 같은 즉각적으로 엄청난 충격을 던지는 방식, 즉 연금의 존재 자체를 위협하는 방식으로 이루어지지는 않을지라도 그 두 가지 위협은 서로 연결돼 있다.

단체교섭은 모든 종업원들을 대표해 노동조합에 보상과 급여, 근로 조건, 작업장 권리를 협상하는 권한을 부여한 것이다. 단체교섭 능력은 노동조합의 영향력과 합법성에 매우 중요하다. 그것은 노동조합이 노동자 편에서 임금 및 근로 조건을 개선할 수 있도록 해주는 바로 그 능력이다. 노동자들이 자신들을 대표하는 노동조합에 돈을 지불하는 것은 어찌 보면 노동조합의 생명과도 같은 것이다. 단체교섭이 없다면, 노동자들은 제각기 개별적으로 사용자들과 협상해야 하며, 그 과정에서 사용자들을 움직일 지렛대가 거의 없거나 아예 없기 때문에 임금과 급여가 줄어들고 노동조건도 악화될 것이다. 그리고 단체교섭으로부터 혜택을 받는 모든 노동자들에게서 대행 수수료가 들어오지 않는다면, 노동조합은 이전보다 훨씬 더 자금 부족에 시달릴 것이다. 프리드릭스 대 캘리포니아교원연맹 사건에서 연방대법원 판결이 4 대 4로 나와 노동자가 결정적 타격을 피했다고 말하는 것은 과장이 아니다. 2016년 2월 연방대법관 안토닌 스칼리아(Antonin Scalia)가 텍사스 사냥 여행에서 자연사하지 않았다면 5 대 4라는 노동자에 불리한 판결이 내려졌을 것이기 때문이다.[51] 하지만 연방대법관에 고서치가 지명됨으로써 이 같은 타격은 어찌 됐든 다시 전면적으로 가해질 전망이다.

프리드릭스 사건에서 레베카 프리드릭스(Rebecca Friedrichs)와 9명의 캘리포니아 교사들은 자신들을 대표해서 단체교섭을 한다는 명목하에 노동조합, 즉 캘리포니아교원연맹에 공정부담수수료를 의무적으로 내는 것이 수정헌법 제1조에 명시된 자신들의 권리를 침해하는 것이라고 주장했다—캘리포니아교원연맹은 지난 10년간 캘리포니아 연금에 대한 공격을 막아온 노동조합이다. 이들 원고 측 교사들은 소송을 자신들 힘만으로 제기한 것이 아니었다. '개인권리센터(Center for Individual Rights)'가 원고들을 대표했으며, 이 센터는 보수적 성향의 법적 권리보호 기구로, 설명할 필요도 없이 '번영을 위한 미국인' 및 코흐 형제와 연계된 일련의 재단을 통해 자금을 지원받고 있었다.[52]

연방대법원이 아부드 대 디트로이트교육위원회 사건 결정을 내린 이후 40년 동안 다음의 원칙은 명백했다. 노동조합의 정치적 활동을 위해 공무원들에게 돈을 대라고 강요할 수는 없지만 노동조합의 다른 비용들을 감당하기 위해서는 여전히 공정부담수수료를 요구할 수 있다. 여기에서 다른 비용이란 단체교섭 비용처럼 그들에게 혜택으로 돌아올 행위에 따른 비용을 말한다. 논리는 단도직입적이다. 정치적 활동을 위해 강요된 보조금은 수정헌법 제1조가 규정한 노동자들의 권리들을 침해하지만, 노조와 주 당국 간 임금 및 급여 협상처럼 그들에게 이익을 가져다줄 경제 활동을 위해 강요된 보조금은 전적으로 적절하다. 연방대법원 스스로가 이전 사건에서 언명한 바와 같이, '노동조합이 조합원들로부터 조합비를 걷는 것을 허용하는 1차 목적은 노동조합이 따낸 결실에 무임승차하는 것을 예방하기 위한 것이며, 발생한 비용은 부담하지 않으면서 노사단체협약에서 얻은 고용상의 혜택은 공유하려는 행위를 예방하기 위한 것이다.'[53]

프리드릭스 사건에서 일부 공립학교 선생들은 캘리포니아교원연맹에 납부하는 공정부담수수료가 수정헌법 제1조의 권리들을 침해했다고 이의를 제기하면서 아부드 사건의 판결에 정면으로 도전했다. 프리드릭스 소송 판결에 참여한 대법관 사무엘 알리토(Samuel Alito)는 이들이 제기한 다른 소송에서 이미 아부드 사건 판결에 도전한 바 있었다. 결국 프리드릭스 사건에서 연방대법관 알리토와 케네디, 로버츠, 토머스는 아부드 판결을 뒤집어 대행 수수료를 반헌법적인 것으로 폐지하는 의견을 냈다. 스칼리아가 살아 있었다면 그런 의견을 낸 다섯 번째 사람이었을 것은 거의 확실하다. 구두변론 기록을 보면 수수료를 보호한 판례를 옹호하고 있던 법무차관 도널드 베릴리(Donald Verrilli)에 대해 스칼리아가 적대적으로 질의하는 내용이 나온다.[54]

그러나 스칼리아의 사망으로 연방대법원의 의견이 4 대 4로 팽팽히 맞서면서 적어도 당분간은 옛 규칙을 그대로 유지해서 공정부담수수료를 보존할 수 있게 됐다. 만약에 연방상원이 버락 오바마 대통령의 연방대법관 지명자 머릭 갈란드(Merrick Garland)를 승인했더라면 또는 힐러리 클린턴이 2016년 대통령 선거에서 이겨 연방대법관 지명 기회를 가졌더라면, 연방대법원은 아부드 판례를 5 대 4로 지지했을 가능성이 높다. 하지만 도널드 트럼프 대통령이 지명한 스칼리아의 후임자 고서치는 그의 선임 대법관보다 훨씬 더 보수적인 인물로 알려져 있다. 고서치는 이와 유사한 쟁점으로 다툼을 벌일 다음 소송, 야누스 대 미국공무원연맹(AFSCME) 소송에서 다른 네 명의 보수적인 대법관들과 함께 대행 수수료를 폐지하는 쪽의 손을 들어줄 가능성이 매우 높다.[55]

예상하는 대로 연방대법원이 야누스 소송에서 대행 수수료를 폐지한다면, 공화당이 주 공무원에게서 단체교섭권을 박탈한 뒤 위스콘신에서 일어났던 사태와 비슷한 반응이 전국적으로 일 것이다. 위스콘신주의 두 선도적 교원노동조합에서는 조합원이 각각 3분의 1과 절반이나 대폭 감소했다. 또 주 공무원노동조합에서도 조합원이 70%나 감소했다. 부정적 판결이 나올 것이라는 예상 아래 노동조합들은 새로운 조합원을 모집하고 또 기존 조합원들이 노동조합을 탈퇴하지 않도록 설득하는 데 비상한 노력을 기울여왔다. 요컨대 비록 노동자들에게 더 이상 공정부담수수료를 납부할 의무가 없다 하더라도, 그것을 이유로 노동조합을 떠나서는 안 된다는 설득 작업이었다. 그러한 노력들이 열매를 맺을 희망은 있다. 하지만 전국적으로 공공부문 노동조합들이 크게 쇠퇴할 가능성도 여전했다. 이것은 그 자체로 다방면에서 매우 부정적인 결과들을 낳을 것이다. 이 책의 목적에 비춰볼 때, 문제는 이것이 주주 행동주의에 어떤 영향을 미칠 것인가

에 있다. 좋은 영향을 미칠 리는 만무하다. 하지만 그것이 실질적인
위협이 될까?[56]

단기적으로 보면 위협적이지 않다. 먼저, 주 당국이 단체교섭을 폐
지한 이후 위스콘신주 연금에 눈에 띌 정도로 부정적 영향은 없었다.
수긍이 가는 일이다. 단체교섭의 폐지로 공무원노동조합이 타격을
입을 것은 자명하다. 그렇다고 해서 노동조합의 여러 약정들이 자동
적으로 휴지조각으로 변하는 것은 아니며 연금이 한순간에 사라져
버리는 것도 아니다. 일부 연구에 따르면 연금 급여는 향후 지금보다
낮아질지 모른다. 노동조합으로 조직화되지 못한 노동자들은 자기들
손에 유리한 협상을 위한 지렛대를 덜 갖게 될 것이기 때문이다. 그렇
게 될 것이다. 하지만 비록 노동자들이 자신들의 연금 급여를 협상하
는 노동조합에는 더 이상 기여하지 않을지라도, 바로 그러한 불리한
여건으로 인해 연금기금들을 건재할 것이고, 또 노동자들도 계속해
서 연금기금에 기여금을 납부할 것이다. 뉴욕시 기금의 갈란드가 필
자에게 말한 것처럼, 노동조합들은 여전히 활동적인 모습을 보이며
순조롭게 미래로 나아갈 방안들을 갖고 있다.[57] 단체교섭의 폐지로
인해 연금과 주주 행동주의가 처할 보다 심각하고 간접적인 위협은
노동조합이 입법기관이나 전반적인 수민발의 등을 동해 공겪받을 때
주주 행동주의에 투입하거나 연금을 방어할 자원들이 부족해질 것
이라는 데 있다.

상황을 정리해보도록 하자. 코흐 형제와 아놀드 사단 그리고 그들
보다 지명도가 떨어지는 수많은 동맹군들이 입법기관과 법관, 법률
자문관들을 대상으로 로비 활동을 벌이는 중이다. 그들은 주와 시

차원에서의 주민 발의와 학문 연구에 자금을 지원해주고 있다. 그들은 또 그런 연구 결과를 직접 권력 실세들에게 전달한다. 계산하기는 어려워도, 전체 자금 규모는 분명히 천문학적일 것이다. 2014년 시점에서 추산한 바로는 아놀드재단 하나만으로도 최소 5천만 달러에 이른다[58]─자유와 진보 가릴 것 없이 많은 단체들이 위에 든 활동의 대부분 또는 모두에 개입하고 있는 것이 사실이다. 하지만 그들은 규모가 작고 동원할 자원도 많지 않은 데다 활동 방식도 훨씬 비체계적이다. 미국인들에게 그리 많은 관심을 받지 못하는 이 한 가지 쟁점, 즉 연금기금의 자금 조성과 법적 지위라는 문제에 이토록 많은 자원이 몰리고 있는 것이다.

왜? 코흐 형제와 아놀드 진영은 왜 이 쟁점이 다면적인 운동을 펼칠 가치가 있다고 생각하는가? 각 주를 돌며 유권자와 변호사, 법관, 법률자문관 그리고 학자 들을 광범위하게 공략하는 데 이토록 막대한 비용의 자원을 동원하는 이유는 무엇일까? 주주 행동주의적 연금기금들에 충분한 자금이 지원될 경우 자신들의 이념에 중대한 위협이 될 수 있다는 점을 그들이 정확히 인식하고 있기 때문이다. 미국 사회의 그 어떤 목소리가 기업 내부로부터, 헤지펀드와 사모펀드로부터 그 같은 수준의 반응을 이끌어낼 수 있을까? 가장 손 큰 기부자들에게 신세를 지고 있는 선출직 공무원들이 포진한 정부도 해내지 못할 일이다. 아마 매우 드문 경우이지만 각성된 유권자 대중이─기껏해야 매 2년에서 4년마다─이런 반응을 이끌어낼 수 있을지 모르겠다. 하지만 그것도 유권자들이 다시 무관심지기 전에 그리고 로비스트들이 다시 활동하기 전에 아주 잠깐 가능한 일일 뿐이다.

이들 연금기금은 축적한 자산과 힘을 동원해 세상에 한 번도 선보이지 않았던 새로운 무언가를 대표하고 있다. 그들은 민간 부문 내부에서, 시장 내부에서 주주로서 작동한다. 연금기금들은 이를 통해 힘과 자원들을 결집된 상태로 유지하기 위해 설계된 규정의 덕을 본다. 주주로서의 권한이 그들에게 권한을 부여하는 것이다. 별스럽게도 이 특수한 주주들은 사업상 얽힌 이해관계의 갈등으로부터 자유로운 민간 부문에서 작동하기 때문에 일반적인 대다수 주주들보다 더 영향력이 크다. 다른 주주들은 자신들의 권리가 침해당하거나 자기 이익이 정도를 벗어났다 해도 그 이익이라는 것에 얽매여 침묵을 지킨다.

코흐 등의 사람들의 관점에서 볼 때 더욱 걱정되는 것은 이 주주들이 자신들만의 파벌적 이해관계를 넘어선 곳에 초점을 맞춤으로써 오히려 자신들의 힘을 키우는 그런 폭넓은 연합체를 형성할 수 있었다는 점이었다. 〈월 스트리트 저널〉 사설이 '앨린스키, 증권거래위원회에서 이기다'라는 제목으로 증권거래위원회의 주주제안권 강화 규정을 맹비난했을 때, 글쓴이들은 다른 '정상적인' 주주들이 주주제안권의 강화 규정에 결코 서명하지 않을 것이라고 믿었던 듯하다. 하지만 그 주주들은 대체로 스콧 스트링거의 뉴욕시 기금들 같은 노동자 주주 기관들 뒤에 편승해서 집단적으로 주주제안권의 상화를 지지했다. 일리가 있다고 여긴 이들 주주들은 뱅가드로부터 피델리티, 미국대학퇴직연금기금, 블랙락에 이르는, 힘을 갖고 있지만 수동적인 태도를 보여온 다양한 대형 뮤추얼펀드와 공동전선을 폈다. 주주제안권 강화가 옳은 방향이라고 여긴 그들은 사회적으로 책임 있는 투자자들과 기부 단체, 재단, 환경투자자들과 제휴했다. 그것이 옳다는 판단이 서자 주주들은 서로 손을 맞잡거나 또는 홀로 움직였다.

노동자 주주들은 이사회 선거에 실질적 의미를 부여함으로써, 혹은 유나이티드헬스 스톡옵션 소급적용 소송처럼 모든 주주들을 대표해서 사기 사건들을 고소하는 데 앞장섬으로써 다른 주주들과 동맹을 맺었다.[59] 또한 자신들이 직접 나서서 때로는 다른 사람들과 함께, 노동친화적 의제들을 제기하는 능력을 보여줬다. 노동자 주주들은 기업들이 노동자를 해고할 때 드는 정확한 비용을 다시 생각하게 함으로써 또는 헤지펀드와 사모펀드가 일자리 민영화 자금을 지원하는 대신 노동조합을 위한 일자리 창출 사업들에 투자하도록 밀어붙임으로써 그 능력을 보여줬다. 나아가 환경행동가들이나 다양성 옹호자들과 호혜적 동맹을 맺는 능력도 보여줬다.

그렇다면 다음 행선지는 어디인가? 노동자 자본의 미래는 어떠할까? 그리고 노동자는 자신의 미래에서 어떤 역할을 해야만 하는가? 이 마지막 절에서 필자는 노동자 주주의 미래 모습은 어떠할지에 대해 몇 가지 생각을 약술하고자 한다.

노동자 자본의
미래 ___   ___

노동자 자본이 해야 할 첫 번째 일은 민주당이 전국 차원에서, 더 중요한 것은 주와 지방정부 차원에서, 권력을 다시 쟁취할 수 있도록 오래 살아남는 것이다. 만약에 그러한 기금을 가진 주나 시에 살고 있다면, 연금을 파괴를 위해 설계된 주 전역을 포괄하는 주민 발의가 존재할 수 있다는 가정하에 언제나 주의를 게을리해서는 안 된다. 필자가 쓴 파괴라는 용어는 연금이 중앙집중식으로 운용되는 확정급여형 연금기금에서 개별적으로 운용되는 확정기여형 기금으로 전환되는 상황을 의미한다. 자금 부족에 허덕이는 '위기'의 연금들로부터 납세자들을 보호해야 한다는 명분이 그런 파괴 행위를 정당화해주고 있다. 하지만 실제로는 이미 과거에 벌어들인 공무원의 돈을 훔쳐가는 일이 벌어질 뿐이며, 월 스트리트와의 수수료 협상에서나 기업 또는 투자운용역의 불법행위 감시에 발휘될 연금기금의 능력을 심각하게 훼손하는 일이 벌어질 뿐이다. 이 투쟁에서 가장 큰 공을 세운 곳이 캘리포니아다. 만약 주 전역을 포괄하는 주민 발의가 통과돼서 캘리포니아 공적 연금들이 개별화된 확정기여형 계좌로 전환된다면, 그것은 노동자 자본과, 좀 더 일반적으로 보면 주주 행동주의 운동에 큰 타격이 될 것이다. 모든 주 하나하나와 모든 시 하나하나가 중요한데 주와 시 들은 지금까지 잘못된 방향으로 표류해왔다. 캘리포니아를 포함한 주와 시 연금들에게는 개별화된 확정기여형 연금으로의 전환이라는 시험대가 눈앞에 놓여 있다. 이는 미래의 모든 연금들이 개별화되어 뮤추얼펀드에 위탁되는 것을 의미한다. 당분간 현상 유지는 하겠지만 결국에는 파국에 이를 것이다. 자동차 타이어가 한순간에 터지는 것이 아니라 서서히 위태롭게 바람이 빠지는 상황과 비슷하다.

만약에 필자가 노동조합 지도자이거나 연금수탁자이거나 혹은 연금이사회에 앉아 있는 정치인이라면 중앙 집중화를 보호하고 또 확정급여형 기금들을 방어하기 위해 투쟁할 것이다. 확정급여형이 확정기여형 기금보다 훨씬 더 안정적인 퇴직 급여를 제공한다.[60] 실제 확정기여형 기금들이 위험한 것은 그것이 일종의 세금 차익 거래가 될 수 있다는 데 있다. 자금 부족에 허덕이는 확정급여형 연금에 자금을 지원하지 않으면 돈을 절약할 수 있다고 생각하는 주와 시 들이 저소득층 의료 보장이나 장애 복지, 혹은 노후 보장 저축이 바닥난 확정기여형 연금 가입자들이 요구하는 다른 복지 급여에 예산을 투입할 수 있다.

이는 코흐 형제와 아놀드 진영 그리고 그들의 동맹군이 맹공을 퍼붓는 상황에 직면해 일보 후퇴를 해도 좋을 일종의 후방 진지가 있음을 의미했다. 그래서 등장한 것이, 확정급여형 요소를 보유하는 가운데 확정기여형 기금을 도입하는 혼합형 연금 계획들이다. 가장 최근 펜실베이니아주는 신규 채용 인력에 대해서는 혼합형 연금계획을 도입, 주의 채무를 회피하는 방향으로 연금 제도를 개혁했다. 일부 확정급여형 요소가 남아 있으면 노동자들은 기본적 단계의 노후 보장을 받을 수 있을 뿐 아니라, 노동자 투자자들이 월 스트리트와 기업의 병리현상으로부터 스스로를 보호하는 데 매우 결정적인 역할을 할 집단적 요소도 유지할 수 있게 될 터였다. 다른 대안은 공적 연금 기금들의 독립성과 통합성을 유지할 수 있는 방식으로, 확정기여형 기금들을 뮤추얼펀드에 위탁하지 않고 내부에서 운용하는 것이다. 이렇듯 중앙집중식으로 운용되는 확정기여형 기금들은 거대하고 집단적인 주주권을 여전히 창출해낼 수 있다. 하지만 이 경우 노동자들은 퇴직 시 일정 급여액을 보장받지 못하고, 자신들의 계좌에 남아 있는 돈만 받게 된다. 대신 납세자 입장에서는 시장 침체로 인한 엄청난 부족분을 채워야 할 의무에서 해방된다.

경제학자 테레사 길라두치(Teresa Ghilarducci)와 사모펀드 블랙스톤 그룹의 회장 토니 제임스(Tony James)는 최근에 퇴직계좌 보장을 위해 현 체제의 많은 부분을 포기하도록 하는 미국 노후 보장 정책의 정비를 제안했다. 두 사람에 따르면 이들 계좌들은 401(k)들과 달리 공동으로 출자될 것이다.[61] 비록 길라두치와 제임스가 그 제안의 지배구조적 측면, 즉 이사를 투표로 선출하고 소송을 결정하는 등의 측면을 거론하지는 않았지만, 그들이 제안한 공동 출자는 적어도 이 책에서 서술한 주주권을 일부나마 유지하게 해줄 것이다. 그러한 펀드들은 투자자 스스로 자신을 지키고 권리를 위해 투쟁하고 시장을 감시하고 정보에 기반한 합리적 투자를 하고 수수료와 자산 배정에 대해 협상할 능력을 가지면서도 납세자들에게 자금 부족이나 채무불이행에 따른 잠재적 위험을 줄여줄 수 있다. 이러한 형식의 계좌는 또 다른 후방 진지가 될 수도 있었다. 이 계좌들은 확정급여형 연금만큼 아주 후하지는 않지만, 혼합형이나 확정급여형 요소도 없이 뮤추얼 펀드에 위탁된 개별화된 401(k)로 모든 연금이 전환되는 최악의 시나리오보다는 훨씬 낫다. 따라서 필자는 마지막으로 다시 말하고 싶다. 이들 연금기금을, 철저히 개별화돼 위탁되는 401(k) 같은 기금으로 전환하는 것은 수용 불가능하며 끝까지 투쟁해야 할 대상이다. 그것은 행동주의의 사망이며, 수천만 미국인의 노후를 궁핍에 빠뜨리는 일이다.

연금 옹호자들에 대한 두 번째 시험대는 주주 행동주의에 노동운동의 역량을 계속 투입하는 일이다. 노동자들은 미국노동총연맹 투자청이나 국제서비스직종사자연합, 미국공무원연맹, 북미건설노동조합, 유나이트히어 등의 자본 스튜어드십 계획 같은 주주 행동주의적 주체에 계속 자금을 지원해야 한다. 몇 년 전 리사 린슬리가 미국공무원연맹을 그만둘 때쯤 그 단체는 스튜어드십 계획을 축소했다. 그리고 만에 하나 야누스 소송으로 공정부담수수료가 폐지된다면 많은 공공 부문 노동조합들은 이 싸움에 투입할 자원을 상당 부분 잃게 될 것이다. 이미 일부 노동조합들은 야누스 소송의 결과가 예견되는 상황에서 노동조합원 수까지 줄자 비용 삭감에 들어갔다.[62]

자원 부족 상황에 직면하면 피할 수 없게 될 야만의 선택들을 지나치게 단순화하려는 뜻은 아니다. 다만 필자는 이 책이 주주 행동주의에 배당된 자원들의 손실 또는 현저한 감소는 노동자들에게 재앙에 가까운 충격을 줄 것이라는 점을 입증해줬으면 하는 바람을 갖고 있다. 노골적으로 말하자면 그런 사태에 직면할 경우 노동자들은 연금에 대한 공격에 노출돼 높은 수수료와 자기 잇속만 챙기는 운용역, 시장에서의 사기 행위, 또 노동자들에게 가입을 권유하면서 한편으로는 배신을 일삼는 기금운용역, 노동자들이 자신들의 노후 자금으로 자기 일자리를 민영화하는 사태에 속수무책으로 당할 수밖에 없을 것이다. 나머지 시장도 이러한 지원 손실을 예민하게 느낄 것이다. 이것이 야누스가 간접 노동자의 자본을 해칠 수 있는 또 하나의 방법이다. 그렇다, 이는 장기적으로 협상 지렛대를 약화시킴으로써 급여 감소로 귀결될 것이고, 나아가 주주 행동주의로의 자원 투입을 더욱 위축시킬 것이다. 당신이 노동조합의 조합원이라면, 또는 당신이 주나 지방정부 연금기금에 기여하거나 가입하고 있다면, 동료 노동자들을 불러 최우선 사항은 행동주의를 유지하는 것이라고 말하라.

중앙집중식으로 운용되는 확정급여형 연금을 유지하고 행동주의를 지속적으로 지지하는 것이 가까운 시기에 가장 우선해야 할 사항이다. 이것이 노동자와 다른 사람들이 노동자 자본을 도울 방법이다. 그렇다면 노동자 자본이 자기 살길을 도모하면서 노동자를 도울 방법은 무엇인가?

트럼프 대통령은 사회기반시설 확충에 1조 달러를 투입할 것을 주창했으며, 민주당 상원은 그러한 지출에 대한 자기들 나름의 제안서를 제출했다. 공적 연금기금과 노동조합 기금 들은 이미 트럼프 대통령이나 민주당 상원에 앞서서 사회기반시설에 대해 논의하고 그에 따른 조처를 취하고 있던 중이다. 역설적으로 사회기반시설 지출은 '클린턴 글로벌 이니셔티브'도 수차례 논의하고 추진하던 사항이었다. 노동자와 노동자 자본에게 사회기반시설 지출의 논리는 분명하다. 도로와 교량, 터널, 학교, 광대역통신망, 철도, 열차 역, 항구, 공항을 포함한 미국의 노후화된 필수 사회기반시설을 개조하라는 거대한 수요이다. 미국토목기술자학회는 미국 사회기반시설 지출에 2조 2천억 달러가 넘는 돈이 필요하다고 추산했다. 캘리포니아공무원연맹과 캘리포니아교원연금 같은 연금기금들과 다른 기관들도 이미 그러한 사업에 수십억 달러의 투자를 약속했다. 앞서 지적한 바와 같이 블랙스톤은 사회기반시설에 천억 달러 투자를 약속했으며, 그러한 사업에 노동조합 노동자를 우선적으로 고용하기로 합의했다. 명백한 투자수요와 투자에 따른 잠재적 이윤은 제쳐두더라도, 사회기반시설은 노동자에게는 대표적인 진정한 '선순환'의 기회이다. 사회기반시설에 대한 투자는 노동자에게는 경기 부양책이 될 수 있다. 수백만 명의 남녀 노동자들을 일자리로 돌아가게 할 수 있고, 잘만 되면 상당한 '현행 임금'을 벌어들이는 노동자들을 조합에 가입시킬 수도 있을 것이다.[63] 그러한 노동자들이 새로운 연금기여자 집단을 구성할 수 있고, 투자와 새로운 가입자라는 두 요소가 합쳐지면서 연금들이 새로운 힘을 얻는 데 도움이 될 수 있을 것이다. 이 점이야 공화당 의원과 공화당 내 코흐 계파가 그러한 투자를 절대 지지할 수 없는 이유다.

노동조합원생명보험회사(ULLICO, 이하 노조생명보험회사로 약칭)와 미국전기급여기금(NEBF)과 같은 조직들은 자기 연금기금의 순익을 끌어올리고 가입 노동자들의 이익을 증진시키는 방향으로 자신들이 관여하는 건설 사업에 자금을 동원하는 데 있어서 중요한 전문 지식을 가지고 있다. 노조생명보험회사는 1927년 미국노동자연맹의 1대 위원장인 사무엘 곰퍼스(Samuel Gompers)가 조합원들에게 생명보험 혜택을 제공하기 위해 설립했다. 그때까지만 해도 노동조합원들은 생명보험 혜택을 누릴 수 없었다. 오늘날 그 회사는 노동조합 연금과 노동조합 자체의 소유로 되어 있으며, 노동조합과 조합원들에게 생명보험과 다른 금융 상품을 지속적으로 제공하고 있다. 또한 노조생명보험회사는 투자자로서도 상당한 역할을 하고 있다. 예를 들면 노조생명보험회사는 27억 달러 규모의 '제이포잡스(J for Jobs)' 투자펀드를 소유하고 있으며, 이 펀드는 건설과 발전 사업에 자금을 지원하고 있다. 개발자들은 기금으로부터 대출을 보장받는 요건으로 자신들의 사업에 노동조합의 노동자들만을 고용한다고 약속한다. "노조생명보험회사가 비영리적인 것은 아니다. 우리는 시장 수익률을 올리기 위해 모든 일을 다 한다. 수익률 현황을 연금기금 투자자들에게 알린다. 그러나 이 일에는 중대한 부수적인 혜택이 따른다. 조합에 가입한 건설노동자들은 고용을 보장받는다. 모든 도급업자와 하도급업자는 마땅히 건설업 구성원이다. 그 노동자들은 자신들의 연금에 기여를 하며, 그 연금들은 노동자들을 보다 강하게 만든다."[64]

또한 노조생명보험회사는 사회기반시설 투자 기금도 운용하고 있다. 그러한 사업들과 관련해서는 혹시 노조생명보험회사가 소액 지분 투자자일지라도, 모든 사업은 노동조합의 노동자를 고용해야 하며 그렇지 않을 경우 노조생명보험회사는 투자를 하지 않을 수도 있다. 예를 들면 노조생명보험회사는 10억 달러 규모의 정수사업에 7천 5백만 달러의 투자 지분만 갖고 있다. 하지만 그 투자 때문에 전체 공정이 노동조합 노동력에 의해 건설되고 있는 중이다. 제5장과 〈뉴욕타임스〉의 '손익계산에 빠진 국민'이란 제하의 연속 보도에서 기술된, 사모펀드들에 의한 공공 서비스의 식민지화 현상과는 대조적으로 노조생명보험회사는 공공 자산의 명백한 소유를 반드시 요구하지는 않는다. 그들은 그 대신 장기 임대를 선택할 수 있다. '장기 수입원을 갖는 우리의 연금기금 투자자들에게 8, 9, 10, 11%의 수익률은 공정하다. 이 수익률은 그들의 기대 수익률인 7.5% 선보다 높다.' 노조생명보험회사는 트럼프 행정부와 민주당 의원들과도 사회기반시설 투자에 관해 대화를 나눴다.[65]

비슷하게 미국전기급여기금은 국제전기노동자형제단(IBEW)의 출자를 받아 독립적인 투자운용역으로 설립됐다. 이런 설립 형태로 인해 미국전기급여기금은 헤지펀드와 사모펀드 운용역들을 다룰 때 다른 연금기금들이 마주치게 되는 수많은 문제들을 피할 수 있었다. 국제전기노동자형제단은 자신이 통제하는 투자운용역과 함께 일을 한다. 기금의 투자전무이사인 몬테 타복스(Monte Tarbox)에 따르면 이러한 식으로 운영하면 "우리들의 가치가 존중되고 있음을 확인할 수 있다"고 한다. 자신들이 투자한 건설 사업에 노동조합에 가입한 전기노동자들을 고용하는 것도 포함된다. 알려진 바에 따르면 캘리포니아 공무원연금도 자체 사모펀드를 출자 운영할 계획에 있다지만, 연금기금들이 자체적으로 투자 기관을 설립하는 것은 미국에서는 흔한 일이 아니다. 하지만 캐나다와 네덜란드, 영국에 있는 연금기금들의 경우 그런 방식으로 운영되는 일이 흔하다. 앞서 언급한 것처럼, 브리티시 텔레콤이 헤르메스(Hermes)를 설립한 것이 그 한 예이다.[66]

어찌 보면 가장 중요한 흐름이라 할 수 있는 것은 노동조합 일자리와 연금가입자 창출에 노동자 자본을 활용하려는 움직임으로 이 역시 가장 최근의 일이다. 거기에는 이 책에서 소개한 두 주요 인사, 즉 뉴욕시 기금들의 스트링거와 과거 미국노동총연맹 투자청 및 미국교원연맹 자본전략 책임자로 일했던 댄 페드로티(Dan Pedrotty)가 한 팀을 이루어 활동한 사례도 포함된다. 현재 페드로티는 북미건설노동조합의 자본전략 국장으로 일하면서 행동가로서 사신의 세 번째 삶을 살아가고 있는 중이다. 제5장에서 언급한 바와 같이, 뉴욕시 기금들은 강력한 책임계약자정책을 채택했다. 그 정책은 공공 부문 일자리들을 해치는 투자들을 금지할 뿐 아니라 기금 투자에 그러한 계약자 고용을 중요한 원칙으로 삼는다. 책임 있는 계약자는 '임금 대장과 종업원 기록들에 근거해서 공정 임금 및 급여를 노동자들에게 지급하는 계약자 또는 하도급업자이다. '공정 급여'는 사용자 지원 가족 의료 보상과 연금 급여, 수습직 훈련 사업 등을 포함할 수 있지만 꼭 거기에 한정되는 것은 아니다. '공정 임금'과 '공정한 급여'는 관련 시장 요인들에 근거하는데, 그 요인들에는 사업의 성격과 소재, 업무 및 업종 비교 등급 그리고 제공된 서비스의 범주와 복잡성 등이 포함된다.'[67]

천 6백억 달러 규모의 뉴욕시 기금들은 책임계약자정책이 제대로 가동 중이지 않는 한 투자를 하지 않을 것이다. 그들은 책임계약자정책 없는 사모펀드가 인수한 기업의 유한책임사원이 되려 하지 않을 것이다. 그 정책을 정착시키는 데 도움을 준 사람들 명단에는 이미 논의한 많은 인사들이 포함돼 있다. 페드로티를 비롯한 여러 사람들은 뉴욕시 기금들이 그 정책을 채택하도록 촉구하며 수개월을 보냈다. 물론 스트링거도 여기에 힘을 실어줬다. 존 아들러(John Adler)와 안토니오 로드리게즈(Antonio Rodriguez)는 뉴욕시장 빌 블라시오(Bill de Blasio) 사무실에서 그 정책을 밀어붙이도록 도왔다. 아들러는 뉴욕시 연금투자국장이자 블라시오 시장의 연금투자 수석자문관이며 로드리게즈는 연금투자 기획관이다. 스트링거의 연금 숭역 수산 비커스(Suzanne Vickers)뿐 아니라 주주제안권 강화 투쟁에서 스트링거의 참모였던 마이클 갈란드도 이 활동에 도움을 줬다.[68]

일단 그 정책이 채택되자, 페드로티는 북미건설노동조합 위원장 숀 가비(Sean Garvey)의 후원과 참여 아래 세계에서 가장 흥미진진한 대상을 정책의 표적으로 삼아 시선을 고정했다. 사모 관련 유력 집단이라 할 수 있는 블랙스톤의 천억 달러 규모의 사회기반시설 펀드가 그 표적이었는데, 이 기금은 민간 사회간접시설 펀드 중 최대 규모를 자랑했다. 페드로티는 블랙스톤이 책임계약자정책을 채택하도록 하기 위해 블랙스톤의 티아 브레이클리(Tia Breakley) 등과 협상에 들어 갔다. 페드로티는 비록 뉴욕시 기금들의 대표는 아니었지만, 일련의 협상 과정에서 뉴욕시 기금의 책임계약자정책을 지렛대로 활용할 수 있었다. 페드로티는 블랙스톤이 이들 규정을 채택한다면 지금보다 훨씬 더 많은 자본들이 쏟아져 들어올 것이라는 점을 지적했다. 북미 건설노동조합과 블랙스톤 간 접촉은 보다 상위 직급인 블랙스톤의 사회기반시설 투자펀드 사장 샘 클림착(Sam Klimczak)과 가비 간에도 이뤄졌다.[69]

2017년 9월 5일 블랙스톤은 이 협상의 결과를 발표했다. '블랙스톤(NYSE: BX)은 오늘 회사의 사회기반시설 전담 사업에 '책임계약자정책'을 도입할 것임을 알린다. 이 정책은 본사의 투자 응찰 및 선택 과정에 '책임 있는 계약자들'을 투입하는 데 북미건설노동조합과 협력한다는 내용의 합의를 포함한다. 이 정책을 통해 블랙스톤은 블랙스톤의 사회기반시설 전담 사업의 각종 프로젝트에 투입될 건설 노동자들에 대해 공정한 급여와 임금, 근로 조건, 교육 기회를 촉진할 것이다.' 블랙스톤은 이 정책을 채택한 두 가지 명백한 이유를 갖고 있었다. 자본에 대한 접근과 노동에 대한 접근이 그것이었다. 그 정책을 채택함으로써 블랙스톤은, 투자 이전에 그러한 정책 채택을 요구하는 뉴욕시 기금들을 비롯한 여러 기금들의 자본에 접근할 수 있었다. 또한 블랙스톤은 북미건설노동조합과의 합의를 매개로 회사의

사회기반시설 사업에 필요한 노동력도 확보했다.[70]

바야흐로 다른 사회기반시설 펀드들도 이러한 추세를 따라잡으려고 안간힘을 쓰고 있으며 그 밖의 노동자 주주들도 비슷한 정책을 채택하기 위해 각축전을 벌이고 있다. 북미건설노동조합은 이미 미국 대학 퇴직연금기금과 매스뮤추얼, 도이체방크와 합의했으며, 유수의 사모펀드인 칼라일파트너즈와 브룩필드자산과 같은 다른 펀드들도 표적으로 삼고 있다. 또 북미건설노동조합은 온타리오시 공무원연금 그리고 연금기금에 기반한 호주의 노동운동과 같은 동맹군의 도움을 얻기 위해 박차를 가하고 있다.[71]

물론 블랙스톤과 다른 기관들이 이러한 정책들을 지키는지 점검하고 이들 사회기반시설 사업들이 실제로 이루어지는지 확인하는 등 해야 할 일이 산적해 있다. 그러한 지출 계획은 노동자와 노동자 자본 모두에게 큰 위험이 될 수 있다. 지출 계획은 사모펀드들이 높은 수수료를 통해 수십억 달러의 돈을 편취하는 구조를 정착시킬 수도 있었다. 또한 비노조원 노동자들에게 아무런 수당도 없이 저임금노동을 제안할 수도 있으며 미국의 많은 공공 사회기반시설을, 미래의 공공 지출에 대한 거부권을 가진 민간의 수중에 넘겨줄 수도 있다. 만약에 투자와 사업 계획들이 빈약하게 설계돼 있다면, 지출 계획은 이러한 연금들에 악재로 작용할 수 있다. 그렇기는 하지만, 노조생명보험회사와 미국전기급여기금 같은 주체들 그리고 이제 블랙스톤과 북미건설노동조합 간 합의는 이러한 프로젝트를 개발하고 적절한 집행을 점검하기 위한 굳건한 대안들을 제공한다.

지금 설명하는 작업이 노동자의 미래를 세우는 데 도움을 줄 수 있는 것은 바로 이 지점에서다. 노동운동 내부에, 노동조합과 연금기금 내부에 그리고 우호적인 재단이나 심지어는 뮤추얼펀드 내부에도 지난 십수 년 동안 이러한 투쟁을 펼쳐온 사람들이 많다. 그들은 쟁점들을 이해한다. 그들은 거래가 형성되는 방식을 이해한다. 그들은 피투자회사들이 일하는 방식도 알고 있었다. 그들은 수수료 체계를 점검하고 설정하는 법도 배웠다. 투자도 성사시킬 줄 안다. 그들은 노동조합원 노동자들을 고용하게 하고 또 현행 임금을 지불하게 할 수 있다. 이는 자신들의 퇴직기금 내부에 존재하는 투자 지렛대를 활용함으로써 가능하다. 크게 봐서 만일 트럼프 대통령이 자신의 수사를 실행에 옮기는 사람이라면 민주당의 지원을 받아 대규모 사회기반시설 투자 계획을 세울 수도 있다. 그렇지 않다고 한다면, 사회기반시설과 연금보장에 대한 진정 거대한 주도권은 민주당이 하원과 상원 그리고 백악관을 지배하는 다음 시기까지 기다려야만 할 것이다. 그때까지 이러한 작업의 많은 부분은 민간 차원에서 또는 주와 지방정부 수준에서 이뤄질 것이다.

장기적으로는 이들 기금과 기금의 후원자들이 자신들의 지렛대를 훨씬 더 강화해서 전국적으로 노동자들의 노후 보장을 개선하기 위해 취할 수 있는 부가적인 조처들이 있다.

첫째, 미국에서 5천 5백만 명 이상의 인구는 사회보장 이외의 노후 대책을 갖고 있지 않다. 공무원연금전국회의 전무이사인 핸크 킴 (Hank Kim)은 그러한 인구를 표적으로 삼은 계획을 설계했다. 킴은 보장선택연금(Secure Choice Pension, SCP)을 제안했다. 그 연금은 주가 주도하는 확정급여형 연금으로, 대체로 노후 대책이 없는 소규모 사업장의 종업원들을 위한 것이다.[72] 종업원 소득의 일정 퍼센트, 대략 3%가 종업원을 위해 주가 운영하는 퇴직기금으로 예치될 것이다. 사용자들은 종업원 소득의 일정 비율을 지불하는 것 외에는 선량한 관리자로서의 의무나 책임을 지지 않는다. 선량한 관리자로서의 수탁자 책임을 전적으로 지는 쪽은 그 연금의 수탁기관들이다. 기금은 보수적 투자라는 전제 아래 보수적으로 투자될 것이다.

보장선택연금(SCP)	* 주가 주도하는 확정급여형 연금 * 소규모 사업장 종업원 소득 3%를 주가 운영하는 퇴직기금으로 예치 * 노동자 노후 보장 사각지대 해소 기대

  킴의 계획은 약간씩 변형된 형태로 캘리포니아와 코네티컷, 일리노이, 메릴랜드, 오리건, 뉴욕시와 필라델피아 등 수많은 주와 시로 빠르게 확산됐다. 주와 시에 따라서 이들 계획을 위한 법안이 의회를 통과한 경우도 있고 입법을 고려 중인 경우도 있었다.[73] 불행히도 이러한 연금들 중 일부는 중앙집중식 투자 요인을 보유하고 있지 않았다. 그럼에도 불구하고 오바마 행정부의 노동부로부터 이러한 기금들이 연방법 적용 대상이 아니라는 우호적 법률 해석을 빌아들임으로써 수천만 명의 국민이 처음으로 퇴직자 연금을 받을 수 있게 됐다.
  그러나 트럼프 행정부가 들어선 지 한 달도 채 안 돼, 두 명의 공화당 의원이 이러한 계좌 개설을 가능하게 했던 노동부 결정을 무효로 하는 법률안을 발의했다. 연방하원 의원 팀 월버그(Tim Walberg, 공화당, 미시간)와 프랜시스 루니(Francis Rooney, 공화당, 플로리다)는 노동

부 규정은 '소규모 사업체들이, 어렵게 적립한 저축을 제대로 보호하지도 통제하지도 못하는 정부 운용 연금에' 밀어 넣음으로써 '민간 부문에 연금을 제공할 길을 막아버릴 것'이라고 주장했다.[74] 물론 이들 소규모 사업체들은 애초에 민간 부문에 연금을 제공하지 않고 있었다. 주의 연금 계획이 필요했던 이유도 여기에 있었다. 401(k) 업계는 낮은 수수료의 주 운용 연금이 자기들보다 나은 실적을 냈을 때 사업에 미칠 영향을 두려워할 수밖에 없었기 때문에 보장선택연금에 반대했고 미국상공회의소도 그들을 거들고 나섰다. 이를 둘러싼 전반적인 논쟁은 오바마 케어에 대한 논쟁을 연상시키며, 주가 후원하는 계획들을 둘러싸고 벌어지는 모든 논쟁을 연상시킨다. 결국 그런 계획들은 민간 부문으로부터 필요한 것을 얻지 못하는 국민들을 위해 설계된 것이기 때문이다. 공화당 의회는 노동부의 규정 해석을 무효로 하는 투표를 신속히 처리했다. 근거는 의회심사법이었다. CEO-노동자 보수비율 규정을 일순간에 무효화시킬 뻔했던 것도 바로 이 의회심사법이었다. 당시 민주당 상원 의원인 엘리지베스 워런(Elizabeth Warren)과 히더 코르조(Heather Slavkin Corzo)가 그 규정의 조속한 발표를 위해 열심히 뛰지 않았더라면 무효화는 현실이 됐을 것이다.

연방정부의 규정이 조성해준 안전한 항구가 사라졌음에도 불구하고, 어쨌든 이들 주는 예외없이 보장선택연금 계획을 절차에 따라 진행 중이며 버몬트주도 이후 연금을 추진하는 주 명단에 그 이름을 올렸다. 그 결과 수천만 명의 미국인들이 공화당의 반대에도 불구하고 대규모로 급여를 받을 가능성이 있다. 현재로서는 이들 연금 계획 중 일부는 주의 독립적인 조직에 의해 내부적으로 운용될 가능성이 있으며, 이 독립체는 위에서 논의한 바와 같이 중앙집중식으로 관리된 급여를 유지하기로 되어 있다. 그런가 하면 어떤 보장선택연금은 그 운용을 민간 부문의 뮤추얼펀드에 위탁하는 방식을 띨 듯하다. 이 형태는, 노동자들에게 어떤 식으로든 주주의 집단 목소리를 허용하도록 주가 나서서 뮤추얼펀드에 영향력을 행사하지 않는 한 이미 서술한 이유들 때문에 좋지 않은 결과를 낳을 것이다. 하지만 다음 선거에서 민주당이 백악관과 의회를 모두 장악하거나 한 곳만을 장악하더라도 그들은 이 계획들에 엄청난 동력을 제공, 킴이 애초에 구상했던 것처럼 그 계획들이 주의 연금계획의 일부가 될 가능성이 있다. 만약에 그러한 계획들이 기존의 연금 내에서든 아니면 어떤 다른 형태로든 개별적 방식이 아닌 중앙집중식으로 운영될 수 있다면, 시장에서 노동층과 중산층을 위한 새로운 목소리 노릇을 할 수 있다. 중앙집중화 방식은 이들 기금들에게 탐욕스러운 수수료 또는 파괴적인 투자, 제 잇속만 챙기는 기업 경영진들로부터 자신들을 보호하는 권한을 부여할 것이다.

트럼프 행정부 아래 증권거래위원회가 적대적 세력의 손아귀로 넘어갔기 때문에, 노동자 자본을 위해 탐색할 특별한 가치가 있는 또 다른 생각은 출구 옵션을 되살리는 것, 즉 실적이 저조한 기업의 지분을 파는 옵션을 되살리는 일이다. 오늘날 많은 주주 행동주의를 뒷받침하는 가정 가운데 하나는 분산 투자의 필요성 때문에 노동자 자본이 자신의 투자에 갇혀 있다는 것이다. 그러나 그것은 그다지 옳은 생각이 아니다. 이들 기금들이 앞으로도 분산 투자를 지향해야 한다는 것은 진실이며, 또 수급자들을 위해 안전한 퇴직연금을 제공하는 것이야말로 여전히 연금의 최고 목적이어야 한다는 것 또한 진실이다. 그러나 기금이 시장의 각 부문에 어떤 식으로든 손을 대고 있는 한, 시장의 모든 부문에서 모든 주식을 보유하지 않아도 포트폴리오는 분산투자가 되어 있다고 볼 수 있다. 실제 한 운용역이 20개나 30개 주식만으로도 분산투자 포트폴리오를 구성할 수 있음은 경험을 통해 입증된 바 있다. 그러나 많은 연금기금들은 수천 개의 다른 주식들을 보유한다. 사모펀드와 헤지펀드에서 빠져나오는 능력은 연금기금들이 갖는 권한의 중요한 원천이 돼왔다. 특히 유사한 출구전략이 일어난다면 공기업들에 대한 투자에서도 이는 진실일 수 있다. 물론 연금들이 수천 개의 주식을 20개로 줄이는 것을 필자가 꼭 옹호하는 것은 아니지만 보유 주식 기업수를 줄이면 계속 주식을 보유하고 있는 기업의 기금 주주 지분이 늘어날 것은 당연지사이다. 그렇게 되면 기금들은 주식 보유 기업들을 좀 더 효율적으로 점검할 수 있다. 이를 통해 기금들은 주주제안 또는 소송을 가로막는 장애를 극복할 능력을 키울 수도 있다. 물론 투자 철수에는 그 자체만으로도 비용이 든다. 주식을 팔면 주가에 하방 압력을 가할 수 있기 때문에, 항상 그렇듯이 문밖으로 빠져나오는 길에 해를 입지 않는 것이 요령이라면 요령이다.

따라서 필자는 노동자 주주와 그들의 동맹 세력들에게 다음과 같이 조언해주고 싶다. (1) 중앙집중식으로 운용되는 확정급여형 연금계획들을 현 상태로 유지하라. 차선책으로 혼합형 연금이나 아니면 중앙집중식으로 운용되는 확정기여형 연금을 정착시킬 수 있을 것이다. 어떤 상황에서든 어느 노동층 조직이든 뮤추얼펀드로 가는 통로에 불과한, 개별적으로 운용되는 확정기여형 기금을 수용해서는 안 된다. (2) 연금기금의 투자 우선순위에 보조를 맞추지 못하는 고집불통의 투자운용역들을 버려라. 또한 연금기금은 노조생명보험회사와 미국전기급여기금이 한 것처럼 자신들만의 투자운용역을 양성하는 것을 고려해야 한다. 또는 북미건설노동조합과 블랙스톤 간 합의처럼 노동조합 노동력의 활용을 장려하는 합의를 끌어내야 한다. 캘리포니아공무원연금은 자체 내 사모펀드 설립을 고려 중인 것으로 보도되고 있다. 필자는 이러한 계획이 연금 투자를 외부에 위탁하지 않을 방법을 모색하는 과정에서 우리가 밟아야 할 꽤 바람직한 단계라고 생각한다. (3) 설사 예산이 삭감된다 하더라도 주주 행동주의와, 주주 행동주의 지원에 필요한 참모 및 자원 확보를 위해 지속적으로 투자해야 한다. (4) 정치적으로 호기를 만났을 경우 집단 보장 형태의 보장선택연금 확대를 지원하고 시도하라. 그것이 납세자에 대한 법적 책임을 무시하는 형태로 이루어진다 할지라도 오히려 기존 공적 연금기금의 일부로 받아들여라. (5) 가까운 시기에 주주의 목소리를 제한하는 새로운 시도에 직면했을 경우 의미 있는 하나의 전략으로서 출구 전략을 되살릴 길을 탐색하라.

이 모든 것은 앞의 여러 장에서 서술한 많은 쟁점들과 관련해서 지속적으로 이뤄진 작업의 연장선상에 있는 것들이다. 주주제안권의 강화와 활용, 일종의 일반 위임장-위임장 쟁탈전에서 어느 한쪽 후보자 명부를 어쩔 수 없이 선택해서 현상을 유지하느니 차라리 명부를 찢어버릴 수 있도록 허용하는-장려, 그리고 경영진 보수에 대한 투쟁의 지속적인 전개 등이 이에 포함돼 있다. 단기 혹은 중기적 의제에 꼭 이런 것들만 있는 것은 아니지만 이 의제는 노동자 자본의 핵심 관심 사항이다.

결론 _____

이 책에서 언급한 주주 행동가들은 넉넉지 않은 연금들을 갖고 있는 노동자 대중이 자기 목소리를 내도록 투쟁해왔다. 이들 행동가들은 주주 선거를 의미 있는 것으로 만들면서 기업의 책임성을 확보하기 위해 투쟁해왔다. 노동자의 돈을 취하면서도 노동자를 배신하는 헤지펀드와 사모펀드로부터 통제력을 빼앗아 노동자에게 되돌려주기 위해 투쟁해왔다. 또한 투자와 수수료에 대한 투명성 강화를 추진하고, 사취 사건이 발생하면 법을 집행하기 위해 소송을 제기하고, 다른 주주들과 제휴하거나, 여러 재단, 환경투자가, 뮤추얼펀드 그리고 좀 더 일반적인 차원에서의 행동가들과 동맹을 구축해왔다. 이제 주주 행동가들은 향후 수십 년 동안 사회기반시설 투자를 통해 노동자 대중의 이익을 구현할 기회를 가질 것이다.

이렇듯 주주 행동가들의 활동을 설명하다 보면 일부 관점에서는 주주 행동가들의 반발을 살 수 있다. 실제 이러한 공격에는 돈 문제 이상의 무언가가 걸려 있다. 이념 또는 사리사욕을 내세워 수백만 미국인들의 노후 보장을 해치는 일 이상의 무언가가 존재한다. 이는 그 자체로도 대단히 나쁜 일이다. 하지만 행동주의를 침묵시키고 연금을 손상시키려는 시도야말로 기업의 권위, 세금 수준 그리고 주의 예산 관련 문제보다 더 근본적인 문제이다. 경제적 유권자에 대한 억압의 문제이다.

이는 단순히 정치적 목소리에 대한 억압이라기보다는 경제적 목소리를 질식시키는 문제이다. 이는 중앙집중식으로 운용되는 행동주의적 연금의 형태로 목소리를 내어온, 그 외에는 아무런 목소리도 가져본 적이 없는 수천만 미국인의 경제적 목소리를 교살하는 문제와 관련돼 있다. 노동자 자본에 맞서는 반발은 금융과 기업 엘리트들이 자기들 멋대로 노동자의 노후 자금을 활용하고도 정작 노동자들에게는 그것이 어떻게 운용되는지 말 한마디 하지 않아도 되는 그런 체제를 세우고 유지하고자 하는 것과 관련돼 있다. 이 반발은, 의미 있는 참여에 반드시 필요한 권한을 양도하지 않으면서 개방적 경제 체제, 참여경제라는 환상을 영속시키려는 시도와 관련된 문제이다. 심지어 정치적 목소리에 앞서 경제적 목소리를 침묵시키려는 이러한 시도는 오늘날 미국 정치를 극단으로 내몰고 있는 어떤 절박감을 상당 부분 설명해준다. 그리고 만일 노동자 주주의 적들이 그 목소리를 침묵시키는 데 성공한다면, 그 목소리는 다른 형태, 아마도 보다 격렬한 형태로 표현되지 않을까 우려된다. 여러모로 그 목소리는 이미 그런 형태를 보여왔다.

하지만 필자는 이 책의 첫머리에서 말한 내용으로 결론을 대신하고자 한다. 20세기에 노동자들에 의해 그리고 노동자들을 위해 세워진 모든 제도 가운데 21세기 들어서서도 살아남을 가능성이 가장 높은 것은 연금기금이다. 연금기금들은 수십 년 동안 수천만 노동자들의 넉넉지 않은 급료에서 쥐꼬리만 한 기여를 받아 가장 따분하고 가장 덜 극적인 형태로 적립된 것이다. 연금기금들을 어느 방향으로 어떻게 이끌지 그 방법을 생각해낸 행동가들은 지역 사회 조직자와 노동조합 조직자, 민주당의 활동가, 그리고 은행이라면 이골이 난 전직 은행가들이었다. 그들 가운데 자신들이 나중에 주주 행동가가 될 것이라고 생각한 사람은 아무도 없었다. 도대체 주주 행동가라는 것 자체가 존재하지 않았다. 모두가 노동자 대중을 돕기 위한 현실적인 길을 열성적으로 찾는 과정에서 이상주의와 실용주의를 결합한 공간에 이르는 길을 찾은 사람들이었다. 그 과정에서 행동가들은 하나의 운동을 창조해냈다. 그들은 여러 해 동안 대체로 대중의 시야 밖에서 그리 많은 도움도 없이 운동 내부에 갇혀 일해왔다.

이제 상황이 바뀌었다. 조금이라도 많은 대중의 지지를 동원할 필요가 생긴 것이다. 만일 그렇지 않을 경우 이들 행동가의 지속적인 활동 능력은 곧 소진되거나 크게 위축될 것이다. 코흐 형제와 아놀드 진영 등이 특히 캘리포니아에서 연금기금들을 분열시키고 정복하는 데 성공한다면 이 말은 더군다나 진실이 될 것이다. 이 반대자들이 노동자 자본에게서 원하는 바는 그들이 지금까지 노동자 자체로부터 항상 원해왔던 바로 그것이다. 파편화되고 수동적인 그래서 스스로를 보호할 능력조차 박탈당한 오합지졸의 모습이다. 만일 반대자들이 원하던 바를 얻게 된다면, 그들은 이 책에서 늘었던 목소리를 침묵시킬 것이며, 경제적 불평등을 향해 그리고 기업과 금융의 면책을 향해 모든 독소적인 것들을 관철시키려고 서두를 것이다. 여전히 노동조합과 민주당이 취약한 상황에서 그 위협은 심각하다. 하지만 그러한 위협은 이런 캠페인으로 격퇴 가능하다. 이들 연금은 전술적·

전략적으로 도덕적으로 방어가 가능하다. 만일 민중이 과업의 중요성을 인식하고 과업 완수를 위해 집결한다면, 아직 시간은 있다.

　이미 너무 많은 사람들이 노동자 계층의 전통적인 제도들은 사망했음을 알려왔다. 민중들은 이전 세대의 창조물들은 시대에 뒤처지고 구식이기 때문에 다시 한 번 새롭게 세상을 출발시켜야 한다는 확신과 함께, 생존자의 오만함에 가득 차서 앞으로 나아가고 있다. 그러나 그것이 연금 권력과 관련되면, 그러한 관점이 가진 무지함이 어이없어진다. 이들 연금은 지난 수십 년 동안 노동 계층의 제도들이 행사해오지 못했던 종류의 영향력을 현실 세계에서 보유하고 있다. 연금이란 제도는 새로운 것에 자기 이름을 붙이고 싶어 하는 행동가들에 의해 난도질당하지 않아도 되며 방해받을 필요도 없다. 이 제도는 주식 보유 행위가 신자유주의적 오점이라는 생각에 깊이 빠져 있는 사상가들 때문에 노심초사할 필요도 없다. 연금 제도는 투표장의 행동주의나 거리의 행동주의와 너무 깊은 사랑에 빠진 진보적 전략가들을 바라보면서 자괴감에 빠질 필요가 없다. 연금 제도는 지금의 이 모습 이대로 보호받을 필요가 있고 앞으로 성장할 여지가 주어질 필요가 있을 뿐이다. 이는 터무니없는 요구가 아니다. 우리의 집단적 대답이 '예'라는 대답이 아닌 다른 무엇이라면, 우리는 지난 수십 년간 이 나라의 노동자 민중에게 가시적인 혜택들을 지속적으로 제공해온 유일한 제도와 행동가 들을 잃게 될 것이다.

주석

PART 1 세이프웨이

1. Freddie Mooche, "Safeway CEO Sells $21.4 Million in Shares before Union Strikes," Xcess News, October 13, 2003, https://perma.cc/SZC2-S3FE; "2 Sides Seem Entrenched in Supermarket Dispute," New York Times, November 10, 2003, https://perma.cc/S2CV-DREG; Steven Greenhouse, "Wal-Mart, Driving Workers and Supermarkets Crazy," New York Times, October 19, 2003, https://perma.cc/52GT-JZGH; Ronald Grover and Louise Lee, "Time for Safeway's Burd to Fly Away?" Bloomberg, February 12, 2004, https://perma.cc/M5HP-PPJ8; "70,000 Grocery Store Workers Strike," CNN, October 12, 2003, https://perma.cc/CM3K-DKBD.

2. "Steven A. Burd," Reference for Business, https://perma.cc/S48G-UHDQ; Grover and Lee, "Time for Safeway's Burd to Fly Away?" 참고 James F. Peltz and Melinda Fulmer, "Safeway Chief at Center of Standoff," Los Angeles Times, October 19, 2003, https://perma.cc/89NA-THCN; "Safeway Buys Dominick's," CNN Money, October 13, 1998, https://perma.cc/5AQE-5M5X; Melinda Fulmer, "Safeway to Buy Texas Chain Randall's Food," Los Angeles Times, July 24, 1999, https://perma.cc/3URZ-RLA8; and Barbara Powell, "Publix Denies Talk of Safeway Buyout," Sun-Sentinel, January 1, 2002, https://perma.cc/QA7T-8UDN.

3. Pia Sarkar, "Safeway Loss Tops $1 Billion," SFGate, February 7, 2003, https://perma.cc/U49T-FNTJ. 버드는 슈퍼마켓 거물 론 버클(Ron Burkle)에게 허를 찔렸다. 1995년 버클은 도미니크를 7억 달러에 사서 1998년 버드/세이프웨이에 15억 달러에 팔았다. 그는 2004년 도미니크를 버드/세이프웨이로부터 3억 5천만 달러에 되샀다. 참고 David Whelan, "Unsafe at Safeway," Forbes, June 7, 2004, https://perma.cc/Z7GC VFKR.

4. 버드는 10b5-1 계획으로 불리는 법적 허점을 이용해 거래를 했다. 내부자들은 10b5-1 계획을 활용해 몇 개월 앞서 그들의 거래 계획을 수립한다. 이를 통해 내부자들은 불법적 내부자 거래라는 주장을 피해갈 수 있었다. 그들은 내부정보를 얻기 몇 달 전에 이미 거래하기로 결정했기 때문이다. 요컨대 거래가 내부정보 자체를 이용한 것이 아니라는 명백한 증거가 되기 때문이다. 그렇다면 통상적인 의미에서 진실은 무엇일까? 첫째, 내부자는 언제든지 내부 정보에 의거해 거래를 취소할 수 있다(한마디로 말하자면 내부자 비거래이다). 둘째, 내부자들은 거래 시간뿐 아니라 정보공개 시간까지도 재량껏 맞출 수 있

다. 따라서 나쁜 뉴스가 있을 경우 거래창구가 닫힐 때까지 그 뉴스를 공개하지 않고 있다가 이후 그것을 공개할 수 있다. 이와 마찬가지로 긍정적인 정보의 경우 거래 직전에 그것을 공개할 수도 있다. 이런 때문에 내부자들은 일반 대중들보다 거래상에서 유리한 고지에 있다. 학문적 조사를 통해 다음과 같은 사실을 보여주는 증거가 확인됐다. (1) 기업의 주가는 10b5-1 거래 후 지속적으로 하락하며, 이는 대체로 내부자들이 이러한 허점을 자신들의 이익을 위해 활용하고 있음을 실증한다. (2) 기업들은 사전에 계획된 경영진 거래 창구 주변에서 자신들의 정보공개 시간을 맞춘다. 참고 Alan Jagolinzer, "Sec Rule 10b5-1 and Insiders' Strategic Trade," Management Science, February 2009, 224-39. 버드 자신은 10b5-1계획을 채택했으며, 그 계획에 따라 그는 자신의 주식을 세이프웨이 파업이 일어나기 꼭 4개월 전인 2003년 8월 6일 매각했다. Safeway Inc., Statement of Changes in Beneficial Ownership(Form 4), SEC, September 8, 2003, https://perma.cc/9FB6-RUAC. 버드는 10b5-1 계획에 의한 거래를 완료한 후 발표한 급여 삭감으로 인해 파업이 일어날 것을 이미 예견하고 있었던 듯 보인다.

5. Mooche, "Safeway CEO Sells."

6. Melinda Fulmer and Kathy M. Kristof, "Safeway Rewards 11 Top Execs," Los Angeles Times, January 26, 2004, https://perma.cc/6UV3-3ZZT; Janet Adamy, "Safeway Unveils New Executive Pay Plan," Bloomberg Law, January 16, 2004, https://perma.cc/B4UZ-P5BN; Grover and Lee, "Time for Safeway's Burd to Fly Away?"(quotation); Ronald D. White, "Workers Are Stopped Far from Safeway CEO's Home," Los Angeles Times, January 29, 2004, https://perma.cc/7DSM-VQSZ (파업자 수를 7만에서 5만 9천으로 하향 조정한 주석을 참고); Peltz and Fulmer, "Safeway Chief at Center of Standoff." 참고 "Steven A. Burd," Reference for Business.

7. "California Attorney General Sues Grocery Chains over Revenue-Sharing Agreement," Bloomberg Law, February 6, 2004, https://perma.cc/D7T8-9MHR; "Attorney General Lockyer Files Lawsuit Alleging Grocers' Agreement Violates Antitrust Laws," press release, State of California Department of Justice, February 2, 2004, https://perma.cc/RX2Y-R9BJ. 참고 "Safeway: California Strike Cost $103 Million in Q4," Brotherhood of Locomotive Engineers and Trainmen, February 13, 2004, https://perma.cc/NT73-JVMR.

8. Louis Lavelle, "A Battle Zone in Safeway's Board," Bloomberg, December 24, 2003, https://perma.cc/2KSD-S2ZW: "9명의 이사로 구성된 세이프웨이 이사회에 실제로 독립적인 이사는 단 한 명뿐이다."

9. "SEC Approves NYSE and NASDAQ Proposals Relating to Director Independence," FindLaw, https://perma.cc/KD2C-7UBK. 이 변화를 위한 추동력은 2002년 Sarbanes-Oxley Act의 채택이었으며, 이 법은 비슷한 개혁을 부과했다.

10. 세이프웨이 이사회 9명의 이사 가운데 7명은 KKR과 사전에 관계를 맺고 있었

다. KKR이 이때는 이미 회사지분을 매각한 상태였지만, KKR의 제휴사들은 세이프웨이와 여전히 사업관계를 유지하고 있었다. Lavelle, "A Battle Zone in Safeway's Board." 그뿐만 아니라 이사회의 8번째 이사 타우서는 이사가 되기 전 세이프웨이와 여러 번 우호적인 사업상 거래를 가졌다. Ibid.; Yaron Nili, "Out of Sight, Out of Mind: The Case for Improving Director Independence Disclosure," Journal of Corporation Law(2018), forthcoming.

11. James F. Peltz, "CalPERS Blasts Safeway Decision to Retain Burd,"Los Angeles Times, May 4, 2004, https://perma.cc/Z249-UK76;Dylan Machan, "Henry Kravis and George Roberts: All in the Family,"Barrons, May 17, 2004, https://perma.cc/8S9M-JEM5; Melanie Warner, "Ten Years after We're a Decade Past One of the Steamiest Years in the Age of Excess, Loaded with Memorable Megadeals Cut by Jack Welch, Robert Campeau(!), and the KKR Crowd. Herewith, a Look Back at the Good, the Bad, and the Ugly of 1986," Fortune, February 17, 1997, https://perma.cc/3BW2-MG2C; Delroy Alexander, "Funds Challenge Safeway Chief," Chicago Tribune, March 25, 2004,https://perma.cc/H3QP-UR8D; Lavelle, "A BattleZone in Safeway's Board"; "New Safeway Director; Casa Ley General Director Hector Ley Lopez to Be Nominated to Board of Directors," Business Wire, February 17, 2000, https://perma.cc/9APY-8JWZ.

12. John A. Byrne, "Who Is the Real 'Chainsaw Al'?" Bloomberg Businessweek, December 2, 1996, https://perma.cc/7RSM-CWSU;Sherryl Connelly, "Jumpin' Jack Flash: There's No Spark in Former GE Chief 's Memoir," New York Daily News, September 23, 2001, https://perma.cc/827R-BVXB;"Neutron Jack," Bloomberg Businessweek, December 11, 2000, https://perma.cc/6DSP-QA8L; Stacie Garnett, "Shareholders: Huffy's Downsizing CEO Should Downsize His Own Pay," United for a Fair Economy, April 24, 2000, https://perma.cc/5G9Z-63FY; Grover and Lee, "Time for Safeway's Burd to Fly Away?"

13. Peltz, "CalPERS Blasts Safeway Decision"; "Oregon to Withhold Safeway Votes," Los Angeles Times, April 7, 2004, https://perma.cc/PVY7-4UUM; "State Pension Fund Joins Bid to Oust Safeway CEO," Seattle Times, April 7, 2004, https://perma.cc/9QRV-DEZE.

14. 필자가 알기로는 "노동자의 자본"이라는 용어를 처음으로 사용한 사람은 Teresa Ghilarducci이며, 그녀는 같은 이름으로 된 자신의 저서에서 이 용어를 사용했다. Ghilarducci, Labor's Capital: The Economics and Politics of Private Pensions(Cambridge, Mass.: MIT Press, 1992). 그녀는 필자와는 조금 다른 의미로 그 용어를 사용한다. 그녀는 민간연금자본에 초점을 맞춘 반면에 필자는 특별히 노동조합과 공적 연금기금에 의해 투자된 자본을 언급하기 위해 그 용어를 사용한다.

15. 앨린스키(Saul D. Alinsky)는 연금기금 주주 행동주의가 유용한 진보주의적 도구가 될 수 있을 것이라고 자신의 책 Rules for Radicals: A Practical Primer for Realistic Radicals(New York: Vintage, 1971)에서 예측했다. 그 주제는 1970년대 후반에 출판된 두 권의 책, Peter F. Drucker's The Unseen Revolution: How Pension Fund Socialism Came to America, republished as The Pension Fund Revolution(New Brunswick, N.J.:Transaction, 1996)과 Jeremy Rifkin and Randy Barber's The North Will Rise Again: Pensions, Politics, and Power in the 1980s(Boston: Beacon Press, 1978)에서 다루어졌다. 그 주제를 다룬 또 다른 저술에는 다음과 같은 에세이 모음집도 있다. Archon Fong, Tessa Hebb, and Joel Rogers가 편집한 Working Capital: The Power of Labor's Pensions(Ithaca, N.Y.: Cornell University Press, 2001)과 Ghilarducci, Labor's Capital, 그리고 James P. Hawley, The Rise of Fiduciary Capitalism: How Institutional Investors Can Make Corporate America More Democratic(Philadelphia: University of Pennsylvania Press, 2000) 또 Robert A. G. Monks and Nell Minow, Power and Accountability: Restoring the Balances of Power Between Corporations and Society(New York: HarperCollins, 1991) 등이 그것이다.

16. U.S. Census Bureau, 2016 Survey of Public Pensions: State and Local Data, https://perma.cc/R789-U7SV; Bureau of Labor Statistics, U. S. Department of Labor, Occupational Outlook Handbook, 2016-17 edition, Construction Laborers and Helpers, https://perma.cc/BA6G-NLWL; Bureau of Labor Statistics, U.S. Department of Labor, Occupational Outlook Handbook, 2016-17 edition, Police and Detectives, https://perma.cc/7VS3-6BMU.

17. David H. Webber, "The Use and Abuse of Labor's Capital," New York University Law Review 89(2014): 2106.

18. Board of Governors of the Federal Reserve System, Financial Accounts of the United States, Flow of Funds, Balance Sheets, and Integrated Macroeconomic Accounts: Historical Annual Tables, 2005-15, table L.120, "State and Local Government Employee Retirement Funds," 91(March 2016). 그 자산의 대부분(5조 2천억 달러)은 확정급여형 연금계획이다. 참고 ibid., table L.120.b, 92.

19. Marc Lifsher, "CalPERS to Withhold Votes on Safeway CEO," Los Angeles Times, April 8, 2004, https://perma.cc/Z9MD-KZFN;Burd, Reference for Business. 참고 Fred Schneyer, "Proxy Advisors Back Pension Funds' Safeway Opposition," Plan Sponsor, July 5, 2004, https://perma.cc/S2N6-HLVS.

20. James F. Peltz, "Labor Leader Is Elected Board President of CalPERS," Los Angeles Times, February 21, 2003, https://perma.cc/SAZ8-RSXE.

21. Jeff Daniels, "CalPERS Could Put Money Back into Tobacco Stocks,"

CNBC, April 4, 2016, https://perma.cc/H7MP-R8S8. 참고 Peltz, "Labor Leader Is Elected Board President of CalPERS."

22. SWFI Institute, "SWFI Fund Rankings," June 2016, https://perma.cc/QGS5-NYLJ;Peltz, "Labor Leader Is Elected Board President of CalPERS."

23. 뉴욕증권거래소 주식은 2006년 공개됐다. Oliver Ryan, "Trade Your Stock on the NYSE—But Don't Buy NYSE Stock," Fortune, March 29, 2006, https://perma.cc/USV3-8DYT; New York v. Grasso, Langone, and NYSE, complaint, https://perma.cc/8234-JRW5, ¶15.

24. Walter Hamilton and Thomas S. Mulligan, "Grasso Says He Won't Resign," Los Angeles Times, September 11, 20113, https://perma.cc/SF6C-6BJL; New York v. Grasso, Langone, and NYSE, complaint, ¶15; Patrick Mc-Geehan and Landon Thomas, Jr., "Market Chief Holds Firm in Storm overPay," New York Times, September 14, 2003, https://perma.cc/U9ZQ-YQMM; Jake Ulick, "Year of the Scandal," CNN Money, December 17, 2002, https://perma.cc/F9XZ-H3XV. 참고 Robert Kuttner, "WakeUp, Wall Street: Eliot Spitzer Is a Hero," Bloomberg Business, May 19, 2003, https://perma.cc/X7W3-48KR.

25. Susanne Craig and Kate Kelly, "Large Investors Issue Call for Grasso to Leave NYSE," Wall Street Journal, September 17, 2003, https://perma.cc/5N6X-GYUU; David Teather, "The Firefighter: Sean Harrigan, President of CalPERS," The Guardian, September 3, 2004, https://perma.cc/U5PN-D6VS; "NYSE Chairman Grasso Resigns," CNN, September 18, 2003, https://perma.cc/DV74-VZ9L.

26. Gary Gentile, "CalPERS Critical of Eisner 'Vision,'" San Diego Union Tribune, February 26, 2004, https://perma.cc/8397-AT39. 참고 LauraHolson, "Roy Disney Resigns and Urges Eisner to Follow Suit," November 30, 2003, New York Times, https://perma.cc/GU87-GX22, and "Roy Disney Steps up Efforts against Eisner," Baltimore Sun, February 3, 2004, https://perma.cc/6Y6P-NT6C.

27. "Disney's Eisner Loses Votes of Big Pension Fund CalPERS," Chicago Tribune, February 26, 2004, https://perma.cc/7M2G-XRN8. 참고 Gentile, "CalPERS Critical of Eisner 'Vision.'" 기업선거들에서는 거의 경쟁이 이루어지지 않기 때문에, 역사적으로 주주들이 할 수 있는 최선의 길은 반대가 없는 후보에 대한 지지의 유보였다. 노동자 주주들이 이끄는 개혁 노력 덕분에, 제2장에서 서술하는 바와 같이 주주투표는 세이프웨이와 디즈니 사태 이후 극적으로 변했다.

28. "디즈니의 아이스너, 투표에서 지다." 보류투표는 단독 출마 후보에게 찬성투표를 하지 않는다는 결정이다. 그것은 약한 도구이다. 그러나 만약에 "득표수 미집계"가 충분히 유의미하다면, 후보자가 경쟁자 없이 선거를 치른 덕분에 "승리"를 했다 하더라도 인기 없는 후보를 재신임하는 것과 관련해서 이사회를 당혹스럽게 만들 수는 있을 것이다.

29. 이 책의 제2장은 기업의 선거를 의미 있는 것으로 만들기 위해 진행 중인 주주 행동가 운동을 서술한다. 2004년과 마찬가지로 오늘날에도 대부분의 기업 선거에서는 이사회가 자체적으로 선정한 단 한 명의 후보가 출마한다. 또 유권자들에게는 그 단독 후보에 대해 찬성표를 던질지 아니면 그에 대한 투표 자체를 보류할지 둘 중 어느 하나를 선택할 수 있을 뿐이다. 디즈니와 세이프웨이 투쟁 이후 이러한 주주투표의 구조는 실질적으로 개혁됐고 여전히 노동자 자본의 가장 성공적인 성과로 남아 있다. 하지만 아이스너의 사례에서 볼 수 있듯이 높은 보류투표만으로도 후보의 낙마를 이끌어낼 수 있다.

30. Robert Trigaux, "For Eisner, the Fairy Tale Is Over," St. Petersburg Times, March 5, 2004, https://perma.cc/8YNE-NNW5; Phyllis Furman, "Eisner Loses Chairman Post 43% Voted Down Disney Boss," New York Daily News, March 4, 2004, https://perma.cc/E6L3-XYNY.

31. Furman, "Eisner Loses Chairman Post"; "Eisner and Mickey at Last Parting Ways," CNN Money, September 10, 2004, https://perma.cc/2SDR-K7RW.

32. NYSE가 그 당시 공기업이 아니었기 때문에, CalPERS는 기술적으로 NYSE 주주가 아니었다. 그러나 CalPERS는 NYSE에 등록한 회사들에 많은 투자를 했으며, NYSE는 그라소와, 공기업의 수많은 CEO들로 구성된 26명의 이사들에 의해 감독을 받았다. 당시의 언론들은 그라소 축출에 CalPERS가 수행한 역할을 인정했다. 참고 Landon Thomas Jr., "Officials in 2 States Urge Big Board Chief to Quit," New York Times, September 17, 2003, https://perma.cc/2DMK-4VJ6.

33. Peter Dreier and Kelly Candaele, "A Watershed Strike," The Nation, November 10, 2003, https://perma.cc/X2ER-ZREK.

34. United Food and Commercial Workers International Union, "피켓 라인이 북부 캘리포니아 세이프웨이 점포로 이동하면서 슈퍼마켓 파업이 확산되고 있다," PR Newswire, November 7, 2003, https://perma.cc/JE5Q-N89U.

35. 캐롤린은 "개인적으로 세이프웨이 CEO에 오르는 것은 결국 노동분쟁의 중심에 서는 것과 다를 바 없다"고 말했다. SF Gate, January 28, 2004, https://perma.cc / MVU5-9GM7;Michael Hiltzik, "Safeway's Merger Loss Eclipses Labor Woes," Los Angeles Times, October 23, 2003, https://perma.cc/AJD2-VVAJ.

36. 샌포드씨번스타인앤드컴퍼니(Sanford C. Bernstein & Company)의 미아 커크개스너(Mia Kirchgaessner)처럼 일부 분석가들은 회사 고객들에게, UFCW가 벌이는 파업을 견디는 것은 "식료품 소매상이 할 수 있고 최선의 투자이자 장기간 성공을 보장하는 최상의 투자 중의 하나일 것"이라는 내용의 편지를 보냈다. 스미스바니(Smith Barney)의 리사 카트라이트(Lisa Cartwright) 같은 분석가들은 "우리는 세이프웨이를 지금은 기껏해야 '데드 머니(dead money)' 쯤으로 보고 있다"라고 자신의 고객들에게 편지를 썼다. 다른 분석가들은 세이프웨이의 미래에 파업이 미칠 영향에 대해 서로 엇갈린 평가를 내놓고 있었다. 참고 James F. Peltz, "Wall Street Is Chains' Not So Silent Partner," Los Angeles Times,

December 22, 2003, https://perma.cc/SZF4-ECWF.

37. 참고 Teresa Ghilarducci, James Hawley, and Andrew Williams, "Labour's Paradoxical Interests and the Evolution of Corporate Finance," Journal of Law and Society 24, no. 1(March 1997): 26-43.

38. "United States Government Accountability Office Report to Congressional Requesters: State and Local Government Pensions: Economic Downturn Spurs Efforts to Address Costs and Sustainability," Government Accountability Office, March 2, 2012, https://perma.cc/4PYT-FKJV. 참고 James Comtois, "U.S. Retirement Assets Reach $23 Trillion—ICI,"Pensions and Investments, March 26, 2014, https://perma.cc/2H3Q-B3JF; Phillip Vidal, Annual Survey of Public Pensions: State-and Locally-Administered Defined Benefit Data Summary Report: 2014, U.S. Census Bureau, report no. G14-ASPP-SL, July 2015, https://perma.cc/5MAC-P9QD;Timothy Noah, "The 1 Percent Are Only Half the Problem," New York Times, May 18, 2013, https://perma.cc/VA8A-T498(연금기금은 자본과 노동 사이의 전통적인 구분을 다소 모호하게 만들어왔다); 연방준비제도이사회, 미국의 재정계좌, table L.120, 91. 그들 자산(5조 2천억 달러)의 대부분은 확정급여형 연금계획에 포함돼 있다. 참고 Board of Governors of the Federal Reserve System, Financial Accounts of the United States, table L.120, 92.

39. Lisa M. Fairfax, Shareholder Democracy: A Primer on Shareholder Activism and Participation(Durham, N.C.: Carolina Academic Press, 2011); Dalia Tsuk Mitchell, "Symposium: Understanding Corporate Law through History: Shareholders as Proxies: The Contours of Shareholder Democracy," 63 Washington and Lee Law Review 63(2006): 1503; Lisa M. Fairfax, "Making the Corporation Safe for Shareholder Democracy" Ohio State Law Journal 69(2008): 53.

40. James F. Peltz, "CalPERS Chides Grocers' Actions," Los Angeles Times, December 18, 2003, https://perma.cc/XZ4P-GFS5.

41. White, "노동자들, 세이프웨이 CEO의 집으로부터 멀리 떨어진 곳에 멈추다 Workers Are Stopped Far from Safeway CEO's Home."

42. Ibid.; Mike Freeman, "Grocery Workers and Safeway Back to Talking?" San Diego Union Tribune, February 7, 2004, https://perma.cc/JGP8-9EVJ; James F. Peltz, "Safeway Reports $696-Million Loss," Los Angeles Times, February 13, 2004, https://perma.cc/QG6P-EB2L; Charlie LeDuff and Steven Greenhouse, "Grocery Workers Relieved, if Not Happy, at Strike's End," New York Times, February 28, 2004, https://perma.cc/EPQ6-KZYV; "Fighting for America,"press release, UFCW, February 26, 2004,https://perma.cc/U5V8-YFLT.

43. "James F. Peltz, "How the Supermarket Strike Was Settled," Los Angeles

Times, March 8, 2004, https://perma.cc/6ER8-2Q4T; LeDuff and Greenhouse, "Grocery Workers Relieved."

44. "The Incredible Decline of American Unions, in One Animated Map," Washington Post, February 24, 2015, https://perma.cc/D7JQ-K97E; "American Unions Membership Declines as Public Support Fluctuates," Pew Research, February 20, 2014, https://perma.cc/BGU9-T72V; Cole Stangler, "US Workers Say They're Unhappy So Why Are They Striking Less?" International Business Times, February 12, 2015, https://perma.cc/Q5WF-YQXM. 스탱글러는 파업이 40년 동안 쇠퇴 해왔음을 보여주는 미국 노동부 자료를 인용한다. 파업은 2009년 저점에 달했다.

45. "Comprehensive Annual Financial Report: Year Ended June 30, 2004," CalPERS, https://perma.cc/R6DM-VSCT, 15, 133;"Comprehensive Annual Financial Report: Fiscal Year Ended June 30, 2015," CalPERS,https://perma.cc/T9PW-NDE5, 26, 144; "Comprehensive Annual Financial Report of the Comptroller for the Fiscal Year Ended June 30, 2004," City of New York, https://perma.cc/66BG-R3MN, 110; "Comprehensive Annual Financial Report of the Comptroller for the Fiscal Year Ended June 30, 2015," City of New York, https://perma.cc/W62C-LE5Z,177; "Comprehensive Annual Financial Report for Fiscal Year Ended March 31, 2004," New York State and Local Retirement System, https://perma.cc/YE6X-GN6E, 27; "Comprehensive Annual Financial Report for Fiscal Year Ended March 31, 2015," New York State and Local Retirement System, https://perma.cc/68K7-4QLX, 38; "Illinois State Board of Investment Annual Report 2007," https://perma.cc/9Y7R-BXWR, 9; "2015 Annual Report: Illinois State Board of Investment," https://perma.cc/3QJ2-9QBZ, 3; "Pension Reserves Investment Trust Fund Comprehensive Annual Financial Report for the Year Ended June 30, 2005," MassPRIT, https://perma.cc/6FRG-DEXA, 14; "Pension Reserves Investment Trust Fund Comprehensive Annual Financial Report for Fiscal Year Ended June 30, 2015," MassPRIT, https://perma.cc/UF2J-R2GL, 25; "Combined Investment Funds Comprehensive Annual Financial Report for the Fiscal Year Ended June 30, 2004," State of Connecticut Office of the State Treasurer, https://perma.cc/Q45L-N5R7, 18; "Combined Investment Funds Comprehensive Annual Financial Report for the Fiscal Year Ended June 30, 2015," State of Connecticut Office of the Treasurer,https://perma.cc/B7GZ-U8CG, 19; "Oregon Public Employees Retirement System Comprehensive Annual Financial Report for the Fiscal Year Ended June 30, 2004," https://perma.cc/BRS2-9WT2, 12; "Oregon Public Employees Retirement System Comprehensive Annual Financial Report for the Fiscal Year Ended June 30, 2015," https://perma.cc/PX59-6RPV, 18; "Washington State Investment Board

Twenty-Third Annual Investment Report June 30, 2004,"https://perma.cc/9MLG-67SK,5; "Washington State Investment Board Thirty-Fourth Annual Report Overview Two Thousand and Fifteen,"https://perma.cc/RM69-HKAS, 24, "의장으로부터의 메시지"에 따르면, 기금은 관리 자산상 천 70억 달러로 2015년을 마감했다.

46. Alexander, "Funds Challenge Safeway Chief"; David Goll, "Safeway a Longshot for Pension Funds," San Francisco Business Times, April 1, 2004, https://perma.cc/3RNL-5Q6L.

47. Alexander, "Funds Challenge Safeway Chief."

48. Ibid.

49. 29 U.S.C. § 1104(a)(1)(A)(i): "이 조항의 1103(c)와 (d), 1342, 그리고 1344조에 의거해서 수탁자는, 오로지 참여자와 수급자의 이익을 위한 계획 및 참여자와 수급자에게 급여를 제공하는 배타적 목적에 따른 계획과 관련해서 자신의 의무를 이행해야 한다."

50. Whelan, "Unsafe at Safeway."

51. "Safeway Leadership under Fire," Washington Post, March 26, 2004, https://perma.cc/JSN7-RAF6. 주주운동가들은 분명히 이사회 전체를 사직시키고 싶어 했다. 그러나 그것은 그 당시에 가능한 일이 아니었다. 세이프웨이는 이사회 구성과 관련해서 이른바 시차 임기제를 도입하고 있었던 까닭에 매 선거 기간마다 전체 이사의 3분의 1인 3명만이 선거에 나섰다. 주주압력이 거세지자, 세이프웨이 이사회는 시차임기제를 폐지하기로 합의했다. 따라서 이사회 구성원 전체를 해마다 선거를 치러 선출하기로 했으나, 그러한 결정이 투쟁 이듬해인 2005년에 발효되도록 정해놓았다. 시차 임기제와 관련한 쟁점은 제2장에서 논하고자 한다. "Safeway Moves to Eliminate 'Staggered Board' Structure," San Francisco Business Times, January 5, 2004, https://perma.cc/7GJH-XLRS; Lifsher, "CalPERS to Withhold Votes on Safeway CEO."

52. Robert D. Hershey, "A Little Industry with a Lot of Sway on Proxy Votes," New York Times, June 18, 2006, https://perma.cc/PT78-AQP7.

53. Hershey, "A Little Industry with a Lot of Sway on Proxy Votes"; Charles Nathan, James D.C. Barrall, and Alice Chung, "Say on Pay 2011: Proxy Advisors on Course of Hegemony," New York Law Journal: Corporate Governance, November 28, 2011, https://perma.cc/Z768-2QST.

54. Schneyer, "Proxy Advisors Back Pension Funds' Safeway Opposition"; Michael Liedtke, "Advisers Want CEO of Safeway off Board," San Diego Union-Tribune, May 7, 2004, https://perma.cc/UH5Y-AD8V.

55. "Edward M. Smith Executive Profile," Bloomberg, https://perma.cc/C8P6-KTNG; Ed Smith, 전화 인터뷰, 2015. 1. 21.

56. Ed Smith, 전화 인터뷰, 2015. 1. 21.

57. "Safeway Removes Two Directors," Las Vegas Sun, May 3, 2004, https://

perma.cc/F52N-G4MW.

58. Mary Ellen Walsh, "State Pension Officials Accuse Safeway Leaders of Conflict," New York Times, March 25, 2004, https://perma.cc/Q7BX-DWSD; Liedtke, "Advisers Want CEO of Safeway off Board"; Andrew Ross Sorkin, "Safeway Is Expected to Name 3 New Independent Directors," New York Times, May 3, 2004, https://perma.cc/A2BF-FNT8; James F. Peltz, "Investors Lose Bid to Oust Safeway Chief," Los Angeles Times, May 21, 2004, https://perma.cc/J26B-M3FH.

59. Greenhouse, "The Nation; Wal-Mart, Driving Workers and Supermarkets Crazy."

60. Ibid.

61. "Comprehensive Annual Financial Report California Public Employees' Retirement System Year Ended June 30, 2003," https://perma.cc/892H-G9Q5, 77, 10; "Comprehensive Annual Financial Report New York State and Local Retirement System for Fiscal Year Ended March 31, 2004," https://perma.cc/VKT3-57VD, 56.

62. "Comprehensive Annual Financial Report California Public Employees' Retirement System Year Ended June 30, 2003," 77; "Comprehensive Annual Financial Report: Year Ended June 30, 2004," CalPERS, 79.

63. 주가는 Yahoo! Finance에서 인용함.

64. 미국 증권거래위원회, 서식 13-F, CalPERS, 2004년 6월 30일 종료된 분기보고서.

65. Michael Flaherman, e-mail 서신, 2015. 8. 7.

66. Andrew Ang, "The Norwegian Government Pension Fund: The Divestiture of Wal-Mart Stores Inc.," Program for Financial Studies, The Sanford C. Bernstein & Company Center for Leadership and Ethics Case Series, Columbia Business School, Spring 2008, https://perma.cc/4SE3-PRSG; "Two Companies— Wal-Mart and Freeport—Are Being Excluded from the Norwegian Government Pension Fund-Global's Investment Universe," press release, June 6, 2006, https://perma.cc/FM2E-EJ5A; Bill Baue, "Norwegian Government Pension Fund Dumps Wal-Mart and Freeport on Ethical Exclusions," Business Administration School of Sao Paulo at the Getulio Vargas Foundation, June 16, 2006, https://perma.cc/3PEY-2EJZ.

67. Madison Marriage, "Seven European Pension Schemes Ditch Ryanair Stock," Financial Times, May 8, 2017, https://perma.cc/6ZYQ-R3PZ.

68. "CalSTRS Divests of Certain Firearms Holdings," press release, Cal-STRS, April 12, 2013, https://perma.cc/T24Q-22GU; Joe Pinsker, "Why Investors Bet on Gun Sales after a Mass Shooting," The Atlantic, October 3, 2017, https://perma.cc/G8U3-N3BZ.

69. David H. Webber, "Protecting Public Pension Fund Investments," Washington Post, November 20, 2014, https://perma.cc/PFN9-7SW6; Webber, "The Use and Abuse of Labor's Capital"; Hazel Bradford, "Pace of Pension Reform Ebbs after 49 States Change Laws," Pensions and Investments, April 14, 2014, https://perma.cc/64F5-6ZCB.

70. 29 U.S.C. § 1104 (a)(1) (2006); Interpretive Bulletin Relating to Exercise of Shareholder Rights, 73 Fed. Reg. 61,731(October 17, 2008),https://perma.cc/8WGU-FNFB.

71. Brock v. Walton, 794 F.2d 586(11th Cir. 1986); Bandt v. Bd. of Ret. of San Diego Cnty. Emps. Ret. Sys., 136 Cal. App. 4th 140(Cal. Ct. App. 2006).

72. Nicholas Greifer, "Pension Investing: Fundamentals and Best Practices," Government Finance Officers Association, 2002, https://perma.cc/5KZM-CQ97.

73. Lauren Gardner, "Why Trump's $1 Trillion Infrastructure Plan Could Wind up in a Ditch," Politico, April 10, 2017, https://perma.cc/YA3J-LYEG.

74. Iris J. Liv and Elizabeth McNichol, "Misunderstandings Regarding State Debt, Pensions, and Retiree Health Costs Create Unnecessary Alarm," Center on Budget and Policy Priorities, January 20, 2011, https://perma.cc/MP7C-KLQ2; Americans for Prosperity, "Public Pensions: Underfunded and Unaffordable," October 25, 2016, https://perma.cc/F4T8-RCCV; Laura and John Arnold Foundation, "Pension Reform," https://perma.cc/C9ED-HMDA; Lydia DePillis, "401(k)s Are Replacing Pensions. That's Making Inequality Worse," Washington Post, September 3, 2013, https://perma.cc/F3RK-ULQ3.

75. Leslie Patton, "Safeway Names Robert Edwards CEO to Replace Steven Burd in May," Bloomberg, April 29, 2013, https://perma.cc/69B2-NRH9; George Avalos, "Shareholders Approve Safeway's $9.2 Billion Sale to Albertsons," East Bay Times, July 25, 2014, https://perma.cc/A3CK-XH97. 참고 William Alden, "In Safeway Buyout, a Reminder of a Painful Takeover Years Ago," New York Times, March 7, 2014, https://perma.cc/F9X7-CETR.

76. 2006년부터 2011년까지 버드가 받은 보수 총액은 9천 9백 78만 달러로 매년 평균 천 6백 63만 달러를 벌어들였다. Neil R. Austrian and Marcel H. M. Smits, "CEO Compensation," Forbes, no. 418, Steven A Bird, https://perma.cc/9QWR-QTHD. 버드는 2004년에도 천 9백 50만 달러를 받은 바 있다. Forbes, April 13, 2005, https://perma.cc/7BYA-FBXJ. 참고 Avalos, "Shareholders Approve Safeway's $9.2 Billion Sale to Albertsons."

77. Scott Morrison, "CalPERS' Activist Head Ousted," Financial Times, December 2, 2004, https://perma.cc/CN7C-Y5T7; "Assessing the CalPERS Shake-

Up," Los Angeles Times, December 3, 2004, https://perma.cc/C2Q8-W9KA; Holly Hubbard Preston, "But Ouster of CalPERS Chief May Not Scuttle Fund's Efforts: Setback for Corporate Goad," New York Times, December 23, 2004, https://perma.cc/YDS8-E5LL; Sean Harrigan, "The Corporations Couldn't Tolerate My Activist Voice," Los Angeles Times, December 5, 2004, https://perma.cc/B62C-6UD2.

78. David Zahniser, "Villaraigosa Pension Board Appointee Quits in SEC Inquiry," Los Angeles Times, May 8, 2009, https://perma.cc/P3ER-RABX.

79. "Proxy Access, SEC Uncertainty and Related Issues in 2015," Harvard Law School Forum on Corporate Governance and Financial Regulation, February 24, 2015, https://perma.cc/W2FL-XHRX; "SEC Adopts Rule for Pay Ratio Disclosure," press release, Securities and Exchange Commission, 2015, https://perma.cc/8PPJ-KZM4.

PART 2 새로운 참정권 확장론자들

1. Sean Lengell, "Powerful D.C. Circuit Court Has Democratic Majority Bench for First Time since Reagan," Washington Examiner, December 10, 2013, http://perma.cc/7XHT-6UTX; "Supreme Court—Frequently Asked Questions," U.S. Supreme Court, https://perma.cc/HBB2-HZ9K. 컬럼비아특별구 항소법원이 종결한 사건은 2014년 1069건, 2013년 954건, 2012년 1189건, 2011년 1113건, 2010년 1189건이다. 2006-16년 연방법원 사건통계, 종결사건, 연방법원 공식 웹사이트, http://perma.cc/8ZSP-ZUBB.

2. William A. Galston, "President Barack Obama's First Two Years: Policy Accomplishments, Political Difficulties," Brookings, November 4, 2010, http://perma.cc/2YXV-79BN.

3. Business Roundtable v. SEC, 647 F.3d 1144(D.C. Cir. 2011),https://www.cadc.uscourts.gov/internet/opinions.nsf/89BE4D084BA5EBDA852578D5004FBBBE/$file/10-1305-1320103.pdf.

4. Sean Harrigan, "The Corporations Couldn't Tolerate My Activist Voice," Los Angeles Times, December 5, 2004, https://perma.cc/B62C-6UD2.

5. Kaja Whitehouse, "Shareholders Threaten Boards over 'Proxy Access',"USA Today, January 27, 2015, http://perma.cc/WD26-LKTT;Mark Fahey, "Yahoo Will Likely Pay Millions for Proxy Fight," CNBC, April 14, 2016, http://perma.cc/569S-WHVB.

6. Citizens United v. Federal Election Commission, 558 U.S. 310, 370(2010).

7. Whitehouse, "Shareholders Threaten Boards over 'Proxy Access.'"

8. U.S. Chamber of Commerce, "Proxy Access Legal Challenge: Issue Backgrounder," Business Roundtable, September 29, 2010, http://perma.cc/R3US-AJTY; Rich Ferlauto, 전화 인터뷰, 2016. 4. 20.

9. Lyrics from "Guns and Ships," Hamilton: An American Musical, words and music by Lin-Manuel Miranda ⓒ 2015 Hamilton Uptown Limited Liability Company.

10. Rich Ferlauto, 전화 인터뷰, 2016. 4. 20.

11. Ibid.; AFSCME v. AIG, 462 F.3d 121(2d Cir. 2006).

12. Rich Ferlauto, 전화 인터뷰, 2016. 4. 20.

13. 15 U.S.C. § 78n(a)(2)(A).

14. Stephen M. Bainbridge, "The Corporate Governance Provisions of Dodd-Frank," UCLA School of Law, Law-Economics Research Paper no. 10-14, October 27, 2010, 10, http://perma.cc/WTJ2-QUG5, citing S. Rep. no. 111-176, 146: "하지만 § 971을 채택함으로써 의회는 앞으로 있을 증권거래위원회 규제에 대한 예상되는 도전에 선수를 쳤다." Business Roundtable v. SEC가 실증하는 바와 같이, 의회의 조처가 법적 도전에 선수를 쳤다는 주장은 거짓으로 드러났다.

15. "Roberts: 'My Job Is to Call Balls and Strikes and Not to Pitch or Bat,'" CNN. com, September 12, 2005, http://perma.cc/JQG5-VSY5.

16. "Alinsky Wins at the SEC," Wall Street Journal, August 30, 2010, http://perma.cc/98ES-2VH8; Business Roundtable v. SEC, 39-40.

17. "Alinsky Wins at the SEC"; Louise Rouse, "Pension Funds That Ignore Climate Change Are Failing to Protect Savers," The Guardian, October 29, 2013, http://perma.cc/V2SD-N9QK.

18. Ross Kerber, "Amid Business Ties, Some Fund Firms Eased Proxy Pressure: Study," Reuters, April 18, 2017, http://perma.cc/AY3N-V86G.

19. Lucian A. Bebchuk, "Letting Shareholders Set the Rules," Harvard Law Review 119(2006): 1784.

20. "White House Intervenes on Shareholder Rights," Reuters, June 17, 2010, http://perma.cc/SU3G-KA7G.

21. 제6장 참고.

22. Helene Cooper, "Obama Signs Overhaul of Financial System," New York Times, July 21, 2010, http://perma.cc/JXQ8-WXBP; Securities and Exchange Commission, "SEC Adopts New Measures to Facilitate Director Nominations by Shareholders," August 25, 2010, http://perma.cc/2REU-UYDX; "Alinsky Wins at the SEC."

23. "Alinsky Wins at the SEC."

24. David H. Webber, "The Use and Abuse of Labor's Capital," New York University Law Review 89(2014): 2106; Tessa Hebb, No Small Change: Pension Funds and Corporate Engagement(Ithaca, N.Y.: Cornell University Press, 2008); Archon Fong, Tessa Hebb, and Joel Rogers, eds., Working Capital: The Power of Labor's Pensions(Ithaca, N.Y.: Cornell University Press, 2001); Stewart J. Schwab and Randall S. Thomas, "Realigning Corporate Governance: Shareholder Activism by Labor Unions," Michigan Law Review 96, no. 4(1998): 1018-94; Teresa Ghilarducci, Labor's Capital: The Economics and Politics of Private Pensions(Cambridge, Mass.: MIT Press, 1992).

25. U.S. Chamber of Commerce, "U.S. Chamber Joins Business Roundtable in Lawsuit Challenging Securities and Exchange Commission," September 28, 2010, http://perma.cc/WX87-M4GT.

26. Patrick Caldwell, "Did You Know That Antonin Scalia's Son Is Sabotaging Wall Street Reform?" Mother Jones, July/August 2014, http://perma.cc/475B-UYD4.

27. Business Roundtable v. SEC. 컬럼비아특별구 항소법원 웹사이트상 법관들의 전기 참고: "Douglas H. Ginsburg," http://perma.cc/6MGZ-LRZG; "Janice Rogers Brown," http://perma.cc/26J4-DEKZ; and"David B. Sentelle," http://perma.cc/28UH-EAWK.

28. Brady Dennis, "Congress Passes Financial Reform Bill," Washington Post, July 16, 2010, http://perma.cc/AUP6-GFTN; "Lawmakers Agree on Ground-Breaking Financial Reform Bill," NJ .com,June 25, 2010, http://perma.cc/3HJP-G6N7.

29. Brady Dennis, "Congress Passes Financial Reform Bill," Washington Post, July 16, 2010, http://perma.cc/AUP6-GFTN;"Lawmakers Agree on Ground-Breaking Financial Reform Bill," NJ .com,June 25, 2010, http://perma.cc/3HJP-G6N7; David D. Kirkpatrick, "New Judge Sees Slavery in Liberalism," New York Times, June 9, 2005, http://perma.cc/7N49-7RR9.

30. Steven V. Roberts, "Ginsburg Withdraws Name as Supreme Court Nominee, Citing Marijuana 'Clamor'," New York Times, November 8, 1987,http://perma.cc/BR2S-RFMH; Linda Greenhouse, "Reagan Nominates Anthony Kennedy to Supreme Court," New York Times, November 12, 1987, http://perma.cc/U4DZ-NZWE.

31. "In Hayek Lecture, DC Circuit Judge Douglas Ginsburg Argues against Judiciary's Marginalization in Administrative Law," NYU LawNews Online, October 23, 2013, http://perma.cc/DT3J-4H6Y, citing Cass Sunstein and Adrian Vermeule,

"Libertarian Administrative Law," University of Chicago Law Review 82(2015): 393.

32. Ibid.; Daniel Fisher, "Bureaucrats May Be the Losers if Gorsuch Wins a Seat on Supreme Court," Forbes, January 26, 2017, http://perma.cc/95YY-47JS.

33. "In Hayek Lecture"; Business Roundtable v. SEC, 35-37.

34. Business Roundtable v. SEC; Bainbridge, Corporations, Securities & Antitrust, 9n44.

35. Motor Vehicle Manufacturers Association v. State Farm Mutual Auto Insurance Co., 43 U.S. 29(1983)를 참고하라.

36. Business Roundtable v. SEC.

37. Tara Bhandari, Peter Iliev, and Jonathan Kalodimos, "Public versus Private Provision of Governance: The Case of Proxy Access," SEC staff working paper, 2015, https://perma.cc/6GZ3-HFGH(주주제안권 강화가 주주의 가치를 제고할 수 있다는 가정을 지지하는 확인 자료); "Proxy Access in the United States: Revisiting the Proposed SEC Rule," CFA Institute,August 2014, https://perma.cc/4JT7-ZT3C; Bo Becker, Daniel Bergstresser, and Guhan Subramanian, "Does Shareholder Proxy Access Improve Firm Value? Evidence from the Business Roundtable's Challenge," Journal of Law and Economics 56, no. 1(February 2013): 127-60. 참고 Torsten Jochem, "Does Proxy Access Increase Shareholder Wealth? Evidence from a Natural Experiment," April 1, 2012, http://perma.cc/TEE5-X9VE ("주주제안권 강화가 회사가치에 영향을 미칠 만큼 충분히 강한 경우에는 항상 시장은 주주제안권 강화를 긍정적으로 평가했으며, 주주의 부를 증대시켰다"), and Jonathan B. Cohn et al., "On Enhancing Shareholder Control: A (Dodd-)Frank Assessment of Proxy Access," Journal of the American Finance Association 71, no. 4 (August 2016): 1623 ("주주 통제가 강화 될수록 …… 일반적으로 주주에 대한 급여가 증대한다"). 참고, by contrast, Bernard S. Sharfman, "Why Proxy Access Is Harmful to Corporate Governance," Iowa Journal of Corporation Law 37(Winter 2012): 387-97("권한의 집중화와 주주로부터 이를 보호하는 것은 …… 의사결정을 위해 매우 중요하다"), and Thomas Stratmann, "Does Shareholder Proxy Access Damage Share Value in Small Publicly Traded Companies?" Stanford Law Review 64 (June 2012): 1431 ("주주제안권의 강화는 소규모 회사에서 주가수익에 대한 순 비용이다 …… 우리의 연구 결과는 주주제안권 강화가 [대규모 기업]에게도 순비용인지 의문을 제 기한다").

38. Becker, Bergstresser, and Subramanian, "Does Shareholder Proxy Access Improve Firm Value?"

39. "About Scott M. Stringer," New York City Comptroller, http://perma.cc/CLY8-T847; Ari Kagan, "Comptroller Scott Stringer. Government Watchdog and Voice of New Yorkers," http://perma.cc/3ZBC-ZWU8; "Scott Stringer," CBS

New York http://perma.cc/8LNL-A7LS; "Scott Stringer," Our Campaigns, http://perma.cc/4FCT-MP3S; UnderCover," Downtown Express, July 10, 2009, http://perma.cc/7KJR-BN28; "Bloomberg Wants to Abolish Borough Presidents, Public Advocate, and Community Boards," Vos Iz Neias, July 10, 2008, http://perma.cc/PC2X-84BK.

40. Sewell Chan, "Stringer Won't Challenge Gillibrand in Primary," New York Times, May 19, 2009, http://perma.cc/U2LL-2QWP; Kagan, "Comptroller Scott Stringer"; "The Duties of the Comptroller," New York City Comptroller, http://perma.cc/56DK-9588.

41. Ted Ballantine, "World's Largest Pension Funds, 2015 Edition," Pension 360, http://perma.cc/F2DG-YVY3; New York City Employees' Retirement System v. SEC, 45 F.3d 7(2d Cir. 1995), http://caselaw.findlaw.com/us-2nd-circuit/1456604.html;"Restaurant Bias Ban Loses," New York Times, November 24, 1993, http://perma.cc/9AAR-WBHK; Nicole Gelinas, "Corporate America's New Stealth Raiders," City Journal, Winter 2005, http://perma.cc/2SUH-Q8FS.

42. Karen Tumulty, "Eliot Spitzer Looks for Political Redemption in New York City," Washington Post, July 8, 2013, https://perma.cc/MHL9-5VJY; "Eliot Spitzer Biography," http://perma.cc/6S7R-6KMZ; Kate Taylor, "Stringer Defeats Spitzer in Comptroller Primary," New York Times, September 10, 2013, http://perma.cc/AW59-76W8.

43. Dan Strumpf, "U.S. Public Companies Rise Again," Wall Street Journal, February 5, 2014, http://perma.cc/3UPX-EL2Z.

44. "Boardroom Accountability Project," New York City Comptroller, http://perma.cc/DU2U-SEDD; Scott Stringer, 전화 인터뷰, 2017. 2. 27; "Michael Garland," Conference Board, http://perma.cc/765Z-S5VL; "Michael Garland," International Corporate Governance Network, http://perma.cc/483T-HYB8; Michael Garland, 전화 인터뷰, 2017. 1. 18; Stephen Gandel, "The Guy with the Job Spitzer Is Spending Millions to Get," Fortune, July 24, 2013, http://perma.cc/54FL-SEEN; Dan Pedrotty, 전화 인터뷰, 2016. 3. 25.

45. 이사회책임프로젝트에 대한 설명을 보려면 http://perma.cc/DU2U-SEDD를 보라.

46. Michael Garland, 전화 인터뷰, 2017. 1. 18.

47. Joanna Lublin, "Investors Gain Greater Clout over Boards," Wall Street Journal, January 10, 2016, http://perma.cc/VX3C-76BJ; "S&P 500," S&P Dow Jones Indices, http://perma.cc/7TBB-Z3VV; Michael Garland, 전화 인터뷰, 2017. 1. 18.; Scott Stringer, 전화 인터뷰, 2017. 2. 27. 참고 Scott M. Stringer, "2015 Shareowner

Initiatives Postseason Report," 6, http://perma.cc/D7W6-8P8Y.

48. Scott Stringer, "NYC Pension Funds Launch National Campaign to Give Shareowners a True Voice in How Corporate Boards Are Elected," press release, New York City Comptroller, November 6, 2014, http://perma.cc/YY4S-A36C.

49. Michael Garland, 전화 인터뷰, 2017. 1. 18; Motoko Rich, "Why Don't More Men Go into Teaching?" New York Times, September 6, 2014, http://perma.cc/DF3R-T6PV; Patricia Cohen, "Public-Sector Jobs Vanish, Hitting Blacks Hard," New York Times, May 24, 2015, http://perma.cc/CFR6-Q4CL; U.S. Department of Labor, "The African-American Labor Force in the Recovery," February 29, 2012, http://perma.cc/6PY8-WVJW; Webber, "The Use and Abuse of Labor's Capital"; State Street Global Advisors, "Fearless Girl Sends Powerful Message," March 10, 2017, https://perma.cc/FJA8-JU39.

50. 주주제안들은 제출하기에 비교적 용이하다. 따라서 이사후보 지명권의 부재로 지금까지 이사의 경쟁후보를 내는 것이 거의 불가능했던 반면에, 주주에게 이사후보 지명권 규칙을 도입할 수 있도록 해주는 위임장에 관한 주주제안을 제출하는 일은 좀 더 용이했다. 그리고 그 경우 필요한 회사 내 지분은 사실상 최소 2천 달러에 불과했다. 이것이 좀 더 일찍 시도되지 않은 이유는 5천 개 미국 기업에서 이 제안의 자료를 작성하고 주주제안을 지지하는 운동을 지원하는 부담스러운 과제 때문이다. 주주가 제안서를 제출하는 일을 더욱더 어렵게 하려고 대기업협의회가 로비를 벌이고 있다는 말이 돌고 있다.

51. Lublin, "Investors Gain Greater Clout over Boards."

52. Ibid.; Scott M. Stringer, "New York City Pension Funds 2016 Shareowner Initiatives Postseason Report," Office of New York City Comptroller, 7-8, http://perma.cc/Q7B3-WLJS; Jeff Green, "After 70-Year Fight, This Investor Request Is Met Left and Right," Bloomberg, March 10, 2016, https://perma.cc/8YSN-EJEX.

53. Lublin, "Investors Gain Greater Clout over Boards." 73개 회사에 대한 자료를 제공한 곳은 미국대학퇴직연금기금(TIAA-CREF)이다.

54. Business Roundtable v. SEC.를 참고하라.

55. Bhandari, Iliev, and Kalodimos, "Public versus Private Provision of Governance," 4: "이사회책임프로젝트 발표가 표적이 된 회사에 긍정적이고도 통계적으로 유의미한 53bp(0.0053%)의 통상적이지 않은 수익을 평균적으로 가져다준 사실을 우리는 확인했다. 더욱이 우리는 이사후보 지명권을 허용함으로써 다른 회사들보다 더 많은 수익을 가져다 줄 것으로 시장이 예상했던 회사들과 개인의 주문의 표적이 됨으로써 더 많은 수익을 가져다줄 것으로 예상되는 회사가 서로 일치한다는 사실을 확인했다." 참고 Cohn, "On Enhancing Shareholder Control"; Becker, Bergstresser, and Subramanian, "Does Shareholder Proxy Access Improve Firm Value?" ("행동주의 투자자들의 목소리가 높을수록 회사가치는 증대된다. 금융시장은 주주의 이사후보 추천권 강화에 대해 긍정적 가치를

부여한다.");and Jochem, "Does Proxy Access Increase Shareholder Wealth?" 참고 by contrast, Sharfman, "Why Proxy Access Is Harmful to Corporate Governance," and Stratmann, "Does Shareholder Proxy Access Damage Share Value in Small Publicly Traded Companies?"

56. "Proxy Access in the United States." CFA연구소는 공인 금융 분석가들을 대표한다.

57. Lynn Stout, The Shareholder Value Myth: How Putting Shareholders First Harms Investors, Corporations, and the Public(Oakland, Calif.: Berrett-Koehler,2012); Scott M. Stringer, "Boardroom Accountability Project," https://perma.cc /SJ26-29EW; Gianna McCarthy and George Wong, "Federal Bill Attempts to Silence Investors," Harvard Law School Forum on Corporate Governance and Financial Regulation, June 27, 2017, https://perma.cc/NFA9-M8S5.

58. "Proxy Access Corporate Governance Report," Sidley, January 3, 2017, https://www.sidley.com/en/insights/newsupdates/2017/01/proxy-access-tipping-point-dec-2016. 이 보고서는 S&P 500 기업의 50%가 넘는(251) 기업이 2016년 현재 이사 후보 지명권을 채택한 것으로 결론을 내리고 있다.

59. "Plurality and Majority Voting—Who Really Cares?" Activist Investor Blog, June 18, 2012, http://perma.cc/WF53-8BHH; "1992 Presidential General Election Results," U.S. Election Atlas, http://perma.cc/E8CR-XLSX.

60. "Plurality and Majority Voting." 참고 Stephen Choi et al., "Does Majority Voting Improve Board Accountability?" University of Chicago Law Review 83 (2016): 1119 (일부 회사에서 "과반수투표제의 채택이 보다 주주 친화적인 지배체제를 이끈다"는 점을 확인해주고 있다); Yonca Ertimur and Fabrizio Ferri, "Does the Director Election System Matter? Evidence from Majority Voting," Social Science Research Network, May 30, 2013, http://ssrn.com/abstract=1880974("[과반수투표제] 채택이 가치를 높이고, 이사회가 [과반수투표제] 기준 아래 주주의 압력에 보다 민감하게 반응할수록 가치 창출의 가능성도 높아진다"). 참고 Jay Cai, Jacqueline L. Garner, and Ralph A. Walking, "A Paper Tiger? An Empirical Analysis of Majority Voting," Journal of Corporate Finance 21(June 2013), https://ssrn.com/abstract=1491627. 여기에서는 과반수투표제가 회사를 보다 강하게 만드는 듯 보이지만 그렇게 할 힘을 갖고 있지 못하고 이사 교체, 재무 성과 혹은 주주 수익에 그다지 큰 영향력을 발휘하지 못한다는 "종이 호랑이 가설"을 뒷받침하는 자료들을 확인할 수 있다. William K. Sjostrom and Young Sang Kim, "Majority Voting for the Election of Directors," Connecticut Law Review 40, no. 2(December 2007), http://ssrn.com/abstract=962784. 이 자료는 다수결투표제가 "사실을 왜곡시키는 것"에 불과하다는 점을 밝히고 있으며 과반수투표제 실행에 대한 시장의 반응을 전혀 뒷받침하지 않는다.

61. United Brotherhood of Carpenters, "Issue Report: Carpenter Funds' Majority Vote Election Standard Advocacy," http://perma.cc/ZP34-MDNQ.

62. Yakov Amihud, Markus M. Schmid, and Steven Davidoff Solomon, "Settling the Staggered Board Debate," CLS Blue Sky Blog, September 18, 2017, https://perma.cc/7QR8-M4FR; Course Catalog: Shareholder Rights Project," Harvard Law School, http://perma.cc/56ZU-6FPJ;Shareholder Rights Project, "Investors Working with the SRP Clinic," 2014, http://perma.cc/Z9LP-6L7H.

63. Shareholder Rights Project,http://perma.cc/89AV-R7WJ; Institutional Shareholder Services, "The Latest in Governance Reform—Proxy Access," http://perma.cc/U9XM-YU8Q; Carol Bowie, "ISS 2016 Board Practices Study," Harvard Law School Forum on Corporate Governance and Financial Regulation, June 1, 2016, http://perma.cc/35SY-YXAK. 참고 Weili Ge, Lloyd Tanlu, and Jenny Li Zhang, "What Are the Consequences of Board Destaggering," Review of Accounting Studies 21(September 2016): 808 (이 연구는 "시차임기제 폐지가 잠재적으로 주주들에게 부정적인 결과를 야기할 수 있음을 암시한다. 이는 과거에 좀 더 인기가 높았던 시차임기제를 계속 유지하는 게 옳다는 사람들의 견해와 일치한다."); Martijn Cremers, Lubomir P. Litov, and Simone Sepe, "Staggered Boards and Long-Term Firm Value, Revisited," Journal of Financial Economics (2017): 1-23, https://ssrn.com/abstract=2364165(" 우리는 시차임기제를 채택하고 있는 이사회에 일고 있는 변화들이 회사 가치에 부정적이라는 증거를 발견하지 못했다. 이것은 시차 임기제를 채택한 이사회들이 장기 사업에 착수하면서 회사를 주주들의 관계특유 투자에 결합시킴으로써 몇몇 회사들의 가치 창출에 도움을 주고 있음을 시사한다."); and David F. Larcker, Gaizka Ormazabal, and Daniel J. Taylor, "The Market Reaction to Corporate Governance Regulation," Journal of Financial Economics 101(August 2011): 431 ("시차임기제를 채택하는 이사회가 존재한다는 것은 가치 극대화를 위한 지배체제를 선택한다는 의미이며, 결국 시차임기제를 금지하면 주주의 가치는 하락한다."). 하지만 Olubunmi Faleye, "Classified Boards, Firm Value, and Managerial Entrenchment," Journal of Financial Economics 83(January 2006): 501도 참고하라 ("시차임기제를 채택한 이사회들은 회사 가치의 중대한 감소와 연결돼 있다...시차임기제를 채택하고 있는 이사회들은 주주들을 희생해서 경영에 혜택을 본다"); Lucian A. Bebchuk and Alma Cohen, "Recent Board Declassifications: A Response to Cremers and Sepe," Social Science Research Network Electronic Journal, May 2017, https://perma.cc/PBN8-E748 ("최근 연구결과는 시차임기제를 폐지하는 것이 회사의 가치를 떨어뜨린다는 유의미한 증거를 보여주지 않으며 오히려 시차임기제를 폐지하면 회사 가치가 중대한다는 몇몇 증거를 보여준다."); Lucian A. Bebchuk, Alma Cohen, and Charles C. Y. Wang, "Staggered Boards and the Wealth of Shareholders: Evidence from Two Natural Experiments," National Bureau of Economic Research, working paper 17127, June 2011, https://

perma.cc/B2QA-UQH3("우리가 확인한 사항들은, 시차임기제 이사회를 해체하기 위해 현재 진행 중인 절차를 기관투자가들이 독려하고 있으며, 그런 절차가 주주의 부를 증대시키는 데 기여할 것이라는 견해와도 일치한다."); Faleye, "Classified Boards, Firm Value, and Managerial Entrenchment"; and Lucian A. Bebchuk and Alma Cohen, "The Costs of Entrenched Boards," Journal of Financial Economics 78(2004): 409 ("시차임기제 이사회들은 보다 낮은 회사 가치와 연관되어 있다. 시차임기제 이사회와 연관되어 회사 가치가 감소하는 현상은 경제적으로 의미 있는 것이다").

PART 3   사자들의 침묵

1. "What Is a Hedge Fund?" BarclayHedge, http://perma.cc/6ENP-NTXZ. 참고 SEC Rule 506 of Regulation D, http://perma.cc/P4BB-5LHE, and §230.501, http://perma.cc/5AS3-28XR.

2. §230.501(a)(5), http://perma.cc/K873-EHRV, 개인이 헤지펀드에 투자하려면 백만 달러 이상의 순자산을 보유해야 한다.

3. §230.501(a)(2), http://perma.cc/7QSM-47KD, 5백만 달러 이상의 자금을 가지고 있는 공적 연금기금과 종업원급부계획에 대해 헤지펀드 투자를 허용한다.

4. Brody Mullins, "Teachers Union and Hedge Funds War over Pensions Billions," Wall Street Journal, June 28, 2016, https://perma.cc/6K52-46RH; John Gittelsohn and Janet Lorin, "Hedge-Fund Love Affair Is Ending for U.S. Pensions, Endowments," Bloomberg, November 15, 2016, https://perma.cc/T6GK-LLL7.

5. James B. Stewart, "As Hedge Fund Returns Falter, Money Continues to Flow In," New York Times, February 26, 2015, http://perma.cc/A9ZM-THLB: "헤지펀드의 높은 수수료로 많은 억만장자가 탄생한 반면에, 헤지펀드의 실적은 각각 3년, 5년, 10년 동안 주식 60% 채권 40%의 단순 혼합형 지수펀드보다 낮았다." Tyler Durden, "Hedge Funds Underperform the S&P for the 7th Year in a Row: Here Are Their Top Holdings," ZeroHedge, February22, 2015, http://perma.cc/76Q3-TM9X를 참고하라. 이 자료는 골드만의 혼합 헤지펀드가 2009-14년의 6년 동안 S&P 500 보다 낮은 실적을 냈다고 보고하고 있다. 또 Mark J. Perry, "More on Hedge Funds: Be Careful When Worshipping the 'Smart Money,'" AEIdeas, August 17, 2016, http://perma.cc/9SXK-KV6J에는 뱅가드 밸런스 지수펀드가 2009년 이래 매년 헤지펀드 운용실적을 능가해왔음에 주목하고 있다.

6. Stewart, "As Hedge Fund Returns Falter"; Simon Lack, The Hedge Fund Mirage: The Illusion of Big Money and Why It's Too Good to Be True(Hoboken, N.J.: Wiley, 2012); Investopedia, s.v. "Index Fund," http://perma.cc/PKP8-ETD5;

Investopedia, s.v. "Standard & Poor's 500 Index—S&P 500," http://perma.cc/7DTG-GUXF; Mitch Tuchman, "Hedge Fund vs. Index Fund: A Comparison," Forbes, July 18, 2013, http://perma.cc/3L45-XLZN.

7. Investopedia, s.v. "Hedge Fund," http://perma.cc/5NLM-R7JG;Investopedia, s.v. "A Beginner's Guide to Hedging," https://perma.cc/J6MP-6LLQ.

8. Christine Idzelis, "Warren Buffett Is All Set to Win a $1 Million Bet with This Hedge Fund," Business Insider, March 1, 2017, https://perma.cc/39QL-CPF5; Lindsay Fortado and Robin Wigglesworth, "Hedge Fund Manager Who Lost Buffett Bet Feels Like a Winner," Financial Times, May 15, 2017, https://perma.cc/RJ9L-4CRH; "Hedge Fund Assets up to USD2.90Tn in Q4 Despite Performance Declines," Hedgeweek, January 20,2016, http://perma.cc/F4UG-9CQZ. 또 John Cassidy, "How Do Hedge Funds Get Away with It? Eight Theories," New Yorker, May 14, 2014, http://perma.cc/983Z-RPHG도 참고하라.

9. Andy Kiersz, "Here's How Badly Warren Buffett Has Beaten the Market," Business Insider, February 26, 2016, http://perma.cc/JG4Q-3ELA; Noah Buhayar, "Buffett Stings Hedge Funds Anew over Their 'Misbegotten' Rewards," Bloomberg, February 26, 2017, http://perma.cc/UAY6-5LSK.

10. 참고 Eugene F. Fama, "Market Efficiency, Long-Term Results, and Behavioral Finance," Journal of Financial Economics 49, no. 3(September 1998): 283-306; Eugene F. Fama and Kenneth R. French, "Size, Value, and Momentum in International Stock Returns," Journal of Financial Economics 105, no. 3(September 2012): 457-72, and Michael C. Jensen, "Some Anomalous Evidence Regarding Market Efficiency," Journal of Financial Economics 6, nos. 2-3(1978): 95-101.

11. Daniel Solin, "The Shocking Admission of This Shuttered Hedge Fund Manager,"U.S. News and World Report, September 14, 2014, http://perma.cc/2CMV-JAWN. 참고 Juliet Chung, "Emrys Partners Hedge Fund Shuts Down," Wall Street Journal, July 3, 2014, http://perma.cc/V5JG-6F7P;Michael Lewis, The Big Short: Inside the Doomsday Machine(NewYork: Norton, 2010).

12. Alexandra Stevenson and Matthew Goldstein, "Battered, Apologetic and Still Pitching Their Hedge Funds," New York Times, December 15, 2015, http://perma.cc/GR53-9754; Solin, "The Shocking Admission of This Shuttered Hedge Fund Manager"; Katherine Burton, Saijel Kishan, and Katia Porzecanski, "Steve Eisman's Next Big Short Is Hedge Fund Fees," Bloomberg, August 28, 2016, https://perma.cc/2WRW-TW9S; Gregory Zuckerman, "Big Hit on Drug Stocks Caps $26 Billion Decline for John Paulson," Wall Street Journal, November 4, 2016, https://perma.cc/G6BP-RDNH?safari=1; Miles Weiss and Katherine Burton, "John Paulson

Is Struggling to Hold on to Client Money," Bloomberg, June 5, 2017, https://perma.cc/KPE6-LYHG.

13. Mikhail Tupitsyn and Paul Lajbcygier, "Passive Hedge Funds," August 10, 2015, http://perma.cc/TLX4-PMUE.

14. John Armour and Brian Cheffins, "The Rise and Fall (?) of Shareholder Activism," in Institutional Investor Activism: Hedge Funds and Private Equity Funds, Economics and Regulation, ed. William Bratton and Joseph A. McCahery(Oxford: Oxford University Press, 2015), 213; "The Republican Revolution," History Channel, http://perma.cc/2ART-HYK6.

15. Alexandra Stevenson, "Hedge Funds Faced Choppy Waters in 2015, but Chiefs Cashed In," New York Times, May 10, 2016, http://perma.cc/J9UC-ENQD; Sonali Basak and Noah Buhayar, "Buffett Says Hedge Funds Get 'Unbelievable' Fees for Bad Results," Bloomberg, April 30, 2016, http://perma.cc/L6JA-4CUR.

16. 페드로티는 이후 미국교원연맹을 떠나 북미빌딩노동조합의 자본 스튜어드십 본부를 담당하고 있다.

17. Rakesh Khurana and James Weber, "AFL-CIO: Office of Investment and Home Depot," Harvard Business School Case Study no. N9-407-097, May 11, 2007, citing Julie Creswell, "With Links to Home Depot Board, Chief Saw Pay Soar as Stock Fell," New York Times, May 24, 2006.

18. Ibid.

19. Dan Pedrotty, 전화 인터뷰, 2016. 3. 25; Nancy Hass, "Scholarly Investments," New York Times, December 4, 2009, https://perma.cc/DD2X-EY6A.

20. Hass, "Scholarly Investments"; Stephen Taub, "NYC Teachers Demonize Hedge Funds," Institutional Investor, June 12, 2010, https://perma.cc/X8SW-YJ5E.

21. Ed Cox, "Choking Charter Schools Is Cheating Underprivileged Kids," New York Post, February 28, 2014, http://perma.cc/PAJ8-Y8XB;Rachel M. Cohen, "Charter and Traditional Public Schools Fight over Money," American Prospect, June 6, 2016, http://perma.cc/XYY3-FXP6.

22. Allie Bidwell, "AFT, Advocacy Group Want More Accountability for Charters," US News and World Report, February 26, 2014, http://perma.cc/7EZV-C2EL. "AFT and Charter Schools," American Federationof Teachers, http://perma.cc/9WUY-8UP9를 참고하라.

23. "AFT Resolution—Professional Compensation for Teachers," American Federation of Teachers, https://perma.cc/6AWE-5ZGM;Mullins,"Teachers Union and Hedge Funds War over Pension Billions"; Philip Bump, "The 25 Top Hedge Fund Managers Earn More Than All Kindergarten Teachers Combined,"

Washington Post, May 12, 2015, https://perma.cc/A338-XC52;Theresa Riley, "Why Do Kindergarten Teachers Pay More Taxes Than Hedge Fund Managers?"Moyers and Company, September 17, 2015, https://perma.cc/7VS3-CTP7.

24. "Democrats for Education Reform Hail Mitchell Victory, Warn on 2015," Illinois Observer, March 19, 2014, https://perma.cc/TRA6-Z2LN; Rebecca Sibilia, "Challenging the Myths around Pension Reform," StudentsFirst, May 10, 2012, https://perma.cc/VG84-7EN9; Josh B. McGee and Marcus A. Winters, "Better Pay, Fairer Pensions: Reforming Teacher Compensation," Manhattan Institute, September 5, 2013, https://perma.cc/R7GH-YJ3X; Dan Pedrotty, 전화 인터뷰, 2016. 3. 25. Motoko Rich, "11 States Get Failing Grades on Public School Policies from Advocacy Group," New York Times, January 7, 2013, https://perma.cc/B6N6-A5SL, and "State of Education State Policy Report Card 2013," Students-First, https://perma.cc/9RPK-H7QE를 참고하라.

25. "Defined Benefit Plans versus Defined Contribution Plans," My Retirement Paycheck, https://perma.cc/Z72J-J22G. 이 제도들에 관한 보다 자세한 내용은 제8장을 참고하라.

26. Dan Pedrotty, 전화 인터뷰, 2016. 3. 25.

27. Ibid.

28. "Randi Weingarten, AFT President," https://perma.cc/8T6T-YYLP; Steven Greenhouse, "Teacher Contract Ends; Giuliani Plans an Offer Soon," New York Times, November 16, 2000, https://perma.cc/WLR5-XQ36; Robert Kolker, "Contract Sport," New York Magazine, https://perma.cc/PW3D-LS6N.

29. "Ranking Asset Managers: A Retirement Security Report on Money Managers for Pension Fund Trustees 5th Edition(2015)," American Federation of Teachers, https://perma.cc/GWH2-TDFY;"Ranking Asset Managers:A Retirement Security Report on Money Managersfor Trustees," American Federation of Teachers, April 19, 2013, 4, 2, https://perma.cc/ES7K-49MX; Julia La Roche, "The American Federation of Teachers Sentout a Big Watch List of Hedge Funds 'Attacking' Their Pension Plans," Business Insider, April 28, 2013, https://perma.cc/DER2-SCTR; Julia La Roche, "Hedge Funders Say It's 'A Badge of Honor' to Be Targeted by 'Thuggish' Teachers Unions," Business Insider, April 25, 2013, https://perma.cc/25YW-4FFF.

30. "Ranking Asset Managers: A Retirement Security Report on Money Managers for Trustees"; Beverly Goodman, "Teachers Turn Out to Be Tough Markers," Barrons, April 27, 2013, https://perma.cc/23YF-5U64;La Roche, "Hedge Funders Say It's 'A Badge of Honor.'"

31. Jim Gallagher, "Sinquefield Quits DFA Board under Union Attack," St. Louis Post-Dispatch, May 3, 2013, https://perma.cc/5LN8-GTVM.

32. Ibid .; Stephen Clark to Randi Weingarten, May 13, 2013; Scott Kapnick to American Federation of Teachers, December 17, 2014.

33. 이것은 주와 시 예산과 공무종사자 연금 문제, 즉 제8장에서 내가 다룰 문제를 야기한다. 몇몇 도시들이 자신들의 연금의무를 이행하면서 허우적대고 있는 것은 지나 수십 년 동안 노동자들에게 한 약속을 어기면서 연금 재원을 충분히 조달하지 않음으로써 오늘날 풍선처럼 늘어난 지출을 따라잡기 벅찬 상황에 직면해 있기 때문이다.

34. Dan Pedrotty, 전화 인터뷰, 2016. 3. 25; "AFT's Weingarten and Aon's Savacool on Decision to Remove Aon from AFT Asset Managers Report," press release, American Federation of Teachers, March 19, 2014, https://perma.cc/UYU8-PQPH; National Institute on Retirement Security, https://perma.cc/XHU6-HMSX; "NYC Retirement System Declined Investment in Greenblatt's Gotham Hedge Fund," Value-Walk, March 18, 2015, https://perma.cc/FYU5-G8V5. Martin Z. Braun, "NYC Pension Rejects Stake in Fund Run by Charter School Backer," Bloomberg, March 16, 2015, https://perma.cc/5DPM-VARV를 참고하라.

35. Matt Taibbi, "Dan Loeb Simultaneously Solicits, Betrays Pension Funds," Rolling Stone, April 1, 2013, https://perma.cc/V9KN-SZFA. "Third Point's Loeb Cancels Appearance in Face of Protest," Reuters, April 17, 2013, https://perma.cc/FWK4-32HV를 참고하라.

36. Tabinda Hussain, "When Dan Loeb Gets Angry He Likes to Donate to Charity," ValueWalk, June 12, 2013, https://perma.cc/H92X-JWQV; Svea Herbst-Bayliss, "Loeb's Hedge Fund Third Point to Lose Rhode Island as Client," Reuters, January 31, 2014, https://perma.cc/622H-4PTE.

37. Randi Weingarten, 전화 인터뷰, 2017. 3. 9; Rachael Levy, "Something Is Missing from the Hedge Fund Industry," Business Insider, September 13, 2016, https://perma.cc/WX33-44FR.

38. Michael Corkery, "For the Record, KKR Loves Public Pensions," Wall Street Journal, April 26, 2013, https://perma.cc/X6UC-EW2B;"Sustainable Private Equity/Real Estate Investment in the Hospitality Industry," press release, UNITE HERE, March 2016, https://perma.cc/29Z7-58AD; Michael Corkery, "Blackstone Group Loves Public Workers," Wall Street Journal, January 20, 2011, https://perma.cc/5AGJ-XX2F; Matthew Goldstein, Kate Kelly, and Nicholas Confessore, "Robert Mercer, Bannon Patron, Is Leaving Helm of $50 Billion Hedge Fund," New York Times, November 2, 2017, https: perma.cc/3LM8-6ZWN.

39. "Blackstone's Infrastructure Business Adopts Responsible Contractor

Policy to Promote Fair Wages and Benefits for Workers on Infrastructure Projects," press release, Blackstone, September 5, 2017, https://perma.cc/FX3W-M8KY.

40. "Laborers Wield Investment Clout on Behalf of Occupy Wall Street," press release, Laborers' International Union of North America, October 19, 2011, https://perma.cc/G292-RRXC; "A Surprise Nighttime Raid, Then a Tense Day of Maneuvering in the Streets," New York Times, November 15, 2011, https://perma.cc/AQ2R-8XY2.

41. 29 C.F.R.§ 2509.08-1(2013); U.S. Department of Labor, "Fact Sheet: Economically Targeted Investments(ETIs) and Investment Strategies That Consider Environmental, Social and Governance(ESG) Factors," October 22, 2015, https://perma.cc/4AKS-DZGG.

42. R. Williams, "Teacher Union's Weingarten: Let's Dump Hedge-Fund Investments," Newsmax Finance, April 14, 2016, https://perma.cc/2AK3-EWQZ.

43. Dennak Murphy, 인터뷰, 2016. 6. 1.

44. Dan Pedrotty, 전화 인터뷰, 2016. 3. 25; Dennak Murphy, 인터뷰, 2016. 6. 1.

45. Dennak Murphy, 인터뷰, 2016. 6. 1.

46. Ibid.; Emily Heil, "Costco as Political Backdrop: It's about More Than the Hot Dogs," Washington Post, June 16, 2014, https://perma.cc/8XR6-R7N3.

47. Svea Herbst-Bayliss, "CalPERS Move to Hedge Funds May Spark Trend," USA Today, November 13, 2001, https://perma.cc/WWK3-HU8L; "CalPERS Eliminates Hedge Fund Program in Effort to Reduce Complexity and Costs in Investment Portfolio," press release, CalPERS, September 15, 2014, https://perma.cc/B56T-LBD5; Dennak Murphy, 인터뷰, 2016. 6. 1.

48. Dennak Murphy, 인터뷰, 2016. 6. 1.

49. Ibid.; "How Much Does CalPERS Pay in Fees? Only a Computer Can Say," California County News, May 24, 2017, https://perma.cc/8DL7-NMH9.

50. Dennak Murphy, 인터뷰, 2016. 6. 1.

51. "Hedge Fund Definition," Hedge Fund Marketing Association, https://perma.cc/YUF8-VG27; Laurence Fisher and Tommy Wilkes, "Hedge Funds Enjoy Post-Crisis Popularity with 'Safe' Image," Reuters, September 27, 2013, https://perma.cc/LK9E-72SC.

52. "Priya Mathur," https://perma.cc/TL2T-Y7GL; Dennak Murphy, 인터뷰, 2016. 6. 1. 2014년 마더는 윤리기준 위반을 이유로 CalPERS에 과태료를 물고 제재를 받았다. 그녀가 캠페인과 관련해서 반드시 공개해야 할 서류를 1회 이상 제출하지 못했기 때문이다. 뒤늦게나마 양식에 맞춰 서류를 제출했는데, 그 자료들을 들여다본 결과 그녀가 기부금을 한 푼도 받지 않았음이 밝혀졌다. 그럼에도 불구하고 단지 서류를 제출하지

않았다는 이유로 제재를 받았다. Mark Lifsher, "CalPERS Board Strips Priya Mathur of Posts after Ethics Law Violations," Los Angeles Times, October 16, 2014, https://perma.cc/6RMP-7KN8을 참고하라. 필자는 이러한 위반행위들을 적당히 눈감아주자는 것이 아니다. 공공의 신뢰를 받는 위치에서 복무하는 사람들은 관련 정보를 적시에 정확히 공개하는 것이 매우 중요하다. 거대하고도 막강한 이익집단들이, 헤지펀드에 맞서 진행해온 마더의 활동에 불신을 조장하기 위해 이 위반행위를 활용할 수도 있다는 우려 때문에 필자는 그러한 위반행위가 그 성격이나 범위 면에서 상대적으로 덜 중요하다는 사실을 염두에 두고자 한다. 그럼에도 불구하고 이 점이야말로 마더가 보다 세심해져야 할 정확한 이유이기도 하다.

53. Dennak Murphy, 인터뷰, 2016. 6. 1; "Curtis Ishii," https://perma.cc/5NNS-4XVQ. 참고 "Curtis Ishii LinkedIn," https://www .linkedin.com/in/curtis-ishii-2711a72b.

54. Dennak Murphy, 인터뷰, 2016. 6. 1.

55. Dan Fitzpatrick, "CalPERS to Exit Hedge Funds," Wall Street Journal, September 15, 2014, https://perma.cc/ZN73-BXV4; "The CalPERS Decision: A Compilation of Industry Reactions," DailyALTS, September 27, 2014, https://perma.cc/5MSU-WW3W.

56. Dennak Murphy, 인터뷰, 2016. 6. 1; Dan Pedrotty, 전화 인터뷰, 2016. 3. 25.

57. Elizabeth Parisian and Saqib Bhatti, "All That Glitters Is Not Gold: An Analysis of US Public Pension Investments in Hedge Funds," American Federation of Teachers, Roosevelt Institute, Refund America Project, and Haas Institute, https://perma.cc/BPH3-YWEJ.

58. Timothy W. Martin and Rob Copeland, "Investors Pull Cash from Hedge Funds as Returns Lag Market," Wall Street Journal, March 30, 2016, https://perma.cc/7VRJ-DZT6.

59. Aliya Ram, "Pension Schemes Stay Loyal to Hedge Funds," Financial Times, July 24, 2016, https://perma.cc/H3PJ-RA8E.

60. Janet Lorin, "Hedge Funds Are Losing Endowments after Exodus of Pensions," Bloomberg, August 15, 2016, https://perma.cc/NC5U-G82V.

61. "The Big Squeeze: How Money Managers' Fees Crush State Budgets and Workers' Retirement Hopes," American Federation of Teachers, 2017, https://perma.cc/6B4J-G8DQ.

62. Goldstein v. SEC, 451 F.3d 873, 874(D.C. Cir. 2005).

PART 4 견제와 불균형

1. 학자들이 헌법을 회사 인가나 변호사의 권한에 비교하고 또 정치인을 "선량한 관리자"로 설명하는, 19세기와 회사법 초기까지 거슬러 올라가는 오랜 전통이 있다. "선량한 관리자" 개념은 과거에 있었다고 한다면 회사법상 개념이다. 그런 학문적 흐름을 확인하려면, 다음을 참고하라. Gary Lawson and Guy Seidman, A Great Power of Attorney: Understanding the Fiduciary Constitution(Lawrence: University Press of Kansas, 2017); D. Theodore Rave, "Fiduciary Voters?" Duke Law Journal 66(2016): 331-78; Tom C. W. Lin, "CEOs and Presidents," University of California Davis Law Review 47(2014): 1351-1416; D. Theodore Rave, "Politicians as Fiduciaries," Harvard Law Review 126(2013): 671-739; Robert G. Natelson, "The Constitution and the Public Trust," Buffalo Law Review 52(2004): 1077-1178 Robert G. Natelson, "The Agency Law Origins of the Necessary and Proper Clause," Case Western Reserve Law Review 55(2004): 243-322; Robert G. Natelson, "The General Welfare Clause and the Public Trust: An Essay in Original Understanding," University of Kansas Law Review 52(2003): 1-56.

2. Robert C. Posen, "Before You Split That CEO / Chair······" Harvard Business Review, April 2006, https://perma.cc?YD89-8AV9. 예를 들어 UK Corporate Governance Code 2016, A.2.1.을 참고하라.

3. Stephen Bainbridge, "Separating the CEO and Chairman of the Board," September 14, 2010, https://perma.cc/Y6NE-XP7S. 이 논문은 많은 분석자들이 CEO 와 이사장의 역할을 분리하는 장점을 과대평가하는 반면에 그에 따르는 비용은 과소평가한다고 주장한다. Stephen M. Bainbridge, "Dodd-Frank: Quack Federal Corporate Governance Round II," Minnesota Law Review 95(2011): 1779, 1800.

4. David F. Larcker and Brian Tayan, Corporate Governance Matters: A Closer Look at Organizational Choices and Their Consequences, 2nd ed.(Old Tappan, N.J.: Pearson Education, 2016).

5. Roberto A. Ferdman, "The Pay Gap between CEOs and Workers Is Much Worse Than You Realize," Washington Post, September 25, 2014, https://perma.cc/TAG3-XXS5. 또 Sorapop Kiatpongsan and Michael I. Norton, "How Much(More) Should CEOs Make? A Universal Desire for More Equal Pay," Perspectives on Psychological Science 9, no. 6(November 2014): 587-93.도 참고하라.

6. Nuno Fernandes et al., "The Pay Divide: (Why) Are U.S. Top Executives Paid More?" European Corporate Governance Institute, August 2009, https://perma.cc/2RLV-7JNU.

7. "Shareholder Activism: Who, What, When, and How?" PwC Report, March

2015, https://perma.cc/3Z8Z-VETV;Joann Lublin, "Chairman / CEO Split Gains Allies," Wall Street Journal, March 30, 2009, https://perma.cc/LZQ2-UZYP; Yonca Ertimur et al., "Shareholder Activism and CEO Pay," Review of Financial Studies 23, no. 2(2011): 535-92; "SEC Adopts Rule for Pay Ratio Disclosure," press release, Securities and Exchange Commission, August 5, 2015, https://perma.cc/MLT3-VKAF;Richard Levick, "The Pay Ratio Rule: Businesses Face Unprecedented Executive Pay Disclosure Burden," Forbes, February 9, 2016, https://perma.cc/9AXW-M7TZ.

8. AFSCME, About, https://perma.cc/6NWB-69DE;Lisa Lindsley, LinkedIn, https://perma.cc/3MMZ-K3NN;AFSCME, Retirement Security, https://perma.cc/65QC-MAMG;Erik Sherman, "Dell Dodges Some Governance Bullets," Business Insider, July 19, 2011, https://perma.cc/8ZY7-NFY2;"Raise My Company's Taxes," Wall Street Journal, January 13, 2011, perma.cc/3Q4A-4YJV.

9. Lisa Lindsley, LinkedIn; Daniel Burns, "12 Key Dates in the Demise of Bear Stearns," Reuters,March 17, 2008, https://perma.cc/K9K5-JTYE; Lisa Lindsley, 전화 인터뷰, 2016. 4. 6.

10. Lisa Lindsley, LinkedIn; Lisa Lindsley, 전화 인터뷰, 2016. 4. 6; Richard Ferlauto, LinkedIn, https://perma.cc/82L8-CM9Q.

11. Lisa Lindsley, 전화 인터뷰, 2016. 4. 6; "Institutional Investors Continue to Press Companies for Disclosure of Lobbying in 2016," press release, AFSCME, March 17, 2016, https://perma.cc/W642-FP2L; David H. Erkens et al., "Corporate Governance in the 2007-2008 Financial Crisis: Evidence from Financial Institutions Worldwide," Journal of Corporate Finance 18, no. 2(April 2012): 389-411, https://perma.cc/4H2S-MZ44; Andrew Ross Sorkin, Too Big to Fail: The Inside Story of How Wall Street and Washington Fought to Save the Financial System—and Themselves(New York: Penguin, 2010); "Shareholders Strip BofA CEO of Chairman Role," NBC News, April 29, 2009, https://perma.cc/ERT2-CJNZ; Dan Fitzpatrick, "Bank of America Chief Resigns under Fire," Wall Street Journal, October 2, 2009, https://perma.cc/TBQ5-ALYH; Stephen Gandel, "Shareholders Reject $15 Million Pay Raise for Citigroup's CEO," Fortune, April 17, 2012, https://perma.cc/32HL-JNUP; Joe Weisenthal, "Stunning NYT Report Explains How Vikrim Pandit Was Really Fired from Citi," Business Insider, October 26, 2012, http://perma.cc/M78S-HXD8.

12. Roger Lowenstein, "Jamie Dimon: America's Least Hated Banker," New York Times Magazine, December 1, 2010, http://perma.cc/LE4S-EMBC; "JPMorgan Chase & Company," Yahoo Finance, http://perma.cc/L2TV-FUV6;Kurt

Badenhausen, "Full List: Ranking America's 100 Largest Banks," Forbes, January 10, 2017, https://perma.cc/9VWS-HHYH.

13. Investopedia, s.v. "Moral Hazard," perma.cc / A8XA-JCJG.

14. Lisa Lindsley, 전화 인터뷰, 2016. 4. 6; "Tracking the JPMorgan Investigations," New York Times, October 22, 2013, https://perma.cc/E2UY-H2A5(담보권 행사 남용에 초점을 맞춤); Chris Fleming, "AFSCME Plan to JPMorgan: End Dimon Double Duty," press release, AFSCME, January 17, 2012, http://perma.cc/FV7J-85RQ(referring to proposals filed in 2011 and 2012); Cheryl Kelly, "Major Investors Call on JPMorgan Chase to Name Independent Board Chair," press release, AFSCME, February 20, 2013, http://perma.cc/B48R-XK2V

15. Lisa Lindsley, 전화 인터뷰, 2016. 4. 6; JPMorgan Chase & Company,proxy statement, 2012, 38-39, http://perma.cc/X9YK-AV72.

16. David F. Larcker and Brian Tayan, "Chairman and CEO: The Controversy over Board Leadership Structure," in Rock Center for Corporate Governance at Stanford University Closer Look Series: Topics, Issues and Controversies in Corporate Governance, no. CGRP-58, Stanford University Graduate School of Business Research Paper, no. 16-32, June 18, 2016, 이 자료는, 주주 행동가들로부터 가해지는 압력에도 불구하고, 이사장과 CEO의 분리가 회사 실적 또는 지배체제의 질을 실질적으로 바꿀 수 있음을 시사하는 연구가 거의 없다고 주장한다. Diane Schooley, Celia Renner, and Mary Allen, "Shareholder Proposals, Board Composition, and Leadership Structure," Journal of Managerial Issues 22, no. 2(Summer 2010): 152-65, 이 글은 CEO를 감독하고 한 사람에게 권력이 집중되는 상황을 줄이기 위해 주주들이 지도체제의 분리를 선호한다는 사실을 보여준다. "Chairing the Board: The Case for Independent Leadership in Corporate North America"(2009), Millstein Center for Corporate Governance and Performance, Yale School of Management, Policy Briefing no. 4, https://perma.cc/GDC8-UT7E에서는, 이해관계상의 갈등을 억제하고 CEO 책임성과 관련한 우려를 덜어주며 주식소유자의 이익을 강화시키는 수단으로서 독립적 이사장제를 촉구한다. Aiyesha Dey, Ellen Engel, and Xiaohui Liu, "CEO and Board Chair Roles: To Split or Not to Split," Chicago Booth Research Paper, no. 09-23, December 16, 2009는, CEO와 이사장을 분리하자는 제안과 관련해서 보다 많은 논의가 필요하고 두 직책의 분리가 지배체제와 기업 실적에 부정적 영향을 줄 수 있다고 경고한다. Sanjai Bhagat and Brian J. Bolton, "Corporate Governance and Firm Performance," Journal of Corporate Finance 14, no. 3(2008): 257-73, https://ssrn.com/abstract=1017342에서는, CEO와 이사장의 역할을 분리하는 것이 현재 그리고 미래의 경영실적과 긍정적인 상호관계에 있다고 결론 내린다. Steven Davidoff Solomon, "A Lack of Consensus on Corporate Governance," New York Times, September 29,

2015, http://perma.cc/6Q4A-XGQJ. 17, 2012, http://perma.cc/FV7J-85RQ(referring to proposals filed in 2011 and 2012); Cheryl Kelly, "Major Investors Call on JPMorgan Chase to Name Independent Board Chair," press release, AFSCME, February 20, 2013, http://perma.cc/B48R-XK2V.

17. JPMorgan Chase & Company, proxy statement, 2012, 39-40; CEO와 이사장 직을 분리할 수 없음을 재차 강조하고 있다.

18. Jill Schlesinger, "JPMorgan Chase: London Whale Swallows $2B," CBS News, May 10, 2012, http://perma.cc/KJ3PXGR3;Gregory Zuckerman and Katy Burne, "'London Whale' Rattles Debt Market," Wall Street Journal, April 6, 2012, http://perma.cc/KJ3P-XGR3;Dan Fitzpatrick, Gregory Zuckerman, and Liz Rappaport, "J. P. Morgan's $2 Billion Blunder," Wall Street Journal, May 11, 2016, https://perma.cc/25EM-BVY6; "Timeline: The London Whale's Wake," New York Times, March 27, 2013, https://perma.cc/ZK6J-6HZF; Simon Neville, "JPMorgan Trader 'London Whale' Blows $13Bn Hole in Bank's Value," The Guardian, May 11, 2012, http://perma.cc/4DGG-U8BL(이 기사는 시장가치를 1백 30억 달러로 평가한다); "JPMorgan Chase Has Lost $20 Billion on Its Bad Trade, Taking into Account Share Price," Huffington Post, May 14, 2012, http://perma.cc/HN9E-DE5D; Jessica Silver-Greenberg, "JPMorgan Cuts Dimon's Pay, Even as Profit Surges," New York Times, January 16, 2013, http://perma.cc/63A6-HZPA.

19. "AFSCME Plan's McEntee to JPMorgan Chase: 'Don't Hedge on Independent Board Chair; the Stakes Are Too High to Leave Jamie Dimon Unsupervised,'" press release, AFSCME, http://perma.cc/TF67-48F9.

20. Kathryn Glass, "Dimon Safe, for Now," Fox Business, May 15, 2012,http://perma.cc/WU47-C9P3; "Dimon Apologizes to Shareholders for $2B Trading Loss," Daily Caller, May 12, 2012, http://perma.cc/7CZ3-R4VA; Eleazar David Melendez, "JPMorgan Activist Shareholders May Regret Push to Split CEO and Chairman Roles, Professor Says," Huffington Post, May 13, 2013, http://perma.cc/2UVE-W53C.

21. "2012년 전체 유권자의 36%에 이르는 4천 6백만 명 이상이 선거일에 전통적 투표소와는 다른 곳에서 일정한 방식으로 투표를 했다." Drew Desilver and Abigail Geiger, "For Many Americans, Election Day Is Already Here," Pew Research Center, October 21,2016, http://perma.cc/HF4C-GE8C.

22. 참고 SEC Reg 14A, 17 CFR 240.14a-1-240.14b-2.

23. Scott Winter, 이메일 서신, 2017. 4. 3. 윈터는 Innisfree M&A Inc.의 경영이사 이며, 선도적인 의결권대리행사 변호사이다. 윈터가 제이피모건에서 CEO와 이사장 역할 을 분리하는 투표에 대해 특별히 논평한 것이 아니라, 주주투표에 대해 일반적으로 논평 한 것에 주목하자.

24. David Henry, "Dimon Keeps JPMorgan Chairman Title after Bruising Battle," Reuters, May 21, 2013, http://perma.cc/3KH4-WL6A; Dan Fitzpatrick, "Vote Strengthens Dimon's Group," Wall Street Journal, May 21, 2013, http://perma.cc/NF83-W2UZ; "JPMorgan'sJamie Dimon Beats off Shareholder Revolt," BBC News, May 21, 2013, http://perma.cc/22UP-4C5C.

25. Bruce Mendelsohn and Jesse Brush, "The Duties to Correct and Update: A Web of Conflicting Case Law and Principles," Securities Regulation Law Journal 43(2015): 67, 72, http://perma.cc/KY4K-4U8Z.

26. In re JPMorgan Chase & Co., Second Amended Class Action Complaint at ¶328, 12-cv-03852-GBD(S.D.N.Y. April 15, 2013). 정보 전면 공개를 위해, 이 소송이 제소되기 수년 전 필자는 한때 이 사건을 수임한 법률회사에서 일한 적이 있다.

27. Erik Larson, "JPMorgan Chase to Pay $150 Million to Settle 'Whale'Suit," Bloomberg, December 21, 2015, http://perma.cc/5DCV-YGW2.

28. Jie Cai, Jacqueline L. Garner, and Ralph A. Walkling, "Electing Directors," Journal of Finance 64, no. 5(October 2009): 2389-421, https://perma.cc/4WV7-GKND; Karen McVeigh and Dominic Rushe, "JPMorgan: Justice Department Opens Investigation into $2Bn Trading Losses," The Guardian, May 15, 2012, https://perma.cc/F93N-L4K4; "The Board of Directors—Selecting, Electing and Evolving," AVC, March 12, 2012, http://perma.cc/LHQ9-ZK35;Karen Freifeld and David Henry, "JPMorgan, under Pressure, Gives up Vote Information," Reuters, May 20, 2013, http://perma.cc/9W5G-Q7JM.

29. Kelly, "Major Investors Call on JPMorgan Chase to Name Independent Board Chair," 켈리는 AFSCME투자 74,984주, CRPTF투자 1,391,999주 그리고 NYC 기금투자 9,747,342주라고 말한다.

30. Justin Menza, "JPMorgan Investors Propose Splitting CEO, Chairman Roles," CNBC, February 20, 2013, http://perma.cc/Y3QM-Q7C9; Susanne Craig and Jessica Silver-Greenberg, "JPMorgan Works to Avert Split of Chief and Chairman Roles," New York Times, April 5, 2013, https://perma.cc/K9HL-C4M7; Dan Fitzpatrick, "Investors Seek to Split J. P. Morgan Top Posts," Wall Street Journal, February 20, 2013, https://perma.cc/8BYL-5F95; Kelly, "Major Investors Call on JPMorgan Chase to Name Independent Board Chair"; Hermes Investment Management, About Us, https://perma.cc/AD49-ES98; Jay W. Lorsch and Andy Zelleke, "두 개의 최고 직위를 분리하는 일은 영국과 그 밖의 다른 나라에서는 보편적이다. 그러나 두 개의 직위를 결합하는 미국 모형을 개선하는 일은 반드시 필요한 것은 아니다," MIT Sloan Management Review, January 15, 2005, https://perma.cc/3YU6-BJ6G; JPMorgan Chase & Company, proxy statement, 2013, schedule 14A, proposal 6, https://perma.cc/S8Z4-XYZC.

31. Joshua Rosner, "JPMorgan Chase: Out of Control—Executive Summary," GrahamFisher, March 12, 2013, https://perma.cc/Q83Z-J2BR; Lisa Lindsley, 전화 인터뷰, 2016. 4. 6; Dawn Kopecki and Hugh Son, "JPMorgan Shareholders Reject Splitting CEO Dimon's Dual Roles," Bloomberg, May 22, 2013, http://perma.cc/ GNE4 -UUEK.

32. Kopecki and Son, "JPMorgan Shareholders Reject Splitting CEO Dimon's Dual Roles."

33. "Lee Saunders," AFSCME, Leadership, https://perma.cc/QLJ9-ZDPZ;Nikhil Kumar, "JPMorgan: Are Investors about to Clip Jamie Dimon's Wings?" The Independent, May 20, 2013, https://perma.cc;6L3W-EDLH.

34. Robert Samuels, "Walker's Anti-Union Law Has Labor Reeling in Wisconsin," Washington Post, February 22, 2015, http://perma.cc/FJQ4-KLYW; Reginald Fields, "Ohio Voters Overwhelmingly Reject Issue 2, Dealing a Blow to Gov. John Kasich," Cleveland.com, November 8, 2011, http://perma.cc/6EBD-ATN2.

35. 참고 Jeffrey B. Ellman and Daniel J. Merrett, "Pensions and Chapter 9: Can Municipalities Use Bankruptcy to Solve their Pension Woes?" Emory Bankruptcy Developments Journal 27(2011): 365, https://perma.cc/NWZ9-ZDZJ.

36. 확정기여형 연금에 대한 사회보장 행정통계를 참조, https://perma.cc/F3W8-V69Y.

37. Lisa Lindsley, 전화 인터뷰, 2016. 4. 6.

38. Ibid.; Slavkin Corzo, 인터뷰, 2016. 7. 27; Dan Pedrotty, 전화 인터뷰, 2016. 3. 25.

39. 참고 Nathan Bomey, Detroit Resurrected: To Bankruptcy and Back (NewYork: Norton, 2016).

40. Monica Davey and May Williams Walsh, "Billions in Debt, Detroit Tumbles into Insolvency," New York Times, July 18, 2013, http://perma.cc/L3FP-6NHD;Liz Farmer, "How Are Pensions Protected State-by-State?" Governing the States and Localities, Finance 101, January 28, 2014, http://perma.cc/6X6J-SHU5.

41. U.S. Department of Labor,"Retirement Plans—Benefits and Savings," https://perma.cc/G86J-DWSH; Ashley Woods, "A Guide to Detroit's Chapter 9 Default and How Bankruptcy Could Change the City," Huffington Post, July 24, 2013, http://perma.cc/6Z6G-UBNR; Scott Cohn, "Detroit Bankruptcy Deal Would Limit Pension Cuts," CNBC, June 15,2014, http://perma.cc/F8BG-H2JM; Brent Nesbitt, "Detroit's Chapter 9 Bankruptcy and the Grinch Who Stole Their Pensions,"

Jurist, December 23, 2013, http://perma.cc/9PHQ-2QJ8.

42. Monica Davey, "Detroit and Retirees Reach Deal in Bankruptcy Case," New York Times, April 26, 2014, http://perma.cc/XJX7-KFSJ. Ned Resnikoff, "Deal Reached to Fund Detroit Pensions, Preserve Art," MSNBC, January 14, 2014, http://perma.cc/8DQY-SKZW를 참고하라.

43. Davey, "Detroit and Retirees Reach Deal in Bankruptcy Case"; Steven Yaccino and Jessica Silver-Greenberg, "JPMorgan Committing $100 Million over 5 Years to Aid Revitalization in Detroit," New York Times, May 21, 2014, http://perma.cc/TTB5-S2BE; Nathan Bomey, "JPMorgan Chase CEO: Detroit Pensions Should Be Protected," Detroit Free Press, May 10, 21, 2014, http://perma.cc/K6JB-9CAF.

44. David Dayen, "Jamie Dimon's Sinister P.R. Ploy: What's Really behind JPMorgan's Detroit Investment," Salon, May 21, 2014, http://perma.cc/UPK4-GZXP. 참고 Roberta Romano, "Less Is More: Making Institutional Investor Activism a Valuable Mechanism of Corporate Governance," Faculty Scholarship Series, paper 1916, 2001, https://perma.cc/P7KW-BX5H: "적어도 어떤 주주제안들을 후원함으로써 일부 투자자에게 사사로운 이익이 생길 가능성은 농후하다. 후원자들의 정체상의 차이, 즉 공적 연금기금과 노동조합 기금의 우위는 그런 가능성을 강력히 암시한다. 공적 기금과 노동조합 기금은 민간부문 기금과는 대조적으로 투자자 자산을 끌어들이기 위해 경쟁하지 않는다."

45. Business Roundtable v. SEC, no. 10-1305, slip op.(D.C. Cir. July 22, 2011).

46. Lucian A. Bebchuk, "Letting Shareholders Set the Rules," Harvard Law Review 119(2006): 1784.

47. 제2장 참고.

48. 블랙락과 뱅가드는 엑슨모빌에서 기후변화 보고에 찬성하는 투표를 했다. U.S. Securities and Exchange Commission, "Annual Report of Proxy Voting Record of Registered Management Investment Companies: Vanguard Index Funds," May 9, 2017, https://perma.cc/5KMN-KEAT; BlackRock, "Supporting a Shareholder Proposal Following Extensive Management Engagement," May 31, 2017, https://perma.cc/QWB8-3EVN. 블랙락은 옥시덴털 석유사에서 기후변화결의안 역시 지지했다. BlackRock, "Supporting a Shareholder Proposal Following Lack of Response to Prior Engagement," May 12, 2017, https://perma.cc/4N3S-U3CJ.

49. Ross Kerber, "Amid Business Ties, Some Fund Firms Eased Proxy Pressure: Study," Reuters, April 18, 2017, http://perma.cc/AY3N-V86G; Investopedia, s.v. "An Introduction to Sovereign Wealth Funds," http://www.investopedia.com/articles/ economics/ 08/ sovereign-wealth -fund.asp; Christopher Balding, Sovereign Wealth Funds: The New Intersection of Money and Politics(New York:

Oxford University Press, 2012), chap. 4.

50. Neil O'Hara, "The Multiple Strategies of Hedge Funds," Forbes, November 22, 2013, https://perma.cc/TKU5-UGTH를 참고하라.

51. Aswath Damodaran, Applied Corporate Finance, 3rd edn.(Hoboken,N.J.: Wiley, 2011), 47.

52. 일부 학자들은 다른 주주들과는 달리 특히 헤지펀드 행동가들을 지지하는 일부 주주들에게는 선량한 관리자로서의 주의 의무를 적용해야 한다고 주장해왔다. 참고 Iman Anabtawi and Lynn Stout, "Fiduciary Duties for Activist Investors," Stanford Law Review 60(2008): 1255.

53. Lisa Lindsley, LinkedIn; Lisa Lindsley, 전화 인터뷰, 2016. 4. 6; Sum of Us, About Us, http://perma.cc/4LVB-TN99.

54. Jena McGregor, "These Business Titans Are Teaming up for Better Corporate Governance," Washington Post, July 21, 2016, http://perma.cc/ZJD8-6YZY. 참고 "Commonsense Corporate Governance Principles," http://perma.cc/37CK-PMDG.

55. David H. Webber, "Big Corporations Are Trying to Silence Their Own Shareholders," Washington Post, April 13, 2017, https://perma.cc/XV8S-37LG.

56. 50 /50 Climate Project, https://perma.cc/EM3T-Y653.

57. "Richard Ferlauto," Washington Post, May 10, 2017, https://perma.cc/666P-3257.

58. Stephen Foley, "'The Bull's-Eye Is on Their Backs': US Investors Hit the Mark on Executive Excess," The Independent, June 17, 2006, http://perma.cc/DJ6R-CA49; SEC Office of Investor Education and Advocacy, "Investor Bulletin: Say-on-Pay and Golden Parachute Votes," March 2011, https://perma.cc/3T6D-SDKW.

59. SEC Office of Investor Education and Advocacy, Investor Bulletin: Say-on-Pay and Golden Parachute Votes, March 2011, https://perma.cc/3T6D-SDKW.

60. Rich Ferlauto, interview, April 20, 2016; "The Directors' Remuneration Report Regulations 2002," Statutory Instrument, no. 1986, 2002, http://perma.cc/Q5YX-TVEF.

61. Rich Ferlauto, 인터뷰, 2016. 4. 20.

62. Ibid.; Rich Ferlauto, 이메일 서신, 2017. 2. 23; Home Depot, DEF 14A filings for 2007, http://perma.cc/Y9CJ-NLXQ;2008, http://perma.cc/7BUR-3E7X; 2009, http://perma.cc/KY9T-4H5A; 2010, http://perma.cc/KKK3-Y6CY; Countrywide, DEF14A filings for 2006, http://perma.cc/FGR4-U98P; response,http://perma.cc/KX3R-EAZX; 2007, http://perma.cc/D2X7-BD32.

63. Home Depot, 10-Q(Quarterly Report), May 4, 2008, http://perma.cc/ZY22-

T86F; Home Depot, 10-Q,May 3, 2009, http://perma.cc/TP8N-BRKE;Home Depot, 10-Q, May 2, 2010, http://perma.cc/6MSH-TVJC;Home Depot, 8-K, May 20, 2010, http://perma.cc/ZQW6-BZW8;Countrywide, 10-Q,June 30, 2006, http://perma.cc/UTJ7-DHEJ;Countrywide, 10-Q, June 30, 2007, http://perma.cc/YRP3-W9VW. 매년 홈 디포 주주제안에 대한 찬성 득표율은 다음과 같다: 2007, 43%; 2008, 42%; 2009, 44%; 2010, 36%. 2006년과 2007년도 전국적 찬성 득표율은 각각 44%와 35%였다.

64. S. 1074, Shareholder Bill of Rights of 2009, Senate, U.S. Congress, http://perma.cc/ KP7G-CNEB.

65. 참고 Anna Snider, "Shareholder Bill of Rights," Corporate Secretary September 1, 2009, http://perma.cc/5BQT-VVFB, and Chuck Schumer, "Schumer, Cantwell Announce 'Shareholder Bill of Rights' to Impose Greater Accountability on Corporate America," press release, May 18, 2009, http://perma.cc/GC3Z-KHE5; Nell Minow, ValueEdge Advisors, https://perma.cc/Y3QP-CWYA.

66. Business Roundtable, businessroundtable.org, https://perma.cc/WC7R-CCHX.

67. J. Robert Brown, "Wachtell, Lipton and the Opening Salvo against the Shareholder Bill of Rights(The Criticisms)," TheRacetotheBottom.org, May 15, 2009, http://perma.cc/TP95-DDZT; Dan Eggen, "Opponents of 'Shareholder Bill of Rights' Reach out to Sen. Schumer," Washington Post, April 30, 2009, http://perma.cc/5KEN-TBEA; Victoria McGrane, "Consumer Bill Worries Business," Politico, May 26, 2009, http://perma.cc/YH4Z-CYEK; Business Roundtable, businessroundtable .org; "Excessive Executive Pay: What's the Solution?" Working Knowledge, Harvard Business School, September 21, 2009, http://perma.cc/5G8G-WZRC; Andy Borowitz, "Clinton Campaign Accuses Sanders of Trying to Win Nomination," New Yorker, April 11, 2016, http://perma.cc/UQU9-YMBA.

68. S. 1074, Shareholder Bill of Rights of 2009.

69. H.R. 4173, S. 951, Dodd-Frank Wall Street Reform and Consumer Protection Act, U.S. Congress, http://perma.cc/MS7T-3CFV.

70. Dominic Rushe, "Citigroup Shareholders Reject CEO Vikram Pandit's Pay Package," The Guardian, April 17, 2012, http://perma.cc/WDC2-QVLS; David Enrich, Suzanne Kapner, and Dan Fitzpatrick, "Pandit Is Forced Out at Citi," Wall Street Journal, October 17, 2012, http://perma.cc/86J4-L99W; Caleb Melby, "Abercrombie Wages Charm Offensive after Revolts on Pay," Bloomberg, May 27, 2014, http://perma.cc/Q6HF-EDPL; Paul Hodgson, "Why Oracle Shareholders Keep Rejecting the Company's Executive Pay," Fortune, November 25, 2015, http://fortune.com/2015/11/25/oracle shareholders-executive-pay/; Ashlee Vance, "End of an Era: Larry Ellison Steps Down as Oracle's CEO," Bloomberg, September 18, 2014, http://perma.cc/D7LZ-8C57; Semler Brossy, "Eight Additional Companies Fail Say on Pay," June 7, 2017, https://perma.cc/BG37-6E8A; Semler Brossy, "2016 Year-End Report: Failure Rate at Lowest Level Since 2011," February 2, 2017, https://perma.cc/PFK2 -YKMV; Semler Brossy, "Annual Russell 3000 Say on Pay Results as of 07.27.16," July 27, 2016, https://perma.cc/8FVE-9NBJ.

71. "Data from Nasdaq: Stock Market News for January 19, 2017," NADAQ, January 19, 2017, http://perma.cc/6KXX-VEET.

72. 참고 Proxy Insight, UK Remuneration Review 2015, http://perma.cc/32QW-XF8C.

73. Paul Hodgson, "Surprise, Surprise: Say on Pay Seems to Be Working," Fortune, July 8, 2015, http://perma.cc/8HQ6-U3KF.

74. "Evaluating Pay for Performance Alignment," ISS, http://perma.cc/5AGA-L75F.

75. Dino Grandoni, "The Energy 202: What the Dodd-Frank Rollback Could Mean for Energy Companies," Washington Post, June 9, 2017, https://www.washingtonpost.com/news/powerpost/paloma/the-energy-202/2017/06/09/the-energy-202-what-the-dodd-frank-rollback-could-mean-for-energy-companies/5939899be9b69b2fb981dcb1/?utmterm=.7d19695b6ade.

76. H.R.4173, S. 953, Dodd-Frank Wall Street Reform and Consumer Protection Act; "SEC Adopts Rule for Pay Ratio Disclosure."

77. Ferdman, "The Pay Gap between CEOs and Workers"; Lawrence Mishel and Alyssa Davis, "Top CEOs Make 300 Times More Than Typical Workers," Economic Policy Institute, June 21, 2015, http://perma.cc/MP6M-KXSF.

78. Michael Passante, interview, August 17, 2016.

79. "A Special Interview with Heather Slavkin Corzo, New Director of the AFL-CIO Office of Investment," Heartland Capital Strategies, September 17, 2014, http://perma.cc/L63G-JGES;Heather Slavkin Corzo, 개별 면담, 2011. 4. 14; Dan Pedrotty, LinkedIn, http://perma.cc/W58D-K4LC.

80. H .R.4173, S. 953, Dodd-Frank Wall Street Reform and Consumer Protection Act; "Our Collective Strength," AFL-CIO Equity Index Fund Newsletter, October 2014, http://perma.cc/D8TA-EEJZ; "Implementing the Dodd-Frank Wall Street Reform and Consumer Protection Act," SEC, November 14, 2016, http://perma.cc/YM2R-WGV7; "This Fund Is Important. Here's Why," AFL-CIO Equity Index Fund Newsletter, April 23, 2015, http://perma.cc/H2US-V4GR; Heather Slavkin Corzo, "Big News to Report on the CEO-to-Worker Pay Ratio Disclosure

Rules," AFL-CIO, July 14, 2015, http://perma.cc/V2AV-GKJQ; "SEC Passes Rule on CEO Pay Ratio," CNBC, August 5, 2015, http://perma.cc/DH8M-FLFC; Raul Grijalva to Mary Jo White, March 17, 2015, https://perma.cc/YX5P-BB7F.

81. Senator Elizabeth Warren to Mary Jo White, June 2, 2015, https://perma.cc/6VK5-SCMR.

82. "More Than 165,000 Petition Signers Demand SEC Finalize Rule Requiring CEO-to-Worker Pay Ratio Disclosure," press release, AFL-CIO, July 14, 2015, http://perma.cc/CF87-XXRM; Heather Slavkin Corzo, 인터뷰, 2016. 7. 27; Sarah Anderson, "This Is Why Your CEO Makes More Than 300 Times Your Pay," Fortune, August 7, 2015, http://perma.cc/MUZ3-99JC; Heather Slavkin Corzo, "Pay Ratio Rule Gives Shareholders Better Exec Comp Info," CFO.com, October 1, 2015, http://perma.cc/7WMZ-QG4J.

83. "SEC Adopts Rule for Pay Ratio Disclosure."

84. Grijalva to White, March 17, 2015; Heather Slavkin Corzo, 인터뷰, 2016. 7. 27.

85. "Surprise ISS Survey Results Reveal That Investors Intend to Use Pay Ratio Disclosures," Skadden Memorandum, September 25, 2017, https://www.skadden.com/insights/publications/2017/09/surprise-iss-survey-results.

86. Michael Piwowar, "Dissenting Statement at Open Meeting on Pay Ratio Disclosure," U.S. Securities and Exchange Commission, August 5, 2015, http://perma.cc/ZR8V-NHPL.

87. Division of Corporation Finance Guidance on Calculation of Pay Ratio Disclosure, U.S. Securities and Exchange Commission, September 21, 2017, https://perma.cc/DS44-YXPH; Broc Romanek, "The Big News! SEC Won't Delay Pay Ratio!" TheCorporateCounsel.net, September 18, 2017, https://perma.cc/M5SA-ZNE6.

PART 5　대중 편에 선 로비스트들, 사모와 대결하다

1. Louis D. Brandeis, Other People's Money and How the Bankers Use It(N.p.: N.p., 1913), 92.

2. SEC, "What We Do," https://perma.cc/FL3W-5F6H를 참고하라.

3. Frank H. Easterbrook and Daniel R. Fischel, "Mandatory Disclosure and the Protection of Investors," Virginia Law Review 70(1984): 669; Gretchen Morgenson, "Private Equity's Free Pass," New York Times, July 25, 2014, https://perma.cc/Q9KX-HPM2.

4. Heather Slavkin Corzo, 인터뷰, 2016. 7. 27; Preqin, "The 2016 Preqin Global Private Equity and Venture Capital Report," 2016, https://perma.cc/9TA3-47MQ, 5; Ben Protess, Jessica Silver-Greenberg, and Rachel Abrams, "How Private Equity Found Power and Profit in State Capitols," New York Times, July 14, 2016, https://perma.cc/9Q96-KCTJ; Peter Lattman, "Private Equity Makeover Effort Starts with Trade Group," New York Times, September 14, 2010, https://perma.cc/2EYF-HAHE; "Private Equity Growth Capital Council Updates Mission; Changes Name to American Investment Council," press release, American Investment Council, May 10, 2016, https://perma.cc/PXU7-AVJW.

5. Investopedia, s.v. David Allison, "Learn the Lingo of Private Equity Investing," https://perma.cc/PQR8-P4AQ; "Private Equity," The Economist, June 22, 2009, https://perma.cc /2PK5-XPJ5; Alan J. Patricof, "Close My Tax Loophole," New York Times, August 26, 2016, https://perma.cc/6FCK-FDJL.

6. Victor Fleischer, University of San Diego School of Law, https://perma.cc/N2XB-HN5C; "Wyden Announces Tax Leadership Team," U.S. Senate Committee on Finance, July 20, 2016, https://perma.cc/C3P3-URPD; Victor Fleischer, "Two and Twenty: Taxing Partnership Profits in Private Equity Funds," New York University Law Review 83(2008): 1. "2와 20"은 사모운용수수료를 언급하는 것으로, 투자 총액의 2%와 수익의 20%이다.

7. Hedge Clippers, "Closing Wall Street's Lucrative Loophole: How States Can Raise Billions by Taxing Carried Interest," Hedge Papers no. 27, 2016, http://perma.cc/CPA9-ZYQR.

8. Ryan Ellis, "Senator Ron Wyden Endangers Tax Reform with Hire of Radical Partisan Victor Fleischer," Forbes, August 1, 2016, http://www.forbes.com/sites/ryanellis/2016/08/01/senator-ron-wyden-endangers-tax-reform-with-hire-of-radical-partisan-victor-fleischer/#78e794cd4dfd.

9. "Bottom Line Nation," New York Times, http://perma.cc/HQ3V-NWQX; Danielle Ivory, Ben Protess, and Kitty Bennett, "When You Dial 911 and Wall Street Answers," New York Times, June 25, 2016, http://perma.cc/XE4D-2DBL; Jennifer Daniel et al., "This Is Your Life, Brought to You by Private Equity," New York Times, December 24, 2016, http://perma.cc/5LY3-GEJQ; "From Plans to Pavement: How a Road Is Built," Michigan Department of Transportation, http://perma.cc/5FFY-7FWC; "How a Road Gets Built," North Carolina Department of Transportation, http://perma.cc/7SFU-DAZH; "Private Roads, Public Costs: The Facts about Toll Road Privatization and How to Protect the Public," In the Public Interest, U.S. PIRG Education Fund Frontier Group, April 1, 2009, http://perma.cc/4W58-894X; Protess,

Silver-Greenberg,and Abrams, "How Private Equity Found Power and Profit in State Capitols"; John B. Goodman and Gary W. Loveman, "Does Privatization Serve the Public Interest?" Harvard Business Review, November-December1991, http://perma.cc/Z8MU-WJ9T.

10. Heather Slavkin Corzo, 인터뷰, 2016. 7. 27; Heather Slavkin Corzo, LinkedIn, https://perma.cc/YNW2-HTVL; David L. Goret et al., "Dodd-Frank Bill Moves towards Passage: Highlights of the Investment Adviser Registration Requirements, Accredited Investor Standard and the Volcker Rule," Lowenstein Sandler PC, July 14, 2010, http://perma.cc/T6HM-AV52.

11. PE Lobbying Reports, Open Secrets, 2010, http://perma.cc/9T5U-8YFQ; 2011, http://perma.cc/92XB-JSJZ;2012, http://perma.cc/MLH6-8S4U; "Restoring Oversight and Accountability to the Financial Markets," Americans for Financial Reform, July 10, 2009, http://perma.cc/6BNL-LLTD; "Americans for Financial Reform Launch Campaign to Clean up Wall Street, Protect Your Pocketbook," press release, Americans for Financial Reform, June 2009, http://perma.cc/2NT9-4FPA; Heather Slavkin Corzo, 인터뷰, 2016. 7. 27; "Join Our Coalition," http://ourfin ancialsecurity.org/about/our-call-to-action/; Ed Mierzwinski, "CFPB Turns5 Years Old, PIRG Celebrates Accomplishments, Warns of Ongoing Threats," press release, U.S. PIRG, July 21, 2016, http://perma.cc/68TP-VMPC; David Corn, "Elizabeth Warren: Passed Over for CFPB Post, but……" Mother Jones, July 17, 2011, http://perma.cc/QSV9-GBMN. 또한 http://ourfinancialsecurity.org/2009/06/launch-sidebare/를 보라.

12. Gretchen Morgenson, "Pension Funds Can Only Guess at Private Equity's Cost," New York Times, May 1, 2015, https://perma.cc/64HD-PZKT; "America's Biggest Pension Fund Just Revealed What It Pays Its PE Money Managers," Reuters, November 15, 2016, http://perma.cc/Q8UM-JBWJ; Beth Healy, "State Pension Fund Paid Private Equity Firms $1.5B over 5 Years," Boston Globe, November 30, 2016, http://perma.cc/Y3HY-9XE9; Goodman and Loveman, "Does Privatization Serve the Public Interest?"; Ivory, Protess, and Bennett, "When You Dial 911 and Wall Street Answers."

13. 노동자와 중산층을 분류하는 기준과 관련해서 상당히 큰 의견의 불일치가 존재하는 것을 필자도 인식하고 있다. 필자가 여기에서 그 용어를 사용한다면 그것은 그 구분선을 어디에 그을 것인지를 놓고 본격적인 논의를 하자는 뜻이 아니다. 거기에는 직업의 명칭, 교육 수준, 봉급, 급여 그리고 수십 가지의 다른 속성들이 모두 분류의 요인으로 작용한다. 필자는 연기금에 투자하는 노동자들을 설명할 때 두 용어를 보다 포괄적으로 사용한다. 분명하게 해야 할 것은 공적 연금기금에 투자하는 사람들 가운데 그 어느 누구도 상

위층 또는 상위 1%에 드는 사람은 없다는 점이다. 만약 그런 사람이 있다면 그는 자신의 직업이 아닌 그 밖의 다른 곳에서 부를 축적한 사람이다. 이 점이야말로 그들이 이 책 전반에 걸쳐 만나는 CEO들과 헤지펀드 운용역들, 사모펀드 운용역들과 명백히 대조를 이루는 부분이다.

14. Eileen Appelbaum, "Private Equity and the SEC after Dodd-Frank," Center for Economic and Policy Research, January 2015, http://perma.cc/BXL6-7266; "What the Law Does: Wins and Losses," Americans for Financial Reform, http://perma.cc/W3PV-YV6E.

15. Andrew J. Bowden, "Spreading Sunshine in Private Equity," speech, SEC, May 6, 2014, http://perma.cc/SY6S-AQCP; emphasis added.

16. Ibid.

17. "SEC Announces Enforcement Results for FY 2016: Increase in Actions Involving Investment Advisers, FCPA Violations; Most Ever Whistleblower Money Distributed in a Single Year," press release, SEC,October 11, 2016, https://www.sec.gov/news/pressrelease/2016-212.html; SEC, "Private Equity Fund Advisor Settles with SEC for Failing to Disclose Its Fee Allocation Practices," Administrative Proceeding, file no. 3-17491, August 24, 2016, https://perma.cc/2MLN-XUG7; Chase Peterson-Withorn, "What You Need to Know about Commerce Secretary Pick Wilbur Ross, Trump's Billionaire Pal," Forbes, November 29, 2016, https://perma.cc/3HAE-D9HT; In the Matter of WL Ross & Co., LLC, Admin. Proc. file no. 3-17491, "Order Instituting Cease-and-Desist Proceedings Pursuant to Section 203(k) of the Investment Advisers Act of 1940, Making Findings, and Imposing a Cease-and-Desist Order," August 24, 2016, https://perma.cc/H7SJ-8N5Q.

18. Michael Pineschi, "Leonard Green and Partner's March 2016 ADV Discloses Changes to Private Jet Billing Policy," press release, UNITE HERE, April 2016, https://perma.cc/L8JP-7SD3.

19. https://www.pecloserlook.org/를 참조하라.

20. Katherine Buccaccio, "Legal Special: GPs and the Unions," Private Funds Management, April 1, 2016, https://perma.cc/6QA7-RDBF; Jack Marco, 전화 인터뷰, 2013. 11. 25.

21. Josh Eidelson, "Who's the Boss? Union Organizers Target Private Equity Owners," Bloomberg, October 19, 2017, https://perma.cc/46WA-S4LS.

22. Preqin, "Public Pension Funds Investing in Alternative Assets," 2015, https://perma.cc/N4FT-6R64에서는 사모자본의 29%가 공적 연금기금으로부터 투자된다고 추산한다. Antonia Lopez-Villavicencio and Sandra Rigot, "The Determinants of Pension Funds' Allocation to Private Equity," Social Science Research Network,

November 30, 2013, http://dx.doi.org/10.2139/ssrn.2363356에서는 2001년과 2011년 사이에 공적, 사적 연금기금들이 사모에 투자된 자본의 43%를 형성한 것으로 평가한다.

23. "Largest US Pension Fund CalPERS in Talks with BlackRock to Outsource Business, Source Says," Reuters, September 7, 2017, https://perma.cc/WR9D-5Y7H.

24. Josh Kosman, "Under Pressure KKR Poised to Take Pension Money Deal," New York Post, September 14, 2017, https://perma.cc/JC22-R6ER.

25. David H. Webber, "The Use and Abuse of Labor's Capital," New York University Law Review 89(2014): 2106.

PART 6   월 스트리트의 새로운 보안관들

1. "He's Making Hay as CEOs Squirm," Businessweek, January 15, 2007, http://perma.cc/9GRZ-8X36; Eliot Spitzer, "Erik Lie," Time, May 3, 2007, http://perma.cc/354F-FPAS; Erik Lie, "On the Timing of CEO Stock Options Awards," Management Science(May 2005): 802-12, http://perma.cc/VPF7-PGLL.

2. Charles Forelle and James Bandler, "The Perfect Payday," Wall Street Journal, March 18, 2006, http://perma.cc/S8X6-FAKB.

3. Ibid.

4. 스톡옵션에 대한 포괄적인 설명을 보려면 David I. Walker, "Evolving Executive Equity Compensation and the Limits of Optimal Contracting," Vanderbilt Law Review 64(2011): 611을 참고하라.

5. 비록 스톡옵션의 소급적용이 미래의 기업 실적을 장려한다는 본래의 목적을 훼손한다 할지라도, 그 자체로 불법은 아니다. 스톡옵션의 소급적용을 투명하게 공개하지 않는 행위, 즉 스톡옵션을 통상적인 방식으로 부여하지 않고 비밀리에 소급적용하는 행위가 불법이다.

6. Forelle and Bandler, "The Perfect Payday"; Charles Forelle and James Bandler, "Five More Companies Show Questionable Options Pattern," Wall Street Journal, May 22, 2006, http://perma.cc/9TAL-RWP5.

7. Stewart J. Schwab and Randall S. Thomas, "Realigning Corporate Governance: Shareholder Activism by Unions," Michigan Law Review 96(1998): 1018, 1024: "우리는 노동조합의 경우 비공식적인 막후 논의를 통해 영향력을 행사할 능력이 다른 기관주주들에 비해 떨어진다고 생각한다."

8. 이들 소송이 기본적으로 성사 사례금에 기초해서 제기되기 때문에, 소송비용을 추정하는 쪽은 대체로 법률회사 자신이다. 그런데 그 집단을 대표해서 지명된 대표원고에게는 다른 업무를 제쳐놓고 소송에 매달리는 인력 비용을 포함해서 여러 비용이 발생한다.

9. David Dayeen, "What Are Good Hedge Funds?" American Prospect, April 25, 2016, http://perma.cc/K8B3-HVG2;Paul Vizcarrondo Jr., "Liabilities under the Federal Securities Laws," Wachtell, Lipton, Rosen, and Katz, http://perma.cc/9GY4-SUY6.

10. Adam B. Badawi and David H. Webber, "Does the Quality of the Plaintiffs' Law Firm Matter in Deal Litigation?" Journal of Corporate Law 101(2015): 113; New Issue Brief Outlines Public Pension Investment Process,"National Institute on Retirement Security, 2012, http://perma.cc/EEG7-4XA9;"Mutual Funds," Financial Industry Regulatory Authority, http://perma.cc/4Q4C-3MEA; Investopedia, s.v. Dan Barufaldi, "Hedge Funds: Funds of Funds," http://perma. cc/B93U-CKD7; Fred Imbert, "Should You Invest Like a Pension Fund?" CNBC, September 11, 2015, http://perma.cc/262R-DAUG; David H. Webber, "Private Policing of Mergers and Acquisitions: An Empirical Assessment of Institutional Lead Plaintiffs in Transactional Class and Derivative Actions," Delaware Journal of Corporate Law 38(2014): 907, 942, 941; Bobby Deal, 개별 면담, 2010. 6. 3. 바비 딜은 경찰서 부(副)서장이자 잭슨빌 경찰소방관퇴직연기금 수탁자 위원회의 이사장이다. David H. Webber, "Is Pay-to-Play Driving Public Pension Fund Activism in Securities Class Actions? An Empirical Study," Boston University Law Review 90(2010): 2031, 2071.를 참고하라.

11. David H. Webber, "The Plight of the Individual Investor in Securities Class Actions," Northwestern University Law Review 106(2012): 157, 166,167nn46, 47; C. S. Agnes Cheng et al., "Institutional Monitoring through Shareholder Litigation," Journal of Financial Economics 95(2010): 356, 357-58; Michael Perino, "Institutional Activism through Litigation: An Empirical Analysis of Public Pension Fund Participation in Securities Class Actions,"Journal of Empirical Legal Studies 9(2012): 368, 369-70; Badawi and Webber, "Does the Quality of the Plaintiffs' Law Firm Matter in Deal Litigation?"; "Fiduciary Responsibilities," U.S. Department of Labor,http://perma.cc/YD6N-2LK2. 이에 대해서는 여러 합당한 이유들이 있다. 연금기금들은 기업에 유의미한 지분을 갖고 있는 비교적 대규모의 투자자들이다. 어느 특정기업에 대한 연금기금들의 투자가 전체 포트폴리오의 규모에 비해 상대적으로 적을지라도, 그래도 투자 규모가 수백만 달러에는 이를 것이다. 기금들은 집단소송 변호사들이 기금 자체의 이익과 다른 투자자들의 이익을 제대로 대변하는지 확인하기 위해 그들을 감시할 만한 경제적 유인책들도 갖고 있다. 또한 연금기금들은 대다수 투자자들과 비교해 상대적으로 법적 자문을 받기에 용이하고 노련해서 소송을 점검하는 데 좀 더 능숙하다. 지분 규모와 법적인 노련미가 조화를 이룬 점이 집단소송의 지휘부가 주주를 위해 보다 나은 성과를 도출해내는 이유를 설명해준다. 그것은 뮤추얼펀드와 헤지펀드들이 사기에 직면해서 거의

아무 일도 하지 않는 또 다른 이유이다. 뮤추얼펀드와 헤지펀드들은 연금기금이 능숙하게 이끄는 집단소송에 조용히 끼어들 수 있다. 이 같은 소송 전망이 주어질 경우, 노동계급 주주들이 맥과이어와 유나이티드헬스에 대해 소송을 제기하기 위해 앞으로 나서는 것은 전혀 놀랄 일이 아니었다.

12. Docket case no. 0:06CV01216, U.S. District Court,(D. MN), "Lead Plaintiffs' Amended and Consolidated Verified Derivative and Class Action Complaint," In re UnitedHealth Group Incorporated Shareholder Derivative Litigation, Civ. no. 06-1216(JMR), 2006 WL 2791649(D.Minn. Sept. 21, 2006). 참고 "UnitedHealth CEO McGuire Resigns over Backdated Stock Options," KHN Morning Briefing, June 11, 2009, http://perma.cc/W58H-GMVX.

13. "What Is Derivative Litigation?" Federman & Sherwood, http://perma. cc/3GBV-SBZY; "Lead Plaintiffs' Amended and Consolidated Verified Derivative and Class Action Complaint." 참고 Eric Dash and Milt Freudenheim, "Chief Executive at U.S. Health Insurer Forced Out," NewYork Times, October 15, 2006, http://perma.cc/86G9-W4DL.

14. In re UnitedHealth Group Inc. PSLRA Litig., no. 06-1691-JMR-FLN, Order (D. Minn. Sept. 14, 2006).

15. Cases, Robbins, Geller, Rudman & Dowd, Frequently Asked Questions,http://perma.cc/7675-EJVK.

16. Kevin Lindahl, 전화 인터뷰, 2017. 1. 17.

17. "Lead Plaintiffs' Amended and Consolidated Verified Derivative and Class Action Complaint," ¶88; Kevin M. LaCroix, "UnitedHealth Derivative Settlement 'Largest Ever,'" D&O Diary, December 6, 2007, http://perma.cc/3M2H-4HM2.

18. "Lead Plaintiffs' Amended and Consolidated Verified Derivative and Class Action Complaint," ¶131, 132.

19. Ibid., ¶34, 285.

20. Ibid., ¶93. "옵션기격은 그 옵션 부여일의 보통주 공정 시장가격 100%보다 낮아서는 안 된다. 그리고 보통주의 공정 시장가격은 그 보통주가 거래된 특정 전국단위 증권거래소의 보고를 기준으로 결정되는 공정 시장가격 결정일의 종가보다 낮아서는 안 된다."

21. 원고의 소송 제기와 그 사건의 해결 사이에 일어나는 일에 관해 거의 아무것도 논의할 수 없다는 사실은 좀 더 큰 사회적 문제를 야기한다. 소송이 제기됐는가 싶더니 피해를 치유하는 데 큰 도움이 되는 보상금을 위해서라도 이내 합의가 이뤄진다. 그 과정에서 모든 기록에는 비밀 유지라는 조건이 달린다. 모든 기록들과 원고의 주장을 입증할 여타의 증거들을 공개하라는 소송을 제기해 막대한 돈을 들이느니 차라리 회사와 원고측은 비밀유지에 합의하는 경우가 많은데 그런 합의 하에 원고와 변호사들은 비밀 유지를 조건으로 큰 싸움 없이 회사 측이 갖고 있던 증거를 들여다볼 수 있게 된다. 양 당사자의 관점에

서 보면 그러한 거래는 일리가 있다. 회사는 증거를 공개하는 당혹스러운 상황에서 벗어날 수 있으며, 원고측은 자신들의 주장이 옳았음을 입증하는 데 필요한 기록들을 얻는다. 그러한 기록들은 재판정에서는 공개될 수 있지만, 소송이 합의에 이르는 데만 시간의 96%가 들기 때문에, 결국 햇빛을 보지 못하는 것이 사실이다. 이 소송들이 사실들에 대한 충분한 논의 없이 해결되기 때문에, 이런 합의에 의해 피해를 입는 쪽은 결국 대중이다.

22. Wikipedia, s.v. "Most Expensive Divorces of All Time," http://perma. cc/8M3Y-XP2W; Eric Dash, "Former Chief Will Forfeit $418 Million," New York Times, December 7, 2007, http://perma.cc/U8P3-N6TF.

23. 2008 -04-29-Schedule14A Definitive Proxy Statement.pdf, 13, 67,http:// perma.cc/5G8L-MR37: "우리 이사회는 감사위원회에 의한 관계인 거래의 심의 승인, 비준과 관련한 관계인 거래승인 정책을 채택했다. 이 정책에 따라 감사위원회의 승인이나 비준 없이는 다음과 같은 '관계인' 거래들은 금지된다: 회사 혹은 그 자회사가 직간접적으로 관여하는 1달러 이상의 거래에서 이사, 집행이사 또는 5% 이상의 지분을 가진 주주 또는 그들의 직계가족이 직간접적으로 관련된 거래 또는 일련의 거래"(13).

24. Ibid., 13: "우리 이사회는 사기사건에 연루된 고위 경영진으로부터 현금장려금과 부여된 주식을 회사가 회수하는 환수정책을 채택했다."

25. Forelle and Bandler, "The Perfect Payday"; Gretchen Morgenson,"Sharper Claws for Recovering Executive Pay," New York Times, December 9, 2007, https:// perma.cc/5LTX-DN7N. 참고 Dash, "Former Chief Will Forfeit $418 Million," 이 자료는 연금기금의 역할에 주목하면서 담당 변호사들의 말을 인용한다.

26. Paul Blake, "Timeline of the Wells Fargo Accounts Scandal," ABC News, November 3, 2016, http://perma.cc/6FXN-7L64.

PART 7   선량한 관리자로서의 수탁자 책임 법률과 포획의 위험

이 장에 담긴 법적 분석의 배경은 New York University Law Review에 처음 발표된 것이다. David H. Webber, "The Use and Abuse of Labor's Capital," New York University Law Review89(2014): 2106.을 참고하라. 릭 손(Rick Thorne), 캐럴 샌더스(Carol Sanders)에 관한 이야기와 연금기금의 아라마크 투자에 대해서는 블룸버그뉴스의 Martin Braun과 William Selway 보도를 참고로 했다.

1. 아라마크는 5백여 개 학교 교구에 급식 관리와 보호관리 및 유지보수 용역을 제공한다.

2. Martin Z. Braun and William Selway, "Pension Fund Gains Mean Worker Pain as Aramark Cuts Pay," Bloomberg, November 20, 2012, https://perma.cc/58US-FCGW;Rick Thorne, 전화 인터뷰, 2013. 11. 18; Industries, School Districts, Aramark, https://perma.cc/UHJ8-LNNZ;David H. Webber, "Protecting Public Pension Investments," Washington Post, November 20, 2014, https://perma.cc/3H3Z-AWKY; Martin Z. Braun, public finance reporter, Bloomberg News, 전화 인터뷰, 2013. 8. 7.

3. Webber, "The Use and Abuse of Labor's Capital," 2106; Braun and Selway, "Pension Fund Gains Mean Worker Pain as Aramark Cuts Pay."

4. Webber, "The Use and Abuse of Labor's Capital," 2106.

5. 29 U.S.C. § 1104(a)(1)(A).

6. 29 C.F.R. § 2509.08-1(2008); 인용자 강조.

7. James D. Hutchinson and Charles G. Cole, "Legal Standards Governing Investment of Pension Assets for Social and Political Goals," University of Pennsylvania Law Review 128(1980): 1340, 1370; 29 C.F.R. §2509.08-1(2013); Webber, "The Use and Abuse of Labor's Capital," 2106,2112.

8. John H. Langbein and Richard A. Posner, "Social Investing and the Law of Trusts," Michigan Law Review 79(1980): 72. 일자리에 미치는 투자의 영향을 고려하는 것은 사회적 책임투자의 한 형태라고 저자들은 주장한다. 저자들은 일자리에 대한 고려가 "전통적 투자전략으로부터 결별하는 데 따른 금융비용을 금전적으로 상쇄시켜줄지도 모른다"면서도 이러한 사회적 책임투자를 신탁법 체제에서는 받아들일 수 없는 것으로 본다.

9. Ibid. 이 주석은 시간적 순서에 관한 것이다. 이들 투자의 대부분은 부시 행정부 내 노동부의 해석 전에 이루어진 것이다. 그것은 부시 재임기간의 지침이, 그 이전에도 존재하고 지금도 지속하는 견해를 요약한 것이기 때문이다. 이 투자들이 부시 행정부 내 노동부의 지침을 언급하는 것만으로도 정당화된다고 저자는 주장하는 것이 아니다. 실제로 루이지애나 교원연금은 본문에서 설명한 대로 노동부 해석을 지킬 필요가 없는 공적 연금 기금이다.

10. 29 U.S.C. § 1104(a)(1)(A).

11. Webber, "The Use and Abuse of Labor's Capital," 2106, 2112.

12. Ibid., 2106, 2169, 2159, 2149.

13. Brock v. Walton, 794 F.2d 585(11th Cir. 1986); Bandt v. Board of Retirement, San Diego County Employees Retirement Association, 136 Cal.App. 4th.

14. Webber, "The Use and Abuse of Labor's Capital," 2106, 2112; Brief for the Appellant Secretary of Labor, Brock v. Walton, 794 F.2d 586(11th Cir.1986) (No. 85-5641) (on file with author).

15. Bandt v. Board of Retirement, 136 Cal. App. 4th 140(Jan. 30, 2006)(review denied May 10, 2006).

16. McLaughlin v. Rowley, 698 F. Supp. 1333, 1338(N.D. Tex. 1988)를 참고하라. 여기에서는 시장이자율보다 낮은 대출은 여러 이유로 신중의 의무를 위반한 것이라고

주장한다.; Donovan v. Mazzola, 716 F.2d 1226, 1233-34(9th Cir. 1983). 이는 시장이자율보다 낮은 이자율로 이루어진 대출은 배타적 목적 규칙을 위반한 것으로 여기는 견해이다. Withers v. Teachers' Ret. Sys. of N.Y.C., 447 F.Supp. 1248, 1259(S.D.N.Y. 1978). 이 글에서는 기금의 건강성을 보호하기 위해 시장성이 없는 낮은 이자율의 뉴욕시 채권들에 투자함으로써 수탁자들이 자신들의 선량한 관리자로서 주의 의무를 위반했다는 주장을 받아들이지 않는다. Blankenship v. Boyle, 329 F.Supp. 1089, 1106(D.D.C. 1971). 여기에서는 기금이 아닌 노동조합에 혜택을 주는 연금기금 투자가 선량한 관리자로서 주의 의무를 위반했다고 여긴다.

17. 참고 "New York City Fire Department Pension Fund Statement of Investment Policy for Responsible Contractor Policy," section 7, https://perma.cc/WB29-VVVS를 참고하라(소방본부 정책은 다른 뉴욕시 기금들의 정책과 같다). OPERS, "Private Equity Policy," 2016,4, https://perma.cc/J6S6-R8B2를 참고하라.

18. CalSTRS, "Teachers' Retirement Board Policy Manual," 2014, M-12, https://perma.cc/953N-3AF5. 그 정책은 "민관협력관계('PPPs')를 확립하기 위해 혹은 공공자산의 판매, 대여, 관리 등의 입찰에 응하기 위해 투자 중개기관이 주, 지방정부 또는 지방자치기구와 함께 작동하는 상황에 적용된다."

19. CalPERS, "Statement of Investment Policy for Restricting Private Equity (PE) Investments in Public Sector Outsourcers," July 22, 2014, https://perma.cc/NZR5-G9U7.

20. "DOL Issues Guidance on Economically Targeted Investments," Pension Analyst Compliance Bulletin, Prudential, November 2015, https://perma.cc/FQJ2-UELQ; "Interpretive Bulletin Relating to the Fiduciary Standard under ERISA in Considering Economically Targeted Investments," Employee Benefits Security Administration, Federal Register, October26, 2015, https://perma.cc/76F8-D964.

21. 참고 Retirement Plans and ERISA FAQs, Employee Benefits Security Administration, U.S. Department of Labor, https://perma.cc/T2FS-X7R9.

22. Webber, "The Use and Abuse of Labor's Capital," 2106, 2188-89 (appendix), 2121; "An Impulse to Help," Pensions and Investments, December 24, 2012, https://perma.cc/AB5Q-TVC3.

23. 예를 들어 Village of Barrington Police Fund v. Department of Ins.,570 N.E.2d 622, 626(1991)을 참고하라 : "연금규정의 관련 부분을 해석하고 있는 일리노이주 판례법이 없다 하더라도, 우리는 소득보장법의 유사 규정에 대한 지침과 소득보장법을 해석하는 연방판례법을 찾아볼 수 있다."

24. Robert H. Sitkoff, "Trust Law, Corporate Law, and Capital Market Efficiency," Journal of Corporate Law 28(2003): 565, 572. Webber, "The Use and Abuse of Labor's Capital," 2106, 2164를 참고하라.

25. "Sustainable Investing and Bond Returns," Barclays Research, 2016 https://perma.cc/U55U-RZRC: 이 연구는 "환경, 사회, 지배구조(ESG)에 향한 적극적인 경향성은 작지만 지속적인 실적 상의 이점으로 귀결된다"는 사실을 보여준다. Gunnar Friede, Timo Busch, and Alexander Bassen, "ESG and Financial Performance: Aggregated Evidence from More Than 2,000 Empirical Studies," Journal of Sustainable Finance and Investment 5, no. 4, (2015), https://perma.cc/9HWY-CE65: "ESG 투자사업 사례가 경험적으로 튼튼한 기반을 구축하고 있음을 그 결과는 보여준다." Amy O'Brien, Lei Liao, and Jim Campagna,"Responsible Investing: Delivering competitive performance," TIAA Global Asset Management, April 2016, https://perma.cc/K4M7-5YBP: "선행 책임투자 주가지수에 관한 TIAA의 장기 분석은 시장의 일반적인 수준과 비교했을 때 수익 면에서 통계상의 차이를 발견하지 못했으며, 이는 실적에 대한 어떤 체계적인 벌칙이 존재하지 않음을 시사한다."

26. Matteo Tonello, "Corporate Investment in ESG Practices," Harvard Law School Forum on Corporate Governance and Financial Regulation, August 5, 2015, https://perma.cc/48KW-AV2W; Christophe Revelli and Jean-Laurent Viviani, "Financial Performance of Socially Responsible Investing (SRI): What Have We Learned? A Meta-Analysis," Business Ethics: A European Review 24, no. 2(April 2015), https://perma.cc/J5SP-K876: "주식시장 포트폴리오에서 기업의 사회적 책임을 고려하는 것은 전통적 투자와 비교할 때 약점도 강점도 아니라는 점을 그 결과는 보여준다." Frank J. Fabozzi, K. C. Ma, and Becky J. Oliphant, "Sin Stock Returns," Journal of Portfolio Management 35, no. 1(Fall 2008): 82-94, https://perma.cc/Y6FM-P5N2: "사회적 책임성의 기초가 되는 재무실적은 투자자 쪽으로는 명백한 이익을 창출한다. 그러나 투자 실적을 지지해줄 경험적 증거는 결정적인 것과는 거리가 멀다."

27. Bahar Gidwani, "The Link between Sustainability and Brand Value," The Conference Board, October 2013, https://perma.cc/62C3-6T77. 여기에서는 지속가능한 실적과 상표가치 사이의 긍정적인 연관성을 확인할 수 있다. "2012 Corporate ESG /Sustainability/Responsibility Reporting. Does It Matter? Analysis of S&P 500 Companies' ESG Reporting Trends and Capital Markets Response, and Positive Association with Desired Rankings & Ratings," Governance and Accountability Institute, December 2012, https://perma.cc/C8CR-HU32: "우리는 전반적으로, 보고서가 없는 경쟁자들과 비교하면, 평가하고 관리하고 좀 더 많이 공개하고 또 지속가능성 또는 ESG 관련 쟁점들에 관한 보고서 작성을 체계화하는 회사들은 상당한 이점을 누리고 있음을 확인했다."

28. Jeroen Derwall, Kees C. G. Koedjijk, and Jenke Ter Horst, "A Tale of Values-Driven and Profit-Seeking Social Investors," CFA Digest 41, no. 3(August 2011). 이 연구는 사회책임투자(SRI)는 단순히 가치지향적인 데 그치지 않고 투자자들

이 자신들의 재정적 목표를 달성하는 데 도움을 줄 수 있다고 주장한다. "Report on US Sustainable, Responsible, and Impact Investing Trends 2014," U.S. SIF: The Forum for Sustainable and Responsible Investment, November 20, 2014, https://perma.cc/ R2EH-GJD8.

29. Indrani De and Michelle R. Clayman, "The Benefits of Socially Responsible Investing: An Active Manager's Perspective," Journal of Investing 24, no. 4(Winter 2015): 49-72, https://perma.cc/558F-CWRT; "Investment Governance and the Integration of Environmental, Social and Governance Factors," OECD, 2017, https://perma.cc/A6CD-YFD8.

30. Preqin, "Public Pension Funds Investing in Alternative Assets," fact sheet, 2015, https://perma.cc/N4FT-6R64. 이 연구는 사모 자본의 29%는 공적 연금기금으로 부터 나오는 것으로 추정한다. Antonia Lopez-Villavicencio and Sandra Rigot, "The Determinants of Pension Funds' Allocation to Private Equity," 2013, https://perma. cc/JLK3-5XJC. 여기에서는 2001년과 2011년 사이, 공적 연금기금과 민간 연금기금이 사모에 투자되는 자본의 43%를 형성하는 것으로 평가한다. 제5장도 참고하라.

31. Amir Tibon, "Maryland Governor Signs Order Denying Contracts to Firms That Boycott Israel," Haaretz, October 23, 2017, https://perma.cc/TJR4-QSA6.

32. "Pensions and Investment/Willis Towers Watson 300 Analysis: Year End 2015," Willis Towers Watson, September 5, 2016, section 10, https://perma.cc/CU6J-6KVR; "2016 Governors and Legislators," MultiState AssociatesIncorporated, https:// perma.cc/4XTQ-4BT2.

33. "The World's 300 Largest Pensions," Willis Towers Watson, September 2016, https://perma.cc/CU6J-6KVR;"Pensions and Investments"; "2016 Governors and Legislators."

34. Leigh Ann Caldwell, "Senate Democrats Propose $1 Trillion Infrastructure Plan," NBC News, January 24, 2017, https://perma.cc/4ZGG-U79G; Melanie Zanona, "Trump's Infrastructure Plan: What We Know," The Hill, January 13, 2017, https://perma.cc/T3QF-JU2T.

35. Vonda Brunsting, LinkedIn, https://perma.cc/6HVF-JZXX.

36. Vonda Brunsting, 전화 인터뷰, 2017. 2. 6.

37. Team, Unitarian Universalist Common Endowment Fund, https://perma. cc/GT8U-LDNB; Vonda Brunsting, CFA Society Boston, https://perma.cc/P49Y-UYPL; Vonda Brunsting, 전화 인터뷰, 2017. 2. 6. 제2장도 참고하라.

38. Vonda Brunsting, 전화 인터뷰, 2017. 2. 6; Yves Smith, "Hedge Fund Industry Gets Critical Trustee Defeated in Election," Naked Capitalism, February 9, 2017, https://perma.cc/X4WY-RYMN. 스미스는 연금 직원들과 수탁자 사이에 존재하는

때로는 적대적인 역동성에 주목한다.

39. Vonda Brunsting, 전화 인터뷰, 2017. 2. 6; Trustee Leadership Forum, Initiative for Responsible Investment, https://perma.cc/4428-DM7P; David Wood and Erin Shackelford, 전화 인터뷰, 2017. 2. 14; Labor and Worklife Program, Annual Report, June 2007, part 1, Report of Activities, http://www.law.harvard.edu/programs/lwp/LWPAnnualReport2007.pdf; National Conference on Public Employee Retirement System, Trustee Educational Seminar(TEDS), https://perma.cc/L8Y8-9J77.

40. Trustee Leadership Forum, Initiative for Responsible Investment; Vonda Brunsting, 전화 인터뷰, 2017. 2. 6.

41. David Wood and Erin Shackelford, 전화 인터뷰, 2017. 2. 14; Vonda Brunsting, 전화 인터뷰, 2017. 2. 6.

42. Treasurer Kurt Summers, Office of the City Treasurer, City of Chicago, https://perma.cc/F4ZA-KGNY. 참고 Meaghan Kilroy, "Chicago Treasurer to Launch Database to Facilitate Aggregate Fees for City Pension Funds," Pensions and Investments, September 1, 2015, https://perma.cc/PT2W-F6FH.

43. Simon Lack, The Hedge Fund Mirage: The Illusion of Big Money and Why It's Too Good to Be True(Hoboken, N.J.: Wiley, 2012); Elizabeth Parisian and Saqib Bhatti, "All That Glitters Is Not Gold: An Analysis of US Public Pension Investments in Hedge Funds," https://perma.cc/EV72-Y5J9; American Federation of Teachers, "The Big Squeeze: How Money Managers'Fees Crush State Budgets and Workers' Retirement Hopes," May 2017, https://perma.cc/6B4J-G8DQ.

PART 8 퇴직 '위기'와 노동자 자본의 미래

1. Americans for Prosperity, AFP Labor Issues, http://perma.cc/R2UJ-F5WZ; LJAF Pension Reform, http://perma.cc/V8GA-2BBA.

2. LJAF Pension Reform [http://perma.cc/V8GA-2BBA].

3. Tyler Bond, "Michigan Weakens the Retirement Security of Its Public School Employees," National Public Pension Coalition, July 14,2017, https://perma.cc/XL9V-YA5M; Michigan Public School Employees 401(k), https://perma.cc/Z43W-4d5J.

4. "My Retirement Paycheck," National Endowment for Financial Education, http://perma.cc/N3NS-2RNM; "Which Is Better? Defined Contribution vs. Defined Benefit Pensions," Pension Retirement, http://perma.cc/V9EW-3CRX.

5. U.S. Bureau of Labor Statistics, Employment Level, https://perma.cc/JVT7-JEPR; U.S. Bureau of LaborStatistics, Defined Benefit Estimate, https://perma.cc/5ZVU-HWKL을 참고하라. 또한 Pension Benefit Guarantee Corporation, "Who We Are," http://perma.cc/8PYD-H8NW도 참고하라.

6. U.S. Census Bureau, "2016 Survey of Public Pensions: State and Local Data," https://perma.cc/R789-U7SV; Mark Miller, "The Vanishing Defined-Benefit Pension and Its Discontents," Reuters,May 6, 2014, http://perma.cc/N4XP-22C5.

7. Frances Denmark, "A Hitchhiker's Guide to Taft-Hartley," Institutional Investor, March 11, 2010, http://perma.cc/5K96-SS35.

8. Investopedia, s.v. Matt Lee, "Who Bears the Investment Risk in 401(k) Plans?" http://perma.cc/HTY3-MFU3; Pension Retirement, "Which Is Better?"

9. Investopedia, s.v. "Defined-Contribution Plan," http://perma.cc/6K7Y-N6TG;Lydia DePillis, "401(k)s Are Replacing Pensions. That's Making Inequality Worse," Washington Post, September 3, 2013, https://www.washingtonpost.com/news/wonk/wp/2013/09/03/401ks-are-replacing-pensions-thats-making-inequality-worse/?utmterm=.43f684b82bee. 또한 Timothy W. Martin, "The Champions of the 401(k) Lament the Revolution They Started," Wall Street Journal, January 2, 2017, http://perma.cc/GX4Z-8YMU도 참고하라.

10. Martin, "The Champions of the 401(k) Lament the Revolution They Started."

11. Teresa Ghilarducci and Tony James, "The Retirement Savings Plan," Teresa Ghilarducci Blog, 2017, https://perma.cc/FHL8-ZEG8;Monique Morrissey, "401(k)s Are an Accident of History," Economic Policy Institute, Working Economics Blog, January 4, 2017, https://perma.cc/NJB7-4RB9와 Alicia H. Munnell et al., "How Has the Shift to 401(k) Plans Affected Retirement Income?" Center for Retirement Research, Boston College, March 2017, https://perma.cc/8YKX-N4QY를 참고하라. 이와 대조적인 의견을 살펴보려면 Jack VanDerhei et al., "What Does Consistent Participation in 401(k) Plans Generate? Changes in 401(k) Account Balances, 2007-2012," EBRI Issue Brief, no. 402, July 2014, https://ssrn.com/abstract=2474684와 Jack Van-Derhei, "Reality Checks: A Comparative Analysis of Future Benefits from Private-Sector, Voluntary-Enrollment 401(k) Plans vs Stylized, Final-Average-Pay Defined Benefit and Cash Balance Plans," EBRI Issue Brief, no. 387, June 2013, https://ssrn.com/abstract=2286849를 참고하라.

12. Ian Ayres and Quinn Curtis, "Beyond Diversification: The Pervasive Problem of Excessive Fees and 'Dominated Funds' in 401(k) Plans," Yale Law Journal 124, no. 5(March 2015): 1345-1835, http://perma.cc/B94R-B27F; James

Kwak, "Improving Retirement Savings Options for Employees,"University of Pennsylvania Law Review 15, no. 2(2013): 484; Carla Fried, "5 Ways to Protect Your Retirement if the Market Tanks," Time, March 21, 2016, http://perma.cc/HJ2P-2UUA; Anne Tergesen, "Is There Really a Retirement-Savings Crisis," Wall Street Journal, April 23, 2017,https://perma.cc/BUW8-VHLE; "Retirement Crisis: The Great 401(k) Experiment Has Failed for Many Americans," CNBC.com, March 23, 2015, https://perma.cc/W7MU-LMQJ.

13. U.S. Bureau of Labor Statistics, Employment Level; U.S. Bureau of Labor Statistics, Defined Contribution Estimate를 참고하라. 또한 Pension Benefit Guarantee Corporation, "Who We Are"도 참고하라

14. "Why Do Employers Prefer Defined Contribution Retirement Plans?" Extension, October 23, 2012, http://perma.cc/PJ9X-JL85; Michael A. Fletcher, "401(k) Breaches Undermining Retirement Security for Millions," Washington Post, January 15, 2013, http://perma.cc/99VJ-DVTX.

15. Patricia Cohen, "Limit on 401(k) Savings? It's about Paying for Tax Cuts," New York Times, October 28, 2017, https://perma.cc/4KJ7-XTFV.

16. "Comprehensive Annual Financial Report for Fiscal Year Ended June 30, 2015," CalPERS, https://perma.cc/T9PW-NDE5. 또한 "Facts at a Glance," CalPERS, http://perma.cc/4AJQ-4J4S를 참고하라. 여기에서는 총자산이 2천 8백 90억 달러쯤 된다고 밝히고 있다.

17. Brian Nelson, "Stocks vs Mutual Funds in a Brokerage Account," Bright Hub, December 31, 2010, http://perma.cc/CLN9-BNHD;Steven Davidoff Solomon, "Grappling with the Cost of Corporate Gadflies," New York Times, August 19, 2014, http://perma.cc/QQG3-T7YG.

18. Gretchen Morgenson, "Your Mutual Fund Has Your Proxy, Like It or Not," New York Times, September 24, 2016, http://perma.cc/5R6C-364V; As You Sow, About Us, http://perma.cc/856K-SE68.

19. "Americans for Prosperity Urges State to Fix Pension Crisis," Americans for Prosperity, June 11, 2015, http://perma.cc/Z8M4-B37W; Josh B. McGee, "Creating a New Public Pension System," LJAF, January 15,2012, http://perma.cc/2X3B-XYNW; Josh McGee and Paulina S. Diaz Aguirre, "A Boomtown at Risk: Austin's Mounting Public Pension Debt," LJAF, November 2016, http://perma.cc/SK8F-576U; U.S. Census Bureau, "Annual Survey of Public Pensions: State-and Locally-Administered Defined Benefit Data Summary Brief: 2015," https://perma.cc/D45M-YQBP; "What's an Average Pension?" New Hampshire Retirement System, December 5, 2016, https://perma.cc/XQV5-NZ78; Jennifer Baker, 전화 인터뷰, 2016.

9. 28. See also "Political Empire: Pension Reform Group Pulls Rally Switcheroo," Press Enterprise, May 9, 2011, http://www.pe.com/articles/budget-597893-negrete-group.html.

20. 2017년 5월 26일 현재 검색 결과이다.

21. Ayres and Curtis, "Beyond Diversification"; Andrew Biggs, "Are State and Local Government Pensions Underfunded by $5 Trillion," Forbes, July 1, 2016, http://perma.cc/W23R-D9U9; Jennifer Burnett, "3 Questions on State Bankruptcy," Council of State Governments, January 2017, http://perma.cc/WB8W-EAPZ. 또한 "Americans for Prosperity-Iowa Applauds State Legislature for Passing Collective Bargaining Reform," Americans for Prosperity, February 16, 2017, http://perma. cc/4G4U-G4VT도 참고하라.

22. Jennifer Baker, 인터뷰, 2016. 9. 28; Voter Empowerment Act of 2016, http://perma.cc/YPM2-MWW4; Los Angeles Fire and Police Pensions, "Pension Reform Initiatives for 2016," http://perma.cc/K4GE-5PCC; Dave Low, "Reed's State Pension Reform Measure Would Be Financial Disaster," Mercury News, August 26, 2015, http://perma.cc/865B-R936.

23. "CalPERS vs. Voters," Wall Street Journal, August 12, 2015, https://perma. cc/ manage/create; Voter Empowerment Act of 2016; Los Angeles Fire and Police Pensions, "Pension Reform Initiatives for 2016"; Jennifer Baker, 인터뷰, 2016. 9. 28.

24. Marianne Levine, "Enron Billionaire Frets about Public Pensions' Solvency," Politico, December 13, 2014, http://perma.cc/H4X7-M3KW; Jon Ortiz, "Chuck Reed Sues California Attorney General Kamala Harris over Summary of Pension Initiative," Sacramento Bee, February 7, 2014, http://perma.cc/CMJ9-79TC.

25. George Skelton, "Public Pensions Are Protected in Constitution," Los Angeles Times, November 14, 2011, https://perma.cc/E5U7-MDYU; Sasha Volokh, "The 'California Rule' for Public-Employee Pensions: Is It Good Constitutional Law?" Washington Post, February 4, 2014, https://perma.cc/J7CL-B4CC; Amy B. Monahan, "Statutes as Contracts? The 'California Rule' and Its Impact on Public Pension Reform," Iowa Law Review 97(2012), http://perma.cc/YX2K-5NNU를 참고하라.

26. Michael Hiltzik, "Count the Bad Ideas in California Pension Overhaul Proposal," Los Angeles Times, August 15, 2015, http://perma.cc/39KT-HFWM.

27. "John Arnold," in "Forbes 400," Forbes, http://perma.cc/TLH6-SG78.

28. Bethany McLean and Peter Elkind, The Smartest Guys in the Room: The Amazing Rise and Scandalous Fall of Enron(New York: Portfolio Trade, 2003). Matt Taibbi의 기사, "Looting the Pension Funds," Rolling Stone, September 26, 2013, http://perma.cc/N457-JYES가 이 자료에 접근하도록 도움을 주었다.

29. Levine, "Enron Billionaire Frets about Public Pensions' Solvency." 참고 Kristen Hays, "Enron Settlement: $7.2 Billion to Shareholders,"Houston Chronicle, September 9, 2008, http://perma.cc/J7HC-D4YT. 아놀드가 사기사건에 연루됐다는 주장이나 증거는 없다.

30. Tim Reid, "Exclusive: Former Enron Trader Arnold May Launch National PR Push to Reform Pensions," Reuters, April 10, 2015, http://perma.cc/Y4ZV-3YZ3; David Sirota, "The Plot against Pensions," Institute for America's Future, September 26, 2013, http://perma.cc/HW86-DX88; LJAF Pension Reform, http://perma. cc/2R5Q-VW4Z.

31. Levine, "Enron Billionaire Frets about Public Pensions' Solvency";Alicia Munnell, Jean-Pierre Aubry, and Mark Cafarelli, "Defined Contribution Plans in the Public Sector: An Update," Center for Retirement Research, Boston College, no. 37, April 2014, https://perma.cc/S4VA-9ADT.

32. David H. Webber, "The Use and Abuse of Labor's Capital," New York University Law Review 89(2014): 2106; Braun and Selway, "Pension Fund Gains Mean Worker Pain as Aramark Cuts Pay."

33. Erica Jedynak, "Pension Reform Is at a Crossroads in New Jersey,"Forbes, July 12, 2016, http://perma.cc/A8TH-T4NK. 저자는 '번영을 위한 미국인들'의 뉴저지 주 국장이었다. Robert Steyer," New Jersey Pension Contribution Amendment Doesn't Make November Ballot," Pensions and Investments, August 9, 2016, http://perma. cc/S9QL-W488; Julia Crigler and David From, "A Tale of Two State Pension Crises," The Hill, August 16, 2016, http://perma.cc/UJP9-GCDE; and Brent Gardner and Andy Koenig, "AFP Stands against Taxpayer Bailouts of Underfunded Pensions in Letter," Open Letter to Chairman Orrin Hatch(R-Utah)and Ranking Member Ron Wyden(D-Ore.)of the Senate Finance Committee, Americans for Prosperity, September 21, 2016, https://americansforprosperity.org/afp-stands-taxpayer-bailouts-underfunded-pensions-letter/를 참고하라.

34. Legal Scholarship Network of the Social Science Research Network, e-mail, August 31, 2016, announcing December 1-2, 2016, "George Mason Law and Economics Center Workshop for Professors on Public Pensions."

35. Keith Brainard and Paul Zorn, "The 80-Percent Threshold: Its Source as a Healthy or Minimum Funding Level for Public Pension Plans," NASRA, January 2012, http://perma.cc/U2TC-D3W6;Alicia H. Munnell and Jean-Pierre Aubry, "The Funding of State and Local Pensions: 2015-2020," Center for Retirement Research, Boston College, no. 50, June 2016, http://crr.bc.edu/wp-content/uploads/2016/06/slp50-1.pdf; Meaghan Kilroy,"Corporate Pension Funds Reverse Funding Decline in

July—2 Reports," Pensions and Investments, August 2, 2017, http://www.pionline.com/article/20170802/ONLINE/ 170809967/corporate-pension-funds-reverse-funding-decline-in-july-8212-2-reports; John Klingner, "Taxpayers Bear the Brunt of Increasing Pension Costs," Illinois Policy, https://perma.cc/533T-3RCB. Alejandra Cancino, "How Tax Breaks Are Costing Illinois Billions in Lost Revenue," Daily Herald, October 21, 2016, http://www.dailyherald.com/article/20161021/news/161029748/을 참고하라.

36. National Association of State Retirement Administrators, "NASRA Issue Brief: State and Local Government Spending on Public Employee Retirement Systems," April 2017, https://perma.cc/BX9P-RYRJ.

37. 예를 들어 Elizabeth Campbell, "S&P, Moody's Downgrade Illinois to Near Junk, Lowest Ever for a U.S. State," Bloomberg, June 1, 2017, https://perma.cc/HBH2-XE68,and Kate King, "S&P Global Downgrades New Jersey's Bond Rating," Wall Street Journal, November 14, 2016, https://perma.cc/UP7Q-WHFN을 참고하라.

38. Helena Smith, "A Year after the Crisis Was Declared Over, Greece Is Still Spiraling Down," The Guardian, August 13, 2016, https://perma.cc/W72W-476U 를 참고하라. "Eurozone Crisis Live: Spanish Borrowing Costs Hit 7% after Double Downgrade," The Guardian, June 14, 2012, https://perma.cc/TVR6-N738도 참고하라.

39. "Myths and Realities about State and Local Pensions," in Alice H. Munnell, "State and Local Pensions: What Now?" Brookings Institute, 2012, http://perma.cc/Y2W9-JPGT.

40. Steven Malanga, "Covering up the Pension Crisis," Wall State Journal, August 25, 2016, http://perma.cc/VG99-EJPK.

41. Mary Williams Walsh, "A Sour Surprise for Public Pensions: Two Sets of Books," New York Times, September 17, 2016, http://perma.cc/83FG-9ET8; Investopedia, s.v. "Risk-Free Rate of Return Definition," http://perma.cc/K8KA-NWUW; U.S. Treasury Yield Curve, http://perma.cc/2EML-CHV6.

42. "Myths and Realities about State and Local Pensions," 인용자 강조; "NYU Annual Returns on Stock," T.Bonds and T.Bills: 1928—Current,http://perma.cc/34CD-GSK6; Randy Diamond, "High-Return Era Ends for Many Big Public Pension Funds," Pensions and Investments, August 10, 2015, http://perma.cc/LE6T-266L.

43. Ryan O'Donnell, "Why You May Not Want to Save for College," Wall Street Journal, September 10, 2017, https://perma.cc/D7P4-J235.

44. George Mason Law and Economics Center, "Program on the Economics and Law of Public Pension Reform," http://perma.cc/THJ2-W8VR; Law and

Economics Center Public Policy Conference on Solving the Public Pension Crisis for Law Professors, https://perma.cc/X5QR-J4JJ; Tina Reed, "Students Sue George Mason over Koch Brother Donation Records," Washington Business Journal, February 10, 2017, http://perma.cc/6KQ2-BBNP.

45. George Mason Law and Economics Center, "Program on the Economics and Law of Public Pension Reform"; George Mason Law and Economics Center, "LEC Workshop for Professors on Public Pensions—$1,000 Honorarium," http://perma.cc/B9W2-B4L8; Law and Economics Center Public Policy Conference on Solving the Public Pension Crisis for Judges and Attorneys General, http://perma.cc/Y5U2-5CLA, 인용자 강조.

46. "The Illinois Capitulation," Wall Street Journal, June 20, 2017, https://www.wsj.com/articles/the-illinois-capitulation-1498000268?nan_pid=1861008930.

47. 비어만은 연금 개혁의 법적 측면에 대해 연구했다. Jack Beermann, "The Public Pension Crisis," Washington and Lee Law Review 70(2013): 3을 참고하라.

48. American Legislative Exchange Council, "Pension Reform," http://perma.cc/W9E9-RZ6U;"The Big Money behind State Laws," New York Times, February 12, 2012, http://perma.cc/P4FE-CCGK.

49. American Legislative Exchange Council, "Pensions Funding and Fairness Act," http://perma.cc/9R82-8ZJK.

50. Jeffrey Keefe, "Eliminating Fair Share Fees and Making Public Employment 'Right to Work' Would Increase the Pay Penalty for Working in State and Local Government," Economic Policy Institute, October 13, 2015, http://perma.cc/EJ93-M9XC를 참고하라.

51. Ibid.; "Supreme Court Denies Friedrichs Petition for Rehearing,"Center for Individual Rights, June 28, 2016, http://perma.cc/FFH3-U36G.

52. Adele M. Stan, "Who's Behind Friedrichs?" American Prospect, October 29, 2015, http://perma.cc/4G2Y-MADL; "Where We Stand on Teacher's Retirement," California Teachers Association, http://perma.cc/6SUY-2C87.

53. Amy Howe, "Union Fees in Jeopardy: In Plain English," SCOTUS Blog, January 11, 2016, http://perma.cc/9LJJ-EUPY; Knox v. Service Employees International Union, 567 U.S. 298(2012).

54. Howe, "Union Fees in Jeopardy"; Stan, "Who's Behind Friedrichs?"; Matt Ford, "A Narrow Escape for Public-Sector Unions," The Atlantic, March 29, 2016, http://perma.cc/R3C8-QUWW; Friedrichs v. California Teachers Association, Docket 14-915(2016), Transcript, Oral Argument of Donald B. Verrilli, Jr., for the United States, as Amicus Curae, Supporting the Respondents, at 69-70. 연방대법관

스칼리아는 다음과 같이 논평했다. "문제는 그것이 민영기업 사용자와 똑같지 않다는 것이며, 모든 사건에서 협상의 대상이 되는 것은 공익과 관련된 문제라는 것이다. 그리고 그것은 공정부담수수료 납부를 허용하는 아부드 사건 이래로 지난 40년 동안 확립된 규칙에 변화를 요구할지도 모른다. 그것을 민간사용자에 대비해 준비하는 것과, 협상 대상이 되는 모든 문제가 공익과 관련된 문제인 정부에 대비해서 준비하는 것은 전혀 별개의 문제이다."

55. "The New Friedrichs Case: Janus v. AFSCME," California PERB Blog, January 17, 2017, http://perma.cc/M3L5-FCC3.

56. Robert Samuels, "Walker's Anti-Union Law Has Labor Reeling in Wisconsin," Washington Post, February 22, 2015, http://perma.cc/8AZE-LNYX; Justin Miller, "Janus: A New Attack Presents Old Challenges for Unions," American Prospect, October 24, 2017.

57. "SWIB Announces 2015 Wisconsin Retirement System Preliminary Returns," press release, State of Wisconsin Investment Board, January 13, 2016, https://perma.cc/Y6YH-KVZN; Brigham R. Frandsen, "The Effects of Collective Bargaining Rights on Public Employee Compensation: Evidence from Teachers, Fire Fighters, and Police," Brigham Young University, January 31, 2014, https://perma.cc/6V4M-BT8G; Michael Garland, 전화 인터뷰, 2017. 1. 18.

58. Levine, "Enron Billionaire Frets about Public Pensions' Solvency."

59. Bailey Somers, "CalPERS Named Lead Plaintiff in UnitedHealth Suit," LAW 360, September 17, 2006, http://perma.cc/EHG3-353J.

60. Christian E. Weller, "Your Money, Your Future:Public Pension Plans and the Need to Strengthen Retirement Security and Economic Growth,"Testimony before the Joint Economic Committee of Congress, July 10,2008, http://perma.cc/Q3AT-GWG6.

61. Ghilarducci and James, "The Retirement Savings Plan."

62. Josh Eidelson, "AFL-CIO Dismissing Staff amid Declines in U.S.Union Membership," Bloomberg, February 23, 2017, https://www.bloomberg.com/news/articles/2017-02-23/afl-cio-dismissing-staff-amid-declines-in-u-s-union-membership.

63. Ed O'Keefe and Steven Mufson, "Senate Democrats Unveil a Trump-Size Infrastructure Plan," Washington Post, January 24, 2017, http://perma.cc/L44W-AVTH; Mike Hall, "Labor Hits $10 Billion Goal for Clinton Global Initiative Jobs and Infrastructure Investment," AFL-CIO, June 25, 20014, http://perma.cc/SZJ7-NLPA; Bill Lockyer, Randi Weingarten, and Deborah Wince-Smith, "Jump-Starting America's Workforce," Clinton Foundation, April 3, 2014, http://perma.cc/3GSV-4A74; David A. Lieb, "America's Infrastructure Needs Repair," US News and World Report, September 19, 2016, http://perma.cc/H3RG-CVSR; Imogen Rose-Smith, "Pension Funds Ride to the U.S. Economy's Rescue," Institutional Investor Magazine, January 2, 2012, http://perma.cc/KD84-ZB8E.

64. "About ULLICO," http://www.ullico.com/about-ullico; Brian Hale, 전화 인터뷰, 2017. 3. 1.

65. Brian Hale, 전화 인터뷰, 2017. 3. 1.

66. Monte Tarbox, 전화 인터뷰, 2017. 2. 27, February 27, 2017; Yves Smith, "CalPERS Board Uncomfortable with Staff's 'Fire, Aim, Ready' Plan to Create Unaccountable Private Equity Vehicle," Naked Capitalism, July 24,2017, https://www.nakedcapitalism.com/2017/07/calpers-board-uncomfor table-with-staffs-fire-aim-ready-plan-to-create-unaccountable-private-equity-vehicle.html.

67. New York City Fire Department Pension Fund, "Statement of Investment Policy for Responsible Contractor," https://comptroller.nyc.gov/services/financial-matters/pension/initiatives/responsible-contractor-policy/.

68. John Adler, 인터뷰, 2017. 9. 18; Dan Pedrotty, 인터뷰, 2017. 9. 11.

69. Dan Pedrotty, 인터뷰, September 11, 2017.318 Notes to Pages 249-252

70. "Blackstone's Infrastructure Business Adopts Responsible Contractor Policy to Promote Fair Wages and Benefits for Workers on Infrastructure Projects," press release, Blackstone, September 5, 2017, https://perma.cc/FX3W-M8KY.

71. Ibid.

72. Anne Tergesen, "Lawmakers Try to Stop State-Sponsored Retirement Plans," Wall Street Journal, February 8, 2017, https://www.wsj.com/articles/lawmakers-try-to-stop-state-sponsored-retirement-plans-14865 80352;Hank Kim, "The Secure Choice Pension," Pension RightsCenter, http://www.pensionrights.org/what-we-do/events/re-imagining- pensions/secure-choice-pension.

73. Greg Iacurci, "Congress Seeks to Kill DOL Rules on State, City Auto-IRA Programs: House Republicans Introduce Bills to Block Labor Department Rules Promoting Creation of Retirement Plans for Private-Sector Employees," Investment News, February 8, 2017, http://www.investmentnews.com/article/20170208/FREE/170209912/congress-seeks-to-kill-dol-rules-on-state-city-auto-ira-programs.

74. Tergesen, "Lawmakers Try to Stop State-Sponsored Retirement Plans."

노동자
우리에게 주어진
가장 강력한 무기
주주

ⓒ 데이비드 웨버, 2020

초판 1쇄 인쇄일 | 2020년 7월 27일
초판 1쇄 발행일 | 2020년 7월 31일

지은이 | 데이비드 웨버
옮긴이 | 이춘구

펴낸이 | 신난향
편집위원 | 박영배
펴낸곳 | (주)맥스교육(맥스미디어)
출판등록 | 2011년 8월 17일(제321-2011-000157호)
주소 | 서울특별시 서초구 마방로2길 9, 보광빌딩 5층
전화 | 02-589-5133(대표전화)   팩스 | 02-589-5088
홈페이지 | www.maxedu.co.kr

편집 | 임채혁
디자인 | 유지현
영업 · 마케팅 | 백민열
경영지원 | 장주열

ISBN 979-11-5571-708-0 (03330)

• 이 도서의 국립중앙도서관 출판예정도서목록(CIP)은 서지정보유통지원시스템 홈페이지
  (http://seoji.nl.go.kr)와 국가자료종합목록 구축시스템(http://kolis-net.nl.go.kr)에서
  이용하실 수 있습니다. (CIP제어번호 : CIP2020029775)